权威·前沿·原创

皮书系列为
"十二五""十三五"国家重点图书出版规划项目

信息化蓝皮书

BLUE BOOK OF CHINA'S INFORMATIZATION

中国信息化形势分析与预测
（2018~2019）

ANALYSIS AND FORECAST ON CHINA'S INFORMATIZATION
(2018-2019)

国家信息化专家咨询委员会秘书处 / 主　编

社会科学文献出版社
SOCIAL SCIENCES ACADEMIC PRESS (CHINA)

图书在版编目(CIP)数据

中国信息化形势分析与预测.2018-2019 / 国家信息化专家咨询委员会秘书处主编. --北京：社会科学文献出版社，2019.9
（信息化蓝皮书）
ISBN 978-7-5201-5490-1

Ⅰ.①中… Ⅱ.①国… Ⅲ.①信息化-研究报告-中国-2018-2019 Ⅳ.①G202

中国版本图书馆CIP数据核字（2019）第191145号

信息化蓝皮书
中国信息化形势分析与预测（2018~2019）

主　　编 / 国家信息化专家咨询委员会秘书处

出 版 人 / 谢寿光
责任编辑 / 张　超　吴云苓

出　　版 / 社会科学文献出版社·皮书出版分社（010）59367127
　　　　　 地址：北京市北三环中路甲29号院华龙大厦　邮编：100029
　　　　　 网址：www.ssap.com.cn

发　　行 / 市场营销中心（010）59367081　59367083
印　　装 / 天津千鹤文化传播有限公司

规　　格 / 开　本：787mm×1092mm　1/16
　　　　　 印　张：27.75　字　数：424千字
版　　次 / 2019年9月第1版　2019年9月第1次印刷
书　　号 / ISBN 978-7-5201-5490-1
定　　价 / 128.00元

本书如有印装质量问题，请与读者服务中心（010-59367028）联系

▲ 版权所有 翻印必究

信息化蓝皮书编委会

编委会　陈　静　方欣欣　高新民　李国杰　卢　山
　　　　　刘　多　刘九如　刘韵洁　孙九林　王安耕
　　　　　邬贺铨　吴　澄　吴建平　徐　愈　杨国勋
　　　　　尹丽波　张新红　曾　宇　周汉华　周宏仁
　　　　　朱森第　邹　生

工作组　张宏伟　龙　凯　廖　瑾　周　鹏　崔雯雯
　　　　　王志洋　张　越　王花蕾　王慧娴

摘　要

信息化蓝皮书是关于中国信息化发展的年度研究报告，具有前沿性和前瞻性，强调针对中国信息化发展状况、政策、战略、研究与重大工程项目进行深入的分析、评估和预测。信息化蓝皮书重点在于满足国内外读者对于了解中国信息化发展状况的深度需求，坚持以相关的数据、信息和事实为基础，采用社会科学研究的视角和方法，强调和突出理论性、实证性和实践性，为信息化工作者、企业家和相关政府官员提供参考。

总报告中，蓝皮书工作组梳理了我国近几年信息化建设成效，分析了当前的信息化发展形势、发展趋势及面临的挑战，并提出了发展建议。曾宇等在《从中国互联网发展看数字经济发展趋势》一文中指出，发展数字经济是促进经济转型升级的必由路径，也是落实网络强国战略的重要内容。

在新一代信息基础设施篇，王志勤等在《5G技术加速推动经济社会发展》一文中，概括了5G技术与标准整体进展情况，分析了5G技术路线、网络演进趋势及全球主要国家5G商用情况。刘东在《IPv6产业发展现状及趋势》一文中从多方面对IPv6发展现状进行了总结，对产业的特点及发展趋势进行了分析，提出了IPv6产业发展的核心策略。

在新一代信息技术与产业篇，卢山等在《2018年中国信息技术与产业发展形势及2019年展望》一文中，总结了2018年以来中国信息技术产业的发展形势，指出了现阶段面临的三大机遇与挑战。班智飞等在《从独角兽企业看中国数字经济发展态势》中研究了我国数字经济的发展形势。刘多等在《工业互联网发展现状及未来趋势》一文中介绍了工业互联网发展现状，从技术和产业两个层面对工业互联网未来发展趋势进

行了展望。

在产业信息化篇,杜小勇等在《大数据助推传统产业转型升级》一文中,讨论了传统企业可采用的数字化转型战略与方法,对大数据下的传统产业数字化转型做出了趋势预判。周剑等在《中国两化融合十年回顾与展望》中通过介绍我国两化融合的发展背景与历程、企业两化融合发展现状与不足、两化融合当前工作重点。

在公共服务篇,孟庆国等在《以信息化推进国家治理现代化》一文中,分析了信息化对国家治理现代化的促进作用,并指出了当前存在的主要问题。余晓晖等在《中国数字乡村的发展现状与展望》一文中梳理了数字乡村发展的现状和存在的问题,有针对性地提出了推进数字乡村建设的建议。王运武等在《中国教育信息化发展现状分析(2018~2019)》一文中指出,国家加大深入推进教育信息化的力度,教育信息化逐步从1.0时代迈向2.0时代。刘方等在《中国智慧交通发展现状及趋势》中,总结了中国智慧交通在公路交通、水运交通、城市道路交通和综合交通等方面的发展现状,对中国智慧交通发展趋势进行了分析。

在信息化环境建设篇,付伟在《全球数据治理体系建设与中国的路径选择研究》一文中指出,我国要加快构建满足国家数据安全、数据产业发展和个人隐私保护的"三方均衡"的数据治理体系。张平等在《人工智能监管与法律规制》一文中,指出科技创新与适度监管成为人工智能立法的两大核心价值。周辉在《〈电子商务法〉:解读和展望》一文中指出,《电子商务法》是网络信息法治发展中的里程碑成果,应从多个维度理解这部电子商务领域的综合性法律。在《全球窄带物联网专利技术竞争格局分析》中,陈燕等人介绍了全球窄带物联网产业发展情况,并对潜在标准必要专利情况进行了分析。

在比较研究篇,尹丽波等在《国际组织数字经济测度方法研究》一文中梳理了近一年来国际组织关于数字经济测度的研究报告,对报告中我国相关结果进行了详细分析,以期为我国建立数字经济测度指标体系提供参考和借鉴。在《中国信息化发展与数字鸿沟现状的区域比较分析》中,张彬等选取2015~2017年的区域数据测度我国信息化发展的整体情况和数字鸿沟状况，提出提高信息化水平以及缩小数字鸿沟的政策建议。

全书收纳的19篇文章主要反映了2018~2019年中国信息化关注的重点和热点，视野宽阔，内容丰富，观点新颖，对中国信息化发展具有很强的参考价值。

序

2019年是新中国成立70周年，是决胜全面建成小康社会第一个百年奋斗目标的关键之年。

党的十八大以来，党中央高度重视信息化工作。2014年2月，中央网络安全和信息化领导小组成立，加强对网信工作的统筹领导。党的十九大报告明确提出了建设网络强国、数字中国、信息社会的战略目标。2018年3月，根据深化党和国家机构改革方案，中央网络安全和信息化领导小组改为中央网络安全和信息化委员会，负责网信领域重大工作的顶层设计、总体布局、统筹协调、整体推进、督促落实。2018年4月，习近平总书记在全国网络安全和信息化工作会议上发表重要讲话，系统阐述了关于网络强国的重要思想，对新时代网信事业做出战略部署，我国信息化进入新的发展阶段。

在这个重要的时间节点，回顾我国信息化建设的历程，能够切实感受到信息化领域的巨大变迁。

1979年，国务院决定用计算机进行第三次全国人口普查，形成了中央—省两级计算机系统，成为我国信息化的开端。1993年，我国启动了"金卡""金桥""金关"等重大信息化工程，正式拉开了国民经济信息化建设的序幕。1997年4月，国务院批准通过了《国家信息化"九五"规划和2010年远景目标》，成为我国信息化建设发展的一个里程碑。全国信息化工作从解决应急性的热点问题步入为经济发展和社会全面进步服务，进入有组织、有计划的发展轨道。2006年，中共中央办公厅、国务院办公厅印发《2006～2020年国家信息化发展战略》，指出信息化是当今的大趋势，是推动经济社会变革的重要力量。我国信息化建设进入快速发展期，一批优秀的互联网企业迅速成长起来。

近几年来,党中央、国务院进一步大力推动信息化建设工作。2015年,将"互联网+"写入政府工作报告,强调互联网与各产业的融合发展。2015年10月,党的十八届五中全会审议通过的"十三五"规划建议,明确提出实施网络强国战略。2016年7月,中共中央办公厅、国务院办公厅印发《国家信息化发展战略纲要》,要求将信息化贯穿我国现代化建设进程始终,加快释放信息化发展的巨大潜能,以信息化驱动现代化,加快网络强国建设。

2019年5月,中共中央办公厅、国务院办公厅印发了《数字乡村发展战略纲要》,把数字乡村摆在建设数字中国的重要位置,统筹推进农村经济、政治、文化、社会、生态文明和党的建设等各领域的信息化建设,助力乡村全面振兴,缩小城乡"数字鸿沟",实现农业农村现代化。2019年6月,工信部发放5G商用牌照,标志着我国正式进入5G商用元年,5G作为构建万物互联的网络基础设施,将推动互联网、大数据、人工智能和实体经济深度融合,为我国各行业发展赋能。截至2019年6月,我国已成功将21颗组网卫星送入北斗三号系统轨道,2020年前后将完成北斗三号系统组网,覆盖全球的精准定位导航系统将为我国经济发展、国民生活、国防安全提供保障。

"没有信息化,就没有现代化"。在以习近平同志为核心的党中央坚强领导下,在总书记关于网络强国的重要思想指引下,我国信息化建设必将取得新的伟大成绩,为实现两个百年目标做出积极贡献。

"信息化蓝皮书"已经在2010~2018年连续出版了8年,出版宗旨为就中国信息化发展的热门主题展开研究和讨论,包括中国信息化发展的形势与状况、政策与战略、理论与实践研究的优秀成果、重大工程项目等,以专家的视角、眼光进行深入的分析、评估和预测,向国内外读者介绍中国信息化理论和实践研究成果。总的来看,"信息化蓝皮书"的原创性、实证性、前瞻性、时效性、权威性等都受到社会广泛的好评。广大读者对于本书的肯定和期待,对本书的编委会和作者群来说是一个很大的鼓励,促使我们继续努力把这本伴随中国信息化进程应运而生、关于中国信息化发展的、具有代表性和权威性的年度性研究报告继续编写好、编辑好、出版好，使其以独具的前沿性和前瞻性，为开阔中国信息化工作者视野、提高中国信息化研究水平、推动中国信息化健康发展服务。

本书以中国信息化发展分析和预测为重点，围绕2018~2019年中国信息化推进过程中的一些热点问题推出了相关报告。全局视野宽阔，观点新颖，内容丰富，数字翔实，对中国信息化发展有参考价值，可读性很强。

本书在组稿、编辑和出版过程中得到社会科学文献出版社、国家工业信息安全发展研究中心的大力支持和帮助，也得到各位作者、编委及其所属工作单位的关心、支持和协助，在此，谨代表"信息化蓝皮书"编委会向所有各方表示衷心的感谢。

由于成稿时间仓促，书中疏漏、错误之处在所难免，恳请各位读者批评指正并不吝赐教。

国家信息化专家咨询委员会秘书处

2019年7月25日

目 录

Ⅰ 总报告

B.1 中国信息化发展的新特征、新挑战、新思路
　　……………………………………"信息化蓝皮书"工作组 / 001
B.2 从中国互联网发展看数字经济发展趋势
　　………………………………………… 曾　宇　王常青　孟凡新 / 016

Ⅱ 新一代信息基础设施篇

B.3 5G技术加速推动经济社会发展
　　………………… 王志勤　魏克军　韦柳融　杜　滢　杨红梅 / 064
B.4 IPv6产业发展现状及趋势……………………………… 刘　东 / 080

Ⅲ 新一代信息技术与产业篇

B.5 2018年中国信息技术与产业发展形势及2019年展望
　　………………………… 卢　山　安　晖　李艺铭　张金颖 / 095
B.6 从独角兽企业看中国数字经济发展态势
　　………………… 班智飞　黄　波　王胜男　莫祯贞　朱志华 / 111

001

B.7 工业互联网发展现状及未来趋势
　　……………… 刘　多　高雨晨　刘棣斐　蒋昕昊　张恒升 / 130

Ⅳ 产业信息化篇

B.8 大数据助推传统产业转型升级
　　………………………… 杜小勇　武连峰　杨　波　唐君林 / 145
B.9 中国两化融合十年回顾与展望
　　……………… 周　剑　马冬妍　柴　雯　付宇涵　许雅丽 / 162

Ⅴ 公共服务篇

B.10 以信息化推进国家治理现代化 ………… 孟庆国　王友奎 / 190
B.11 中国数字乡村的发展现状与展望
　　……………… 余晓晖　杨子真　郭顺义　王　莉　韩维娜 / 214
B.12 中国教育信息化发展现状分析（2018~2019）
　　………………………………… 王运武　童莉莉　黄荣怀 / 230
B.13 中国智慧交通发展现状及趋势
　　……………… 刘　方　李海舰　魏　彬　郭明多　杨艳芳 / 251

Ⅵ 信息化环境建设篇

B.14 全球数据治理体系建设与中国的路径选择研究 ……… 付　伟 / 267
B.15 人工智能监管与法律规制 ………………… 张　平　刘　露 / 283
B.16 《电子商务法》：解读和展望 …………………………… 周　辉 / 300
B.17 全球窄带物联网专利技术竞争格局分析
　　………………………… 陈　燕　周胜生　刘庆琳　彭　桃 / 314

Ⅶ 比较研究篇

B.18 国际组织数字经济测度方法研究
　　…………… 尹丽波　高晓雨　王梦梓　方元欣　牛玮璐 / 335
B.19 中国信息化发展与数字鸿沟现状的区域比较分析
　　………………………… 张　彬　金知烨　彭书祯　唐茹钰 / 354

Abstract ……………………………………………………………… / 403
Contents ……………………………………………………………… / 406

皮书数据库阅读 **使用指南**

总报告
General Reports

B.1
中国信息化发展的新特征、新挑战、新思路

"信息化蓝皮书"工作组

摘　要： 经过几十年的发展，我国信息化迈入新阶段，数字转型成为信息化发展的新特征，各国都非常重视数字经济带来的机遇和挑战。为更好地把握新形势、提出新对策，推动我国信息化高质量发展，"信息化蓝皮书"工作组通过开展研究、召开专家座谈会、进行专家访谈等形式，广泛听取了业内专家们的见解，梳理了我国信息化建设成效，并分析了当前信息化的发展形势及发展趋势、面临的挑战，提出了发展建议。

关键词： 信息化发展　数字转型　产业转型　智能化

近几年,随着"网络强国""数字中国""互联网+"行动计划等国家战略的全面落实和实施,数字经济成为我国经济发展的新动能,数据成为新的生产要素,数字转型成为信息化发展的新特征。同时,我国信息化发展仍然面临一些困难和挑战,"逆全球化"浪潮兴起,核心技术受制于人,信息化发展顶层设计仍需完善,相关的法律、安全、伦理问题不断涌现,传统产业信息化水平低、数字转型难度大等两难、多难问题增多,政府治理能力经受考验。机遇与挑战并存,我们需统一认识,抓住信息化发展的历史机遇,实现信息化高质量发展。

一 信息化发展成效显著

目前经过多年的努力,《2006~2020年国家信息化发展战略》提出的很多目标已实现,为我国迈向信息社会奠定了坚实基础。截至2018年底,我国网民规模达8.29亿,是美国网民数量的2.5倍,超过美国、日本、德国、英国等发达国家网民数量之和,互联网普及率达59.6%,为未来技术创新、模式创新和社会创新提供了独一无二的天然优势。信息技术自主创新能力显著增强,信息产业结构全面优化,新型工业化发展模式初步确立,经济增长方式根本转变,政府公共服务能力提高,网信产业保持良好发展势头,电子信息制造业、软件和信息技术服务、通信业、大数据产业等保持较快增长。

(一)数字基础设施建设更加完善

一是移动网络建设稳步推进。我国已建成世界规模最大的光纤和移动通信网络,4G网络覆盖所有城市和主要乡镇,全国4G基站总规模超过340万座,4G用户数达11.1亿户。5G研发试验处于世界前列,2018年3GPP批准的5G独立组网(SA)标准中,中国企业标准文稿提案数量和技术贡献"三分天下有其一"。2018年12月,工业和信息化部发放5G系统中低频段试验频率使用许可,将加速5G产业链各环节产品的开发进程。截至2018

年底,在全球500万座4G基站中,中国独占300多万座,占全球的64%。预计到2020年,中国将成为全球第一大5G市场。在6G的研发方面,中国的投入也是最大的。①

二是应用基础设施持续完善。全国云计算关键领域取得突破,并建成百余个大型、超大型数据中心,加快企业数字化、网络化、智能化升级步伐。同时,工信部积极贯彻落实《推进互联网协议第六版(IPv6)规模部署行动计划》,为互联网长期升级演进提供基础。全国13个骨干直联点中有5个开通IPv6互联互通;30个省移动宽带LTE网络均完成IPv6端到端改造,开启IPv6业务承载功能;93个省部级政府网站中可通过IPv6访问的网站共有63个,97个中央企业网站中已有92个。

三是农村宽带加快建设。2018年,贫困村通宽带比例达97%,纳入电子商务进农村综合示范的贫困县网络零售额超过1700亿元。数字乡村战略部署实施,2018年底我国农村网民规模达2.22亿,互联网普及率达38.4%,比2017年提升3个百分点。

(二)信息技术和产业实力较强

二十余年时间中国发展出仅次于美国的全球第二大互联网产业,诞生了阿里巴巴、腾讯等市值达数千亿美元的世界级领军企业,以及百度、京东、小米、今日头条、美团、滴滴、拼多多等一批百亿美元级别的互联网企业,互联网产业整体市值突破2万亿美元。中美两国互联网企业创新水平也居于全球领先地位。根据CB Insights公布的2019年全球独角兽企业名单,共有326家公司上榜。其中,美国的独角兽企业最多,占比达到48.77%(159家),中国排名第二,占比28.22%(92家)。从行业分布看,中国的独角兽企业以面向用户端和商业模式创新为主,而美国的独角兽企业则重点面向企业端,并且以技术创新为主。

2018年,电子信息行业固定资产投资同比增长16.6%,高于全国制造

---

① 方兴东、陈帅:《中国互联网25年》,《现代传播》2019年第4期。

业投资增速7.1个百分点,对产业结构优化起到了积极作用。其中,智能电视、智能手机、集成电路、显示屏、电脑等产能和出货量均居全球第一。在新型显示方面,全球首条最高世代柔性AMOLED生产线实现量产,打破海外巨头在小尺寸OLED领域的垄断局面。

(三)数字经济成为经济增长新动能

一是数字经济延续高速增长态势,成为我国经济发展新动能。经初步核算,2018年数字经济规模突破31万亿元,并在一些领域居于全球领先水平。2018年电子商务交易额为31.63万亿元,网络零售额超9万亿元,电子商务规模超过美国。移动支付领域遥遥领先,据中国银联统计,2018年我国手机支付用户规模达到5.7亿,人均月消费达2600元,二维码支付占据移动支付主流地位,占比超过八成。

二是基础数据资源建设取得重要成果。国家人口、企业法人、自然资源等基础数据库建成。自然资源实现"一张图"监管,覆盖5大类、23个子类、6992个图层、58.3亿个空间要素。政务信息共享取得重要进展,基本建成国家数据共享交换平台体系,全国共有71个部门、32个地方已经全面接入国家电子政务外网和国家数据共享交换平台,数据共享交换总量累计超过394亿条次。

三是人工智能、物联网、工业互联网等信息技术与实体经济融合持续向纵深推进。"2018年人工智能与实体经济深度融合创新项目""2018年物联网集成创新与融合应用项目"等融合发展试点示范工作相继启动,深化信息技术与实体经济融合,推动产业集成创新和规模化发展。制造业成为信息技术与实体经济融合的重点领域。2018年工业和信息化部出台的《工业互联网网络建设及推广指南》《工业互联网APP培育工程实施方案(2018~2020年)》《推动企业上云实施指南(2018~2020年)》等,明确提出将着力打造工业互联网标杆网络,创新网络应用,规范发展秩序,加快培育新技术、新产品、新模式、新业态。各地积极落实响应,重庆、宁夏、湖南、广东等地纷纷出台政策,工业互联网、工业大数据、工业APP

开发等成为发展热点。截至2019年1月,全国有一定行业和区域影响力的工业互联网平台总数超过50家。

四是数字经济发展环境进一步优化。2018年8月,《电子商务法》正式出台,建立了电子商务领域的基础性规范;2018年3月30日,中央网络安全和信息化委员会办公室、中国证券监督管理委员会发布《关于推动资本市场服务网络强国建设的指导意见》,促进网信和证券监管工作联动。受后者影响,中国IT产业投资并购持续活跃。BvD的数据显示,2018年中国IT企业作为投资方完成并购活动3321起,披露的交易金额达446.422亿欧元,仅次于美国,位列全球第二。在人工智能、金融科技等领域,中国投资活动规模甚至超过美国。CB Insights数据显示,2018年中国市场的金融科技投资总额增长了8倍,达到255亿美元,投资额超过全球46%。

(四)电子政务一体化服务水平提升

《2018年联合国电子政务调查报告》显示,全球范围电子政务呈现持续朝更高水平发展的积极态势。中国电子政务发展指数(EGDI)排名从2012年的第78位上升至2018年的第65位,在线服务指数不断提高,实现了从2003年的低水平(0.3)到2018年较高水平(0.8)的突破。"互联网+政务服务"向全国一体化、线上线下融合转变。2018年7月,国务院印发《关于加快推进全国一体化在线政务服务平台建设的指导意见》,部署全国一体化在线政务服务平台建设,推动各地区各部门政务服务平台规范化、标准化、集约化建设,形成全国政务服务"一张网"。2018年6月22日,国务院办公厅印发《进一步深化"互联网+政务服务"推进政务服务"一网、一门、一次"改革实施方案》,提出实现办事线上"一网通办",线下"只进一扇门",现场办理"最多跑一次"。

全面"放管服"改革是推动政府职能深刻转变、极大激发市场活力的战略举措。近年来我国大力推进"互联网+政府服务",充分运用信息化手段解决企业和群众反映强烈的"办事难、办事慢、办事繁"问题。2019年

政府工作报告提出，推进"双随机、一公开"跨部门联合监管，推行信用监管和"互联网+监管"改革，实施"互联网+督查"。深化"放管服"改革，"互联网+政务服务"效果明显，《数字中国建设发展报告（2018）》数据显示，32个省级政务服务平台提供的省本级许可事项，平均办理时限压缩30.7%。

二 当前信息化领域的新特征

过去10年新增网民数量近6亿，互联网普及率大大提升。随着5G、云计算、大数据、人工智能等技术的发展和联网程度的提升，我国"万物互联时代"迎来全新契机，全新的超联接社会正在开启，信息化发展进入新的历史阶段。

（一）数据成为经济发展关键生产要素

数字经济是继农业经济、工业经济之后更高级的经济阶段。就像土地之于农业经济、资本和能源之于工业经济，数据已经成为数字经济的关键生产要素，成为经济运行的根本性资源，数据资源量及其利用水平将成为国家软实力和竞争力的重要标志。研究表明，数字化程度每提高10%，人均GDP增长0.5%至0.62%。在全球经济增长乏力情形下，数字经济被视为促进经济变革、效率变革和动力变革的加速器，成为撬动经济增长的新杠杆。据估算，2018年我国大数据产业整体规模约4384.5亿元，2021年将达到8070.6亿元，将持续促进传统产业转型升级，激发经济增长活力，推动商业流程跨越企业边界，形成全新的产业网络与价值网络。

随着人工智能、云计算技术的快速发展和5G商用部署，数据汇聚、计算、分析能力快速提升，数据价值将进一步释放。在经济增速放缓的趋势下，以数据驱动为核心的数字经济，依然是推动经济发展的有力引擎。

（二）平台生态成为经济重要支撑

平台经济是一种技术驱动的新经济形态，是多方参与形成的生态系统。企业以平台运营为基础，创造网络倍增效应，帮助特定市场中的众多利益相关方实现价值。平台集聚了供给侧和需求侧的大量用户，能够形成持续发展的市场环境，形成自组织、自学习、自成长的有机体，促使数字经济不断发展。根据福布斯的统计，2018年全球市值最大的十家科技公司全是网信企业，且多数是平台型企业，其中包括阿里巴巴和腾讯；十年前，市值最大的十家公司几乎都是石油、银行和工业企业等传统行业企业。十年间，数字领军企业以技术为支撑，重塑了产业生态，开创了平台经济新局面。

随着消费互联网向产业互联网转移，工业设备、汽车、医疗、家电等行业巨头都在以机器互联为突破口构建自己的平台，平台将成为相关企业竞争的高地。2019年政府工作报告提出要打造工业互联网平台，拓展"智能+"，为制造业转型升级赋能，工业互联网平台的投融资将进一步活跃，市场方面应用示范效果将显现，钢铁、家电、电力、汽车、工程机械等行业的平台应用推广也将加速，此外一些区域性工业互联网平台也将落地。

（三）信息化开始向智能化迈进

2019年政府工作报告首提"智能+"，标志着我国信息化逐渐迈入智能化发展新阶段。2018年是全面落实《新一代人工智能发展规划》的开局之年，各省（区、市）积极响应国家号召，发布多项与人工智能相关的政策。第43次《中国互联网络发展状况统计报告》显示，截至2018年11月，全国已有15个省（区、市）发布了人工智能规划，22个省（区、市）在战略新兴产业规划中设置了人工智能专项。近些年来，人工智能产业规模不断扩大。据德勤发布的《中国人工智能产业白皮书》推算，2020年中国人工智能市场规模将达到710亿元人民币，2015~2020年复合年均增长率为

44.5%。截至2018年6月底,我国人工智能企业数量已达到1011家,北京拥有395家,成为全球人工智能企业最多的城市。① 截至2018年11月,我国人工智能相关专利申请量已超过14.4万件,占全球申请总量的43.4%,居全球首位。

"智能+"与"互联网+"一起,将成为今后改造传统行业的重要动力。数字经济相关战略将陆续深入实施,人工智能、物联网、大数据等新一代信息技术赋能制造业转型升级,从生产要素到创新体系、从业态结构到组织形态、从发展理念到商业模式,传统行业各方面都将迎来全方位变革。

(四)信息化建设更加突出"以人民为中心"

数字转型必须让企业和民众有获得感,突出服务功能。互联网企业一向强调"用户体验""以用户为中心",政府信息化建设也日益强调"以人民为中心"。在网络扶贫方面,2018年5月,工信部印发《关于推进网络扶贫的实施方案(2018~2020年)》,助力精准脱贫。6月,中央网信办、国家发改委、国务院扶贫办、工信部联合印发《2018年网络扶贫工作要点》,部署了5个方面21项重点任务,进一步发挥互联网、大数据等在脱贫攻坚中的作用。在异地就医直接结算方面,全国400余个统筹区全部接入国家跨省异地就医直接结算平台,实现异地就医"一卡通",全国社会保障卡持卡人数已达12.27亿人。在养老方面,智慧养老顶层设计逐步完善。截至2018年11月,我国已经有27个省(区、市)出台智慧养老相关政策。

在相关部门的大力推动下,"以人民为中心"的智慧应用将持续拓展和延伸,网络基础设施将更具普惠性并带来更好的用户体验,网络扶贫将进入攻坚拔寨冲刺期,在线教育将进入全面爆发期,社保卡将实现全国联网,智慧养老将覆盖城乡社区,民众生活需求将得到更好的满足。

---

① CNNIC:《第43次〈中国互联网络发展状况统计报告〉》,2019年2月。

三 信息化发展面临的新挑战

2018年，国际竞争出现新风向，我国信息化发展面临一些值得关注的新问题、新挑战。

（一）"逆全球化"浪潮兴起，跨国投资与贸易受影响

一方面，跨国并购受到更严格的审查。2018年，美国国会通过了《外国投资风险评估现代化法案》，欧盟提议在欧盟层面强化对并购和外国投资的审查，德国批准《〈对外经贸法〉执行条例》修订案，旨在加强对敏感领域外资收购的审核。受此影响，2018年蚂蚁金服并购MoneyGram、中国华芯投资并购Xcerra集团等多项并购均被国外监管机构否决。另一方面，受中美贸易摩擦影响，多国加征关税，涉及绝大部分电子类产品。九成的三星智能手机在越南北部生产，日本佳能，台湾鸿海（富士康）、仁宝等也在向越南等东南亚国家和地区转移。一些企业竞争力不足，其外迁属于正常现象，但大量企业外迁必然对我国就业产生影响。

（二）核心技术仍是短板，基于规则的创新生态体系有待形成

核心技术落后一直是制约我国信息化发展的短板，以项目和工程方式攻克核心技术是有效的，但这只是战术性而非战略性举措。核心技术是个动态概念，是不断发展变化的，只有建立内生的技术创新体系，形成核心技术持续创新机制，才能确保原创性技术不断产生，拥有实现技术追赶甚至超越发达国家的不竭动力。

根据各国经验，军民融合和产学研合作是创新体系的重要组成部分。目前，我国军民融合机制仍在建立中，尚未形成军民技术一体统筹、互动创新、快速转化的有效路径。由于体制机制不健全和信息不对称等原因，校企间技术合作一直不是很畅通。这些问题的根本解决，有赖于不断深化改革，

逐步完善相关体制机制。

我国企业之间存在竞争过度、协作不够等问题，部分原因在于某些政府部门知识产权保护理念不彰，制度不细、执行不力，导致企业抄袭、造假成风，从而影响到整个行业的开放、合作意愿，影响了整个创新生态的建立。政府应加大知识产权保护力度，引导业界形成尊重规则、合规竞争、合规协作的风气，为凝聚各方力量共同推进核心技术研发创造良好的外部环境。

（三）信息化建设框架需要完善，可操作性有待提高

我国政府非常重视信息化工作，但推动信息化建设的协调机制、总体框架还不够完善，可操作性不足，一定程度上影响了整体效果，尤其在与民生相关的很多领域，如政务、医疗、教育，信息化制度建设与技术手段配合不够，信息化推动作用没有充分发挥。

以电子政务为例，近两年我国电子政务发展指数（EGDI）在全球193个国家中一直排60多名，与发达国家相比尚存在较大提升空间。2018年7月，国务院发布《关于加快推进全国一体化在线政务服务平台建设的指导意见》，强调"以数据共享为核心，不断提升跨地区、跨部门、跨层级业务协同能力"，"深入推进'网络通'、'数据通'、'业务通'"。2019年4月，国务院发布《关于在线政务服务的若干规定》，以期进一步提升政务服务规范化、便利化水平。但是，实施架构还需进一步细化，协调机制还需进一步理顺，才能使电子政务的推进效果和建设水平转化为群众的获得感。例如，政务一体化大数据平台需要明确一体化的内涵、一体化如何实现、相应的技术方案等问题。

（四）传统产业信息化水平较低，实现数字转型有难度

就全国信息化发展平均水平而言，我国与发达国家还存在较大差距。在世界经济论坛发布的《2016年全球信息技术报告》"网络就绪指数"中，我国在139个国家中仅排第59名。同时，我国各领域信息化发展水平很不

均衡。根据麦肯锡2017年《中国数字经济报告：数字中国引领全球》，中国ICT、媒体和金融领域数字化程度与其他发达国家持平；面向消费的产业数字化程度甚至领先国际水平。同时，资本密集型产业（如先进制造业、石油和天然气制造、化工、医药等）数字化程度排名相对靠后；本土化和碎片化产业（如建筑、农业、个人和地方服务等）数字化程度落后。可以说，中国大部分传统产业信息化水平较低，这也是我国经济大而不强的一个重要原因。

我国传统产业企业，尤其是大量中小企业的信息化建设面临较多困难。一是装备信息化基础薄弱。企业设备自动化、信息化水平低，设计、工艺、制造、管理等知识经验沉淀不足。二是管理基础薄弱，流程管理缺位。企业现代化、规范化管理基础薄弱，旧管理体制、思维和模式难以支撑信息化推进，尤其是流程管理的理念缺失，缺乏良好的流程管理意识，流程动态信息难以采集，流程的固化较难实现，流程的规范化、优化重组更难。三是信息化投入不足。信息系统建设、运维成本对很多中小企业来说是一笔不小的费用，一些企业投入不足。从全国情况看，大多数企业实现了局部的信息化单项应用，但真正有效实现信息化综合集成的企业数量和比例都偏小，信息化建设成效不明显。在这种情况下，要提高其信息化水平，实现企业、产业的数字转型有一定挑战。

（五）信息技术带来的法律、安全、伦理等问题不断涌现，影响信息化健康发展

信息技术的复杂性带来了算法偏见、社会公平、网络安全等多方面问题。例如，人工智能、物联网等技术的应用不可避免会带来一些伦理与社会问题，例如冲击就业市场、侵犯个人隐私、隐含算法偏见、引发机器权利争论等问题。随着新一代信息技术的广泛应用，网络安全问题层出不穷，不论是网络、终端，还是软件、硬件，任何一个环节出现漏洞，都可能影响整个系统安全。根据世界经济论坛发布的《2018年全球风险报告》，网络攻击首次被纳入全球前五大安全风险之列，已成为仅次于自然灾害与极端天气事件

的第三大风险因素。同时,网络空间的虚拟性,使个人数据更易于被收集和分享,而开放的产业生态使监管机构难以确定监管对象,也令法律边界变得越来越模糊。

(六)信息化领域两难、多难问题增多,政府治理能力受考验

政府工作报告提出"我们面对的是两难多难问题增多的复杂局面",在信息化领域更是如此,政策选择工作难度很大。例如,信息化需要开放合作,但开放合作又可能带来安全问题,如何在保证安全的同时,促进开放发展,这需要妥善处理。数据治理同样面临数据流动和管制、自主可控与国际规则兼顾的问题,需要全面、整体考虑各项政策,把握好动态平衡点。又如,在互联网领域一般强调"审慎包容监管",但是何时、采取什么样的监管举措并不容易确定。这些问题若不能妥善处理,势必会对相关领域的持续、健康发展产生影响,甚至在个别问题上可能存在"一着不慎,满盘皆输"的风险。

四 应对信息化新形势的新思路

2015年10月,党的十八届五中全会审议通过的"十三五"规划建议,明确提出实施网络强国战略。2016年7月,中共中央办公厅、国务院办公厅印发《国家信息化发展战略纲要》,要求将信息化贯穿我国现代化进程始终,加快建设网络强国。2018年3月,根据深化党和国家机构改革方案,中央网络安全和信息化领导小组改为中央网络安全和信息化委员会。4月,在全国网络安全和信息化工作会议上,习近平总书记系统阐述了关于网络强国的重要思想,对新时代网信事业做出了战略部署。今后,我们应当坚持稳中求进的工作基调,保持战略定力,增强忧患意识,未雨绸缪、精准研判,积极应对信息化发展新形势下的新挑战。

（一）创新产业发展政策，以生态化方式推动产业转型升级

在网络时代，产业发展呈生态化趋势。一国数字经济要在全球保有竞争力，就必须大力发展信息技术和产业生态系统，从技术研发、资金投入、人才培养、税收优惠、政府采购等方面加强政策支持，促进创新链、产业链、资本链有机联动，形成各环节相互促进、密切合作、有序竞争、协同发展的良好局面，构筑起高效率、高增长、高融合的产业新生态，不断提高产业整体竞争力。为适应这一要求，政府需要改变上项目、搞试点的传统工作方法，减少甚至取消对竞争性项目的支持，强化支持非竞争性基础性项目或技术，不断培育、完善产业环境，逐步推动相关环节加强合作，形成自组织、自学习、自成长的产业生态体系。

（二）抓住信息化发展的新机遇，加快网信领域核心技术突破

在网络和信息技术很多"关键和核心技术"领域，我国一直与世界先进水平存在明显差距。一个重要原因在于我国研发投入不足，相对于应用性研究，基础性和前沿技术投入更加不足。必须加大研发投入，逐步改变长期形成的跟随性战略思维，抓住技术代际跃迁、产业深度调整的机遇，统筹基础研究、技术应用和产业发展，以体系化思维弥补单点、单环节弱势，带动薄弱环节实现重大突破，构筑新技术领域的比较优势。

以往，我国在追求核心技术的道路上一直面临一些技术瓶颈，突破难度很大。现在，出现一些有利变化。一是摩尔定律逐渐接近极限，已基本失效，微软和英特尔公司原有优势逐步减弱，能超越摩尔定律的量子计算机到目前为止还无法商用。二是wintel垄断主要存在于电脑领域，在应用日益广泛的手机领域，wintel联盟影响力微乎其微，尚未形成一家独大的垄断势力。这些竞争态势的变化为我国在相关领域寻求突破提供了良机。利用移动互动网、物联网相关领域产业生态仍在构建之机，我们可积极切入相关产业链，实现局部领域的发展壮大，并由局部领先优势逐步扩展至全行业。

（三）在传统产业大力推广两化融合管理体系，助力相关企业加快数字化转型

从提高各行业信息化水平的角度出发，工业企业多年累积的两化融合管理经验可在更多行业、更大范围推广。经过10年的探索，两化融合管理体系在工业领域的有效性已经得到证实，在部分建筑业、服务业甚至公用事业的应用同样取得良好成效，国资委已全力支持所属企业应用该体系提升信息化水平和管理效能。目前，两化融合生态系统和标准体系总体框架正式发布，3项两化融合国际标准在国际标准化组织和国际电信联盟成功立项，这是我国方法论标准前所未有的成就，充分说明了相关内容的科学性、合理性。

建议借鉴两化融合管理经验，制定各领域数字化转型的管理体系和标准，以市场化运作手段为主，调动研究机构、咨询公司各方面的积极性，开展相关体系、标准的咨询、辅导和评定等工作，鼓励互联网等信息技术企业支持各领域传统企业提升信息化水平，加快经济转型升级。

（四）秉持"包容审慎"监管理念，逐步完善信息化政策法规

首先，加强研究，探索必要的"安全阀"和"红线"，了解不同监管方式的利弊、应用条件，并根据形势发展需要，早做预案，动态调整监管政策，确保既能掌控风险，又不影响创新发展。其次，及时完善相关政策法规。诸如，完善与国内数据保护、数据权属、数据安全、数据利用、跨境数据流动等相关的法律法规，明确相关数据管理机构；建立和完善数字经济统计监测评估体系，及时发现潜在风险；制定与产业互联网安全相关的政策法规等。

（五）加强技术防范和安全管理，进一步提升网络安全保障能力

首先，要深化对网络安全工作的认识。网络安全不仅是技术问题，更是管理问题，不仅是单一的技术问题，更是包含软硬件，涉及IT技术、工程

技术的综合性技术问题，需要技术与管理双管齐下，建立立体性防护手段，强化网络安全防护能力。其次，强化统筹协作，依托跨部门、跨行业的标准化协作机制，推动基础共性安全标准研制和技术攻关，形成满足规模应用和产业化需求的安全标准体系，建立全生命周期网络安全保障体系，提升主动防御能力。最后，加大网络环境的治理力度，组织开展网络安全威胁的专项治理行动；推动网络安全产业发展和人才队伍建设，强化基础支撑的保障能力。

B.2
从中国互联网发展看数字经济发展趋势

曾宇 王常青 孟凡新＊

摘 要： 发展数字经济是促进经济转型升级的必由路径，也是落实网络强国战略的重要内容。当前，互联网与新一代信息技术集成应用、融合创新，为数字经济发展带来新机遇。本报告通过对互联网领域相关数据的研究分析，指出我国网络环境日益优化、网信技术创新活跃、网络安全及治理水平显著提升；互联网在驱动经济增长、提升国民生活质量等方面发挥重要作用，推动数字经济加速从成长期向转型期过渡。未来3~5年内，我国数字经济将呈现以下新趋势：一是基础支撑方面，5G网络和IPv6部署将全面落地，网络基础环境将迎来新一轮发展热潮；二是创新应用方面，在蓬勃发展的互联网应用的驱动下，电子商务、网络广告、网络内容等细分领域将持续保持中高速增长，推动网民规模进一步攀升；三是经济社会方面，网信技术与经济社会发展深度融合，将进一步促进实体经济、公共服务及社会治理体系等的数字化转型。下一步，为营造数字经济良好发展生态，建议通过弥合数字鸿沟、打造核心技术产业生态、建设数字丝绸之路、防范网络安全

＊ 曾宇，工学博士，研究员，中国互联网络信息中心主任，先后担任国家高性能计算机工程技术研究中心常务副主任、云计算关键技术与应用北京市重点实验室主任等学术职务，研究领域包括计算机体系结构、网络安全、信息经济等；王常青，工学博士，中国互联网络信息中心高级工程师，研究方向为信息化、互联网统计调查等；孟凡新，法学博士，中国互联网络信息中心高级工程师，研究方向为互联网统计调查、电子商务。

风险、构建协同治理机制等策略，推动我国数字经济发展迈向新台阶。

关键词： 互联网　数字经济　经济转型

党的十八届五中全会提出实施网络强国战略，为新时代推进网络安全和信息化建设明确了前进的方向，提供了根本遵循。党的十八大以来，我国网络基础设施水平全面提升，数字经济蓬勃发展，新兴技术突飞猛进，网络惠及百姓生活，网络内容繁荣丰富，网络空间更加清朗，取得了举世瞩目的成就，正在朝向网络强国的战略目标奋勇前进。

一　2013～2018年中国数字经济的发展

过去的5年，我国数字经济蓬勃发展，成就非凡。互联网应用驱动数字经济蓬勃发展，我国人口红利在互联网领域尚未完全消化，并推动互联网应用高速发展，构建起全新产业生态链，形成平台效应；过去的5年，我国数字经济与实体经济深度融合发展，数字经济的发展为"中国制造"转型升级为"中国智造"带来了新的历史契机，为现代服务业的发展提供了强大动力。

（一）互联网基础环境全面升级

快速便捷的网络环境更加优化，网络覆盖更广。2018年，我国固定宽带用户总数达4.07亿户，移动宽带（3G/4G）用户总数达到13.1亿户，行政村通光纤比例达96%，贫困村通宽带比例超过94%。[①] 网络速度更快，接入速率在100M及其以上的宽带用户占比达到70.3%，接通光纤的用户规

[①] 工业和信息化部：《2018年通信业统计公报》，2019年1月25日。

模达到3.68亿户，占固定宽带用户总数的90.4%。① 网络资费更低，移动流量跨省"漫游"成为历史，三大电信运营商移动流量平均单价降幅均超过一半。

网络基础资源"量增质升"。下一代互联网地址资源平稳过渡，IPv6地址数量达到41079块/32，2013~2018年复合增长率达19.8%，居全球第二。② 我国域名总数达3792.8万个，2013~2018年复合增长率达15.5%。其中，".CN"域名总数已突破2000万，达2124.3万个，位居全球国家和地区顶级域名首位。③ 网站总数突破500万，2013~2018年复合增长率为10.3%。④

（二）数字经济成为我国经济发展的重要驱动力

数字经济规模全球领先。我国数字经济规模达到31.3万亿元，⑤ 位居全球前列；数字经济占GDP的比重已超三成，对经济增长的贡献率明显提升。数字消费成为扩大内需新亮点。过去5年，我国网络购物用户规模快速增长，从3.02亿提高到6.10亿，年复合增长率达15.1%。我国网络零售交易规模连续5年居世界第一，移动支付市场全球最大，在全球具有重大影响力。⑥

数字经济成为就业"稳定器"和"倍增器"。数字经济的快速发展，创造了更多、更高质量就业机会。2018年我国数字经济领域就业岗位为1.91亿个，占总就业人数的24.6%，同比增长11.5%，显著高于同期全国总就业规模增速。⑦

数字贸易成为推动高水平开放的新动能。跨境电子商务等数字化贸易形态发展迅速，对贸易的贡献程度不断上升，这对提升我国在全球数字经济价

---

① 工业和信息化部：《2018年通信业统计公报》，2019年1月25日。
② 数据来源于CNNIC第33次至第43次《中国互联网络发展状况统计报告》。
③ 数据来源于CNNIC第33次至第43次《中国互联网络发展状况统计报告》。
④ 数据来源于CNNIC第33次至第43次《中国互联网络发展状况统计报告》。
⑤ 国家网信办：《数字中国建设发展报告（2018年）》，2019年5月。
⑥ 数据来源：国家统计局。
⑦ 中国信息通信研究院：《中国数字经济发展与就业白皮书（2019年）》，2019年4月。

值链中的地位具有重要意义。2018年通过海关跨境电子商务管理平台零售进出口商品总额达1347.0亿元,增长50.0%,其中出口561.2亿元,增长67.0%;进口785.8亿元,增长39.8%。①

(三)网信技术自主创新能力显著增强

过去5年,我国网信技术自主创新能力突飞猛进。当前,全球多项重大技术即将发生变革,各类前沿技术的跨界融合正在塑造全新的产业生态,给我国网信技术和产业的发展带来千载难逢的重要机遇。

过去5年,我国5G研究及应用取得突破性进展,5G发展进入全面深入落实阶段。我国5G核心技术研发和标准制定取得突破,多项5G技术方案进入国际核心标准规范,推进速度、质量均位居世界前列。②

过去5年,我国政府、科研机构、企业等推动量子信息技术进一步发展。通过出台相关鼓励政策、推进基础领域研究、探索商业化应用模式等方式进一步提升了我国在该领域的技术实力。

过去5年,我国人工智能在技术和产业应用等方面均实现了快速发展。我国人工智能论文发文量全球领先,企业数量等多项指标居全球第二。2013~2018年,全球人工智能领域论文文献产出共30.5万篇,其中我国发表论文7.4万篇;在全球前1%的人工智能高被引论文中,我国居全球第二。此外,截至2018年底,全球共成立人工智能企业15916家,我国人工智能企业数量为3341家,也位居世界第二。③

(四)互联网企业全球竞争力显著提升

互联网上市企业数量持续增长。2018年我国境内外互联网上市企业总数达120家,同比增长17.6%,其中沪深上市46家,美国上市48家,香港

---

① 《新闻办就2018年全年进出口情况举行新闻发布会》,中国网,2019年1月14日。
② CNNIC:《第43次〈中国互联网络发展状况统计报告〉》,2019年2月。
③ 《〈中国新一代人工智能发展报告2019〉发布——我国人工智能论文发文量全球领先人工智能企业数居世界第二》,《人民日报》2019年5月26日,第1版。

上市 26 家，总市值达到 7.89 万亿元。①

网信独角兽企业快速发展。我国网信独角兽企业总数 113 家，北京、上海、广东、浙江四地的网信独角兽企业占比达到 92.1%，② 形成新业态集聚发展的良好态势。

互联网企业全球竞争优势凸显。阿里巴巴、腾讯、蚂蚁金服、百度、小米、滴滴、美团点评、京东、今日头条 9 家公司进入全球互联网公司市值前 20 强，为全球经济发展贡献市场活力和创新能力。

（五）互联网助力全面小康建设

网络扶贫向纵深推进。随着网络覆盖、农村电商、网络扶智、信息服务、网络公益五大网络扶贫工程向纵深发展，农村用网环境持续改善，农村网民数量持续攀升。2013~2018 年，农村地区互联网普及率从 28.1% 增长到 38.4%，提升了 10.3 个百分点。③

互联网满足人民群众对美好生活的期待。过去 5 年，手机应用程序（APP）爆发式增长，截至 2018 年，我国市场上监测到的手机应用程序（APP）在架数量为 449 万款。移动应用和互联网用户的工作、生活息息相关，满足了移动端网民的消费、娱乐、资讯获取、搜索、社交、出行等各类需求，这在一定程度上带动了三、四线城市和农村地区人口的使用。④

（六）网络内容全面繁荣

网络内容产品走向精品化。过去 5 年，我国网络视频用户规模快速增长，从 4.28 亿提高到 6.12 亿，年复合增长率达 7.4%。短视频呈现爆发式增长，2018 年短视频用户规模达 6.48 亿。⑤ 2013~2018 年网络音乐用户规

---

① 数据来源于 CNNIC 第 33 次至第 43 次《中国互联网络发展状况统计报告》。
② 数据来源于 CNNIC 第 33 次至第 43 次《中国互联网络发展状况统计报告》。
③ 数据来源于 CNNIC 第 33 次至第 43 次《中国互联网络发展状况统计报告》。
④ 数据来源于 CNNIC 第 33 次至第 43 次《中国互联网络发展状况统计报告》。
⑤ CNNIC：《第 43 次〈中国互联网络发展状况统计报告〉》，2019 年 2 月。

模从4.53亿增长到5.76亿，年复合增长率达4.9%，网络音乐与社交、短视频的融合推动UGC（User Generated Content）音乐内容和展现形式成为行业创新的焦点。①

（七）网络空间治理水平不断提升

过去5年，我国网络管理体制机制不断完善，网络立法速度明显加快。2018年3月，中央网络安全和信息化领导小组改为中央网络安全和信息化委员会，进一步加强了党中央对网信工作的集中统一领导，强化决策和统筹协调职责。五年来，我国持续推动出台互联网领域相关的法律、行政法规、部门规章、司法解释、规范性文件和政策文件等，为加大互联网治理力度，提升治理成效提供了坚实的法律法规依据。

（八）互联网国际交流合作日益深化

网络空间命运共同体主张获得国际社会广泛认同。2014年7月，中国国家主席习近平在巴西国会演讲时第一次提出"共同构建和平、安全、开放、合作的网络空间，建立多边、民主、透明的国际互联网治理体系"，得到国际社会的广泛认同。2015年12月，习近平主席在第二届世界互联网大会提出了"四项原则"和"五点主张"，为互联网的全球治理贡献了中国智慧和中国方案。2018年4月，习近平总书记在全国网络安全和信息化工作会议上指出，"既要推动联合国框架内的网络治理，也要更好发挥各类非国家行为体的积极作用"，这些都为全球互联网治理体系变革贡献了智慧。

"网上丝绸之路"引领合作新潮流。作为"一带一路"建设的优先行动，"网上丝绸之路"合作持续推动沿线国家的互联互通。中国—东盟信息港与中国—阿拉伯国家网上丝绸之路率先启动，一批重点基础设施、跨境电商等重点工程相继落地。多边及区域性信息通信技术合作机制持续深化，沿线国家信息基础设施互联互通稳步推进。信息通信服务国际合作取得显著进

---

① 数据来源于CNNIC第33次至第43次《中国互联网络发展状况统计报告》。

展，许多优势网信企业积极走出国门，将我国的资金、技术、人才等带到"一带一路"沿线国家和地区，为其提供高质量的信息通信服务和应用产品，有力促进其经济社会数字化发展。

二 中国互联网发展现状

（一）互联网基础环境显著改善

1. 网络基础资源持续丰富

下一代互联网地址资源平稳过渡，IPv4、IPv6地址总数居全球第二。作为互联网重要基础资源，IP地址的数量是衡量国家信息化水平和互联网发展潜力的核心指标之一。2011年，全球IPv4地址分配完毕，推动互联网由IPv4向IPv6演进过渡已成为包括我国在内的各国政府推进网络基础资源建设的重点。党的十八大以来，我国IPv6互联网地址资源增长显著，截至2018年12月，我国拥有IPv4地址3.39亿个，IPv6地址41079块/32，均居世界第二位（见图1）。① 2013～2018年，IPv6地址数量复合增长率为19.8%，对相关应用领域的快速增长提供了良好的支撑。

国家域名保有量持续上升，".CN"域名占比基本保持在过半水平。2013～2016年，我国域名总数持续上升。2017年，《互联网域名管理办法》颁布，该办法进一步细化了域名相关服务的管理制度，不真实、不完整、不合规的域名注册情况得到控制。截至2018年12月，中国域名总数达3792.8万个，其中全球最大的国家顶级域名".CN"注册量达2124万个。② 国家域名保有数量持续上升，域名服务体系逐步完善，增加了网络解析服务防御风险的能力。

网站、网页数呈较快增长，内容资源质量逐步提升。2013年以来，伴

---
① 数据来源于CNNIC第33次至第43次《中国互联网络发展状况统计报告》。
② 数据来源于CNNIC第33次至第43次《中国互联网络发展状况统计报告》。

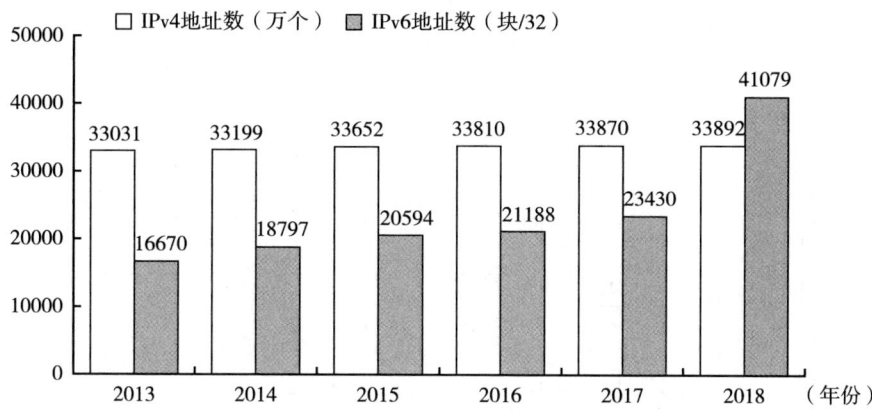

图 1　2013~2018 年中国 IP 地址总数

资料来源：CNNIC。

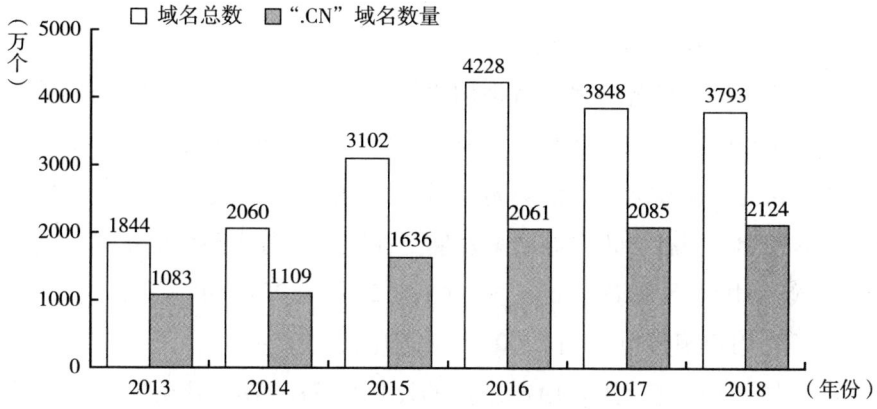

图 2　2013~2018 年中国域名数量

资料来源：CNNIC。

随着中国互联网使用环境的不断改善，我国网民可利用的互联网资源不断丰富，到 2018 年底网站数量已达 523 万个，年复合增长率为 10.3%。① 国家主管部门加大对网络不良资源的筛查和打击，网络资源的质量得到提升，并在应用蓬勃发展的带动下实现了网站资源的明显增长。

---

① 数据来源于 CNNIC 第 33 次至第 43 次《中国互联网络发展状况统计报告》。

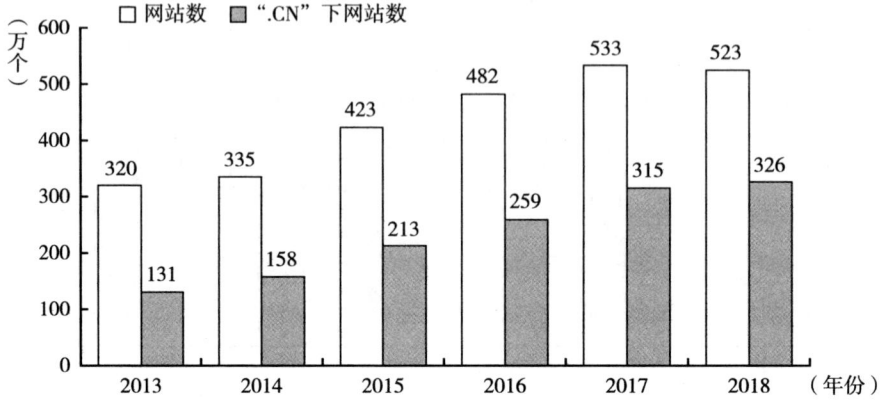

图3　2013～2018年中国网站/".CN"网站数量

资料来源：CNNIC。

2. 宽带网络环境逐步优化

宽带接入能力显著增强，宽带用户规模居全球首位。党的十八大以来，我国已经初步建成融合、泛在、安全、绿色的宽带网络基础设施环境，基本实现"城市光纤到楼入户，农村宽带进乡入村"，有力支撑了国家信息化水平全面提升和经济社会迈向高质量发展。伴随宽带接入环境的不断优化，宽带已经成为中国网民普遍的上网方式。2013～2018年，我国光纤接入（FTTH/O）用户规模由不到5000万户提升至3.68亿户，年复合增长率为55.3%，占互联网宽带接入用户总数的比例由21.6%提升至90.4%，共提高68.8个百分点（见图4）。

国际互联能力加速发展，跨境光缆业务不断扩展。2013～2018年，我国国际出口带宽数量由340.7万Mbps增长至894.7万Mbps，[①] 年复合增长率达21.3%（见图5）；我国光缆线路总长度由1745万公里增长至4358万公里，[②] 年复合增长率达20.1%，光缆建设保持较快增长态势。"一带一路"倡议提出以来，跨境光缆业务得到利好推动。近年来，我国持续与亚

---

① 数据来源于CNNIC第33次至第43次《中国互联网络发展状况统计报告》。
② 数据来源于工业和信息化部2013～2018年通信业统计公报。

从中国互联网发展看数字经济发展趋势

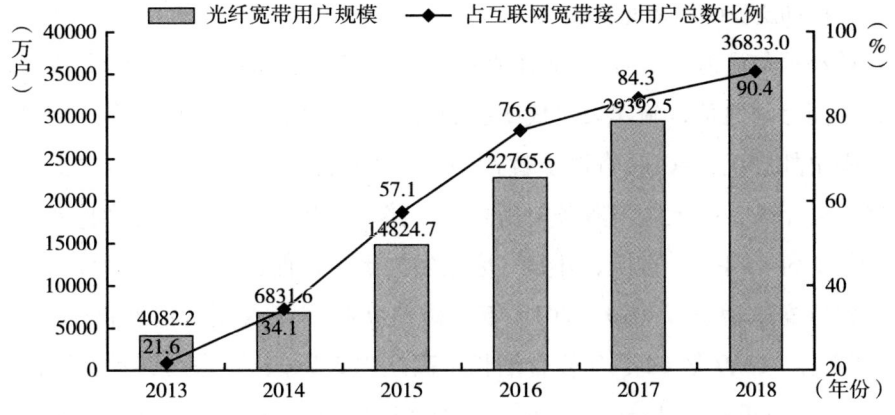

图 4　2013~2018 年光纤宽带用户规模及占比

资料来源：工业和信息化部：《2018 年通信业统计公报》，2019 年 1 月 25 日。

洲、欧洲、美洲国家积极筹建海底光缆业务，已与美国、日本、新加坡、英国等国家实现网络直接互连。2018 年，连通中国和尼泊尔的跨境互联网光缆正式开通，中国和巴基斯坦的首条跨境直达陆地光缆开通，中国—缅甸、中国—吉尔吉斯斯坦等重点跨境光缆项目正积极筹划，我国在"一带一路"沿线国家和地区的信息化基础设施建设中发挥了越来越重要的作用。

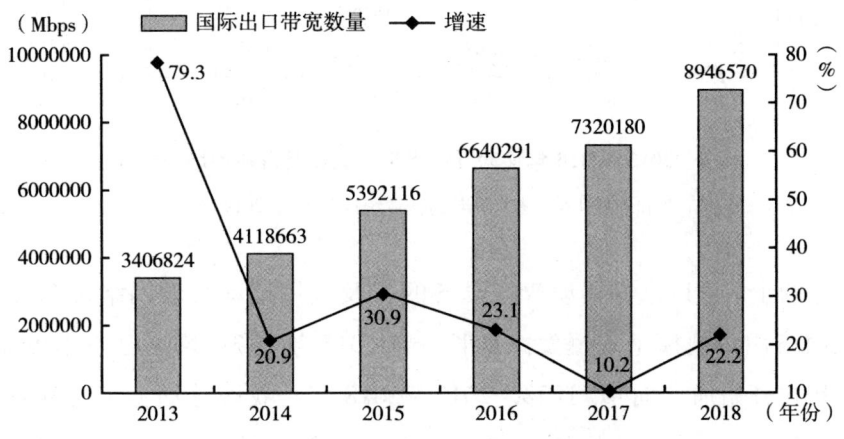

图 5　2013~2018 年中国国际出口带宽数量

资料来源：CNNIC 第 33 次至第 43 次《中国互联网络发展状况统计报告》。

3. 移动泛在网络快速发展

移动通信设施建设步伐显著加快，移动流量大幅增长。党的十八大以来，我国移动通信设施建设步伐明显加快，网络服务质量不断提升，网络覆盖范围更加广泛，4G网络逐步替代3G网络成为移动宽带流量的主要承载网络。近年来，线上线下服务不断融合，移动互联网业务随之得到扩展，移动端的支付、出行、直播、外卖等应用发展迅速，促进移动互联网接入流量消费保持高速增长。2013~2018年，移动互联网接入流量消费由12.7亿GB提升至711.0亿GB，年复合增长率高达123.7%；月户均移动互联网接入流量（Dataflow of Usage，DOU）由0.13GB/（月·户）提升至4.42GB/（月·户），年复合增长率为102.4%，如图6所示。

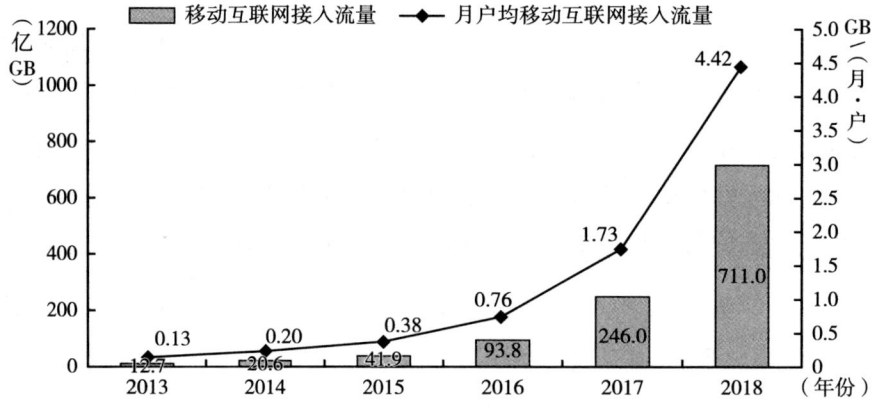

图6　2013~2018年移动互联网接入流量及月户均增长情况

资料来源：工业和信息化部：《2018年通信业统计公报》，2019年1月25日。

党的十八大以来，移动智能设备的普及应用推动移动网络迅速发展，移动网络用户规模呈现爆发式增长。自2015年起3G网络已基本覆盖全国，用户开始加速向4G迁移。2013~2018年，我国移动宽带（3G/4G）用户规模由40161万户增长到13.1亿户，占移动电话用户的比例共提升了50.7个百分点，2018年的比例高达83.4%，如图7所示。在国家通信业新一轮改革推动下，2014年3家通信运营商合资成立铁塔公司，并通过提升网络建设效率,优化基站的建设、运营及维护推进了移动泛在无线网络的发展。

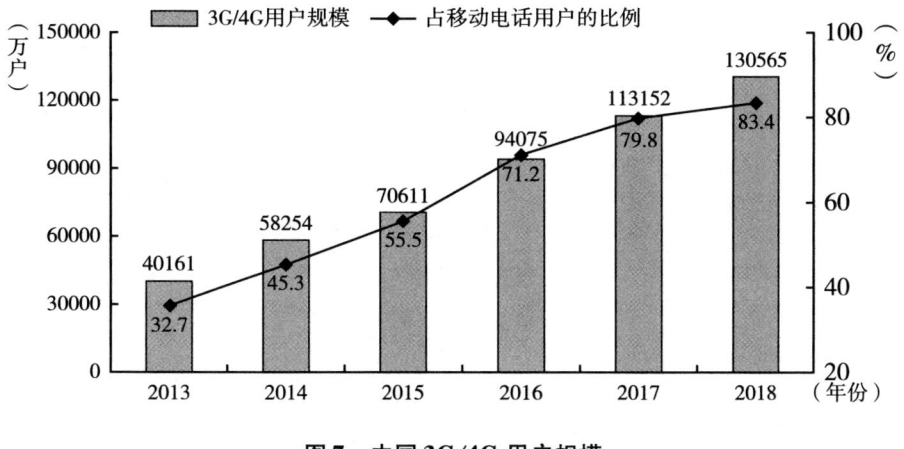

图7 中国3G/4G用户规模

资料来源:工业和信息化部:《2018年通信业统计公报》,2019年1月25日。

(二)互联网有力驱动经济增长

1. 互联网促进我国经济持续健康发展

数字经济规模位居全球前列。党的十八大以来,我国互联网经济迅猛增长,应用服务蓬勃发展,数字经济对GDP的贡献不断加大。2014~2018年,我国数字经济规模由16.2万亿元增长至31.3万亿元,年复合增长率高达17.9%,占GDP比重由26.1%提升至34.8%。[①]

制度和市场优势造就了庞大的数字经济规模。一是庞大而活跃的市场是数字经济发展的强大基础。我国市场庞大,网络消费人群年轻化特征显著,有利于数字技术更快更好实现商业化。2018年,我国互联网用户规模达8.29亿,超过了欧盟和美国之和;我国的移动用户量达8.17亿(占中国互联网用户总数的98.6%),而欧盟为3.43亿(79%),美国为2.62亿

---

① 国家网信办:《数字中国建设发展报告(2018年)》,2019年5月6日。

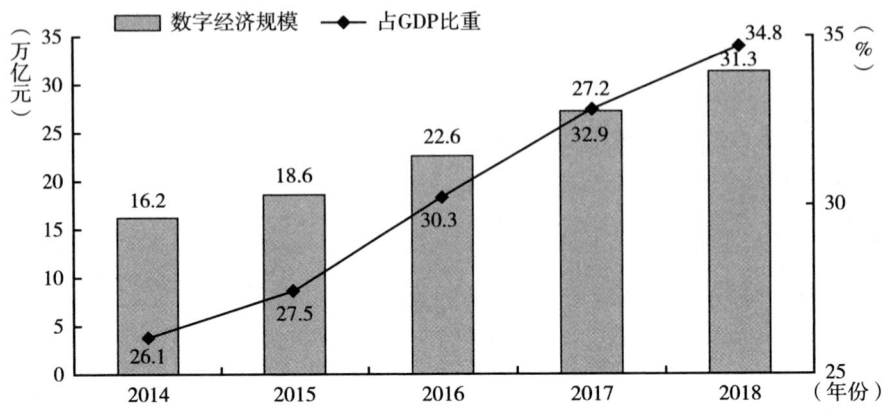

图8　2014~2018年中国数字经济规模及其占GDP比重

资料来源：国家网信办：《数字中国建设发展报告（2018年）》，2019年5月6日。

(91%)。① 我国用户每月在社交应用程序上花费的时间，比美国用户要多10个小时。二是城市化浪潮产生的集聚效应有利于数字经济规模的扩大。我国有22个城市人口超过500万，而美国只有1个，整个欧盟也只有4个。巨型且密集的中国城市人群吸引了众多投资者和企业家，数字技术创新大量涌现。三是活跃的数字投资和创业为数字经济发展提供了保障。我国的风险投资行业快速发展。2011~2013年，我国的风险投资额仅为120亿美元，占全球风险投资总额的6%；2014~2016年，我国的风险投资额高达770亿美元，占全球风险投资总额的19%，约为2011~2013年的6.42倍。② 四是政府为数字科技企业提供了充裕的实验空间。政府为蓬勃发展的数字领域提供了有力支持，"包容审慎"的监管原则也为新技术、新应用成长提供了充足的发展空间，成为数字经济发展的强大后盾。

我国多家互联网企业跻身世界前列。互联网公司增势强劲，收入持续快速增长。2018年，我国互联网企业市值/估值共计1469万亿美元，占前20市值总和的比重为1/4；阿里巴巴、腾讯、蚂蚁金服、百度、小米、滴

---

① 数据来源于国际电信联盟。
② McKinsey&Company：China's Digital Economy：A Leading Globle Force，August 2017.

滴出行、京东、美团点评、今日头条共 9 家企业跻身全球互联网公司前二十。①

表 1　全球最大互联网公司市值/估值前二十

单位：十亿美元，%

企业名称	市值/估值	占前 20 总和的比重
Apple	924	16.0
Amazon.com	783	13.5
Microsoft	753	13.0
Google/Alphabet	739	12.8
Facebook	538	9.3
阿里巴巴	509	8.8
腾讯	483	8.3
Netflix	152	2.6
蚂蚁金服	150	2.6
eBay + Paypal	133	2.3
Booking Holdings	100	1.7
Salesforce.com	94	1.6
百度	84	1.5
小米	75	1.3
Uber	72	1.2
滴滴出行	56	1.0
京东	52	0.9
Airbnb	31	0.5
美团点评	30	0.5
今日头条	30	0.5

注：数据截至 2018 年 5 月。

资料来源：Statista, Market Value of the Largest Internet Companies Worldwide 2018。

互联网助力优化资源配置。党的十八大以来，互联网的发展带动了共享经济等业态的发展，使社会资源运用更为高效。通过互联网可以有效解决共

---

① Statista, Market Value of the Largest Internet Companies Worldwide 2018.

享经济面临的信息不对称问题,实现社会效益的最大化。基于互联网环境下的共享经济制度设计,互联网实现了生产资料、专业技术人才、货币资本、市场资源等生产要素的优化合理配置。通过互联网的合理配置,可以充分发挥整个社会资源的效益,从而有效扩大市场供给,平抑市场价格波动,更好地完善市场机制的作用。

2. 互联网推动我国实体经济转型升级

2015年以来,我国深入实施"互联网+"行动,推动互联网创新成果与实体经济深度融合,在促进传统产业转型升级等方面取得积极成效。2016~2018年,我国产业数字化规模由17.4万亿元增长到24.9万亿元,增幅达43.1%;农业、工业、服务业中数字经济占行业增加值的比重小幅提升至7.3%、18.3%和35.9%(见图9)。互联网在农业现代化、工业智能化及服务业数字化进程中的基础性、战略性、带动性作用日益明显。

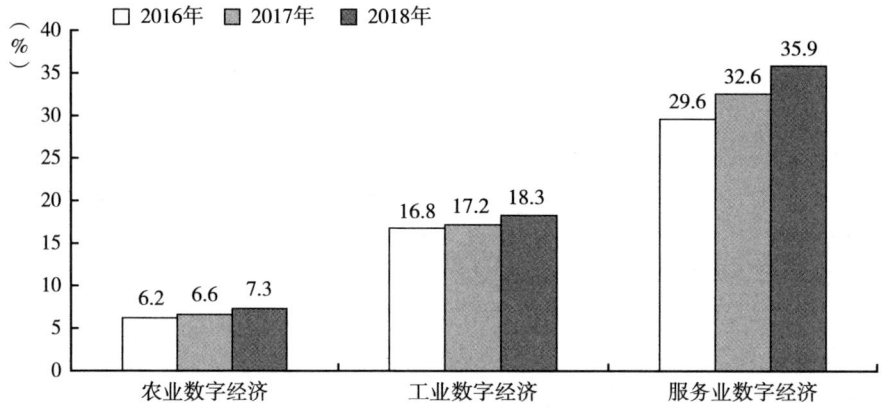

图9 2016~2018年数字经济在三次产业增加值中的占比

资料来源:中国信息通信研究院:《中国数字经济发展与就业白皮书(2019年)》,2019年4月。

互联网促进农业"增产创收"。近年来,依托互联网信息技术与遥感卫星、物联网等技术的集成化应用,智慧农业稳步发展,农产品产销模式推陈出新。一是国家级、省级农产品大数据平台落地推广,助力产销精准对接;

二是无人机植保快速兴起，有效提高农药喷洒作业的安全性和病虫害防治效果；三是首颗农业高分观测卫星"高分六号"成功发射，助力智能监控、精准作业等多个环节；四是农机自动驾驶系统逐渐市场化，无人农场初现雏形；五是"共享农庄+农事体验""虚拟游戏+真实种植"等新模式出现，推动服务型、创新型农业快速发展。总体来看，互联网促进农业标准化、规模化生产，集约化、品牌化运营，为农业增产增收创造条件。

互联网促进工业"降本增效"。近年来，信息技术加速向工业领域渗透，设计、工艺、装备、管理、服务全面升级，柔性制造、网络制造、绿色制造、智能制造不断发展。① 2018年，我国制造业数字化生产设备联网率和生产设备数字化率分别达到39.4%和45.9%，较2015年分别提升2.1个和3个百分点。② 工业APP创新活跃，并逐步形成市场化流通，仅商业发动机领域开发应用的工业APP就有600余个。③ 部分应用工业互联网的先行先试企业劳动生产率提升超20%，万元工业产值综合能耗降低超6%。④ 总体来看，互联网促进产品研发协同化、制造流程数字化、工厂管理智能化，极大地推动了工业降本增效。

互联网促进服务业"提速提质"。2012年，我国服务业增加值占GDP比重首次超过工业，成为国民经济第一大产业。服务业经济体量大、增长速度快，与互联网融合的技术门槛相对较低，促使其数字化转型持续保持领先水平，发展快于工农业。与此同时，部分生产制造型企业正利用互联网向服务型企业转变。2018年，保险、广播电视、资本市场、公共管理、邮政、教育等服务细分领域的数字经济占比均超过40%，呈现可持续发展的良好势头。借助互联网平台，物流运输业平均等货时间可缩短80%；柜台收银业务平均效率可提升60%。总体来看，互联网有助于提升服务业的效率、

---

① 曾宇：《以新一代信息技术驱动我国数字经济发展》，《经济日报》2018年5月24日。
② 中国两化融合服务联盟、国家工业信息安全发展研究中心：《中国两化融合发展数据地图（2018）——新时代，新发展，新引擎》，2018年11月。
③ 中国工业技术软件化联盟：《工业互联网APP发展白皮书》，2019年6月26日。
④ 中国信息通信研究院：《中国数字经济发展与就业白皮书（2019年）》，2019年4月。

效益及品质，满足生产生活中多元化的服务需求。

3. 互联网助推我国区域经济结构优化

互联网助力区域产业结构调整，推动区域协调发展。近年来，互联网与区域经济发展之间的相互促进作用得以进一步激发。例如，京津冀鼓励互联网金融企业通过设立分支机构等方式，服务区域协同发展；贵州建立全国首个国家级大数据综合试验区，并依托大数据中心为西部地区吸引超9000家大数据企业；新疆、广西等地大力建设信息产业园，成为数字丝绸之路建设的重要门户，助推"一带一路"沿线省份快速发展。2018年，我国长三角、珠三角、西北、京津冀、东北等地区数字经济增速均超过10%，且西北地区产业数字化占数字经济比重最高，已达90.8%。① 总体来看，互联网打破时空限制，通过要素流动、信息共享、产业转移等促进东中西及东北部协同发展，形成更加合理的产业分工体系。

互联网促进农村产业融合，拓展农村经济发展空间。党的十八大以来，我国积极推动"宽带中国""互联网＋"等战略计划向农村延伸，促进电子商务、共享经济等新业态向农村渗透，带动农村经济跨越式发展。一是依托"互联网＋"推动农村三次产业融合发展，实现产业链整合、价值链共享，全面促进农村产业结构合理化；二是互联网促进农村引资、引技、引智相结合，为农民创新创业搭建平台，吸引返乡创业人员超800万人，进一步激发农村经济发展活力；三是农村电商成为新农村建设的重要驱动力。2018年，农村电子商务交易额达1.37万亿元，较2013年增长超7倍，农产品网络零售额为2305亿元，较2013年增长近4倍。② 总体来看，互联网为农村经济发展拓展新空间，助力城乡协调发展。

4. 互联网拉动国内消费市场快速成长

2013~2018年，我国网络购物用户规模从3.02亿增长到6.10亿，年复合增长率为15.1%，在网民中的使用率从48.9%提高到73.6%；手机网络

---

① 中国信息通信研究院：《中国数字经济发展与就业白皮书（2019年）》，2019年4月。
② 商务部：《中国农村电商发展报告（2018）》，2019年5月29日。

购物用户规模从 1.44 亿增长到 5.92 亿,复合增长率高达 32.6%,如图 10 所示。

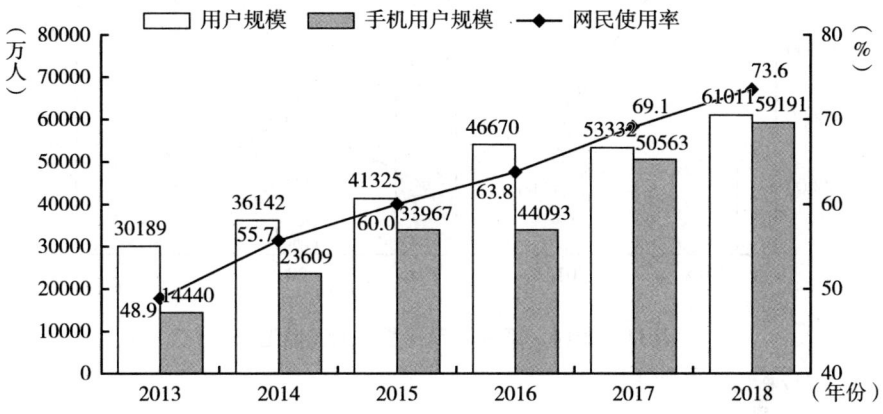

图 10　2013~2018 年网络购物用户规模及使用率

资料来源:CNNIC 第 33 次至第 43 次《中国互联网络发展状况统计报告》。

我国网络零售交易规模连续五年居全球第一。2014~2018 年,我国网络零售额由 27898 亿元增长到 90065 亿元,年增长率由 49.7% 下降至 23.9%（见图 11）。近年来,跨境电商快速发展,已成为网络零售市场新兴的增长动力,影响力遍布全球。2018 年我国跨境电商零售进出口总额达到 1347 亿元,同比增长 50%。① 我国与俄罗斯、阿根廷等 9 个国家新建电子商务合作机制,通过召开电子商务工作促进会和企业对接会等方式,帮助我国企业和上述国家的电商企业更好地开拓国际市场业务。跨境电商模式结构正由保税发货、单一爆品向直邮、多品类长尾模式不断拓展。

网络零售助力消费升级、供给侧改革和扶贫攻坚。网络零售市场从"价格驱动"转为"服务驱动",支付、售后、物流服务质量大幅提高,带动消费者形成品质消费、智能消费、绿色消费的新观念。近年来,线上线下不断融合,大数据、人工智能等技术加速应用,商品生产、流通与销售环节

---

① 《新闻办就 2018 年全年进出口情况举行新闻发布会》,中国网,2019 年 1 月 14 日。

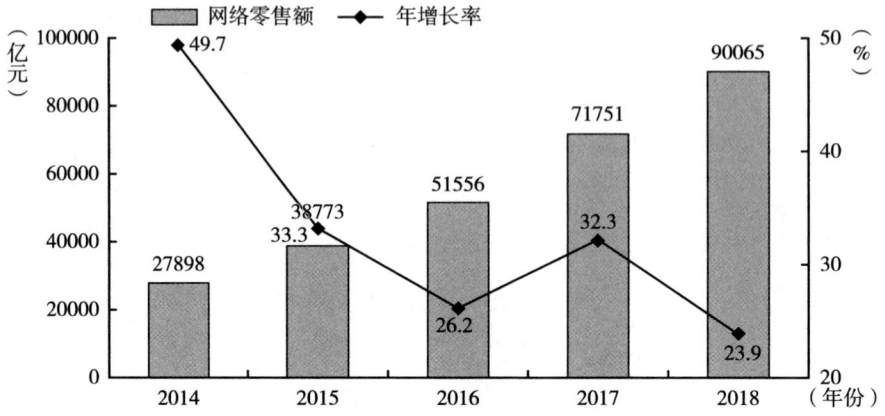

图11　2014~2018年网络零售额及其增长率

资料来源：国家统计局。

的效率得到提升；"新零售"模式崛起，助力供给侧改革。电商加速向县域渠道下沉，农村网购市场在物流、金融、服务等方面不断完善，如京东推出县级以下区域线下加盟合作模式，阿里巴巴进入"农村淘宝4.0"阶段等。这些措施对农村电子商务产业的发展具有积极意义，有助于贫困地区脱贫致富。

5. 互联网带动相关数据业务高速增长

党的十八大以来，固定数据、移动数据及互联网业务收入保持增长态势。2018年，固定数据及互联网业务收入完成2072亿元，比上年增长5.1%，在电信业务收入中的占比由上年的15.6%提升到15.9%；移动数据及互联网业务收入达6057亿元，比上年增长10.2%，在电信业务收入中的占比从上年的43.5%提高到46.6%，如图12所示。

（三）互联网提升国民生活质量

1. 近六成中国人进入互联网时代

2013~2018年，我国网民规模从6.17亿增长至8.29亿，约占全球网民总数的21.3%，年复合增长率为6.1%，在庞大基数的基础上仍然

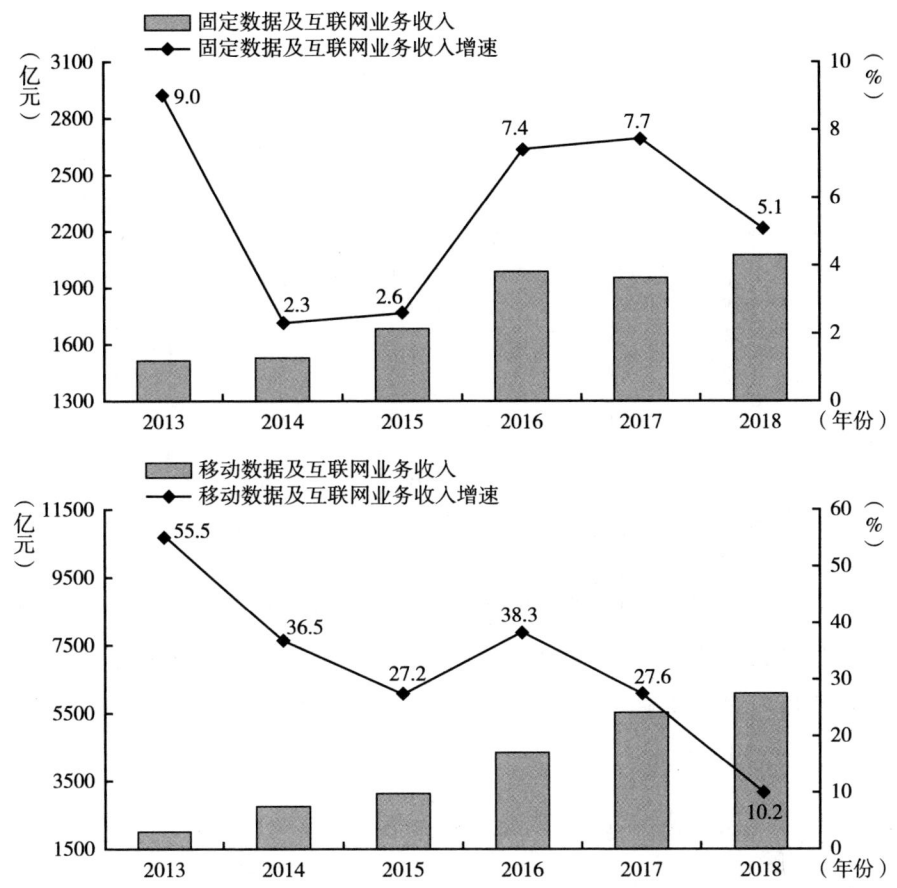

图 12　2013～2018 年固定/移动数据及互联网业务收入发展情况

资料来源：工业和信息化部：《2018 年通信业统计公报》，2019 年 1 月 25 日。

保持平稳增长。互联网普及率相应从 45.8% 提高到 59.6%，比全球互联网平均普及率高 8.4 个百分点。在加强网络基础设施建设、移动上网设备普及、网络应用日益丰富等因素的共同推动下，我国互联网普及率持续攀升。

移动设备迅速普及，我国手机网民数量呈现爆发式增长。党的十八大以来，国家不断扩大移动网络覆盖范围，督促电信运营商降低用网资费，加大对于移动用网的扶持，优化网民上网环境。手机上网门槛逐步降低，

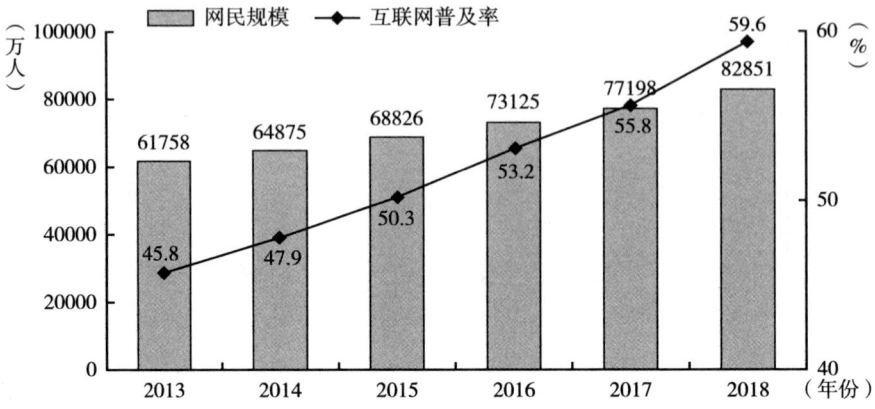

图 13　2013～2018 年中国网民规模及互联网普及率

资料来源：CNNIC 第 33 次至第 43 次《中国互联网络发展状况统计报告》。

我国移动互联网用户数随即呈现爆发式增长。我国手机网民规模从 2013 年的 5 亿增长至 2018 年的 8.17 亿，年复合增长率为 10.3%，远超总体网民增长水平（6.1%），网民中使用手机上网的比例从 81.0% 提高到 98.6%，如图 14 所示。

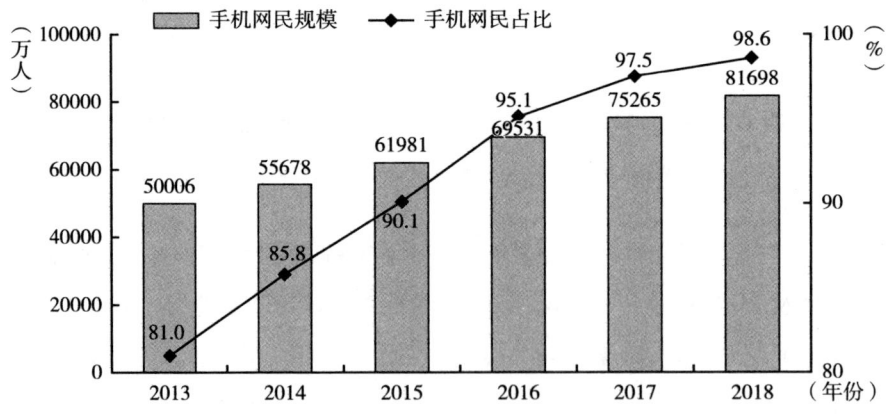

图 14　2013～2018 年中国手机网民规模及手机网民占比

资料来源：CNNIC 第 33 次至第 43 次《中国互联网络发展状况统计报告》。

城乡差距逐步缩小，互联网发展助推网络扶贫建设。2013~2018年，我国农村网民规模由1.77亿增长至2.22亿，年复合增长率为4.6%。① 近年来，中央网信办统筹协调有关政府机构和企业，扎实推进网络扶贫行动，形成各方联动、社会参与的网络扶贫大格局：政府深入开展定点结对帮扶活动，引导网信企业加大投资力度、开发质优价廉的互联网产品及服务、创新"互联网+"扶贫模式，全力推进网络覆盖、农村电商、网络扶智、信息服务、网络公益等各项工作，并充分利用融媒体等手段引导社会公众参与脱贫攻坚、助力乡村振兴。

2. 互联网全方位接入网民日常生活领域

当前互联网已渗透到网民日常消费中的诸多领域。购物、就餐、打车出行、火车票购买、旅游预订等消费场景与互联网的对接，为网民日常消费带来极大便捷。

互联网有效缓解了大众出行难问题。2013~2018年，在网上预订过机票、酒店、火车票或旅游度假产品的网民规模从1.81亿人增长到4.10亿人，年复合增长率为17.8%，在网民中的使用率从29.3%提高到49.5%，如图15所示；其中，网上预订火车票用户规模从1.52亿增长至3.54亿，年复合增长率为18.4%，网民使用比例由24.6%提升至42.7%。② 网络订票为网民省去了传统购票模式所需付出的时间成本，也增加了购票的公平性；2013年兴起的网约车服务节省了网民打车等待时间，促进传统出租车行业采纳互联网技术，降低了司机的空跑率。网约车业态的兴起不仅迎合了广大用户的出行需求，而且已成为网络技术驱动传统行业提升效能的典范。

互联网有效缓解了大众用餐难问题。2015~2018年，网上外卖用户规模从1.14亿人增长到4.06亿人，年复合增长率高达52.9%，在网民中的使用率从16.5%迅速提升至49.0%；用手机订外卖的用户规模从1.04亿人增

---

① 数据来源于CNNIC第33次至第43次《中国互联网络发展状况统计报告》。
② 数据来源于CNNIC第33次至第43次《中国互联网络发展状况统计报告》。

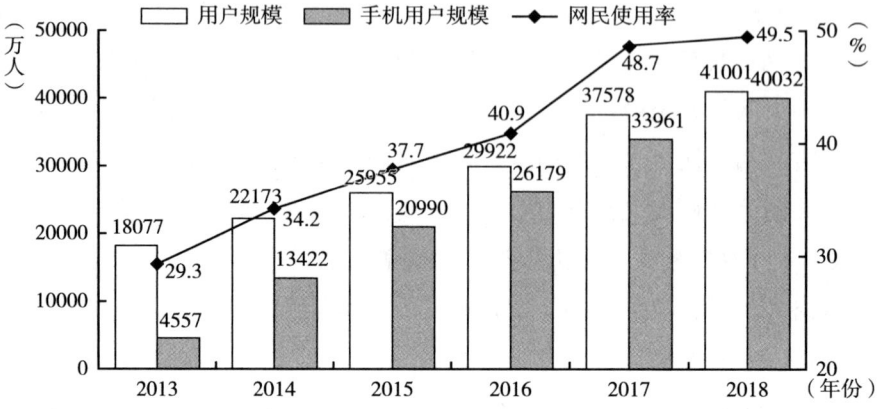

图 15　旅行预订用户规模及使用率

资料来源：CNNIC。

长到 3.97 亿人，年复合增长率更是高达 56.2%。① 近年来，外卖平台通过严格审核入住商户资质、提供食品安全理赔保险服务等方式，着力提高食品安全保障，同时利用人工智能技术升级物流调度引擎、提升送餐时效。此外，外卖平台企业以自身配送系统为基础，逐步拓展服务品类，加速向生活综合服务平台过渡，提升服务能力。

在线教育快速发展方便大众对知识的获取。2015～2018 年，在线教育用户规模复合增长率为 22.3%，手机在线教育用户规模复合增长率高达 54.1%。随着语音识别、云存储等技术的进步，直播课堂已能够营造良好的教学场景，尽可能还原线下学习模式，教学效果得到市场认可，受到各大教育平台及用户青睐。智能设备的快速普及和移动互联网的发展升级为在线教育创造更多机会，轻量化、碎片化、结构化的知识更适合移动端的学习场景，使用户更加高效、方便地获取知识。

搜索服务有力提升用户的信息获取能力。搜索引擎是搜集、整理、归类、呈现信息的一项互联网服务，已成为人民群众低成本获取信息的有力工具。网络搜索显著提高了用户掌握信息的能力，帮助网民快速获

---

① 数据来源于 CNNIC 第 33 次至第 43 次《中国互联网络发展状况统计报告》。

从中国互联网发展看数字经济发展趋势

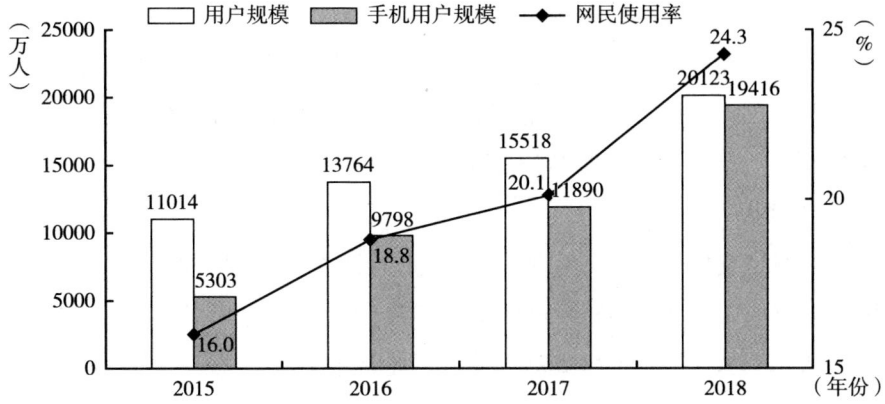

图16 2015~2018年在线教育用户规模及使用率

资料来源：CNNIC。

取网上信息。同时，使用搜索服务的用户往往带有特定意图，这为企业提供更加便利的网络服务拓展了数据来源。2013~2018年，搜索引擎用户规模由4.90亿人增长到6.81亿人，年复合增长率为6.8%；手机搜索引擎用户规模由3.65亿人增长到5.83亿人，年复合增长率达12.4%，如图17所示。

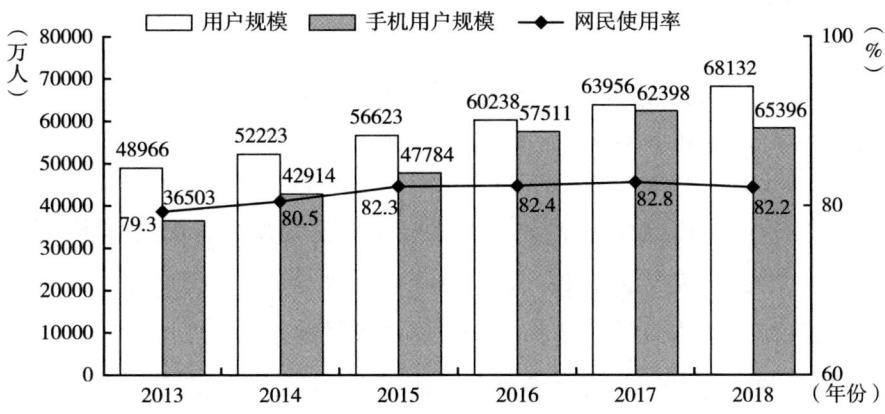

图17 2013~2018年搜索引擎用户规模及使用率

资料来源：CNNIC。

3. 互联网不断向个人金融服务领域渗透

云计算和大数据等相关技术加速向金融服务行业渗透,创新出多种新型金融服务模式。网络支付、网络理财、众筹、网络保险等网络金融服务扩大了受众范围,提高了金融服务的总体效率,更好地满足了网民在个人金融服务方面的需求。

我国网络支付用户规模呈现爆发式增长态势。2013~2018年,网上支付用户规模从2.60亿增长到6.00亿,年复合增长率为18.2%,在网民中的使用率从42.1%提高到72.5%;手机网上支付用户规模从1.25亿增长到5.83亿,年复合增长率高达36.0%,如图18所示。

图18　2013~2018年网上支付用户规模及使用率

资料来源:CNNIC第33次至第43次《中国互联网络发展状况统计报告》。

网络支付全面打通储蓄理财、线上线下消费等服务,深度绑定网民生活。随着线上线下融合步伐加快,网络支付企业通过补贴商户及消费者的手段开展营销,从而使更多线下商户开通移动支付业务,极大地丰富了线下支付的应用场景。网络支付业务通过绑定信用卡、储蓄卡的方式,开通信用消费贷款、中小企业贷款、小额理财等金融服务,以其灵活性和创新性的特点赢得了用户青睐。近年来,网络支付业务应用场景逐渐丰富,打车、外卖、购物等线下消费场景均实现网络支付接入;同时支付企业陆续打通民生类缴费环节，积极谋求合作，从而更好地提供公共服务，以网络支付为核心的在线民生服务体系初步建立。

互联网金融爆发强劲增长力。2014~2018年，互联网理财用户规模从7849万人增长到1.51亿人，年复合增长率为17.8%，在网民中的使用率从12.1%提高到18.3%，如图19所示。

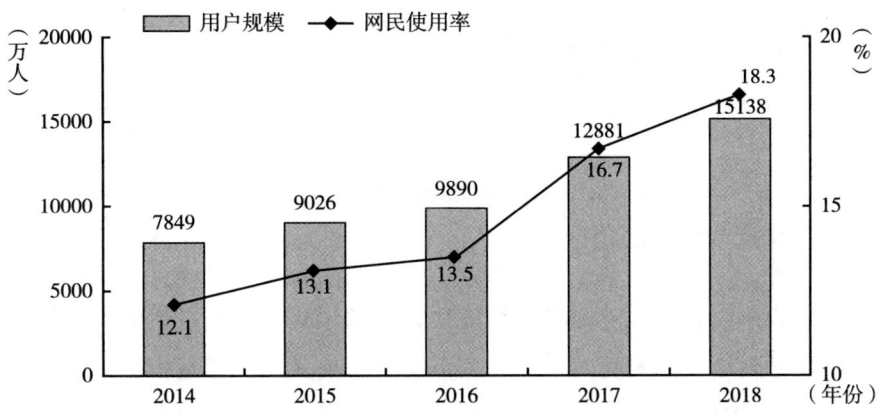

图19　2014~2018年互联网理财用户规模及使用率

资料来源：CNNIC第33次至第43次《中国互联网络发展状况统计报告》。

互联网理财多元化发展，改变传统市场格局。互联网理财产品发挥长尾效应聚合个人用户零散资金，有效降低管理及运营成本。互联网理财具有高收益、低门槛、流动性大等特点，迎合了大众的理财需求，这与传统金融理财和储蓄市场相比优势明显。

4. 互联网搭建无时无处不在的社交网络

互联网特别是移动互联网的出现，打破时空限制，让网民随时随地沟通、交流与分享，时时处于社交网络之中。社交网络由过去以社会场所为节点转变为以人为节点，极大地满足了网民的各类社会交往需求。

微博客基于连接用户关系、信息分享传播的机制，互动性强，既能实现人与人之间的互动，也包含人与组织的互动，是网民分享和交流的开放式社交平台。2013~2018年，微博客用户规模先降后升，截至2018年微博客用户达3.51亿人，网民使用率达42.3%，如图20所示。

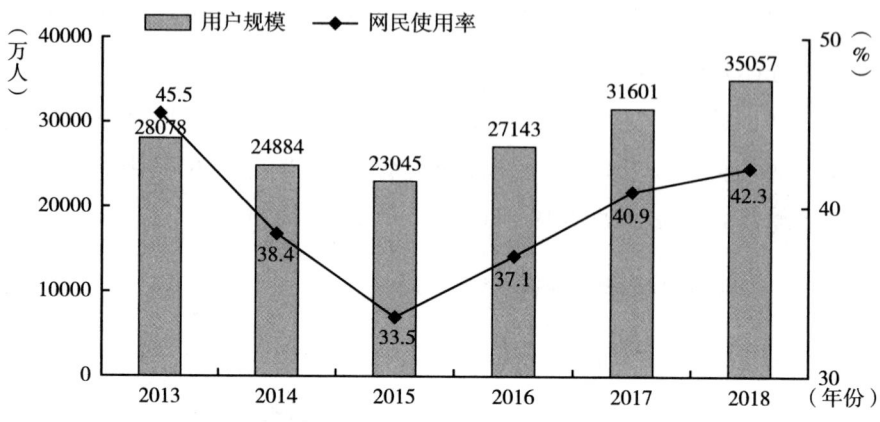

图20　2013～2018年微博客用户规模及使用率

资料来源：CNNIC第33次至第43次《中国互联网络发展状况统计报告》。

以微信为代表的移动即时通信应用，是基于强关系链打造的深度社交平台，极大地满足了熟人间的私密社交需求，当前其用户已基本覆盖全网适龄网民。截至2018年12月，我国92.4%的网民使用微信，用户规模达7.54亿。[①]

5. 互联网推动休闲文娱产业快速发展

网络文学业务迅猛发展，市场营收能力显著提升。2013～2018年，网络文学用户规模从2.74亿人增长到4.32亿人，年复合增长率为9.5%，在网民中的使用率从44.4%提高到52.1%；手机网络文学用户规模从2.02亿人增长到4.10亿人，年复合增长率为15.2%，如图21所示。优秀的网络文学作品大量涌现，专用阅读器、智能手机APP等专用设备及软件日益成熟，通过文字、语音等多种形式，满足我国网民对网络文学的需要。此外，以版权为核心的营业收入保持高速增长，成为网络文学企业营业收入增长的主要动力。

网络影视内容精品化，短视频异军突起。2013～2018年，网络视频用户规模从4.28亿人增长到6.12亿人，年复合增长率为7.4%，在网民中的使用率从69.3%提高到73.9%；手机网络视频用户规模从2.47亿人增长到

---

① CNNIC：《第43次〈中国互联网络发展状况统计报告〉》，2019年2月。

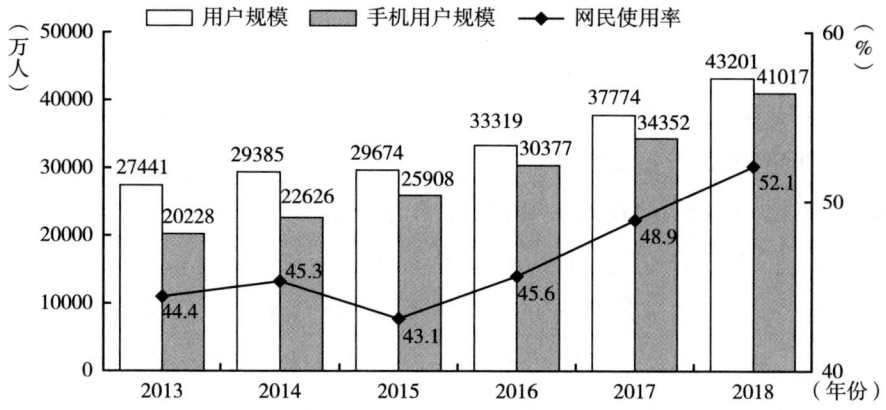

图 21　2013~2018 年网络文学用户规模及使用率

资料来源：CNNIC 第 33 次至第 43 次《中国互联网络发展状况统计报告》。

5.90 亿人，年复合增长率为 19.0%，如图 22 所示。近年来，各大视频网站经历资本并购与整合，持续购买优质版权剧、版权综艺节目以保证流量。同时，短视频业态崛起，已被各大视频网站、大型互联网企业视为自身娱乐生态模式的重要组成部分。截至 2018 年 12 月，短视频用户规模达 6.48 亿人，用户使用率为 78.2%。① 随着短视频内容生产走向专业化，细分门类的优质内容渐受

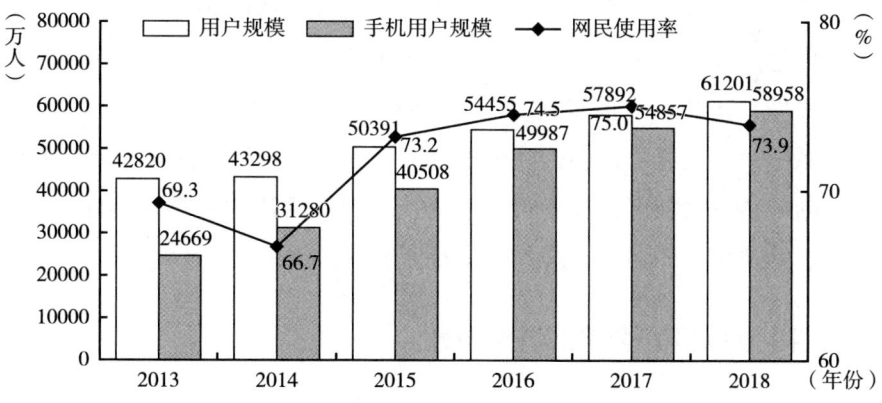

图 22　2013~2018 年网络视频用户规模及使用率

资料来源：CNNIC 第 33 次至第 43 次《中国互联网络发展状况统计报告》。

---

① CNNIC：《第 43 次〈中国互联网络发展状况统计报告〉》，2019 年 2 月。

欢迎，市场成熟度不断提升，同质化内容已逐渐丧失竞争优势，优质内容已成为各平台的核心竞争力。因此，各短视频平台不断加强与第三方合作，致力于优质内容生产，同时带动用户自发创作，使短视频内容生态更加丰富。

移动网络游戏成市场支柱，行业发展走向成熟。2013~2018年，网络游戏用户规模从3.38亿人增长到4.84亿人，年复合增长率为7.4%；其中手机网络游戏用户规模从2.15亿人增长到4.59亿人，年复合增长率为16.3%。① 近年来，电脑端游戏营业收入缺乏增长动力，几乎处于零增长状态，但移动端游戏业务发展迅猛，用户规模和使用率提升显著，行业营业收入增速保持较高水平，大幅超过电脑端游戏业务增速。移动端游戏市场快速发展主要得益于以下原因：用户付费意识明显提升，付费业务收入占比持续攀升，细分游戏类型赢得市场关注，软硬件技术水平不断提升，用户游戏体验进一步得到优化。

6. "互联网+在线政务"践行以民为本

在线政务服务效能稳步提升。2016~2018年，我国在线政务服务用户规模由2.39亿人扩大到3.94亿人，占整体网民的比例由32.7%提升至47.5%。近年来，我国各级政府运用互联网、大数据、人工智能等信息技术，创新优化服务流程，促使政务服务效能提升。在前端服务提供方面，各部门依托网上政务服务平台，实时汇入网上申报、排队预约、审批（审查）结果等信息，线上线下服务功能不断集成融合，政务服务入口向基层全面延伸，从而做到让群众"最多跑一次"；在后端数据管理方面，政务服务数据资源体系进一步完善，推动构建全国统一、多级互联的数据共享交换平台体系，不断丰富平台功能，完善管理规范，从而做到让"数据多跑路"，实现跨层级、跨地域、跨系统、跨部门、跨业务的数据调度。

（四）互联网安全状况持续改善

1. 互联网法制进程不断加快

自中央网信办成立后，互联网法律体系日益完善。2014年以来，我国

---

① 数据来源于CNNIC第33次至第43次《中国互联网络发展状况统计报告》。

持续出台互联网领域相关的法律、行政法规、部门规章、司法解释、规范性文件和政策文件等,为加大互联网治理力度,提升治理成效提供了坚实的法律法规依据。2014年10月,《中共中央关于全面推进依法治国若干重大问题的决定》提出要"加强互联网领域立法,完善网络信息服务、网络安全保护、网络社会管理等方面的法律法规,依法规范网络行为"。2015年8月,网络违法犯罪入刑;2017年6月,《网络安全法》正式实施;2018年1月,《反不正当竞争法》针对网络经营者做出规定;2018年7月,北京和广州两地新增设立互联网法院;2019年1月,《电子商务法》正式实施。

2. 网民安全感知状况有所好转

网民遭遇网络安全问题的比例显著降低。2016～2018年,我国未遇到网络安全问题的网民比例大幅上升,由29.5%提升至49.2%,2018年近一半网民没有遇到过网络安全问题(见图23)。与此同时,网民中遭遇过网上诈骗、个人信息泄露、账号或密码被盗、设备中病毒或木马的比例均不同程度地下降。其中,设备中病毒或木马的用户比例下降最为明显,两年来降低20余个百分点。

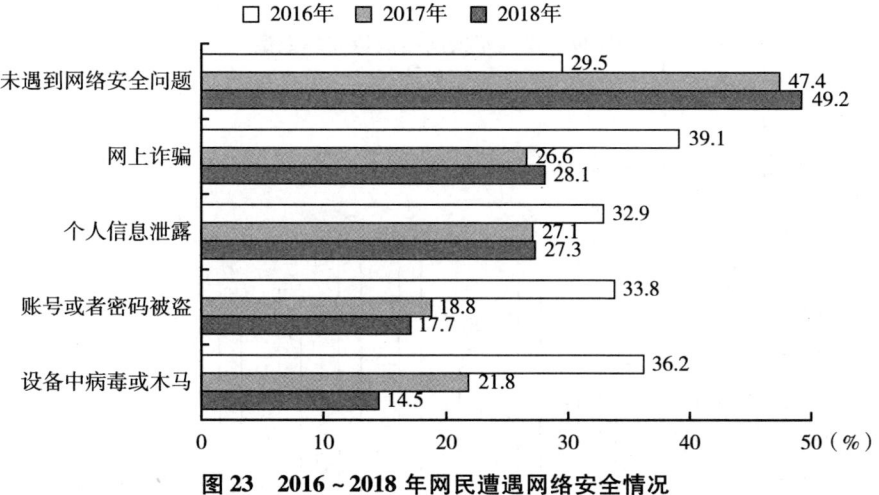

图23 2016～2018年网民遭遇网络安全情况

资料来源:CNNIC。

3. 信息系统安全水平持续提升

终端和网站安全风险显著降低。2018年国家互联网应急中心

（CNCERT）监测发现我国境内感染网络病毒终端累计616万个，较2017年的2095万个下降70.6%；我国境内被篡改网站数量累计23459个，较2017年的60684个下降61.3%；境内被植入后门网站数量累计31790个，较2017年的43928个下降27.6%；国家信息安全漏洞共享平台收集整理的信息系统安全漏洞累计14216个，较2017年的15981个减少11.0%，如图24、图25、图26、图27所示。

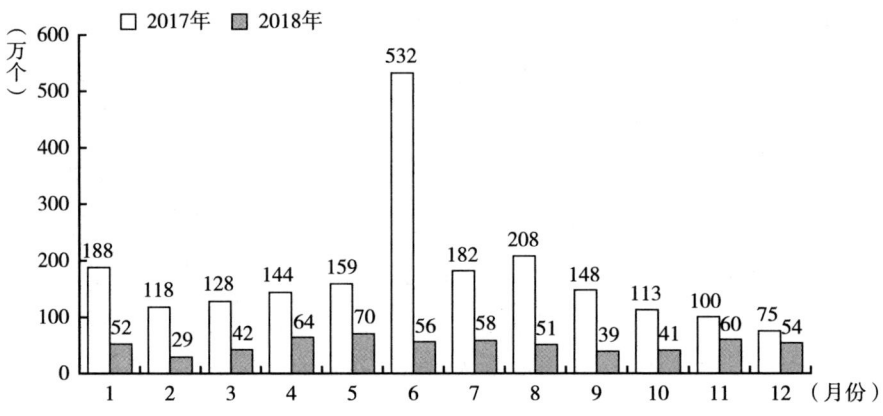

图24　境内感染网络病毒终端数量

资料来源：《CNCERT互联网安全威胁报告》，2017年7月。

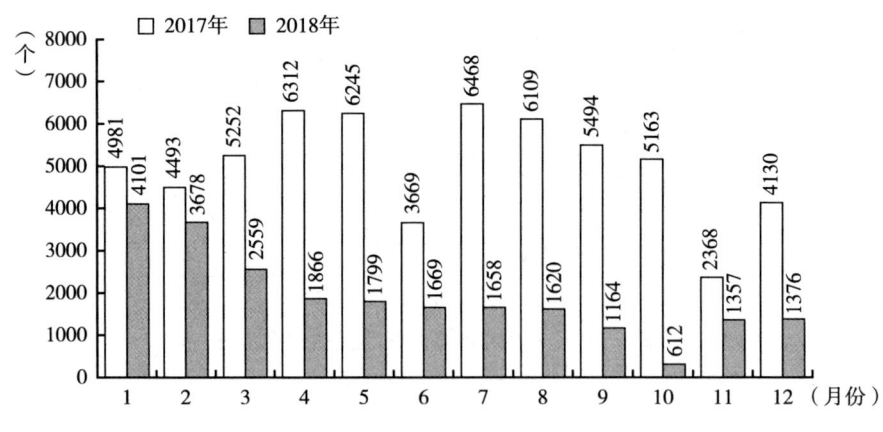

图25　境内被篡改网站数量

资料来源：《CNCERT互联网安全威胁报告》，2017年7月。

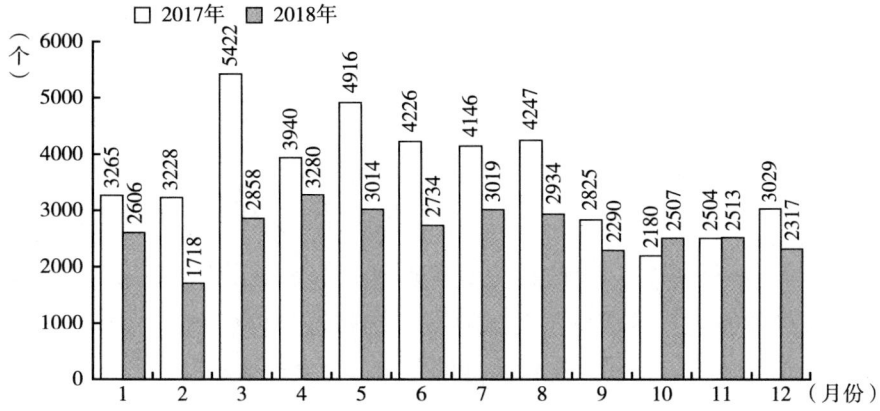

图 26　境内被植入后门网站数量

资料来源:《CNCERT 互联网安全威胁报告》,2017 年 7 月。

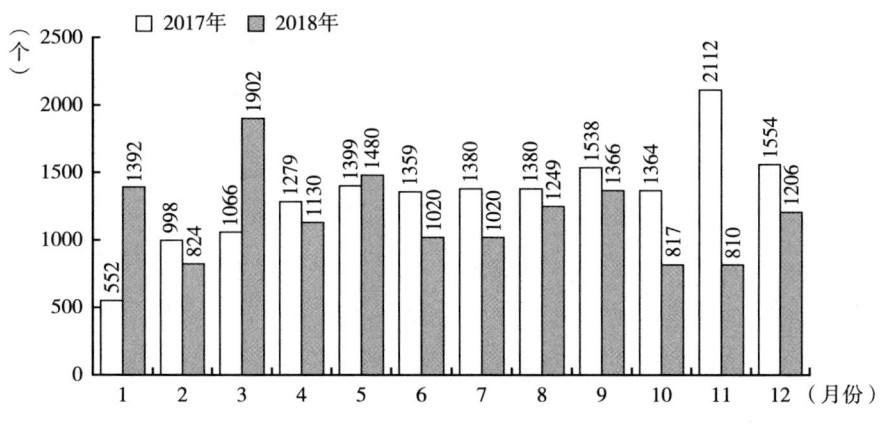

图 27　信息系统安全漏洞数量

资料来源:《CNCERT 互联网安全威胁报告》,2017 年 7 月。

4. 互联网管理体制不断完善

2014 年 2 月 27 日,中央网络安全和信息化领导小组成立,负责统筹协调各相关部门,共同构成国家网络治理体系的主体。我国互联网治理建设的总体布局更加明确,战略定位持续提升。2018 年 3 月 22 日,中央网络安全和信息化领导小组改为中央网络安全和信息化委员会,负

责相关领域重大工作的顶层设计、总体布局、统筹协调、整体推进、督促落实。

5. 互联网管理制度日益健全

自2017年以来，国家互联网信息办公室为保护公民、法人和各组织的合法权益，维护国家安全和公共利益，根据国家相关法律法规，先后发布了《互联网新闻信息服务管理规定》《互联网群组信息服务管理规定》《微博客信息服务管理规定》等管理办法和规定，为依法管网、提高内容服务质量提供了依据，对促进互联网各行业健康有序发展具有重要意义。

6. 互联网治理工作成效明显

开展专项行动，营造清朗网络环境。近年来，国家有关部门先后开展"净网""剑网""清源""护苗"等系列专项治理行动，大力推进网络空间法制化，规范网络行为，网络环境逐步得到有效净化。例如，"剑网2018"专项行动期间，各级版权执法监管部门查处网络侵权盗版案件544件，其中查办刑事案件74件、涉案金额达1.5亿元，查办了一批侵权盗版大案要案。① 此外，针对新兴的短视频、网络转载领域的版权问题，监管部门约谈了相关企业，推动行业自律、履行主体责任，网络版权秩序得到明显改善。

动员社会各界广泛参与，积聚大众力量共治网络空间。网民既是诸多网络问题的制造者，也是重要的互联网治理主体和力量。近年来，社会组织积极参与互联网治理的实践，呈现出形式多样、反应迅速、线上线下联动等特征。一是伴随着认识水平的不断提升，行业自律和自发性的网络治理活动不断涌现。2018年5月，中国网络社会组织联合会成立，网络组织规范运行迎来新局面。二是公众积极参与，通过违法信息举报、建言管理制度等方式规范网上行为。2018年，全国各级网络举报机构共受理有效举报8489.3万件，较2017年的5263.9万件增长61.3%，② 这充分显示了网民参与的巨大力量。

---

① 国家版权局：《"剑网2018"：查处544件网络侵权盗版案件》，《科技日报》2019年4月29日。
② CNNIC：《第43次〈中国互联网络发展状况统计报告〉》，2019年2月。

7. 互联网治理国际话语权不断提升

积极参与国际交流，阐述互联网治理的中国之声。2014年7月，习近平主席在巴西国会演讲时首次就全球互联网治理提出"中国主张"。2015年12月，习近平主席在第二届世界互联网大会提出"四项原则"和"五点主张"，为互联网的全球治理贡献了中国智慧和中国方案。

中国模式的国际扩散效应日趋显著。近年来，世界经济处于深度调整期，全球经济格局面临重构局面。我国作为信息化大国，拥有相对完整的信息产业链、较高的生产能力和强有力的安全保障能力，网信企业的自主创新能力也不断提升，已具备向国际市场输出信息化解决方案的实力。随着"一带一路"沿线国家和地区信息化建设的深入，我国网信企业将迎来难得的成长机遇。这一系列举措，不仅带动了"一带一路"沿线国家和地区信息产业的发展，而且将当地的优势资源加以整合，帮助更多的人享受到数字经济发展的红利。

三 中国数字经济发展趋势与展望

（一）数字经济的定义与阶段划分

基于国内外现有研究成果，结合数字经济发展的实际情况，数字经济主要指以数据资源为关键要素、以数字技术为重要驱动的新经济形态。根据数字化程度的不同，我国数字经济的发展可分为三个阶段。一是数字化起步期，也称导入期。这一阶段信息通信技术兴起，信息基础设施建设成为发展重点，为释放人口红利奠定基础。二是数字化成长期，也称加速期。这一阶段互联网平台快速扩张，互联网应用普及成为发展重点，为共享数字红利创造条件。三是数字化转型期，也称升级期。当前，大数据、人工智能等新兴技术渗透到经济社会运行的方方面面，推动数字经济步入发展新阶段，数字化融合创新与综合治理成为发展重点，为开启智能红利提供动力。当前，我国数字经济的发展正从数字化成长期向数字化转型期过渡。

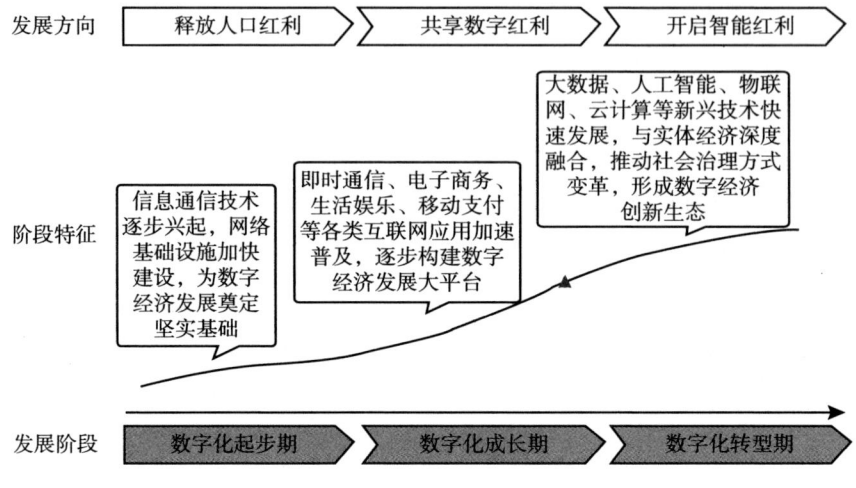

图 28　数字经济的发展阶段

注：当前，我国数字经济正从数字化成长期向数字化转型期过渡。

（二）数字经济相关指标预测

为更好地研判我国数字经济发展趋势，基于我国网民规模、人口规模等历史数据，根据灰色理论建立 GM（1，1）模型[①]，并利用 MATLAB 软件实现模型运算，对我国网民增长数量及互联网普及率增长趋势做出预测。针对数字经济细分领域，选取对其影响较为显著的网民数、带宽数、IP 地址数等指标作为影响其市场规模的关键因素，并结合该领域相关历史数据，构建模糊线性回归模型进行预测。

从预测结果来看，在中央政策引导、各级政府协调支持和相关网信企业的大力推进下，我国数字经济将继续保持快速发展态势，推动信息化建设成果进一步巩固，助力网络强国、数字中国建设取得新的更大进展。一是新主体推动网民规模新突破。低龄、高龄及农村网民等新兴群体正在迅速崛起，促进我国网民规模持续攀升，有望在未来 3 年内接近 10 亿人；二是新模式

---

① 灰色模型（GM）：通过少量的、不完全的信息，建立灰色微分预测模型，对事物发展规律做出模糊性描述，其中 GM（1，1）模型表示 1 阶的、1 个变量的微分方程模型。

拓展市场发展新空间。协同共享、付费订阅及线上线下融合发展等新模式加速渗透，为电子商务、网络广告、网络内容等领域创造新的发展空间；三是新动力带来产业规模新增长。未来，数字经济相关产业将由粗放型增长向创新驱动、精细化管理的高质量发展转变，部分细分领域增长速度呈现放缓趋势，但相关产业规模仍将保持在10%以上的中高速增长。

1. 我国网民规模有望于2021年接近十亿人

随着上网门槛的持续降低、上网技能的不断提升及上网场景的日益丰富，互联网领域人口红利将进一步释放。预计未来3年内，我国将新增约1.6亿网民，到2021年网民规模将有望达到9.9亿人，互联网普及率将有望攀升至69.9%（见图29）。

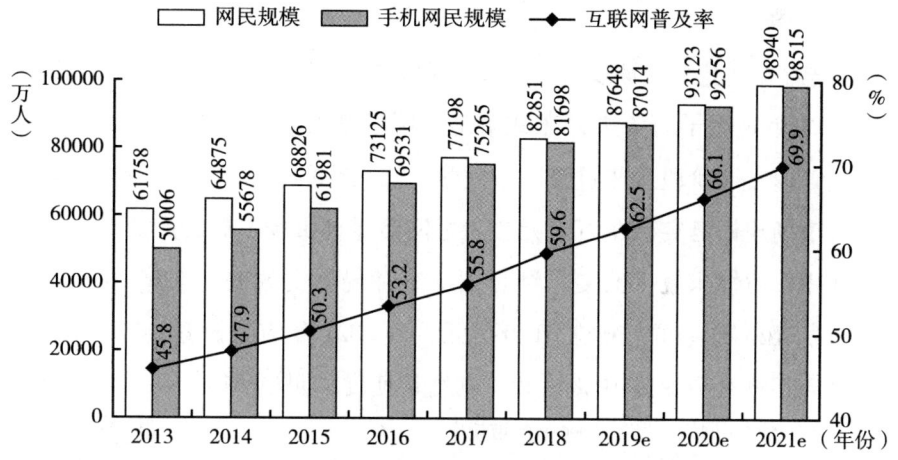

图29 网民规模及互联网普及率预测

资料来源：CNNIC，作者测算。

随着网络扶贫工作的推进，到2020年，我国12.29万个建档立卡贫困村的宽带网络覆盖比例将超过98%。这将极大地推动互联网向农村贫困地区及边远地区渗透，与农业生产、农村建设、农民生活加速融合，进一步消弭城乡数字鸿沟。预计未来3年内，农村地区互联网普及率有望实现较为明显的提升，我国城乡互联网普及率差距也有望由2018年的36.2个百分点缩小至2021年的31.5个百分点（见图30）。

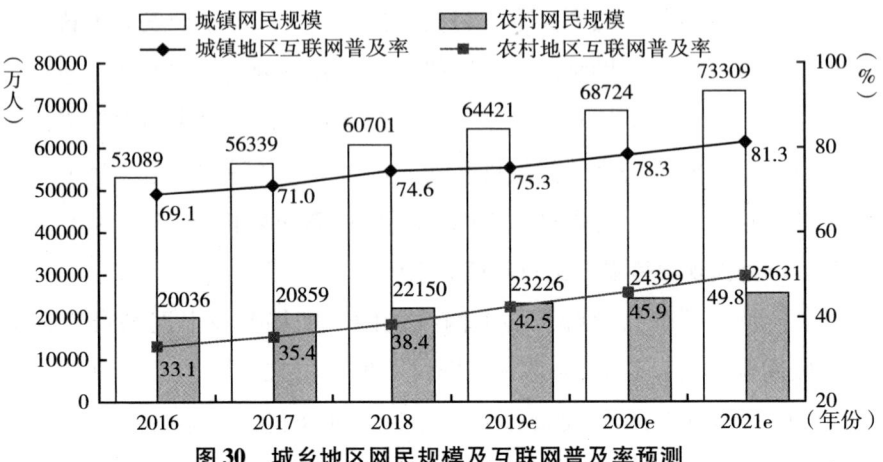

图30 城乡地区网民规模及互联网普及率预测

资料来源：CNNIC，作者测算。

2. 电子商务相关市场规模增速有望保持在14%以上

2019年《电子商务法》正式落地，网络消费进一步规范发展，行业从粗放式高速发展阶段逐步过渡到重质量、重效率的中高速发展阶段。当前网络零售市场规模已突破9万亿元，考虑网络零售市场发展的产业基础、技术应用和用户习惯未发生改变，结合国家统计局历史数据，推算2019年网络零售市场交易规模可能突破10万亿元，到2021年有望超过14万亿元，预计未来3年将有望保持10%~20%的增长速度（见图31）。

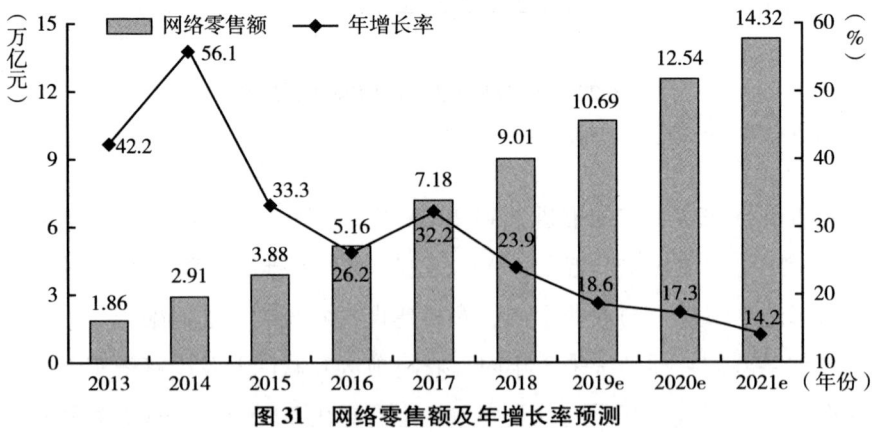

图31 网络零售额及年增长率预测

资料来源：国家统计局，作者测算。

在经历了超高速增长后，移动支付规模增速在2016年逐步放缓，但仍保持30%以上的年增长率。当前，第三方支付金融监管趋紧，小额高频场景渗透已趋于饱和，生物识别技术将成为移动支付未来增长的重要动力，结合央行历史数据，推算2019年移动支付业务规模可能超过355万亿元，到2021年有望达到555万亿元，预计未来将有望保持20%~30%的增长速度。

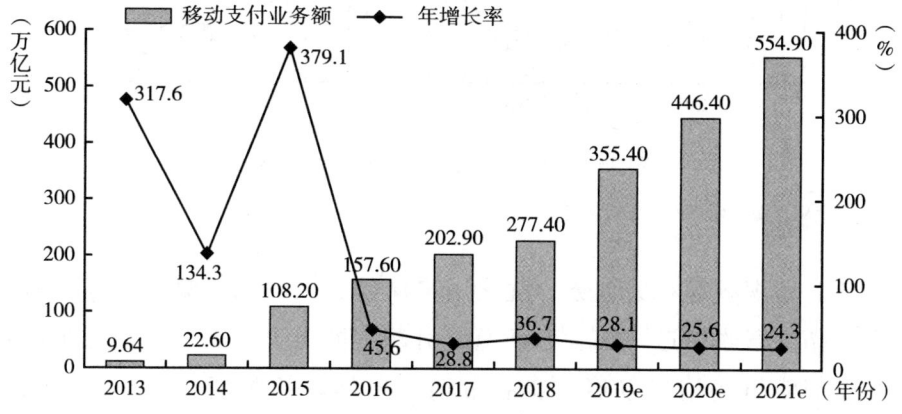

图32　移动支付业务额及年增长率

资料来源：中国人民银行，作者测算。

3. 网络广告市场规模有望于2021年达7565亿元

网络广告作为互联网产业重要的商业模式，市场规模随着互联网企业形态和格局的变化而不断变化。近年来，互联网产业进入精细化运营期，网络广告市场也在各阶段不断打破原有天花板限制，拓展形式和边界。综合考虑网络广告历史数据、大型互联网企业财报等，预计未来三年内，中国网络广告与传统线下广告的结合将愈加紧密，互联网分界将逐渐模糊，2021年我国网络广告市场规模将有望达到7565亿元（见图33）。

搜索引擎广告是互联网服务的重要营收渠道，营销品牌市场集中度高、行业客户规模发展较为稳定，但受到信息流产品、短视频产品等新型广告渠道的冲击，搜索引擎广告市场规模出现增速下降趋势。应对市场变化，搜索引擎企业不断深化应用大数据、AI等技术，同时积极布局

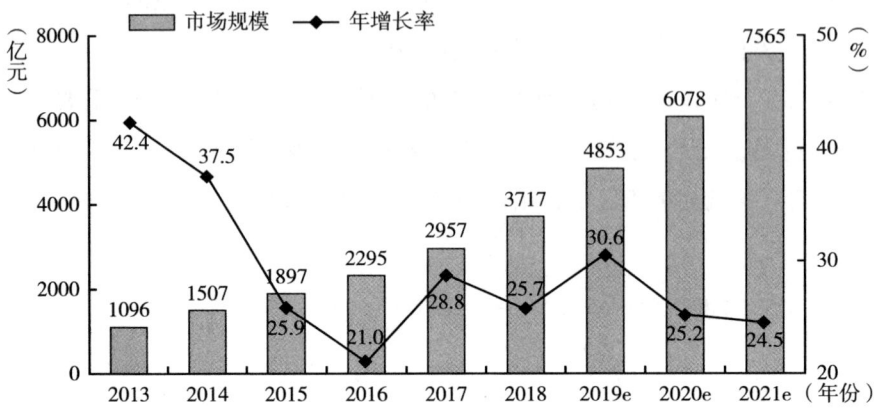

图33 网络广告市场规模及年增长率

资料来源：CNNIC，作者测算。

信息流、短视频等相关业务，优化用户体验、提高用户黏性、稳定搜索流量、拓宽营收渠道。综合考虑搜索引擎市场历史数据、企业财报以及对搜索引擎市场格局发展、竞品市场发展趋势的判断，预计未来三年内，搜索引擎市场规模增速逐渐下降，到2021年有望达到1460亿元（见图34）。

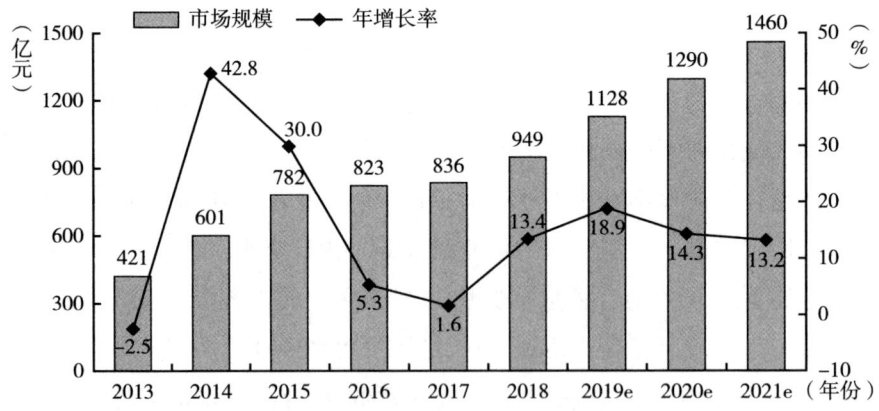

图34 搜索引擎广告市场规模及年增长率

资料来源：CNNIC，作者测算。

4. 网络内容相关市场营收增速有望保持平稳增长

随着视频内容生态圈的形成，用户娱乐方式多样化，用户体验提升，活跃用户数量、用户使用时长以及每用户平均收入（ARPU 值）均进一步提升，未来在线视频市场广告规模将保持平稳增长。2017 年以后，随着各大视频平台投入更多资源用于原创优质内容制作，用户付费将成为推动收入增长的主要动力，广告收入占比逐渐下降，营收多元化趋势明显。综合考虑相关历史数据、CNNIC 近十年来网络视频产业发展相关数据和行业内三大巨头爱奇艺、腾讯视频、优酷相关财报中收入构成的数据趋势，预计 2019 年在线视频市场营收将超过 1000 亿元，到 2021 年有望达到 1687 亿元（见图 35）。

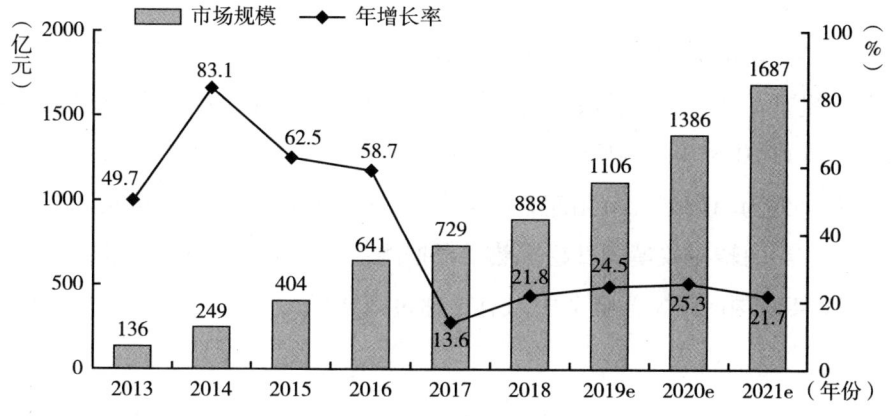

图 35　在线视频市场营收及年增长率

资料来源：艾瑞咨询，作者测算。

工信部 2019 年 1 月发布的数据显示，2018 年国内网络游戏（包括客户端游戏、手机游戏、网页游戏等）业务收入达 1948 亿元。2018 年游戏行业商业化审批暂停导致业务收入增速（17.8%）同比降低，但随着 2019 年该审批的重新启动，预期未来 3 年国内网络游戏业务收入增速将逐渐回升。根据工信部已发布数据，以及上市游戏公司财报对未来营收的预期，预计我国网络游戏业务收入将在 2019 年突破 2000 亿元，并有望于 2020 年接近 3000 亿元（见图 36）。

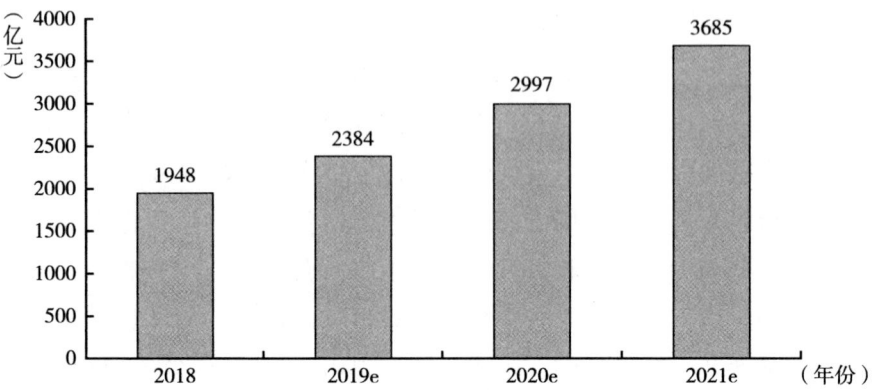

图36 网络游戏业务收入

资料来源：工业和信息化部，作者测算。

网络文学市场版权环境近年来明显改善，用户付费比例和单用户付费能力持续提升，推动行业营收保持较高增速。根据已上市网络文学企业的财报数据，推算2018年国内网络文学市场营收（包括在线阅读、版权运营和其他收入）约为102亿元。由于国内网络文学业务正处于高速增长期，且网络文学作品的转授权模式日趋成熟，根据网络文学上市企业的财报数据，预计2021年我国网络文学业务收入有望超过200亿元（见图37）。

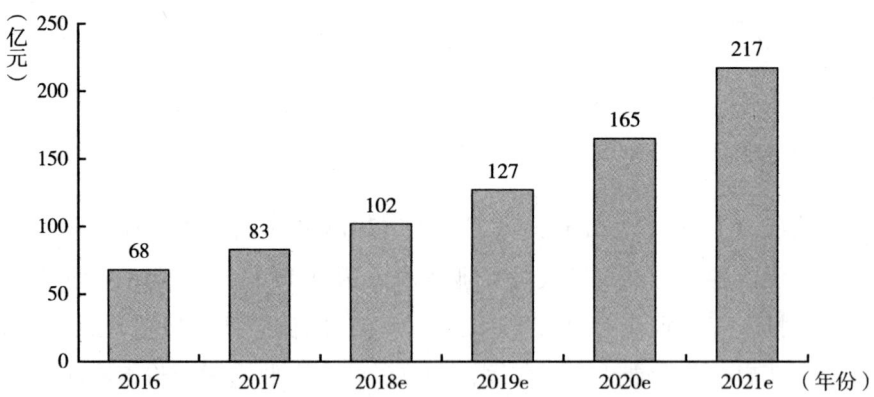

图37 网络文学市场营收及年增长率

资料来源：上市企业年报，CNNIC，作者测算。

（三）数字经济发展趋势展望

1. 网络基础环境将迎来新一轮建设热潮

一是5G网络将全面应用，推动万物互联时代变革。自20世纪80年代以来，每过10年移动通信核心技术就会完成一次迭代。与前四代通信技术相比，5G技术具有传输速度快、容量大、延迟性低等显著优势，为物联网大规模应用奠定了底层技术基础。工信部2019年6月6日正式向中国电信、中国移动、中国联通、中国广电发放5G商用牌照，标志着我国5G相关产业链已经走向成熟，我国正式进入5G商用元年。预期在未来的几年内，我国5G业务将率先应用于增强移动宽带（Enhanced Mobile Broadband，eMBB）领域，为音视频、网络游戏等丰富多样的富媒体应用提供超高的传输速率，从而为用户提供多角度、高清晰的沉浸式体验。此外，在大规模物联网、工业自动化、远程医疗等领域中，5G技术也将催生大量创新应用和业态，不断改变社会连接方式、提升全社会资源配置效率，降低整体运营成本，并有力提升相关行业全要素劳动生产率。

二是IPv6部署将全面落地，用户规模显著提升。IP地址是互联网重要的基础资源。2017年11月，中共中央办公厅、国务院办公厅印发的《推进互联网协议第六版（IPv6）规模部署行动计划》提出，我国到2025年末，IPv6网络规模、用户规模、流量规模位居世界第一位，网络、应用、终端全面支持IPv6，全面完成向下一代互联网的平滑演进升级，形成全球领先的下一代互联网技术产业体系。截至2018年12月，我国IPv6地址数量为41079块/32，年增长率为75.3%。[①] 预计在未来的3~5年内，我国将围绕IPv6的芯片、操作系统、终端及网络设备、安全系统等一系列关键领域开展核心技术攻关，持续推进互联网应用升级、骨干网IPv6互联互通、IPv6网络国际出入口扩容、数据中心和云服务平台IPv6升级等重点工作，鼓励和支持各类商业网站完成IPv6升级和应用部署，从而显著提升IPv6用户

---

① CNNIC：《第43次〈中国互联网络发展状况统计报告〉》，2019年2月。

规模。

2. 网信技术自主创新能力将突飞猛进

多项重大技术处于变革前夜，即将进入高速发展期。各类前沿技术助推"互联网+"蓬勃发展，共同催生形成新的生态系统。基础物理、材料、生物、脑认知等前沿科学技术的不断突破，将有力推动3D打印、量子通信、神经网络芯片、人工智能等新兴技术的快速发展，促使网信领域源源不断地创造出新的生产方式、产业形态和商业模式。同时，以大数据、人工智能、物联网、云计算为代表的新一代信息技术，正在重构未来计算全新架构，促进创新链与产业链更加紧密融合，为我国提供一个前所未有的协同创新机遇期。

3. 互联网应用将驱动数字经济蓬勃发展

我国个人互联网应用仍具备很大发展潜力，在未来将保持良好发展势头，持续驱动数字经济快速发展。一是互联网领域的人口红利尚未完全消化。截至2018年12月，我国仍有5.62亿未上网人群，有大量银发、低龄、三四线城市及乡镇人口还未接入互联网；二是即时通信、网络购物、网络新闻、搜索引擎等应用依然保持较高的使用率，并逐步为网民提供支付、游戏、O2O等业务入口，以及更加广泛的信息、商务、生活、文娱服务接口，逐步构建起生态链条，形成平台效应；三是网上支付、网上外卖、网上理财等应用类型仍将保持较高的增长速度，为互联网企业贡献较大的市场收入。

4. 数字化时代将持续赋能企业组织转型

传统企业向平台化转型，平台企业向生态化演进。随着云计算、大数据、人工智能等新一代信息技术的发展，数字化商业新范式将推动企业组织转型，促使市场竞争从技术竞争、产品竞争及供应链竞争向生态体系竞争转变。一方面，传统企业将加速向平台化转型，实现产业链的有效缩短和信息对接流程的极大简化。另一方面，平台企业正向生态化演进，通过探索跨界融合、重塑组织结构等方式，构建资源集聚、合作共赢的发展大格局。同时，互联网助推企业打破传统组织边界的束缚，以全新的资源运作方式和成果转化方式，搭建跨地域展开、多元主体参与的众包、众创平台，从而形成高度开放、高度协同的产业创新生态圈，激活数字经济创新活力。

5. 数字经济与实体经济将深度融合发展

一是数字经济的发展为"中国制造"转型升级为"中国智造"带来了新的历史契机。我国数字经济发展的时间虽然不长，却体现出快速增长性和高度创新性。随着实体经济与数字经济深度融合，数字化技术对制造业的重塑程度将不断加深，焕发十足的增长动力，这对制造业换代升级、提高劳动生产率、构建更大的新兴市场具有重要意义。预期未来3~5年内，我国数字经济相关战略将深入实施，互联网、大数据、人工智能等新一代信息技术将进一步赋能先进制造业，持续催生智能工厂、制造网络平台、远程就业协作等新兴业态，创造出基于网络的新型协作组织，造就一大批拥有数字意识和技能的新型劳动者。

二是数字经济为现代服务业发展提供了强大的动力。新一代信息技术成为驱动传统服务企业数字化转型的重要动力，未来将深刻改变传统行业的商业逻辑和运行方式，目前在部分领域已有所显现。如"新零售"的兴起是以消费者体验为中心，通过运用大数据、人工智能等技术手段，无缝连接用户、商品和服务，实现供应链的数字化，优化了商品生产、流通和销售流程，进而重塑了以线上服务、线下体验和物流配送为一体的生态结构。预期在未来的3~5年内，互联网与现代服务企业的联盟化趋势将不断加强，线上、线下资源进一步整合；供给端升级将不断加快资源流动速度，从而更加有效地提升供应链效率，实现传统服务业态的转型升级。

6. 数字化手段将进一步提升社会福利水平

依托先进数字技术，社会公共服务将更加便捷化、普惠化、均等化。数字经济的快速发展，将推动衣食住行、教育医疗、就业养老等多个生活场景实现全方位数字化，从而显著提升社会公共资源供给的效率和效益。这是数字经济在提高生产力、促进实体经济转型发展之外的重要着力点。例如，区块链技术将逐渐应用于公民身份验证、公共信息存储与共享等领域，助力公共服务再升级。以多种形式呈现，包含基础学科、职业技能、道德心理等多

个领域的数字化公共教育平台,将不断扩大优质教育资源的覆盖范围。基于互联网、由数据驱动、以个体为中心的智慧医疗将通过引入人工智能助手、与智能可穿戴设备有机结合等方式,为社会公众提供更低门槛、更高质量、更为人性化的服务。

7. 数字化实力将重塑国家和地区竞争力

国家及地区之间竞争的重心将由物理资源向数字资源转变。传统城市和国家的发展依赖于资源禀赋优势、区位优势等,而在数字化时代,互联网为连通世界开拓新渠道,基于信息流的网络空间已成为继物理空间、社会空间之后的又一战略要地。随着新兴技术在社会运行管理过程中的加速渗透,海量城市数据将为构建与物理城市相互映射、有机融合的数字孪生城市奠定基础,从而提升城市数字化管理水平和竞争实力。同时,数字经济的快速发展,将推动形成庞大的、一体化的信息流,其显著的溢出效应、渗透扩散效应和马太效应将持续带动技术流、资金流、人才流、物资流不断集聚,以数字化基础建设、数字化消费主体、数字化营商环境等为国家和地区的发展提供全新动力。

8. 社会治理体系的数字化程度将显著提升

一是现实社会与虚拟社会双重治理能力将显著提升。网络虚拟社会具有匿名、开放、自组织等特点,在虚拟社会中暴露的问题往往与现实社会的矛盾重叠交织,形成线上、线下相互影响的新型社会公共空间,这对社会治理提出新要求。因此,社会治理模式应结合时代发展特征,注重治理主体、路径的多元化,充分考虑现实社会与虚拟社会的特点与联系,及时高效地处理社会热点问题,合理应对人民群众的公共利益诉求。未来,随着我国网络空间相关法律、法规和政策的不断完善,多方协同治理体系持续健全,打击网络违法犯罪活动的各项行动深入推进,相关治理能力将显著提升,治理成效将更加明显。

二是信息技术将推动构建新一代社会治理体系。未来,我国仍将进一步推进"互联网+政务服务",大量采用新一代信息技术来感知社会态势、畅通信息渠道、辅助科学决策,进一步增强综合服务能力,提升政务服务效能，提高治理能力的现代化水平。在优化事务流程的基础上，将进一步推进开放、共享的政务大数据平台建设，重点提升政务服务的便捷性和政府的综合服务能力，实现跨层级、跨区域、跨行业的数据共享和协同管理，构建精准、高效的新一代社会治理体系。

（四）数字经济发展建议

在新一轮科技革命和产业变革中，我们面临发展数字经济的良好机遇，但仍要看到，我国依然面临数字经济发展不平衡加剧、核心技术突破严重制约、数字产业生态尚未成型、数字化治理面临新挑战等诸多问题。推动数字经济发展，要全面贯彻落实党的十九大精神，[①] 以习近平总书记关于网络强国的重要思想为指导，牢牢把握高质量发展要求，充分发挥核心技术的创新引领作用，营造数字经济发展的良好生态，推动数字经济持续健康发展。

1. 弥合数字鸿沟，加快数字红利普惠共享

地区、城乡信息化发展不平衡，制约了数字经济的扩散发展。要着眼解决"用不起""用不好""用不均"等问题，加快弥合数字鸿沟，实现人与人、人与技术之间的平衡发展。一是要解决"用不起"的问题。加快补短板，加强农村偏远地区、中西部地区网络覆盖，降低信息化使用成本，让贫困地区人口共享信息高速公路红利。二是要解决"用不好"的问题。丰富信息化应用服务，给贫困地区用户的生产生活提供更方便快捷的体验，更好地服务人们的生产生活。三是要解决"用不均"的问题。提升数字经济基础普及能力，尤其是提升失业者、农民等人群的数字素养。发挥数字技术手段，对贫困人口实行分类精准扶持，助力精准扶贫、精准脱贫，最大限度释放"数字红利"。

2. 打造核心技术产业生态，推动"三链"协同发展

紧紧抓住全球信息技术和产业新一轮分化和重组的重大机遇，全力打造

---

① 《关于发展数字经济稳定并扩大就业的指导意见》（发改就业〔2018〕1363号），发展改革委网站，2018年9月26日。

核心技术产业生态、进一步推动前沿技术突破、实现产业链、价值链和创新链等各环节协调发展,① 推动我国数字经济发展迈向新台阶。一是加强基础软硬件产业生态建设。着重加强生态系统建设工作,发展平台级产品构建"微观生态",推进关键领域应用示范构建"中观生态",指导基础软硬件产业发展构建"宏观生态"。② 二是持续推动信息领域前沿技术研发。采用非对称赶超战略,加强核心技术的基础研发,依托政策和产业优势,集中力量进行协同攻关,加速推动信息领域核心技术突破。三是进一步推动产业链、价值链、创新链等各环节的协调协作。充分发挥区域间要素互补、分工深化和产业链、价值链互济的作用,各环节需遵循利用市场规律,找准自身定位,建立合适的商业模式,主动参与全球创新、交流与协作,抢抓后移动互联网时代产业发展契机,补足我国在数字经济发展方面存在的薄弱环节和突出短板。③

3. 建设数字丝绸之路,提升数字经济国际影响力

数字丝绸之路建设是共建"一带一路"的重要组成部分,是数字经济高质量发展的重要依托。一要创新数字合作形态。充分考虑沿线各国家和地区法治环境的复杂性和合作意愿,按照平等互利的原则,深化在电子商务、互联网+政务服务、数字化教育培训、移动在线支付、新型智慧城市等领域的合作。二要复制推广数字园区模式。深入总结我国数字产业园区建设的成功经验,在"一带一路"相关国家和地区复制推广,通过构建异地孵化器,采取"两国双园""一园两地"等协同发展模式,实现数字产业集群发展助推器的作用。三要搭建"一带一路"数字产业综合服务平台。开展信息采集、研究和数据库建设,并有效对接网信企业需求,提供信息共享、融资担保、法律咨询等专业服务,拓展全球合作,加快企业"走出去"步伐,提升数字经济国际影响力。

---

① 曾宇:《以新一代信息技术驱动我国数字经济发展》,《经济日报》2018 年 5 月 24 日。
② 曾宇:《以新一代信息技术驱动我国数字经济发展》,《经济日报》2018 年 5 月 24 日。
③ 曾宇:《以新一代信息技术驱动我国数字经济发展》,《经济日报》2018 年 5 月 24 日。

4. 防范网络安全风险，保障数字经济稳健运行

网络安全正在成为影响国家安全的重要因素之一，强大、安全、稳健的网络环境才能保障数字经济持续繁荣发展。保障数字经济稳健发展，一方面，要提升网络安全水平。贯彻落实《网络安全法》，加快网络基础设施和应用基础设施升级步伐，进一步强化互联网关键基础设施和资源的网络安全防护，完善数据安全管理等配套政策法规，强化大型企业的网络数据安全管理，健全数据分级分类保护制度，加强个人信息保护监督执法，提升整体网络安全水平。另一方面，防范数字经济风险。建立风险防范预警体系，建立数字经济运行市场风险监测体系、评价体系、预警体系，及时发现潜在风险，积极识别和防范数字经济领域中的"灰犀牛"和"黑天鹅"风险源，提升数字经济风险防控能力。

5. 构建新型协同机制，提升数字经济治理水平

充分利用新一代信息技术手段，加快构建与数字经济发展阶段相适应的治理体系，提高数字经济综合治理能力。一是构建多元化数字经济治理体系。完善协同监管机制，强化平台经济体的责任，充分发挥行业自律机制在规范市场行为和保护企业合法权益等方面的积极作用，鼓励第三方以及用户参与数字经济治理，构建边界清晰、分工协作、平衡互动的治理结构。二是强化治理技术手段。积极运用大数据、云计算、物联网、人工智能等新技术创新监管手段，加快构建"数字经济治理模型"，提升全生命周期监管能力，推进数字经济治理更加智能化和数字化，精准应对数字经济风险。三是提高政府服务能力和水平。深入推进简政放权、加强事中事后监管，着力清除制约企业数字化转型的制度障碍，放宽融合性产品与服务的市场准入限制，形成开放包容、公平竞争、跨界融合的市场环境。

新一代信息基础设施篇

Information Infrastructure

B.3
5G技术加速推动经济社会发展

王志勤　魏克军　韦柳融　杜滢　杨红梅*

摘　要： 5G作为新一代信息通信技术的发展方向，对于构建万物互联的网络基础设施，加速人工智能、大数据与实体经济深度融合，支撑我国数字经济实现高质量发展意义重大。全球主要国家均将5G作为优先发展的战略领域。本报告以5G的概念及内涵为出发点，概括了5G技术与标准的整体进展情况，分析了5G技术路线、网络演进趋势及全球主要国家的5G商用

---

* 王志勤，中国信息通信研究院副院长，中国通信标准化协会无线技术委员会主席，中国通信协会无线与移动技术委员会副主任，在无线移动通信技术研究和标准方面有深入的研究，是我国IMT-2020（5G）推进组组长，"新一代宽带无线移动通信网"重大专项副总师；魏克军，博士，中国信息通信研究院技术与标准研究所主任工程师，IMT-2020（5G）推进组无线技术工作组副组长；韦柳融，中国信息通信研究院政策与经济研究所副总工程师，高级工程师；杜滢，中国信息通信研究院技术与标准研究所副主任，高级工程师，主要从事移动通信无线新技术和标准等方面的研究；杨红梅，中国信息通信研究院安全研究所主任工程师，高级工程师，CCSA TC5 WG12副组长。

情况，论述了5G对经济社会的影响及对我国经济价值的贡献。

关键词： 5G　技术路线　经济价值

一　5G概念及内涵

5G是第五代移动通信技术的简称。作为新一代移动通信技术，5G具有高速率、短时延和大连接等显著特征，在大幅提升移动互联网业务体验的同时，进一步拓展到物联网领域，与工业、农业、交通、医疗等传统行业深度融合，将开启万物互联的新时代。

与第四代移动通信技术（4G）相比，5G在传输速率、传输时延和终端连接数量等方面都有大幅度提升。在传输速率方面，5G能够提供最高1Gbps的用户体验速率和20Gbps的峰值速率，是4G的10倍以上；在传输时延方面，5G能够提供毫秒级的端到端时延，时延降低10多倍；在连接终端数量方面，5G支持每平方公里百万级终端连接，是4G的50倍以上。

5G包含三种典型应用场景：一是增强移动宽带，能够在人口密集区为更多用户提供更快的传输速率，支撑高清视频、虚拟现实技术用于全媒体建设和智能化传播、影音娱乐领域的增强现实等场景，带动消费升级；二是超高可靠低时延通信，主要面向工业互联网、智能制造、自动驾驶、智慧能源等领域，支撑制造业转型升级，实现高质量发展；三是海量机器类通信，主要面向环境监测、智慧城市、智能农业等以传感和数据采集为目标的物联网领域，提高社会管理效益和增强安全防护能力。5G将成为构筑经济社会数字化转型的关键基础设施，与经济社会各领域深度融合，催生新产品、新模式和新业态，支撑经济实现高质量发展。

5G将采用全球统一国际标准，通过灵活的系统设计满足多场景的业务需求。移动通信产业具有全球漫游和互联互通特点，全球统一标准一直是产

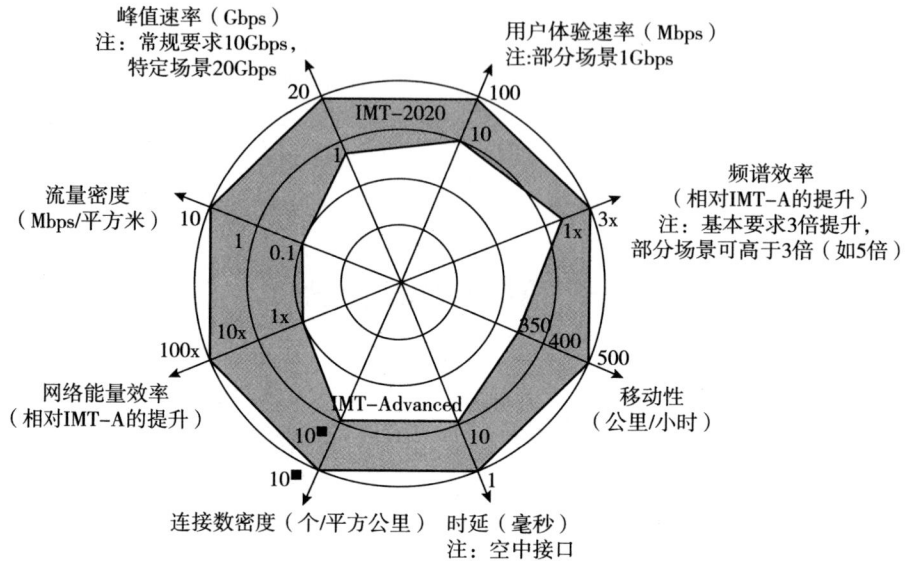

图1 5G关键性能指标体系

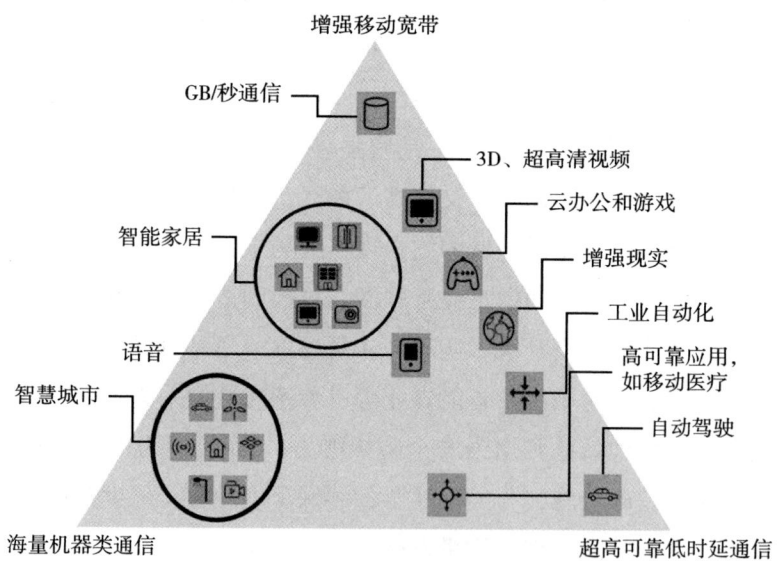

图2 5G典型场景

业界共同追求的目标，但2G/3G/4G时代均有多个国际标准共存。

频谱资源是移动通信的基础，频段越低，网络覆盖越好，因此，历代移动通信均采用低频段进行网络部署。但随着用户对数据传输速率的需求越来越高，2G/3G/4G以及其他现有业务应用已经占用了很多的低频段频谱资源，使当前的6GHz以下中低频频谱资源越来越紧张，难以满足5G对更高速率和更大容量的频谱需求，向更高频段扩展成为移动通信必然的发展趋势。5G根据使用的频率资源分为中低频段和高频段。其中，中低频段可实现更好的网络覆盖，为用户提供基本的业务保障，将是5G的核心频段；高频段（20GHz以上）将满足用户极高的数据传输速率需求，主要应用于热点和室内场景，将成为5G的重要补充。

二 5G技术与标准进展

2018年6月，3G合作伙伴计划（3GPP）发布了第一版本5G国际标准。3GPP是制定5G标准的全球移动通信标准化组织。考虑到5G运营商拥有的频谱、业务定位、部署节奏的不同，5G国际标准支持NSA（非独立组网）和SA（独立组网）两类架构。在NSA架构中，无线技术采用5G标准，核心网仍采用4G标准，主要支持5G增强移动宽带业务。在SA架构中，无线和核心网络均采用5G标准，支持增强移动宽带和基础低时延高可靠业务，支持网络切片、边缘计算等功能。3GPP正在研制5G第二版本国际标准，计划2020年3月发布，该版本将支持车联网、工业互联网等行业增强应用场景。

（一）5G无线技术与标准

为支持三大应用场景，5G新空口采用全新的灵活体系架构，如灵活参数设计和帧结构，并易于扩展支持新业务。5G新空口支持灵活参数设计，满足业务的多样带宽需求。与LTE采用固定的15kHz子载波间隔不同，5G新空口支持15kHz、30kHz、60kHz、120kHz、240kHz五种子载波间隔，以

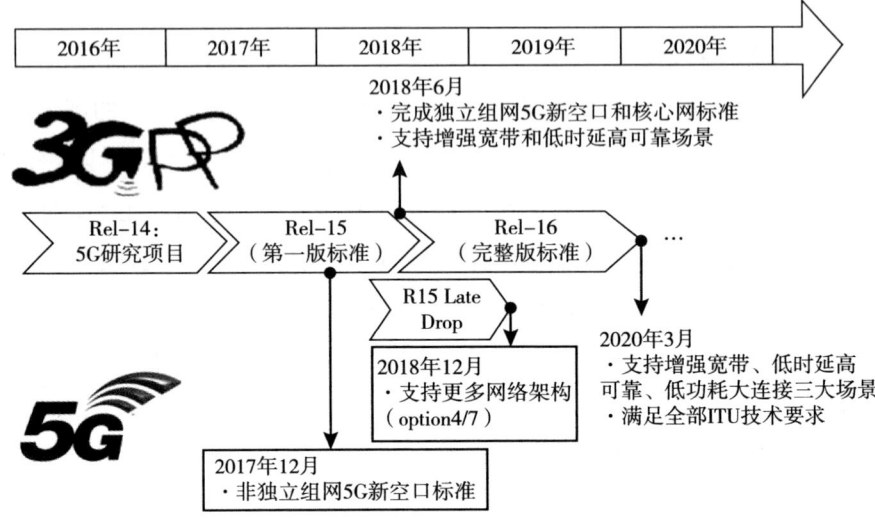

图3　5G国际标准工作计划

有效支持高中低频的多种带宽，并满足多样时延需求。5G新空口支持灵活帧结构，定义多种时隙格式，同时，5G新空口支持准静态和快速帧结构配置，以适应网络上、下行业务量的变化。

5G新空口支持增强移动宽带业务，需要有效传输和接收大的数据块，同时为了确保网络覆盖能力，需要保障控制信道性能。在确定数据信道编码方案时，需要综合考虑编译码性能、处理复杂度、处理时延及存储等因素，最终确定采用LDPC作为5G新空口的数据信道编码方案。鲁棒性是评估控制信道最重要的技术指标，极化码Polar有更好的表现，成为控制信道的编码方案。

5G新空口支持中低频段和高频段，并设计了统一的技术方案，中低频段满足覆盖和容量需求，支持100MHz基础信道带宽，高频段满足在热点区域提升容量的需求，支持400MHz基础信道带宽。

5G新空口采用基于波束的系统设计，提供灵活的网络部署手段。为了匹配同步、接入和业务传输的覆盖能力，5G新空口采用波束赋形方式传输同步、接入、控制信道、数据信道，同时支持波束测量和移动性。5G新空口支持数字和混合波束赋形方案,5G 低中频新空口主要采用传统的数字赋形,5G 高频新空口既要补偿路径损耗确保覆盖,又要控制天线的成本,因而引入模拟加数字的混合波束赋形方案。

为了支持 URLLC(超可靠低时延通信)特性,5G 采用短帧、快速反馈、多层/多站数据重传、新调制编码模式等技术。5G 新空口支持基于时隙、部分时隙、多个时隙的资源颗粒度,满足多样业务需求。新数据分组传输和重传时序可灵活配置,在满足灵活帧结构的同时,支持低时延业务。

此外,5G 支持两种接入网部署架构。一种是与 LTE 相同的接入网架构,另一种是中心单元/分布单元(CU/DU)分离的接入网架构,其中 CU 为集中控制,DU 为灵活部署。

(二)5G 网络技术与标准

第一版本 5G 网络技术标准,重点满足增强移动宽带(eMBB)业务场景,涵盖 5G 系统架构、业务流程、策略和计费控制框架、5G 系统安全架构和流程等。第二版本 5G 网络技术标准,聚焦超可靠低时延通信(uRLLC)和海量机器类通信(mMTC)业务场景,进一步研究垂直行业应用对网络的需求,包括服务化架构增强、支持低时延高可靠、大数据/AI(人工智能)使能网络自动化、网络切片增强、网络安全增强等内容。

5G 新型核心网的主要特点是采用通用硬件平台,将网络功能实现模块化设计并进行云化部署。5G 核心网架构打破了传统网络中烟囱式的业务服务模式,实现控制面和转发面的进一步分离;利用统一的开放的基础设施环境,可提供定制化的网络服务,实现网络资源的动态共享、网络功能的灵活编排,并且开发业务应用时可充分利用 5G 核心网和无线网的通信能力和安全能力。5G 新型核心网采用的关键技术主要包括以下几个方面:基于服务化的架构、网络切片、多接入边缘计算、网络能力开放等。

5G 时代多样化差异化的业务需求和软件定义网络(SDN)、网络功能虚拟化(NFV)等新技术催生 5G 核心网采用基于服务化的架构(SBA)。SBA

架构将传统网络功能分解为一组服务,每个服务都可以独立地被发现和调用,网络功能基于软件模块实现,每个软件模块具有可重用和自包含的特点。这些特点使运营商部署网络时,可根据不同业务的具体需求组建定制化的专用网络,可方便地实现对某一网络功能软件模块的更新升级以及扩缩容等操作,并且不会影响其他网络功能软件模块的正常运转。

网络切片技术的核心是基于统一的基础设施动态灵活地构建多个相互独立且功能性能可满足不同需求的专用网络。即在一个物理网络上切分出多个逻辑网络,相当于为每一个服务搭建一个专用网络,以便满足不同行业千变万化、形态各异的业务需求。基于网络切片技术,可动态调整网络资源、可根据需求进行功能定制、可对网络功能实现搭积木式的拓扑设置和架构调整。5G时代,网络切片的分类与三大业务场景的分类保持一致,主要包含三种类型的网络切片:eMBB(增强移动宽带)切片、uRLLC(超可靠低时延通信)切片和mMTC(海量机器类通信)切片。

多接入边缘计算(MEC)是5G核心网关键技术之一,本质是将网络功能和服务下沉到网络边缘以便满足超低时延超大带宽等新型业务需求。MEC从根本上打破了网络架构设计与业务实现方案相互独立的状态,将业务平台和网络能力下沉到核心网边缘甚至基站的中心单元等非常靠近用户的位置,为用户就近提供业务平台和核心网的服务以及计算、存储等关键功能。多接入边缘计算可支持业务超低时延和超高带宽需求,并能将无线网络的信息和能力开放给第三方应用。基于MEC技术可实现5G时代业务和内容的分布式部署,可将业务处理能力分流到靠近用户的本地网络,业务流量可不再绕行集中部署的核心网络,从而降低5G核心网的数据处理压力并进一步提升处理效率,同时可满足终端用户的超低时延超大带宽等业务需求,并满足第三方应用对网络安全以及数据安全等方面的特定诉求。

5G网络能力开放更加精细化和智能化地满足多样化应用对网络服务的要求。5G网络能力开放通过服务化的架构,直接或者通过能力开放平台向外部应用提供网络服务,包括及时准确的用户状态信息、定制化的网络功能参数、基于动态DPI(深度包检测)的灵活QoS(服务质量)策略、个性化切片以及流量路径管理等。

另外，5G 网络架构设计在安全方面充分考虑了多样化业务场景的差异化安全需求以及 5G 新技术、新特征引入的新的安全需求和挑战。5G 网络安全机制除了具备 4G 网络已有的安全能力之外，还针对用户隐私保护以及归属地安全认证等方面进行了增强，另外，5G 网络安全架构采用统一认证框架，支持数据安全保护，支持网络安全能力开放，满足基于服务化架构的安全需求和多种形态业务应用的差异化安全保护需求。

三　5G 网络演进

（一）5G 技术路线分析

当前的 5G 国际标准包含两条技术路线，一条是非独立组网（NSA），另一条是独立组网（SA），其中非独立组网是独立组网的过渡阶段，独立组网是 5G 发展的最终目标。支持非独立组网的 5G 国际标准于 2017 年底冻结，2018 年 6 月，3GPP 完成了支持独立组网的 5G 国际标准研制，5G 进入产业全面冲刺新阶段。5G 独立组网标准的完成，不仅使 5G 具备独立部署的能力，还可为垂直行业赋能赋智，促进各行各业数字化、信息化、智能化发展。

独立组网是 5G 的目标网络，运营商需要结合自身的业务定位、网络演进、产业成熟度以及网络投资等因素综合考虑。非独立组网和独立组网的主要区别在于以下几点。

业务定位不同。非独立组网主要面向增强移动宽带场景，通过引入 5G 新空口来承载用户数据，可以看作对现有 4G 网络的扩容。独立组网则可以实现对增强移动宽带、低时延高可靠和海量机器类通信的全业务场景的支持，通过网络切片满足用户多样化业务应用需求，是实现万物互联的基础。

组网模式不同。非独立组网无法独立部署，需要与现有的 4G 网络联合组网，控制面信息承载在 4G 网络上，利用 4G 与 5G 双连接的方式，通过

LTE 网络和 5G 网络共同进行数据传输，核心网仍然沿用 4G 核心网（EPC），语音也由 LTE 网络提供。独立组网将采用全新架构，支持独立部署，控制面信息通过 5G 网络传输，核心网将采用全新的 5G 核心网，语音业务将通过 Vo5G 新空口来实现，独立组网将比非独立组网获得更好的用户体验与性能。

设备成熟度不同。由于独立组网标准比非独立组网标准晚 6 个月冻结，为此，相应的 5G 系统设备开发进度也将晚半年的时间。5G 独立组网和非独立组网的最大区别在于核心网，由于独立组网采用 NFV 虚拟化架构、面向服务的新型网络架构等新技术，协议开发、网络规划部署以及互通互操作等均面临巨大挑战，其性能及组网等均需要进行充分验证。

网络投资不同。非独立组网架构下，在建网初期，主要面向热点覆盖，运营商可根据业务需求，确定升级的站点和区域，网络投资小，技术挑战可控，运营商可以以较低风险快速推出 5G 商用服务。而独立组网的优势在于支持更加多样化的典型场景和行业应用，因此，在网络的部署初期就需要部署大规模基站设备以实现连续网络覆盖；由于 5G 采用了更高的频谱资源，单基站覆盖范围更小，因此，需要更多的站址和设备才能实现连续覆盖。

（二）5G 网络演进趋势

随着国际标准的发布，5G 进入商用部署的关键阶段。我国在 5G 网络商用初期，移动通信市场将呈现 2G/3G/4G/5G 四张网络并存的局面，当前的 2G 网络由于频段优势，具有更好的覆盖性能，适宜偏远地区和物联网应用场景，同时，对语音业务的支持依旧游刃有余；3G 网络虽然可以应对语音和数据业务的大部分场景，但对数据业务支持有限，对高吞吐量业务力不从心，在当前 LTE 数据和 2G 语音的夹击下，发展空间有限；4G 网络发展势头良好，具有支持高速数据业务的能力，在国家提速降费等利好政策推动下，各运营商纷纷推出不限流量套餐，进一步促进了用户数据业务的发展，同时，目前中国移动、中国联通和中国电信三家国内运营商全部开通了

VoLTE 业务，实现了数据与语音业务在 4G 网络同时承载；5G 在 4G 网络基础上，进一步提升了大带宽高速数据传输能力，并且应用场景由传统的移动互联网进一步拓展到移动物联网场景，将与交通、医疗、能源、工业等传统行业深度融合，加快垂直行业的数字化、网络化、智能化发展，对促进实体经济转型发展发挥重要作用。

从未来的网络发展趋势来看，2G、3G 退网将是移动通信技术和业务发展的必然趋势，频谱将实现重耕，用户将向 4G 和 5G 网络迁移，未来将形成 4G 和 5G 网络长期共存、协调发展的局面。

（三）全球主要国家5G商用进展

美韩争夺全球 5G 商用首发。2018 年底，美国和韩国运营商在全球率先宣布 5G 商用，加快 5G 网络部署。2019 年 4 月 2 日，韩国运营商比原计划提前两天开通 5G 服务，早于美国 1 个小时成为全球最早向用户开通 5G 服务的国家。韩国政府宣布，政府和企业将投资 30 万亿韩元（约 267 亿美元），用于在 2022 年建成覆盖全国的 5G 网络，培育包括智能手机、自动驾驶汽车、智能工厂、智能城市等基于 5G 的新产业和新服务。截至 2019 年 5 月，韩国三大电信运营商已经建设 8 万余个 5G 基站，主要集中在首尔和六大主要城市，终端包括移动热点、CPE 设备，智能手机只有 1 款三星 Galaxy S10。美国 Verizon 于 2018 年 10 月宣布 5G 固定接入商用，2019 年将在 30 个城市推出移动 5G，AT&T 于 2018 年 12 月宣布移动 5G 商用，计划在 2020 年建设覆盖全国的 5G 网络。这两家美国运营商于 4 月 2 日宣布提供用户服务，智能手机仅有摩托罗拉 Z3。两家企业的 5G 网络均部署在高频段（28GHz 和 39GHz），网络覆盖难度较大。此外，美国 T-Mobile 和 Sprint 正在谋求合并，合并后的新公司计划将在中低频段（600MHz 和 2.5GHz）建设覆盖全美的 5G 网络。根据美国联邦通信委员会（FCC）发布的计划，未来十年，美国计划在 5G 网络上投资 2750 亿美元。

全球 5G 商用加速。除美、韩以外，2019 年将有 20 多个国家/地区的运营商开展 5G 商用，包括英国、法国等。2019 年 4 月，瑞士成为欧洲首个5G规模商用的国家,瑞士电信在54个城镇开启了5G商用服务,并计划在年底前覆盖全国,覆盖总人口的90%。瑞士电信采用4/5G频谱共享的方式,在4G频段上快速实现5G广覆盖,3.5GHz新频段则在热点地区部署,提供大带宽、高速率业务服务。2019年6月6日,我国向中国移动、中国电信、中国联通、中国广电四家单位发放了5G商用牌照,标志着我国5G商用正式启动。2020年将有更多国家开展5G商用,包括德国、日本等国家。我国电信运营企业正在全国主要城市开展规模组网试验,积极推进商用试验网络建设,同时高度重视5G应用,联合行业合作伙伴,积极开展5G应用创新、培育5G应用生态,预计将在2019年或2020年实现商用。

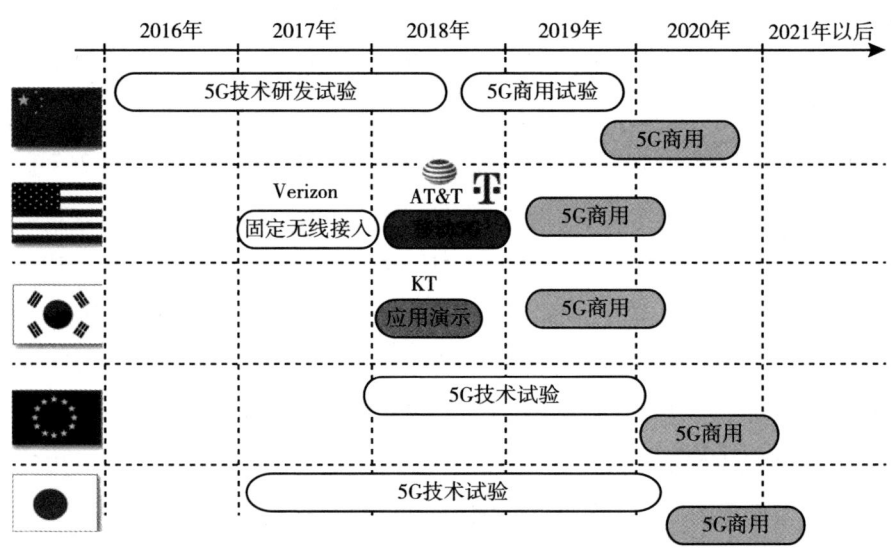

图4　全球主要国家5G商用时间计划

5G商用初期网络和终端等问题将逐步缓解。从目前全球5G商用情况来看,初期商用的网络存在覆盖不佳、信号不稳、速率不够的问题,智能手机也存在款数少、价格贵、性能不稳定的情况,这在商用初期是不可避免的。预期随着各国运营企业5G商用网络部署的逐步推进,以及产业(尤其智能手机)的逐步成熟完善,上述问题将逐步得到改善和解决。

四 5G对经济社会的影响

5G是数字经济时代的战略性基础设施,是新一轮科技革命和产业变革的重要驱动力量。作为新一代信息通信技术的主要发展方向,5G承载着经济、科技、政治、文化等诸多现实利益,成为世界各国竞争的焦点。2018年12月,中央经济工作会议明确提出要加快5G商用步伐,这表明了党中央、国务院对5G的高度重视。从增强国家核心竞争力的角度来讲,发展5G的重要意义主要体现在以下几点。

(一)推动经济社会创新发展

5G与云计算、大数据、人工智能等新一代信息技术结合,将全面构筑支撑经济社会数字化转型的关键基础设施,促进生产方式和生活方式深刻变革,进而为经济发展开辟新的增长源泉,并重塑现代经济体系。

培育经济增长新动能。5G能够实现移动网络性能质的飞跃,促进人与人、人与物、物与物的深度互联,推动人工智能、工业互联网、物联网等新型基础设施联动发展。卓越的网络能力将激发创业创新,支持虚拟现实、增强现实、无人机、机器视觉等裂变式创新,孕育无人工厂、无人驾驶、下一代社交网络等新产品、新业态,并将使智慧城市、智能家居、远程教育、远程医疗等应用得到全面发展,拓展经济发展新空间,为经济发展提供新引擎、注入新动力。5G著名国际咨询公司马基特(IHS Markit)预测,在全球范围内,到2035年5G产业链将直接创造3.5万亿美元产值和2200万个就业岗位。

推动传统产业高质量发展。作为通用目的技术,5G可广泛应用于工业、服务业、农业等领域,特别是与云计算、大数据、人工智能技术融合使用后,将极大地推进企业的数字化、网络化、智能化进程,显著提升生产制造的精益程度、供需匹配的精准程度以及产业分工的深化程度,最终大幅提高实体经济的全要素生产率。同时,将推动生产制造的服务体系升级,实现产

业链延伸和价值链拓展,推动传统产业迈向价值链中高端。国际咨询公司马基特（IHS Markit）预测,在全球范围内,到2035年5G有望在各行业中创造12.3万亿美元的经济价值。

创造社会服务新方式。5G应用于电子政务、智慧城市、智慧交通等建设,可提高政府决策的科学化程度,并使社会治理更精准。5G与虚拟现实、人工智能等技术协同,大规模应用于教育、医疗、体育等公共事业,可产生远程教育、远程医疗诊断、虚拟现实体育赛事直播等新服务、新模式,改善公共服务的用户体验,提升公共服务效率。

（二）驱动新一轮科技革命加速发展

5G是全球高新技术产业的竞争高地。5G的高性能、新技术不仅将有效带动网络信息技术产业上下游的升级更新,还将通过融合渗透有力地促进其他行业技术的创新发展。

带动网络信息技术革新。首先,5G的高性能、新技术将有效带动上下游产业的升级更新,特别是集成电路、元器件、基础材料等产业体系的系统性革新。以5G核心器件为例,为满足5G高速率和低功耗的需求,5G终端基带芯片需采用最先进的7nm工艺。5G高频器件对于新兴材料也提出了新的要求。其次,5G将推动物联网、人工智能、AR/VR等新一代信息技术加速成熟。5G网络支持长时间、大规模连接的物联网应用,可加速物联网芯片、终端、系统以及应用技术的成熟。基于5G网络的各类连接和应用将产生源源不断的海量数据,从而为人工智能技术的演进升级提供丰富的分析原料。5G网络传输速度快、时延短,为解决AR/VR的眩晕问题带来突破,同时可加速AR/VR应用的落地。

为其他领域技术创新提供强大支撑手段。5G和云计算、大数据、人工智能等新一代信息技术深度结合,向各领域广泛拓展,赋能技术研发和产业创新。一方面,5G与智能算法可以通过广泛获取数据和对数据的深度分析,获取行业新知,从而推动产品创新、工艺优化和生产流程改进。例如,爱立信和德国弗劳恩霍夫生产技术研究院基于5G实现了叶片加工的实时监测和实时控制,通过数据建模,可以根据加工数据,实时调整加工过程,避免缺陷的产生或是在发现缺陷后及时定位并返工,使单叶片成本降低了 3600 欧元。另一方面,5G 与其他领域技术整合,可催生革命性应用创新,推动新型产业和业态出现,如无人驾驶系统、车联网、工厂里的移动机器人等。

(三)增强文化软实力

当今世界,科技与文化的融合趋势日益凸显,数字文化已经成为我国文化软实力崛起的重要机遇。5G 与物联网传感器、新型终端、虚拟现实/增强现实、8K 视频等技术深度融合,将深刻改变数字文化产品的创作、生产、传播、消费等环节,成为数字文化产业创新发展的关键驱动和重要引擎。

5G 将推动数字文化产品和业态的革新。一方面,在 5G 的支持下,超高清视频、虚拟现实、增强现实等拥有极致体验的数字内容可以在移动互联网中实现高速传输,这将会有效带动相关内容的生产及装备的发展,从而推动原有网络视频、游戏等产业的变革。另一方面,传输速率的提升和展示媒介的扩展,还将会不断丰富数字内容的使用场景,创造新型业态,重新定义日常的生产生活。例如,在 4G 时代,直播和电子商务应用场景的结合,重新塑造了人们的购物体验。而在 5G 时代,5G 与 VR 的融合可支持在自然风光、历史名胜、革命老区、文化展馆等中开展 360 度全景拍摄及直播,为景区预览、红色教育、文化传承、旅游社交等提供沉浸式体验。

5G 影响文化产品的传播和扩散。当今世界,国际传播格局产生了本质变化,互联网成为国际传播能力的核心阵地和竞争主战场,国家拥有的世界级平台的数量决定了其文化传播影响力。长期以来,美国主导着全球媒体和娱乐产业。20 世纪 90 年代以来,美国的谷歌、脸书、推特等在全世界"跑马圈地",在国际市场上罕有敌手,这使美国的国际传播能力与传统媒体时代相比,渠道更多、覆盖更广、速度更快,影响力更为显著。我国的互联网平台、主要媒体和文化机构也积极进行国际扩张,但"走出去"的成绩喜忧参半,尚未对美国的文化霸权形成实质性冲击。5G 将支持全新媒体形式

和平台的出现，我国互联网企业有望借助这一机遇，利用创新优势和先发优势构筑世界级平台，打造基于5G网络的全新传播体系和传播平台，有效地提升我国的国际传播能力。

（四）5G对我国经济价值巨大

我国经济已由高速增长阶段转向高质量发展阶段，正处在转变发展方式、优化经济结构、转换增长动力的攻关期。加快发展5G，将有利于我国在新一轮科技革命和产业变革中赢得主动权，抢抓5G带来的发展机遇，为培育打造新动能、促进经济高质量发展提供强大驱动力。

5G将激发各领域加大数字化投资。5G技术的大规模产业化、市场化应用，必然刺激运营商对5G网络及相关配套设施进行投资，将直接增加国内对网络设备的需求，并间接带动元器件、原材料等相关行业的发展。同时，5G能够支持海量的机器通信和大规模的物联网应用场景，必将吸引国民经济各行业扩大5G相关投资，加大ICT资本投入比重。根据中国信息通信研究院的测算，预计2020~2025年（假定2020年5G正式商用），5G可直接拉动电信运营商网络投资1.68万亿元，拉动垂直行业网络和设备投资6856亿元。

5G将促进业务应用创新，挖掘消费潜力扩大消费总量。5G将推动智能家居、可穿戴设备等新型信息产品，8K视频、虚拟现实教育系统等数字内容服务真正走进千家万户，增加信息消费的有效供给，推动信息消费的扩大和升级。按照2020年正式商用算起，预计2020~2025年，5G可直接带动新型终端消费4.36万亿元，通信服务消费1.88万亿元，信息服务消费1.97万亿元。

促进创业创新，增进民生福祉。一方面，5G的快速发展和广泛应用有利于大众创业、万众创新，增强微观主体活力。5G将进一步促进宽带网络速率提升和资费下降，降低创业门槛和创新成本，释放创业创新潜能。同时，5G将应用场景从移动互联网拓展至移动物联网，为创业创新提供更为广阔的空间。另一方面，5G在教育、医疗、文化、体育等公共事业领域的广泛应用，将促进在线课堂、远程医疗、智慧养老等新模式、新业态发展壮大，增强公共服务的供给能力，扩大公共服务的覆盖范围；还会催生产业数据分析、5G 行业应用解决方案等新型信息服务岗位，进一步丰富基于在线平台的灵活就业模式，有效扩大就业规模，提升就业质量。预计 2020～2025 年，5G 商用创造的直接就业岗位将超 300 万个。

B.4
IPv6产业发展现状及趋势

刘 东[*]

摘　要： 自IPv6作为下一代互联网标准协议问世以来，下一代互联网商业应用也迅速展开。本报告介绍了全球各个国家及技术组织在推进IPv6部署等方面的相关引领政策，并从全球IPv6用户数量、运营商、网站及域名部署情况，全球操作系统、软件、移动应用和网络产品IPv6支持情况等不同方面对IPv6发展现状进行总结。同时，对IPv6产业发展趋势及当前的产业特点进行分析，认为IPv6部署的核心动力已经由政策驱动转向市场需求，IPv6技术已经下沉开始支撑前沿领域快速发展，并与传统行业深度融合催生新业态。最后，本报告提出了IPv6产业发展的核心策略，认为通过推进IPv6标准创新发展、构建全新安全防护体系、深化产业协作，可以全面加速传统行业向数字化转型，实现合作共赢，最终惠及每一个人。

关键词： IPv6　下一代互联网　数字化转型

随着全球数字化浪潮的不断推进，互联网在人类的经济、社会和生活中发挥着愈发重要的作用，甚至成为一个国家国力和创造力的重要标志。IP

---

[*] 刘东，下一代互联网国家工程中心主任，全球IPv6论坛副主席，IEEE-SA标准委员会董事，长期致力于下一代互联网IPv6、SDN/NFV、DNS、区块链、人工智能等前沿互联网基础技术的研究推进、应用部署及国际交流合作。

协议作为互联网最重要的基础资源和基础技术，承载并决定着下一代互联网的发展方向。

IPv6（Internet Protocol Version 6，互联网协议第六版）是 IETF（Internet Engineering Task Force，互联网工程任务组）设计的用于替代 IPv4（Internet Protocol Version 4，互联网协议第四版）的升级版本规范。1995 年 12 月，IETF 发布了 RFC1883——互联网协议第 6 版（IPv6），标志着 IPv6 时代的正式开始。[①]

作为下一代互联网的标准协议，IPv6 的地址长度为 128bit，即最大地址个数为 2^{128}，通俗地讲，可以为地球上每一粒沙子都分配一个地址。此外，其全新的报文结构及在安全性、移动性和可扩展性等方面的优势将全面提升互联网体系架构，为即将到来的万物互联时代奠定坚实基础。

一　全球IPv6产业政策

自 2011 年 IANA（互联网数字分配机构）宣布全球 IPv4 地址资源全部用尽之后，IPv6 作为下一代互联网商业应用解决方案的全球共识愈发强烈。各个国家及技术组织陆续推出相关引领政策，以推进全球快速向 IPv6 过渡发展。

（一）国家政策

作为全球互联网的发明地，美国早在 2003 年就已制定美国军方的"全球信息网格计划"（Global Information Grid，GIG），300 亿美元的 IT 预算将只能用来购买支持 IPv6 的技术。2008 年，美国国防部的大部分网络已全部过渡到 IPv6。2010 年 9 月，美国政府发布美国 IPv6 行动计划，颁布实施 IPv6 的时间表。2010 年 12 月美国国防部和国家标准技术研究院通过了 SP

---

① S. DEERING, R. HINDEN, Internet Protocol, Version 6 (IPv6) Specification, IETF RFC 1883.

800~119安全部署文件①，标志着美国政府推进IPv6工作的进一步落实。2012年，美国政府更新《政府IPv6应用指南/规划路线图》，明确了2012年底所有政府网站支持IPv6，政府只采购支持IPv6的IT设备，2014年完成全国性IPv6升级改造。

日本政府对于IPv6的产业化发展也有明确的政策支持。2000年，日本政府发布"e-Japan"战略，启动IPv6地址分配工作。2007年，日本总务省成立"互联网向IPv6过渡调查研究委员会"并提出过渡计划。2009年10月，日本发布《IPv6行动计划》，明确2011年4月全面启动IPv6服务。

2008年5月，欧盟发布"欧洲部署IPv6行动计划"；2010年9月，韩国发布"下一代互联网协议（IPv6）促进计划"，宣布从2011年6月开始，韩国互联网、IPTV、3G移动通信等服务都将支持IPv6；2012年6月，加拿大政府发布《加拿大政府IPv6战略》，要求2015年3月底前完成现有网站的IPv6升级改造，同时要求所有新的互联网网站和应用支持IPv6；此外，巴西、印度、澳大利亚、新加坡、马来西亚等国也各自提出IPv6发展战略规划，以推动IPv6的商用部署。

我国同样非常重视IPv6下一代互联网的发展，在推进IPv6的试验及商用部署过程中陆续推出一系列政策。2003年，工信部、科技部、国家发改委、教育部等八部委联合启动国家级战略项目——中国下一代互联网示范工程（CNGI工程），以IPv6为核心搭建下一代互联网的试验平台。2012年，国家发改委、工信部等7部委联合发布《关于下一代互联网"十二五"发展建设的意见》，明确提出2012~2015年我国互联网将整体跃入"IPv6"时代。2017年11月，中共中央办公厅、国务院办公厅联合印发《推进互联网协议第六版（IPv6）规模部署行动计划》，全面推进IPv6下一代互联网的规模部署。

---

① Sheila Frankel, Richard Graveman, John Pearce, Mark Rooks: Guidelines for the Secure Deployment of IPv6, December 2010.

（二）技术组织政策

在 IPv6 技术及产业发展过程中，国际技术组织起到了不可忽视的推动作用。2000 年，第三代合作伙伴计划（Third Generation Partnership Project，3GPP）决定在下一代移动技术的协议中采用 IPv6，为 5G 与 IPv6 的融合发展奠定基础。2006 年，国际数字分配机构（IANA）发布向全球互联网注册管理机构（Regional Internet Registry，RIR）分配 IPv6 块的政策；2009 年，负责制定网络标准、政策的国际互联网协会（Internet Society，ISOC）开始向全世界推介 IPv6，随后，ISOC 于 2011 年将 6 月 6 日确定为"世界 IPv6 日"，号召全球网络公司启用 IPv6 服务及产品。2016 年 11 月 7 日，互联网架构委员会（Internet Architecture Board，IAB）正式发布关于推进 IPv6 部署的声明，要求 IETF 及其他标准开发组织在新协议及扩展协议中停止对 IPv4 的兼容性做出要求，并鼓励整个行业最终转换到纯 IPv6 网络生态。随后，互联网名称与数字地址分配机构（Internet Corporation for Assigned Names and Numbers，ICANN）也发出了 IPv6 倡议，鼓励行业转向 IPv6，并要求其管理的注册管理机构、注册商及运营商兼容 IPv6。[①]

二　IPv6 部署及支持现状

（一）IPv6 部署现状

1. IPv6 用户情况

自 2012 年起，美国、日本及欧洲部分国家开始逐渐向 IPv6 演进并取得一定成果，IPv6 用户数及普及率大幅提高。根据 APNIC Labs[②] 的数据，截至 2018 年 12 月，印度整体 IPv6 活跃用户数接近 2.5 亿人，美国 IPv6 用户

---

① https://www.icann.org/resources/pages/ipv6-initiative-2017-02-28-en.
② https://labs.apnic.net/dists/v6dcc.html.

数超过1.2亿,排在前两位;巴西IPv6总用户数突破了3000万,德国、日本紧随其后,英国和法国也超过1000万,跻身千万级用户国家之列。从用户增长幅度看,巴西IPv6用户数相比2017年涨幅达30%,增长速度最快,印度和美国的涨幅也超过了13%。IPv6普及率方面,排在前十位的国家/地区依次是比利时、印度、美国、德国、希腊、瑞士和乌拉圭,其中比利时和印度突破了50%大关,其余几个国家也均超过30%。

中国方面,据相关统计,截至2018年11月,三大基础电信运营商——中国电信、中国移动和中国联通分配IPv6地址的移动宽带接入(LTE)和固定宽带接入用户总数已达到8.65亿。中国电信、中国联通通过其业务支撑系统统计得到的已分配IPv6地址,且30日内有IPv6访问记录的IPv6用户数分别为1.464亿和7613.7万。

2. 运营商IPv6部署情况

经过多年发展,IPv6相关标准、设备相对成熟,海外运营商纷纷加快IPv6升级步伐,欧美国家和部分亚洲国家的运营商IPv6部署程度大幅领先。根据World IPv6 Launch数据,截至2018年底,美国运营商IPv6部署率整体较高,几大主流运营商中T-Mobile部署率约为93%,Verizon约为86%,Sprint和AT&T均超过70%。① 欧洲方面,英国Sky Broadcasting高达88%,德国Deutsche Telekom达到了62%,英国电信BT、法国Orange、Free均超过40%。亚洲国家中,印度的IPv6产业发展最为迅猛,Reliance Jio部署率超过90%,日本KDDI处于中间水平,部署率为48%。

2018年,中国三大运营商的IPv6部署取得了长足进展,基本完成了网络基础设施的改造工作,骨干网、LTE网络全部支持IPv6,开通国际出入口,城域网改造接近100%。据统计,在应用基础设施方面,截至2018年11月,中国电信完成了452个IDC、35个云资源池中9项产品的IPv6改造工作,且排名前10位的自营应用全部支持IPv6;中国移动也完成了95个IDC、50%云产品以及排名前10位自营应用的改造工作。截至2018年10

---

① https://www.worldipv6launch.org/measurements/。

月，中国联通完成了56个IDC和20个资源池中4个云产品的IPv6改造工作。

3. 网站及域名系统IPv6部署情况

下一代互联网国家工程中心——全球IPv6测试中心测试数据表明，截至2018年底，Alexa全球流量排名前500的网站中有143个支持IPv6访问，占比达28.6%，相比2017年支持率提高了5%。

中国方面，Alexa国内流量排名前50的网站中，腾讯、微博、网易、谷歌、金融界和优酷6个网站支持IPv6访问，占比仅为12%，这一数据与美国等国家和地区还有较大差距，我国商用网站IPv6支持度亟待提高。由于政策驱动，中央企业网站和政府网站支持度普遍较高，截至2018年11月，我国97家中央企业网站中可通过IPv6访问的网站有92个，占比为94.8%；93家省部级政府网站中可通过IPv6访问的网站共有63家，占比为67.7%。

在域名系统方面，据Hurricane Electric报告[①]，截至2018年底，全球至少13631183个域名拥有AAAA记录，占总域名量的6.2%，比例较低。同时，Alexa排名前100万的网站中，已有191246个、约19.1%的网址已经提供AAAA记录查询。

在地址数量方面，APNIC数据显示，截至2018年12月我国已申请的IPv6地址资源总量达到41079块（/32），仅次于美国，位列全球第二。

（二）IPv6支持现状

1. 操作系统IPv6支持情况

操作系统（Operating System，简称OS）是管理计算机与软件资源的计算机程序，也是计算机系统的内核与基石，需要处理管理与配置内存、决定系统资源供需的优先次序、控制输入与输出设备、操作网络与管理文件系统等基本事务。作为各种应用的基础，常见的35款操作系统中，iOS 4.1、Android 5.0、Mac OS X 10.7、Windows XP 5.1及更新版本的31款系统宣称

---

① https://bgp.he.net/ipv6-progress-report.cgi。

已经支持IPv6。但是在具体功能支持程度上，不同操作系统间还存在较大差异，主要体现在是否默认安装 IPv6 协议栈，是否支持 DHCPv6/NDRDNSS，是否支持 DNS 自动发现机制等方面，其中约88%的操作系统默认安装IPv6协议栈，约70%支持DHCPv6、53%支持ND RNDSS。

2. 软件 IPv6 支持情况

有了支持 IPv6 的操作系统作为基础，各种应用软件也逐渐开始支持IPv6 以满足对广大用户的需求。整体看来，应用软件支持度有待提高，仅部分基础应用软件能够支持IPv6。

浏览器：访问 IPv6 网站需要浏览器实现对 IPv6 的支持。一般情况下IPv6 域名及 IPv6 地址都能够访问相应网站，但并不是所有 IPv6 网站都可以通过 IPv6 地址访问，网站服务器端可以只绑定域名、不接受只有 IPv6 地址的请求。常见浏览器中，IE、Chrome、Firefox、Opera、360、搜狗、傲游、QQ 浏览器已经支持 IPv6，且 IE、Chrome、Firefox 和 Opera 可通过输入 IPv6地址的方式直接访问相应网站，支持度更高。

文件传送（FTP）：包括下载客户端和文件存储服务器两部分。市面上主流的 FTP 软件基本都支持 IPv6 网络条件下上传、下载文件，包括 FileZilla Client、SmartFtp、SecureFX、konqueror、AbsoluteTelnet 等，对应的 FTP 服务器软件也基本支持 IPv6。

邮件客户端及服务器：邮件客户端有多种形式可供选择，可基于文本、Web 或 GUI 应用程序。Windows 操作系统中最常用的邮件客户端 Outlook 从2007 版本起就已经支持 IPv6，苹果 Apple Mail 同样紧跟趋势。邮件服务器软件方面，常见的 Sendmail、Microsoft Exchange Server、Postfix、Exim 等均已支持 IPv6。

大部分应用软件都是通过各种程序设计语言编制来实现，为开发应用软件还需要相应的开发环境或工具软件，随着技术趋势的演变，这些软件也逐渐适应市场需要开始支持IPv6。Web 服务器软件 Apache 凭借跨平台性和高安全性被广泛使用，是最流行的 Web 服务器端软件之一，Apache2 现已支持IPv6，为网站广泛部署 IPv6 提供了基础。此外，Ruby、Python 作为面向对象的程序设计语言,在版本更新过程中顺应趋势先后部署了 IPv6,更多诸如 Adobe Dreamweaver、Java Development Kit、Microsoft Internet Information Services(IIS)等开发软件也陆续加入支持 IPv6 的行列。

另一类主流软件是数据库,用于数据管理,具有信息存储、检索、修改、共享和保护的功能。各类网站和应用的运行需要数据库的支撑,随着网站和应用的 IPv6 升级向前推进,数据库也与时俱进,对 IPv6 的支持逐渐成熟,主流数据库软件如 DB2、FileMaker Pro、Microsoft SQL Server、Oracle Database 等已经支持 IPv6。

3. 移动应用(App)IPv6 支持情况

目前,大部分移动终端都采用 iOS 或 Android 操作系统。自 2016 年 6 月 1 日苹果 App Store 发布公告要求所有提交上架申请的 APP 必须支持 IPv6 - only 网络后,目前所有从 App Store 下载的 App 均支持 IPv6,因此 iOS 应用支持率为 100%。

与之相比,Android 应用商店类型更为复杂,无论是国内应用宝、小米应用商店、华为应用商店,或是国外 Google Play、AppsLib、F-Droid、AppsZoom 等应用分发平台,均暂未要求上架 App 支持 IPv6,暂时无法统计出较为准确的数据。

4. 网络产品 IPv6 支持情况

网络设备主流厂家研发了大量 IPv6 产品,基本涵盖了所有的网络产品类别,包括路由器、交换机、接入服务器、防火墙、VPN 网关、域名服务器等,能够满足基本商用部署需求。

根据国际通用的网络设备测试认证项目——IPv6 Ready Logo 认证的数据,截至 2018 年 12 月,全球共颁发了 2312 个 IPv6 Ready Phase – 2 认证 Logo,认证总数近年来呈稳定增长趋势(见图 1),随着全球范围内 IPv6 的部署发展,预计未来几年将迎来更大增幅。[①]

[①] 下一代互联网国家工程中心、全球 IPv6 测试中心:《2018 IPv6 支持度报告》,2018 年 12 月。

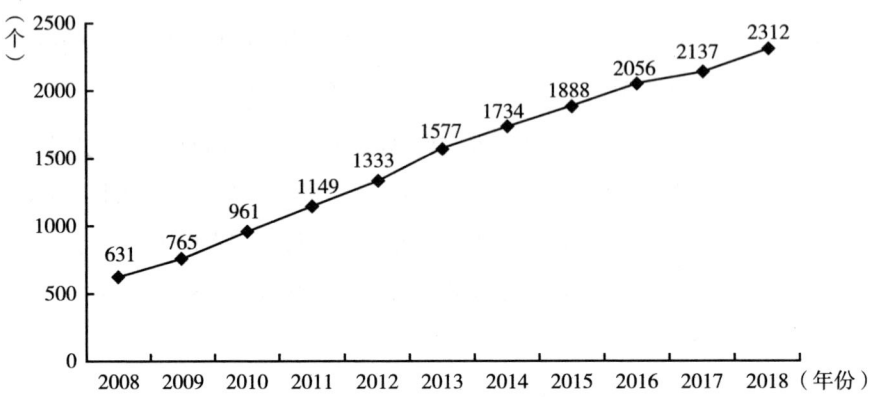

图 1　IPv6 Ready Logo 认证数量增长趋势

资料来源：下一代互联网国家工程中心—全球 IPv6 测试中心。

2018 年，中国企业获得 IPv6 Ready Logo 数量世界排名第一，达到 806 个，涉及不同产品系列和设备数量超千款。美国、日本分列第 2 位和第 3 位，韩国、印度、新西兰等国家获得数量依次减少，这一趋势与 2017 年基本一致（见图 2）。已通过认证的网络产品中，交换机和路由器数量最多，其他终端设备、安全设备、服务器等类别的产品认证数量也超百个，安全及流控产品认证数量相对较少。[1]

中国获得 IPv6 Ready Logo 认证的产品中，超过 70% 为路由器、交换机、安全设备，占全球 Logo 数量的 60%，相比美国、日本等国家，其他设备类型特别是终端设备方面较少。不同于 IPv4 有限的地址空间，IPv6 能够赋予物联网中每个设备一个单独的 IP 地址，使网络的结构形式统一，所有终端之间进行点对点的直接通信，支撑物联网迅速发展。办公、家居、工业等多场景内的海量终端设备都需要端到端的 IPv6 支持，可以说，终端设备对 IPv6 的支持将是实现万物互联的关键。

---

[1] 下一代互联网国家工程中心、全球 IPv6 测试中心：《2018 IPv6 支持度报告》，2018 年 12 月。

IPv6产业发展现状及趋势

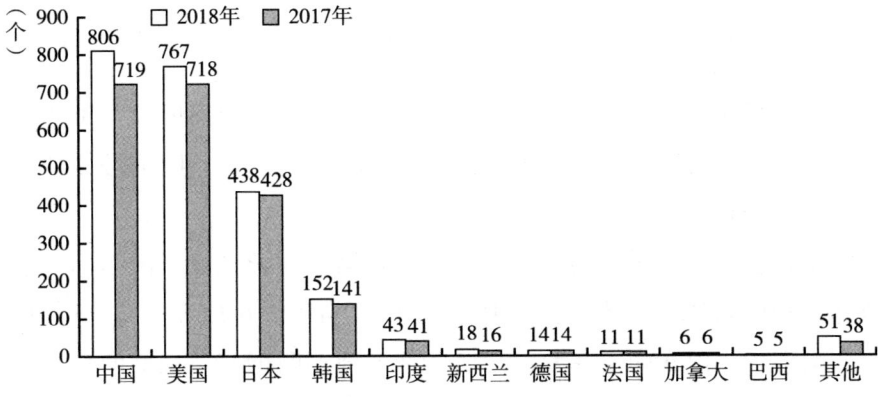

图2　2017~2018年IPv6 Ready Logo认证数量国家/地区分布对比

资料来源：下一代互联网国家工程中心—全球IPv6测试中心。

三　IPv6产业发展趋势

据亚太互联网络信息中心（APNIC）预测，全球IPv6将在2018~2023年迎来重要拐点，全球用户占比将达到75%~80%，随后增长曲线逐渐接近100%（见图3），对以IPv6为核心的下一代互联网将迎来爆发式增长已形成产业共识。

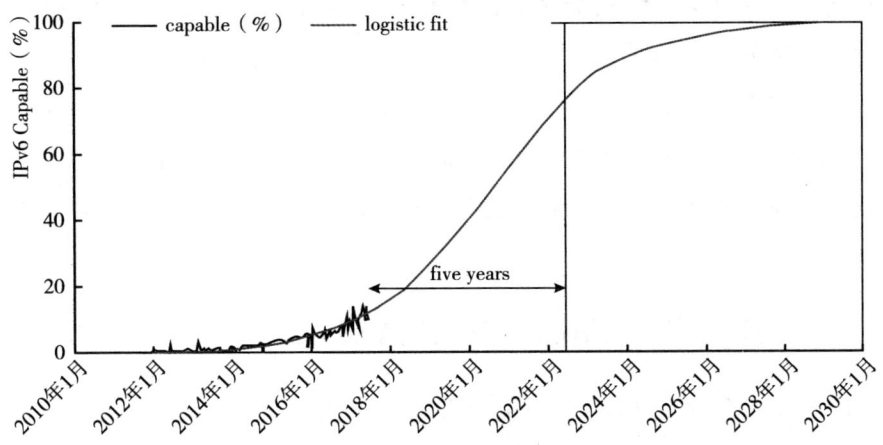

图3　2018~2023年IPv6使用率预测曲线

资料来源：Paul Wilson：《亚太互联网络信息中心（APNIC）主席Paul Wilson：部署IPv6正当时》，《中国教育网络》2017年第8期。

（一）核心动力由政策驱动转向市场需求

IPv6自诞生至今，经历了起步阶段、成长阶段、成熟阶段等不同发展阶段，技术、市场及政策等不同因素共同驱动产业发展，但不同发展阶段的核心驱动力却有明显差异。

IPv6起步阶段，技术需求为主要驱动因素。在此期间，国际标准组织及技术组织引领作用尤为突出，基本完成主要的IPv6标准规范。可以说，在这一阶段中，IPv6的快速发展主要以技术的不断创新及标准的日趋完善为核心驱动，这也奠定了后续长远发展的坚实基础。

IPv6成长阶段，核心驱动力由技术转向政策，并在此期间迎来快速发展。IPv4地址短缺的客观现实使全网向IPv6过渡升级的呼声强烈，全球多国政府认识到抢先布局IPv6的重要性及必要性，陆续发布一系列国家政策，IPv6成为各国在科技、经济、安全等方面重大战略诉求的核心载体。政策的驱动使IPv6从发展期迅速过渡到爆发期，在部署率及用户量等方面均取得实质性进展。

从目前发展态势来看，我们正处于IPv6技术的成熟阶段，IPv6驱动因素正逐渐迈向以市场需求为核心的多轮驱动模式，并逐渐向市场侧转移。一方面，随着IPv6用户的快速增长，用户侧产生的多样化需求将反向带动IPv6的快速发展；另一方面，IPv4过渡到IPv6的过程将伴随着产业链变革，并由此产生巨大的商业诉求和市场空间，随着升级改造的逐步展开，数据通信领域的硬件设备厂商、云和CDN服务商、网络安全服务商等都将受益。

（二）技术下沉支撑前沿领域快速发展

IPv6发展至今，其技术下沉趋势明显，与5G、SDN（软件定义网络）、NFV（网络功能虚拟化）、云计算以及边缘计算等新一代信息技术的融合，将有效支撑移动互联网、物联网、产业互联网、人工智能等前沿领域的快速发展。

对于移动互联网而言，IPv6 将提供海量的地址支撑。由于 LTE 具有永久在线的特性，其地址的需求量超 2G、3G 的十余倍。而 VoLTE 终端用户至少需要两个永久在线的 PDN 连接（对应 2 个 IP 地址），分别用于互联网访问和语音通信，地址需求量更加强烈，若用户全部演进为 VoLTE 模式，则同时在线的 IP 地址数要比现在高 40 倍。对于即将到来的 5G 来说，IPv6 不仅仅为其提供海量地址保障，更成为 5G 的基础构件。5G 时代的互联网服务需要更大的带宽、更多的连接数、更快的响应速度，这些特性均需要 IPv6 的有效支撑。不仅如此，未来 5G 标准将进一步向 IPv6 单栈引导，去除 IPv4/IPv6 双栈、简化设计已成为共识，这也使 IPv6 的未来发展更加明朗。

对于物联网及产业互联网而言，IPv6 将成为助力其发展的重要网络基础设施。据国际数据公司（IDC）预测，2020 年将有超 500 亿终端设备联网，由此带来的地址需求将呈爆发式增长，同时对安全性、移动性及服务质量也提出了更高的要求。作为新一代网络重要的基础设施之一，IPv6 特有的海量地址、安全特性、溯源性等重要特征，使其不仅能够满足物联网的海量地址需求，同时能满足物联网对节点移动性、节点冗余和基于流的服务质量保障的需求，因此 IPv6 将成为物联网应用的基础网络技术。

（三）与传统行业深度融合催生新业态

在全球数字化转型的大背景下，IPv6 端到端优势凸显。长远看来，IPv6 与传统行业的融合将成为 IPv6 的重要应用场景，同时有望催生传统行业数字化新业态。当前，新一代信息技术与传统产业渗透融合的数字经济已成为全球经济新动能。《世界互联网发展报告 2018》显示，2017 年全球数字经济规模约 12.9 万亿美元，占 GDP 的 17.1%，预计到 2025 年将达 23 万亿美元。在推进全球数字经济发展的过程中，IPv6 作为新一代网络核心基础设施，不仅能解决网络地址资源数量短缺的问题，还能打破多种行业设备连入互联网的障碍。

从产业发展的外部特征看，工业、农业、交通、电力等数据量大、时效性高、集成困难的产业将成为 IPv6 的重要部署行业。在这些产业的数字化进程中，数以百万计的信息孤岛成为掣肘其发展的关键。借助 IPv6 对物体的唯一性标识，可打通信息壁垒，形成覆盖广泛、统筹利用、统一接入的数据平台，实现远程监控、数据采集分析等重要功能。当传统产业与互联网不断融合，产业边界将日渐模糊，这将催生更多新业态，带来千亿元级的市场空间和红利。

四 IPv6 产业发展的核心策略

（一）推进 IPv6 标准创新发展

自 1996 年国际互联网标准化机构 IETF 制定 IPv6 第一批标准以来，IPv6 相关 RFC 已累计 600 余篇，核心技术已趋于成熟。在新一轮下一代互联网标准的创制中，增强多渠道、多维度推进，将有望实现下一代互联网发展的重要突破。

从多渠道的角度讲，依托 IPv6 在物联网、5G、人工智能等领域的基础性和重要性，在传统国际互联网组织进行标准创制以外，结合产业应用、"互联网＋"等，推进融合应用标准的制定及发展；从多维度的角度来讲，除注重技术标准以外，探索技术治理规则制定，与联合国架构下的标准组织以及经济合作与发展组织（OECD）等实现对接，让数字经济发展更好地推动社会发展。

（二）构建全新安全防护体系

事实上，互联网的安全问题自其诞生起就一直存在且愈发严重，而 IPv6 作为下一代互联网标准协议为网络安全问题提供了新平台及新思路，可借助全网向 IPv6 过渡升级的重大机遇，构建全新的安全防护体系。通过规范地址分配为 IPv6 网络安全提供保障，一旦 IP 地址规划和管理得当，国家层面在网络侧基于 IP 地址对网络流量的控制与安全管理效率将达到最优化，且管理成本低。

一方面，IPv6 真实源地址验证和用户身份标识将全面提升互联网安全性。在 IPv4 体制下互联网由于地址资源紧张无法为用户固定分配地址，而 IPv6 海量的地址则为固定分配地址和建立上网实名制奠定了基础，从而为互联网安全提供保障。

另一方面，IPv6 带来了 DNS 根服务器扩展的重大机遇。根服务器被称为互联网的"中枢"，负责互联网顶级的域名解析。在 IPv4 网络中，全球仅有 13 个根服务器运营机构，且地域分配明显不均。受 IPv4 帧结构单个报文长度的限制，现有根服务器系统缺少扩展的可行性，一定程度上阻碍了全球互联网的均衡发展。在 IPv4 向 IPv6 演进的重大机遇下，全球根服务器系统有望实现突破。由我国下一代互联网国家工程中心主导发起的国际 IPv6 根服务器试验系统，目前已在全球多个国家和地区完成了 25 个 IPv6 根服务器的部署，其中在我国部署了 4 个，为探索建立多边、民主、透明的国际互联网治理体系提供了一种基于 IPv6 的解决方案。

（三）深化产业协作实现共赢

在推动下一代互联网发展的过程中，只有开放合作，道路才能越走越宽。

其一，加强产业链之间的合作。IPv6 的规模部署是关乎产业链各个环节的系统工程，需要运营商、设备商、互联网公司、终端用户等协作进行，在基础设施升级改造、垂直行业应用部署、前沿技术研发、人才培养等方面综合推进，才有可能实现快速部署。

其二，加强组织机构之间的协作。当前，推进 IPv6 下一代互联网发展的组织机构主要包括 IETF、全球 IPv6 论坛（IPv6 Forum）、国际互联网协会（ISOC）、亚太互联网络信息中心（APNIC）等区域互联网注册机构。不同组织机构的推进方向各有侧重，合作潜力巨大。加强不同组织机构之间的深入协作，可以充分发挥各自优势，丰富合作内涵，将有力推动下一代互联网

的快速发展。

其三，加强国际合作。目前全球 IPv6 尚处于发展不均衡的状态，印度、美国、德国、巴西等国家在 IPv6 用户量和部署率等方面均处于较高水平，但也有更多国家 IPv6 部署相对较缓。通过加强与不同地区之间的交流与合作，可以实现协同创新，扩大市场格局，推动全球网络基础设施的互联互通，共同应对全球网络重构浪潮下的机遇与挑战。

五 结束语

从互联网的发展历程可以看出，技术的更迭与应用直接影响并决定互联网的发展走向。IPv6 作为全球公认的下一代互联网商业应用解决方案，将构建一个开放、包容、创新的技术体系，成为数字经济发展的新平台。未来将是一个数字化、全球化时代，是一个技术改变世界的时代。以 IPv6 协议为基础的下一代互联网势必将渗透到各行各业，全面加速传统行业向数字化转型，最终惠及每一个人。

新一代信息技术与产业篇

Core Technology and Emerging Industry

B.5
2018年中国信息技术与产业发展形势及2019年展望

卢山 安晖 李艺铭 张金颖*

摘 要： 2018年以来，中国信息技术产业沿着供给侧结构性改革这一主线，产业整体规模稳步扩大，重点领域投资显著加速，创新能力持续增强。面向未来，中国信息技术产业发展仍将面临快速密集的技术创新机遇、新兴的内外部市场机遇、信息技术应用融合机遇等三大机遇，也存在国际经济不确定性升温的外部挑战和产业动能不足的内部隐忧。为破解产业发展难题，切实推进产业高质量发展，建议紧抓核心

---

* 卢山，博士，高级工程师，中国电子信息产业发展研究院院长；安晖，博士，高级工程师，中国电子信息产业发展研究院副总工程师；李艺铭，博士，副研究员，中国电子信息产业发展研究院电子信息研究所副所长；张金颖，博士，工程师，供职于中国电子信息产业发展研究院电子信息研究所。

技术创新、加速产业生态构建、推动发展能力升级、强化人才梯队培育、瞄准合规能力建设，致力于将信息技术产业打造成为国家战略布局的先锋队、经济发展的主力军、技术创新的领航者。

关键词： 信息技术产业　融合发展　技术革命

2018年，在复杂多变的全球政治经济形势和国内经济下行形势下，中国信息技术产业在波动中平稳增长，创新能力持续增强，重点领域投资步伐加快。展望2019年，全球经济复苏效应渐趋弱化，全球化趋势和贸易投资保护主义倾向加强，传统领域增长势头趋缓，但新引擎、新动能、新政策、新举措将为产业发展提供积极支撑，推动产业加快转型升级，引领产业链向中高端跃迁。

一　2018年中国信息技术产业发展情况

（一）收入规模稳步扩大，产业效益有所下降

2018年，面对错综复杂的国内外政治经济形势，中国信息技术产业迎难而上，加快结构调整和转型升级，产业收入规模稳中有升。其中，电子信息制造业主营业务收入同比增长9%，增速较2017年降低4.2个百分点；软件业收入达63061亿元，同比增长14.2%，增速较2017年提高0.3个百分点。

产业效益有所下降，利润增速大幅滑坡。其中，电子信息制造业利润总额同比下降3.1%，行业利润率仅为4.51%，为近五年来最低水平；软件业利润总额同比增长9.7%，较2017年下降6.1个百分点。产业要素成本上升是电子信息制造业利润大幅下降的核心因素，2018年行业主营业务成本同

比增长9.1%，超过收入增幅。经调研发现，电子产品制造企业原材料、人工、土地等成本上升趋势明显，行业利润遭受成本上升和产业外迁的"双重压力"。

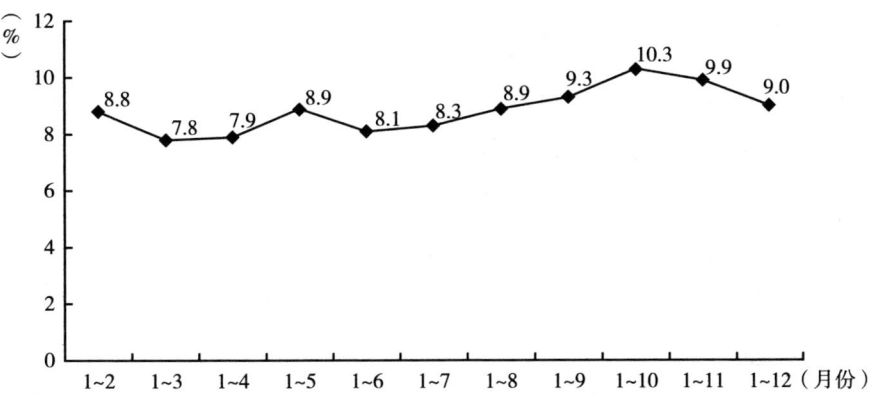

图1　2018年各月全国电子信息制造业主营业务收入累计增速

资料来源：工信部运行局，赛迪智库整理，2019年4月。

（二）重点产品产量居全球首位，产品结构日趋优化

2018年，我国信息技术领域重点产品规模继续保持世界第一，手机、计算机、彩电产量分别占全球总产量的90%、90%和70%以上，我国大陆企业显示面板出货面积位居全球第一。其中，彩电产品在企业海外市场拓展推动下增势显著，产量同比增长14.6%，增速较2017年提高13个百分点，出口量同比大幅增长18.9%，增速较2017年提高17.4个百分点。手机产品受国内外市场疲软等因素影响，产量出现近十年来的首次下滑，同比下降4.1%，增速较2017年下降5.7个百分点。

重点产品智能化、高端化、品牌化步伐加速，智能手机产量占手机产量的比重达76.1%[①]，较2017年提高1.63个百分点；高端彩电产品加快普

---

① 据统计局数据，2017年、2018年我国智能手机产量分别为14.3亿部、13.7亿部，手机产量分别为19.2亿部、18亿部。

及,超高清电视销售量占国内电视销售比例的66%以上;虚拟现实设备、智能家居、智能可穿戴设备、智能健康养老等领域不断推出新产品、新服务。

(三)产业投资保持高位,重点领域引领带动作用明显

2018年,中国电子信息制造业投资保持快速增长态势,虽然固定资产投资增速和新增固定资产投资额较上年有所下降,但仍为近五年来"次高"水平。从增速看,产业固定资产投资额同比增长16.6%,虽较2017年下降8.7个百分点,但高于2014年、2015年、2016年(见图2),也高于全部制造业投资增速7.1个百分点,将有效支撑未来两年产业的平稳增长。从金额看,产业新增固定资产投资额达2143.7亿元,虽较2017年下降305.8亿元,但仍处于历史高位水平。

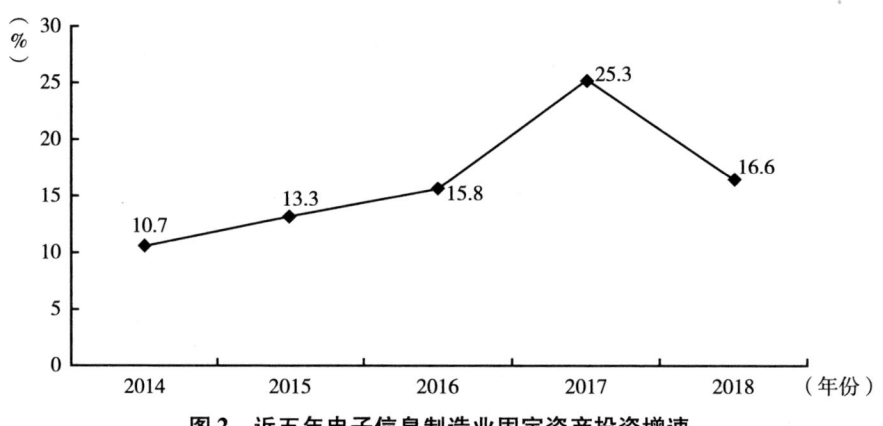

图2 近五年电子信息制造业固定资产投资增速

资料来源:工信部运行局,赛迪智库整理,2019年4月。

重点领域投资对产业整体投资拉动作用明显。2018年,江苏、重庆、天津、四川等省份地方政府加大与企业的合作力度,在集成电路、新型显示、人工智能等重点领域新设超百亿元产业基金,有效推进重大项目的开工建设。如新型显示领域,2018年新增投资3954亿元,同比增长241%,其中显示面板新增投资3580亿元,同比增长234%,在建高世代TFT-LCD产线达到10条。

（四）对外贸易保持增长，增幅为近年较高水平

在复杂多变的全球经济贸易环境下，电子信息制造业出口保持增长态势，增幅为五年来较高水平。2018 年，产业出口交货值同比增长 9.8%，较 2017 年降低 4.4 个百分点，但仍分别比 2014 年、2015 年、2016 年高 3.8 个、9.9 个、9.9 个百分点。

从细分行业看，整机和元器件行业出口均呈现增长态势，增速普遍低于 2017 年，但远超 2016 年水平。其中，通信设备、计算机行业出口交货值分别同比增长 12.6%、9.4%，较 2017 年分别小幅回落 1.3 个、0.3 个百分点，但较 2016 年分别提高 9.2 个、14.8 个百分点；电子元件、电子器件行业出口交货值分别同比增长 14.0%、7.0%，较 2017 年分别回落 6.7 个、8.1 个百分点，但较 2016 年分别提高 11.4 个、7.7 个百分点。

从重点产品看，集成电路出口保持快速增长，面板进口有所下降。据海关数据，2018 年集成电路出口额同比增长 26.6%，较 2017 年提高 16.8 个百分点；液晶显示板出口额同比下降 10%，较 2017 年降低 9.6 个百分点，反映出国内面板产能大幅提升，配套能力持续增强。

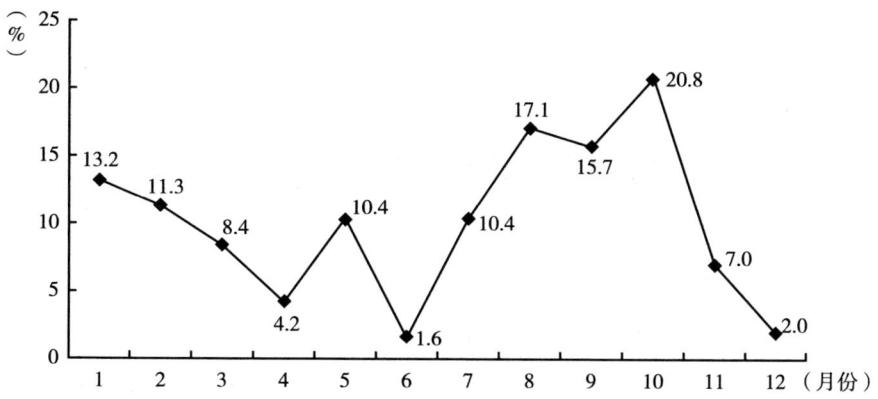

图 3　2018 年各月全国电子信息制造业出口交货值单月增速

资料来源：工信部运行局，赛迪智库整理，2019 年 4 月。

表1 2018年中国电子信息重点产品进出口情况

单位：亿美元，%

产品	进口		出口	
	金额	增速	金额	增速
集成电路	3121	19.8	846	26.6
手持或车载无线电话机	—	—	1406	11.5
液晶显示板	261	-13.6	232	-10

资料来源：海关总署，赛迪智库整理，2019年4月。

（五）创新能力持续增强，新技术创新成果涌现

2018年，信息技术企业创新能力不断提升，新技术实现多点突破。在基础电子领域，3D NAND闪存芯片研发取得显著进展，首次提出重要的新架构和技术路径；国内芯片先进设计能力导入7纳米，主流设计水平达到16/14纳米；16/14纳米制造工艺研发取得重要进展。在智能手机领域，折叠屏手机、5G手机陆续推出，屏幕、摄像头、内存、传感器等技术持续创新。在家用视听领域，超高清电视快速普及，量子点（QLED）电视、超薄电视、全面屏电视开始进入市场。在人工智能领域，多款定制化芯片运算能力达到国际先进水平，计算机视觉、自然语言处理和语音识别等技术市场化应用趋于成熟。

二 2018年信息技术重点行业领域发展情况

（一）智能手机行业：需求趋缓，分化加剧

2018年，我国智能手机行业市场需求持续放缓，行业集中度不断提高，各主要厂商大力开拓国际市场并积极探索技术产品创新。据国家统计局数据，2018年我国手机产量为17.98亿部，同比下降4.1%，其中智能手机同比下降0.6%。据IDC数据，2018年全球智能手机出货量为14.316亿台，同比下降5.1%；我国智能手机出货量为3.977亿部，同比下滑10.5%。

我国手机行业发展呈现三方面特点。一是主要厂商的发展不断分化，行业集中度持续提高。华为、vivo 的市场份额持续飙升，OPPO、小米小幅提升，苹果持续微跌，而其他品牌手机份额则大幅降低，前五大厂商的市场份额由 2017 年的 75.6% 大幅提升至 2018 年的 87.5%。二是国内厂商加快拓展海外市场。在国内市场需求趋缓、竞争加剧的背景下，2018 年我国手机出口额同比增长 10.67%，达到创纪录的 1408.5 亿美元。华为、小米、一加等厂商加快在非洲、南亚和东南亚地区的渗透步伐。三是技术创新探索持续活跃。2018 年，水滴全面屏、弹出式前置摄像头、滑盖全面屏、前后双屏幕、折叠式双屏幕等智能手机新技术、新形态在国内市场层出不穷。此外，各厂商纷纷基于智能手机打造物联网（IoT）生态，小米凭借小米生态链和小米有品积极布局 IoT，华为、OPPO、vivo 等领先厂商也快速跟进、积极布局。

（二）彩电行业：产业高端化跃升加速

彩电企业开拓国际市场成绩斐然，彩电出口明显回暖，产业高端化进程大幅加快。2018 年，我国彩色电视机产量达 20381.5 万台，同比增长 14.6%。国内彩电市场销量达 4774.5 万台，同比增长 0.5%；55 英寸及以上电视销量约 2355.9 万台，同比增长 24.9%，占国内电视销量的比重约为 49.3%。超高清电视销量 3188.9 万台，同比增长 11.6%。国产品牌电视机厂商均推出 8K 旗舰产品。海关总署数据显示，2018 年我国出口彩电 9688 万台，同比增长 18.9%；出口额达 149.3 亿美元，同比增长 7.7%。其中，出口液晶电视 9580 万台，同比增长 19.4%；出口额达 147.0 亿美元，同比增长 7.3%。

我国彩电行业发展受到两方面技术创新的驱动。一方面，国内彩电企业抓住大尺寸曲面设计、OLED 面板、4K/8K 超高清显示等技术应用发展新趋势，不断优化调整产品结构，品牌价值显著提升，TCL、海信、创维等企业海外市场业绩均实现两位数以上增长。另一方面，人工智能技术正日益成为彩电行业技术创新的抓手。2018 年，国内市场人工智能电视零售量占比超过 60%，零售额增幅达到 77.95%。中国彩电行业正在加速步入硬件、软件、内容、平台和服务协同发展的新通道。

（三）集成电路行业：产业链结构进一步优化

集成电路行业继续保持高速发展态势，行业规模持续扩大，创新能力不断加强，生产制造水平接近行业前列，产业链各环节结构进一步优化。2018年，中国集成电路行业销售额达6531.4亿元，同比增长20.69%，高于全球同期的15.9%。设计、制造、封测业务的销售额分别为2519.3亿元、1818.2亿元、2193.9亿元，同比增长21.49%、25.56%、16.09%。

产业链各环节创新不断涌现。设计方面，海思先后发布了7nm麒麟980、昇腾910、鲲鹏920等芯片，海思、紫光展锐位列全球芯片设计十大企业。制造方面，长江存储32层3D NAND于2018年量产。封装测试方面，长电科技、通富微电、华天科技在7nm封测、硅基扇出型封装技术上取得突破，工艺已应用到小批量生产当中。生产制造能力大幅提升。2018年，各地宣布新建及扩产的生产线达到17条，且主要集中在行业领先的12英寸工艺上，各大产线产能释放后将大幅提升行业生产制造能力。

表2 2018年中国集成电路新建制造生产线

单位：亿元，英寸

公司名称	所在地	投资额	产线
燕东微电子	北京	48	8
积塔半导体	上海	89	6/8/12
粤芯	广东	70	12
芯恩	青岛	78	12
矽力杰	青岛	180	12
万国	重庆	69	12
中芯国际	天津	58.8	8
三星	西安	440	12
士兰微	厦门	170	12
华润	重庆	100	12
台积电	南京	208	12
海力士海辰	无锡	—	8
华虹宏力	无锡	100	12

资料来源：赛迪智库整理，2019年4月。

（四）新型显示行业：规模跃居全球第一

新型显示行业整体持续向好发展，液晶面板出货面积居全球第一，进出口逆差持续缩减，企业整体技术实力与创新能力不断增强。从出货规模看，2018年，在面板产线量产的带动下，我国新型显示行业产能规模继续增长，全年出货面积约为8000平方米，全球占比接近40%，TFT－LCD出货面积位居世界第一。从进出口规模看，2018年液晶面板进出口逆差继续缩窄。2018年前三季度，液晶显示板进口16亿片，进口金额达199亿美元，同比下降7.6%和11.5%；出口10亿片，出口金额达86亿美元，同比增长1.6%和下降10.2%，贸易逆差持续缩减12.5个百分点。

行业发展呈现两方面特点。一是技术创新持续突破。TFT－LCD领域，多条8.6代及以上产线进入量产阶段，Oxide和LTPS TFT－LCD面板生产能力进一步成熟；AMOLED领域，多条柔性AMOLED面板生产线进入量产，印刷显示、量子点显示、MicroLED等新兴显示技术出现。二是龙头企业引领带动作用日益凸显。以京东方、华星光电为代表的新型显示企业紧跟国际步伐，技术实力得到较大提升。根据世界知识产权组织（WIPO）公布的2018年全球国际专利申请（PCT）排名情况，京东方、华星光电等中国企业进入前10名，其中京东方以1813件PCT专利申请量位列全球第7。

（五）锂电池行业：新能源汽车拉动效应显著

2018年在新能源汽车销量持续迅猛增长的带动下，我国锂离子电池行业产业规模稳步增长，骨干企业快速成长，技术创新步伐加快，全球竞争力逐步提升。一是产量和产业规模继续保持快速增长态势。2018年我国锂离子电池产量达139.9亿只，同比增长25.9%，受动力电池价格波动的影响，产业规模同比增长9%，达到1727亿元，二者均创历史新高。二是骨干企业深化与海外企业的合作，加速拓展国际市场。宁德时代（CATL）先后与大众、宝马、戴姆勒等达成动力电池供应合作关系，并计划在德国投资2.4亿欧元建立动力电池生产基地；孚能科技成为戴姆勒供应商，并启动欧洲动

力电池工厂建设；中航锂电与德国大陆集团合作；等等。三是高能量密度电池研究不断实现突破。2018年，国轩高科实现磷酸铁锂电池能量密度达到190Wh/kg、三元622电芯产品单体能量密度超210Wh/kg，力神电池完成高镍正极材料开发，可逆克容量达到213mAh/g，首次效率达到91.4%，国内正极材料龙头企业当升科技实现高镍811三元材料量产。

（六）虚拟现实行业：进入务实推进阶段

2018年，虚拟现实行业硬件、软件、内容制作与分发、应用与服务等产业链环节逐步完善，产业生态加速形成，已拥有实现跃升式发展的良好条件。硬件环节，中国成为全球最重要的终端产品生产地，在AMOLED屏、快速响应液晶屏、近眼显示、追踪定位、多通道交互等领域实现突破，硬件生产水平不断提高。软件环节，创新资源整合集中度不断提高，国内企业和高校纷纷搭建开源平台和资源共享平台，促进了行业软件开发生态的形成。内容制作与分发环节，行业制作、集成、分发、增值、安全等细分领域分工不断明确，曼恒数字、兰亭数字、爱奇艺等企业加大内容研发力度，行业内容供给质量大幅上升。应用与服务环节，南昌、青岛等地大力推动虚拟现实技术在娱乐、制造、教育、医疗、交通、商贸等领域的应用，取得初步成效。

（七）超高清视频行业：产业链初步构建

2018年，我国超高清视频产业进入高速发展阶段，已在产业链多个环节取得突破。关键设备研发方面，已开展首台商用8K超高清转播车研制工作，采用了100G核心IP交换系统、高性能8K存储系统、8K记录和慢动作回放系统等关键设备。显示终端普及方面，2018年我国超高清电视机销量达3189万台，同比增长约11.5%，占彩电总销量的比重达66.8%，高于全球水平（45.5%）。频道建设方面，2018年中央广播电视总台和广东广播电视台分别开通了一个4K超高清频道，实现了从无到有的突破。多地推出了4K超高清IPTV点播业务。内容制作方面，中央广播电视总台已具备每天6

小时 4K 内容的生产能力，4K 节目内容累计总时长达到 2000 小时；广东广播电视台 4K 节目内容总时长达到 1400 小时；4K 花园的 4K 内容（包括自制、合制和外来引进）累计总时长 6100 小时；咪咕文化在 2018 年俄罗斯足球世界杯期间完成了 20 个比赛场次的 4K 超高清直播。用户普及方面，三大电信运营商 4K 机顶盒用户数达 1.5 亿，中央广播电视总台 4K 频道覆盖用户数超过 1000 万。

（八）人工智能行业：智能经济初现雏形

2018 年，人工智能领域技术创新驱动，夯实发展基础，加强基础理论研究，强化科技应用开发，注重与实体经济深度融合。2018 年，中国人工智能产业规模达 339 亿元，同比增长 56%，远高于全球 17% 的增速水平，人工智能产业推动智能经济雏形的初步显现。基础技术方面，专用芯片和类脑芯片的不断发展，智能传感器领域，海康威视、大华、歌尔、航天电子等企业在传感器领域有一定积累，百度的 Paddle-Paddle 平台成为核心算法架构的重点开源平台。技术应用方面，计算机视觉、语音识别、自然语言处理是中国市场规模最大的三个应用方向，国内市场占有率分别为 34.9%、24.8% 和 21%，涌现了商汤、依图、旷视、科大讯飞等独角兽企业和上市公司。行业融合发展方面，人工智能已经在医疗健康、金融、教育、客服等多个垂直领域得到应用，涌现一批具有优势的国内企业，人工智能不断与云计算、大数据、5G 等技术交叉融合，推动工业互联网、智能工厂建设，发展新模式、新业态，构建数据驱动、人机协同、跨界融合、共创分享的智能经济形态。

三 中国信息技术产业发展机遇与挑战

（一）创新机遇：快速密集的技术创新持续拓展行业应用

信息技术领域仍然是当前全球新一轮技术革命的引领力量，在摩尔定律、吉尔德定律等技术规律下，新技术、新业态、新领域、新模式持续涌

现。一是新一代信息技术加速创新突破，以物联网、云计算、大数据、人工智能、区块链、集成电路、新型显示技术等为代表的技术持续演进，并不断爆发新的亮点。2018年以来，以5G、印刷显示、新型计算等为代表的新兴信息技术涌现，正在推动云计算、基础软件、计算架构和能力、人工智能等技术新变革。二是新一代信息技术与其他领域技术跨界研发加速。信息技术正在与新能源、新材料、生命科学等技术跨界创新，推动了能源、交通、制造、医疗等重点行业的集成创新。三是信息技术创新催生更广阔的新产业空间。技术创新不断拓展信息技术产业的边界，推动形成了超高清视频、虚拟现实、新型显示等新兴领域。

（二）市场机遇：信息消费市场和新兴国际市场不断拓展

一方面，信息消费升级步伐显著加快，不断孕育生成新的内需市场。加快在各行业、各领域推进"互联网+"，推动基于网络平台的新型消费，发展线上线下协同互动的消费新生态。预计到2020年，信息消费规模将达到6万亿元，年均增长11%以上，信息技术相关领域产出将达到15万亿元。另一方面，对外交流合作进一步深化，信息技术领域的国际市场空间潜力巨大。据不完全统计，"一带一路"倡议涉及沿线44亿人口、65个国家和地区、21万亿美元的市场规模，充分利用与有关国家的双多边机制，积极推动数字丝绸之路建设和信息技术应用拓展，有利于推动中国信息技术产业在更广泛的国际市场拓展。

（三）融合机遇：行业融合需求助推信息技术应用更深更广

融合发展为信息技术产业发展提供新空间。当前，数字经济与实体经济加速深度融合，在工业、农业、医疗、能源、交通、金融等众多行业实现跨界融合，培育出工业互联网、智能网联汽车、车联网等一大批新模式、新业态、新产业，也进一步扩大了信息技术产业的范畴和发展空间。信息技术和产品正在为更广泛的产业提供基础性、支撑性作用，其价值也更广泛地体现于各类产品形态中，信息技术价值更加显现。3D打印设备、城市轨道车辆、新能源汽车等高技术产品增速超过 50%，这些产品中传感器、芯片、工业软件、各类信息服务等价值比例高，保障了这些产品具有较高技术含量和较高附加值。可见，信息技术对经济规模和转型提升的支撑服务能力仍在增强，经济社会发展也将为行业提供越来越广阔的融合应用空间。

（四）外部挑战：国际经济不确定性升温引致严峻外部形势

自 2018 年以来，国际政治经贸环境愈发复杂严峻，中国信息技术产业面临的压力持续加大。一是全球经济增长缓慢，削弱产业整体发展动力。当前，全球经济复苏虽然仍在持续，但增长势头趋弱，经济新动能不足，主要国家市场需求下滑导致产业投资消费拉动力不足。据 IDC 统计，2018 年全球智能手机出货量同比下滑 4.1%，连续第 2 年下滑；全球 PC 出货量则连续第 7 年下滑，年出货量仅为 2011 年峰值的 73.5%。二是单边主义、保护主义持续蔓延，冲击全球分工合作格局。2018 年，美国对华挑起贸易摩擦，信息技术成为重点领域之一。出口管制等黑天鹅事件接续出现，部分国家针对我国的贸易投资壁垒也大为提高。三是发达国家愈发重视新兴技术和先进制造业，与我国产业的正面博弈加剧。发达国家持续加大在 5G、人工智能、量子科学等新兴领域的投入，纷纷实施"再工业化"战略，并收紧对华高技术交流合作，加大了我国产业层次跃升的难度。四是其他发展中国家加速争夺中低端制造业。越南、印度等国大力度吸引产业转移，导致部分产业链已有外迁动向，与发达国家高端制造业回流形成"双向挤压"。

（五）动能隐忧：产业新旧动能转化存在动能不足的瓶颈

信息技术产业正处于由高速增长阶段转向高质量发展阶段的时期，需要新动能推动实现新发展。一方面，智能手机、计算机、彩电等传统产品市场接近饱和甚至下降，给产业整体发展带来负面影响。智能可穿戴设备、虚拟现实、超高清视频等新一代信息技术持续涌现，但产业初期规模小、成长缓慢，还无法及时填补传统产业衰退留出的产业空间。另一方面，产业结构性矛盾更加凸显。一是产品低端过剩但高端供给不足，难以满足消费者快速增

长的高端化、差异化消费需求，如手机市场、计算机市场均缺乏颠覆性的技术创新和功能创新。二是部分企业市场化能力弱，缺乏快速响应技术和市场变化的资源积累。我国部分信息技术企业还处于劳动密集型发展阶段，品牌塑造、市场运营、用户研究能力不强，对技术进展和市场变化的响应能力较差，难以迅速适应新变化。三是产业链关键环节缺失，难以满足高质量发展需求。中美贸易摩擦给我国产业链整体安全敲响了警钟。

四 促进中国信息技术产业高质量发展的建议

当前，信息技术产业已经成为我国经济社会发展的重要引领力量，对经济社会贡献不断凸显。未来，在以信息技术为代表的新一轮科技浪潮持续发酵的形势下，我们应把握信息技术创新发展和应用推进的全球发展机遇，真正将信息技术产业打造成为融合性、支柱性、引领性产业，助推我国各行各业的网络化、数字化、智能化发展，以产业的高质量发展助推中国经济实现高质量发展。

总体来看，信息技术产业要进一步明确产业发展定位。一是要做战略布局的先锋队，信息技术产业要有冲锋在前的勇气和实力，紧贴国家战略需求，紧抓行业新兴热点，肩负国家使命，占领未来全球竞争制高点。二是要做经济发展的主力军，在业务规模上要居于领先位置，在核心技术掌握上要达到一流水平，在战略性任务承担上要有不可或缺的位置，在全球产业布局上要有号召力和资源聚集能力，能牢牢掌握产业发展话语权。三是要做技术创新的领航者，在产业创新中敢于探路前行，既能够率先布局和突破前沿性技术领域，也能够在发展模式、发展路径上敢为人先，从而推动产业发展政策制定和发展环境营造，引领我国更广泛的行业和企业在"无人区"走出一条新路，建议从以下五方面推进。

（一）紧抓核心技术创新

习近平总书记在2018年中央财经委员会第二次会议上强调，关键核心技术是国之重器,对推动我国经济高质量发展、保障国家安全都具有十分重要的意义,必须切实提高我国关键核心技术创新能力,把科技发展主动权牢牢掌握在自己手里。信息技术产业是典型的技术密集型产业,要在日益密集的技术创新和日趋激烈的全球竞争中找到一席之地,就必须坚持创新驱动。为此,要结合产业发展实际和国家经济社会发展应用需求,创新机制,集中资源,突破核心技术。在基础元器件领域,要加快突破以集成电路等为核心的关键装备、材料和成套工艺,补齐高端芯片、传感器、核心元器件等基础、通用技术短板。在电子整机和系统领域,加强网络信息领域核心技术攻坚,推动高性能计算、5G移动通信、量子通信等领域的研发和应用。在新兴前沿领域,围绕人工智能、智能网联汽车、超高清视频等新领域,体系化地组织开展技术攻关。

(二)加速产业生态构建

加快推进信息技术产业创新发展,必须构建开放、协同的产业生态,构建跨区域、多维度、多要素联动的产业创新生态体系。一是要密切产学研合作。联合高校、科研院所、行业企业,组建联合研发团队,共享资源和信息,强化产业链各个环节的协同创新,将技术研发和下游应用高度契合。二是要密切与地方的合作。对接地方发展战略,发挥各自优势、统筹资源,围绕新型智慧城市、新型显示、网络安全、集成电路等领域深化合作,共同打造区域产业生态。三是要注重加强国际合作。鼓励企业与信息技术上、下游领域的进口供应商建立长期稳定的合作伙伴关系,不断拓展海外市场,严防可能遭遇的供应链安全风险。

(三)推动发展能力升级

数字化转型已经成为信息技术企业提升竞争实力、实现可持续发展的必由之路。数字化转型速度快、效果好的企业能够更快、更好地适应数字经济时代的发展需求。为此,应积极推进企业数字化转型,探索数字化创新发展新模式。重点之一是加快推进智能制造、绿色制造,实施智能工厂、数字化车间改造，打造新的产业生态和数据生态。之二是积极推动企业上云，快速获取数字化能力，提高数字化应用效率，抢占转型发展先机。之三是强化企业的信息化、数字化建设，运用先进信息技术、丰富数据资源，实现企业经营管理的数字化、网络化、智能化升级，率先体验数字经济发展带来的红利。

（四）强化人才梯队培育

人才是高科技产业发展的根本，加强人才建设是产业发展的重中之重。一是坚持业务战略与人才战略相结合。要有针对性地制定人才战略，针对发展战略制定专业的、具体的、可实施的人才标准和管理方式，促进队伍建设与业务发展匹配。二是要把好人才出入口。通过人才流动分析，从招、用、育、留四个方面把好人才入口和出口，加强人才预警与人才储备机制建设。三是确保人才晋升公平公正。遵循扬长避短、公平竞争、不唯学历、注重实干的原则来选拔人才，确保人才晋升制度科学合理、选拔性强、适用性强。四是重视专家型与跨界型人才培养。通过制定合理的专家、领域带头人和青年英才队伍选拔和管理办法，以及通过教育培训、多岗位历练等方式加强信息技术领域业务骨干人才，特别是跨界人才的培养。

（五）建设企业合规能力

随着改革开放的不断深入，中国企业在迎来巨大机遇的同时，也面临着许多风险和挑战，合规性建设的重要性愈发凸显。一是要建立新形势下的企业合规管理体系，形成一套规范有序、权责明确、风险控制有力的合规管理制度。二是要加强企业面向海外的合规能力建设，通过加强海外法律法规研究、学习先进的合规管理经验等方式规范海外经营行为，防范"走出去"可能发生的各种风险。三是要加强企业合规文化塑造，通过有效的推广手段在企业内部及企业所处市场中，提升员工对合规作为企业核心价值观的认知，建立深入人心的合规文化。

B.6
从独角兽企业看中国数字经济发展态势

班智飞 黄波 王胜男 莫祯贞 朱志华*

摘 要： 本报告基于长城战略咨询2016~2018年独角兽企业数据分析所得。报告共分为三大部分，其一是基于数字经济独角兽数据看中国"互联网+""大数据+""人工智能+"发展情况；其二是基于数据分析看数字经济发展较为突出的行业领域、新城市崛起的趋势；其三是分析数字经济企业爆发式成长的新规律、新路径。我们认为独角兽企业是新经济的代表，数字经济独角兽发展创新方向代表着中国数字经济发展走向，目前教育、医疗、人工智能等领域正处在爆发期，南京、武汉、成都等地正成为仅次于北、上、深、杭的数字经济新城市。此外，场景已成为新技术的试验田，企业技术商业化的新方式，数字技术与实体经济融合的新载体。

关键词： 数字经济独角兽 新城市 场景

一 中国数字经济从"互联网+"到"智能+"

（一）2016~2018年数字经济领域独角兽企业发展状况

《2018年中国独角兽企业研究报告》数据显示，2018年全国独角兽企

---

* 班智飞，长城企业战略咨询数字经济部高级项目经理；黄波，长城企业战略咨询副总经理；王胜男，长城企业战略咨询企业咨询部高级项目经理；莫祯贞，长城企业战略咨询数字经济部总监；朱志华，长城企业战略咨询数字经济部总监。

业共202家，较2017年增加38家，较2016年增加71家，总估值达7446亿美元。2018年中国新增独角兽企业89家，同时退出51家。2017年中国独角兽企业共164家，相比2016年增长25%，总估值达6284亿美元，相比2016年增长29%，平均估值达38.3亿美元，相比2016年增长3%。2016年中国独角兽企业共131家，总估值达4876亿美元，平均估值达37.2亿美元，分布于18个行业、16个城市。

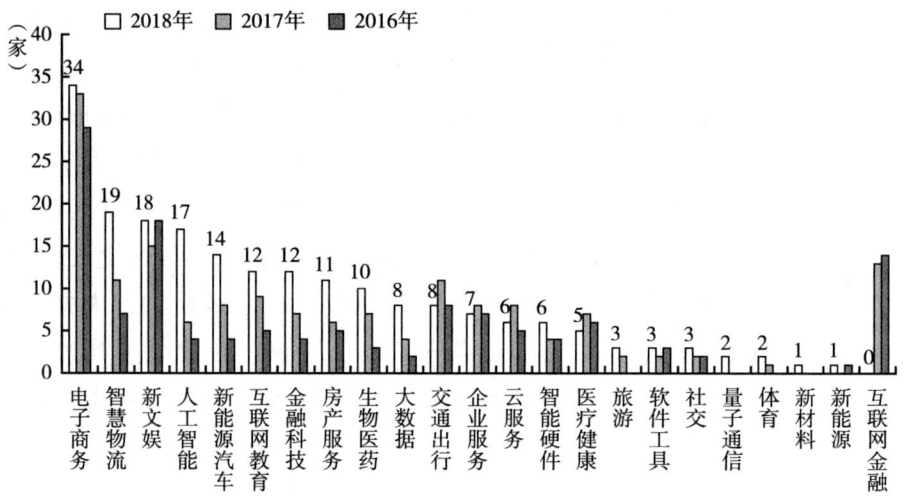

图1 2016～2018年中国独角兽企业行业领域分布

独角兽是中国经济高成长的企业代表。从3年独角兽企业数据看，前沿科技独角兽已经成为推动新一轮科技创新的重要驱动力。技术与应用场景的突破是人工智能企业爆发式成长为独角兽的重要动因。2017～2018年，独角兽企业数量翻倍，生物医药领域独角兽积极聚焦创新药、基因疗法、影像设备的研发与生产，助推中国生物医药实现破局；新能源汽车独角兽积极布局自动驾驶、智能网联，助推中国汽车产业抢占下一个行业制高点。新业态独角兽企业正颠覆行业格局，引领产业变革式发展。新零售独角兽重塑传统电商价值链，引发效率革命；智慧物流独角兽重构传统物流生态，驱动产业升级；新文娱独角兽推动文娱科技融合，短视频引爆风口，互联网长尾势能再现。

超80%独角兽企业属于数字经济领域。在2018年202家独角兽企业中，176家企业属于数字经济领域，占比87%①，相比2017年（146家）、2016年（120家），增速分别是20.5%、46.7%。176家数字经济独角兽分布在20大行业领域，包括电子商务、智慧物流、新文娱、人工智能等。2018年数字经济独角兽总估值达6918.96亿美元，比2017年增加1225亿美元，比2016年增加2271亿美元，其中蚂蚁金服、快手、今日头条等超级独角兽企业贡献突出。

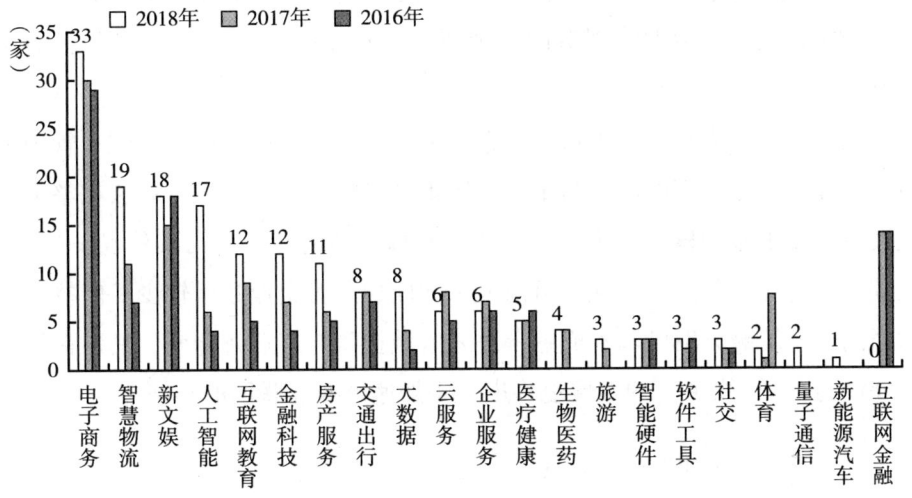

图2　2016~2018年数字经济独角兽行业领域分布

"互联网+""大数据+""智能+"是数字经济独角兽实现爆发式成长的技术方式与技术路径，其与其他行业融合形成强大的爆发势能。总体来看，目前数字经济独角兽主要集中在"互联网+""大数据+""智能+"领域。

互联网通过连接创造价值，通过流量实现盈利与商业模式的创新，提高

---

① 其余的26家企业分属新材料研发制造、新能源汽车研发制造、生物制药、清洁电力、柔性电子屏生产制造、平衡车生产制造等。

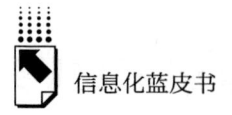

要素流通效率，弱化信息不对称，以平台模式为产业赋能，促使线性产业链向网状产业生态转变，"互联网＋"产业已形成体量庞大的互联网经济。近三年互联网经济领域独角兽正由流量红利向数据红利驱动转变，企业发展逐步由以往的模式创新向技术创新转变。

大数据是正在蓬勃发展的新经济产业，被广泛认为是继移动互联网之后最具有时代变革力的新产业，产业的数字化、数据的产业化创造规模庞大的数据经济。大数据产业巨大的创新空间不仅在于其极具潜力的技术创新力，更在于它是一种可全面提升传统产业价值的新路径。数据经济领域独角兽除了具备领先的数字技术外，也在加速赋能企业与行业，驱动企业业务、实体经济数字化发展，数据所创造的价值进一步凸显，推动企业、行业智能化转型。

人工智能依靠算法实现价值创造，从内部实现对产业资源匹配、管理决策、产业组织方式等的解构与重塑，决策主导权发生了转移，算法在整个产业资源调度中起到核心作用。人工智能发挥价值的核心是与实体经济融合，找到合适的场景与产业承载。目前人工智能独角兽企业数量较少，但技术实力强劲，系统级方案已基本成熟，进入区域扩张与产业融合期，具备很强的发展潜力，"智能＋"的发展也将进一步加速产业互联网的到来。

（二）"互联网＋"领域

1. 半数独角兽企业属于互联网领域

"互联网＋"领域独角兽企业，通过构建平台或开发应用，以流量实现盈利。2018年176家数字经济领域独角兽企业中，有126家属于"互联网＋"领域，主要分布在电子商务、智慧物流、新文娱、互联网教育、房产服务、金融科技、交通出行、医疗健康、社交、旅游、体育等领域，总估值达5642.3亿美元，占数字经济独角兽总估值的81.54%。

此外，整个"互联网＋"领域估值超100亿美元的超级独角兽共有5个，分别是蚂蚁金服（1500亿美元）、字节跳动（750亿美元）、滴滴出行（600亿美元）、快手（200亿美元）、菜鸟网络（200亿美元）。一方面，目前"互联网＋"集中爆发在金融、电子商务、物流、文娱、教育等受众多、市场容量大的领域，且多半领域呈现头部企业与创新型企业共存的格局。另一方面，国内互联网巨头已成为孵化超级独角兽的重要源头，仅阿里1家，依靠其庞大的生态体系，孵化出蚂蚁金服、菜鸟网络两家超级独角兽。总体来看，互联网在下半场依然表现出强大的增长态势，已从单一信息技术下沉与行业实体经济融合，不断向产业互联网拓展。

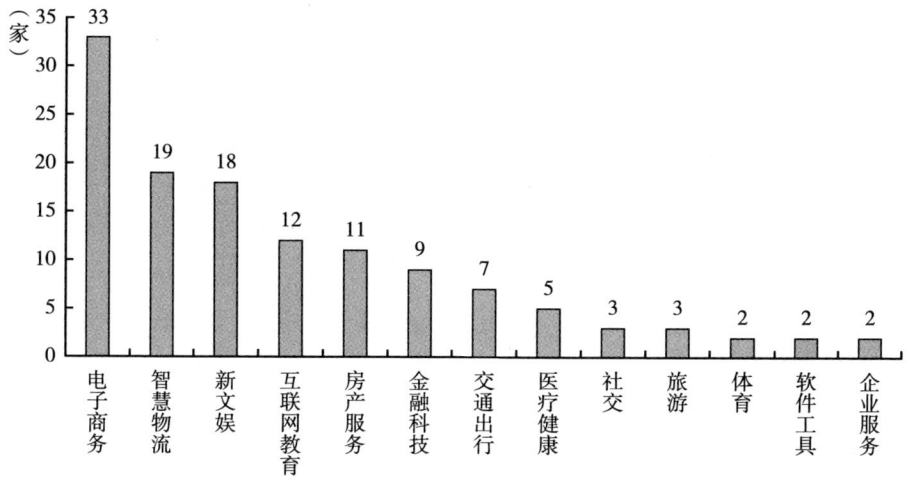

图3　2018年"互联网＋"领域独角兽企业数量及分布

2. 互联网独角兽企业流量红利退去，数据红利初显

移动互联网下半场，互联网独角兽企业流量红利逐步转化为数据红利。互联网平台已成为数据沉淀池，易观千帆数据显示，截止到2019年5月，字节跳动主要产品的月活总量超6.5亿人，滴滴出行月活跃用户数超7534万人，快手月活跃用户数达3.25亿人，庞大的用户基数意味着庞大的数据资源。用户活跃的行为可帮助互联网平台沉淀海量数据，利用数据洞察分析，改善客户体验，实现产品与业务的创新，帮助企业实现驱动力的转化。基于用户创造数据，基于数据驱动智能，基于智能优化产品、创新业务，构建壁垒。如独角兽领域中的滴滴出行基于数据优化业务产品推出滴滴小巴、

顺风车等业务，并实现区域车辆实时调度，今日头条正在基于客户数据对客户实施画像，实现新闻个性化推荐等。

（三）"大数据+"领域

1. 大数据领域独角兽企业发展现状

"大数据+"领域企业主要通过挖掘数据价值或提供大数据技术产品、服务实现盈利。176家数字经济独角兽中，"大数据+"领域主要有29家，包括京东数科、明略数据等大数据技术服务型企业，金山云、七牛云、青云等云服务企业，医渡云、零氪科技等垂直领域大数据企业。大数据领域独角兽企业总估值达849.73亿美元，平均估值达29.3亿美元。无论是数字技术赋能实体经济，推动产业升级，还是数据变成新的生产资料，推动技术、产品、业务、模式的创新，实现数据的产业化，企业都逐步找到切入点，实现业务爆发。

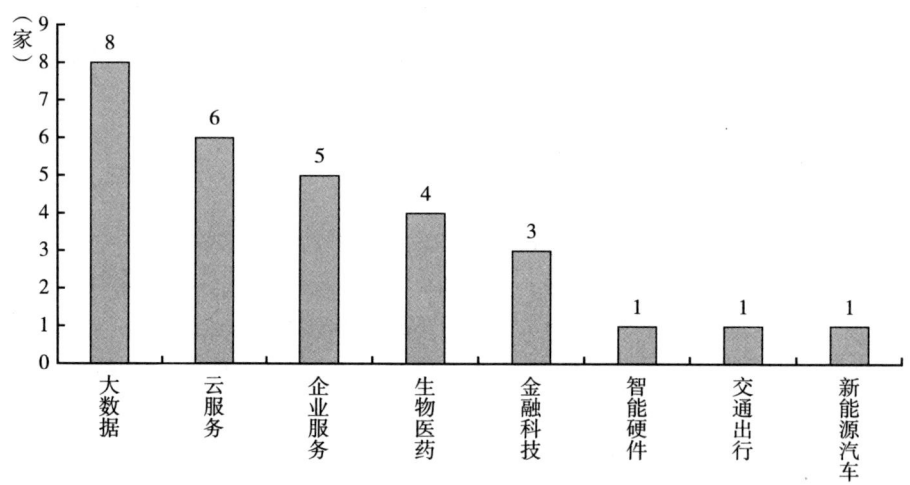

图4 2018年"大数据+"领域独角兽企业数量及分布

2. 数据经济向算法经济转变

数据是实现智能的核心三要素之一，大数据已成为互联网与人工智能的连接器。基于深度学习的人工智能对数据高度依赖，高质量、大体量的标注数据是算法训练的关键,拥有海量数据的企业在布局 AI 方面具有天然优势。此外,企业获取数据较以往更便利、更加容易,玛丽·米克尔(Mary Meeker)《2019 年互联网趋势报告》显示:"83% 的客户愿意被动分享个人数据,以换取个性化体验,74% 的客户愿意主动分享个人数据,以换取个性化体验。"数字经济领域独角兽中,已出现多家企业基于自身业务需求与数据基础布局人工智能,如具备海量出行数据的滴滴数据积极布局自动驾驶领域;具备金融数据的蚂蚁金服积极布局金融科技、人工智能、区块链等前沿技术;具备海量新闻资讯与用户行为数据的今日头条建设 AI 实验室,聚焦自然语言处理、计算机视觉、数据挖掘等领域。

(四)"智能+"领域

1. AI 领域独角兽企业发展现状

2018 年中国人工智能独角兽共 17 家,总估值达 375.9 亿美元,平均估值达 22.1 亿美元。主要分布于计算机视觉、自动驾驶、AI 芯片、自然语言处理等领域,其中计算机视觉领域企业最多,为 6 家,自动驾驶领域 3 家均为新晋独角兽企业。"智能+"领域内估值超 30 亿美元的共有 5 家,商汤科技估值最高达 60 亿美元、优必选科技达 50 亿美元、云从科技达 35 亿美元、旷视科技与地平线均为 30 亿美元。目前来看,AI 领域独角兽企业成立时间多集中在 2014 年以后,处在产业发展初期,由人工智能技术发展成为人工智能产业,转化为智能经济仍需时间。

2. "智能+"将加速消费互联网向产业互联网转移

互联网经济是围绕人形成的经济形态,产品导向、模式创新居多,产品多趋向于 C 端,流量是企业盈利和创造价值的关键,构成了庞大的消费互联网。人工智能时代技术驱动型企业是产业的关键,通过多类数字技术的集合与核心算法提供行业解决方案,为行业赋能,多以 ToB 的服务开展。如 AI 独角兽企业旷视科技、商汤科技、云从科技、依图科技等主要产品为行业解决方案,鲜有 ToC 产品。服务主体的转变使应用目的、应用场景、服务形式等发生改变,将进一步加速中国产业转型升级与产业互联网的发展。

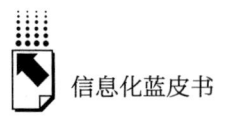

在整个产业互联网发展中,"智能+"是关键要素,是产业互联网实现的关键技术之一,同时强调运营管理的智能化,是产业互联网发展的目标之一。

二 教育、医疗、AI领域数字经济发展尤为突出

(一)互联网教育产业

1. 互联网教育独角兽企业现状

2018年,互联网教育领域独角兽企业数量达12家,在2017年的基础上新增3家,是2016年(5家)的2倍多。从融资额来看,互联网教育仍深受资本青睐,2018年互联网教育独角兽累计融资为16.8亿美元,单笔最高融资达5亿美元;从估值来看,市场十分看好互联网教育,2018年互联网教育领域独角兽总估值达215.8亿美元,均值达17.9亿美元,较2017年(8.7亿美元)增长超过1倍;从区域分布来看,互联网教育企业主要集中在一线城市,2018年互联网教育领域的独角兽企业主要来自创新要素集聚的北京和上海,两地的独角兽数量达到10家,此外,深圳和青岛实现零突破,分别为1家。

表1 近三年互联网教育独角兽企业名单

序号	2018年	2017年	2016年
1	VIPKID 大米科技	VIPKID 大米科技	VIPKID 大米科技
2	沪江网校	沪江网校	沪江网校
3	VIPABC	朴新教育	朴新教育
4	作业帮	VIPABC	VIPABC
5	哒哒英语	猿辅导	宝宝树
6	高顿网校	学霸君	
7	一起作业	作业帮	
8	伟东云教育	直播优选	
9	掌门1对1	一起作业	
10	猿辅导		
11	慧科教育		
12	学霸君		

2. 互联网教育产业发展趋势

互联网教育加速下沉，企业偏爱武汉。自 2017 年起，不少互联网教育独角兽企业开始向市场需求大、人才供给足、政策配套好的武汉迁移，两年间，猿辅导、沪江网校等企业完成从客服中心到师资中心、研发中心、业务线的迁移，已将武汉作为企业"第二总部"，互联网教育正在向"一线之外"的新市场加速下沉。

互联网教育回归理性，独角兽企业更加注重服务与教研。互联网教育爆发初期，企业过度关注互联网的营销与流量，通过烧钱吸引老师、学生以快速积累用户，资本狂欢过后这种模式逐渐难以为继。近两年，为获取用户对教育平台的忠诚度，互联网教育领域的独角兽企业开始转变单纯的模式创新思维，压缩营销、行政等费用，增加研发投入，在提高教学服务质量的基础上发挥互联网的传播优势和效率优势。

互联网教育突破在线模式，实现线下培训与在线教育互补。互联网教育以互联网为载体进行传播，但这种在线教育模式缺乏合适的学习场景，无法满足学员的情感与社交需求。为了在线教育业务未来具备更强的市场竞争力，高顿网校、哒哒英语等互联网教育独角兽企业积极布局线下机构，通过线下培训、开办线下分享与交流会等方式，在传递知识的同时，满足用户的社交与情感需求，给用户提供一种完整、充实的教育生活。

互联网教育走向智能化，人工智能、大数据等技术红利初显。随着对个性化发展和个性化教育的重视，学生和家长一方面希望能够从在线教育网站或平台上快速获取所需的课程，另一方面希望在线学习中有更加智能化的工具，比如智能语音识别、作业批改等。众多的需求促使部分互联网教育独角兽企业在教学环节运用新技术，目前 AI、大数据、语音识别、知识图谱等技术实现了对学习资料的获取、学习的沟通管理环节、核心的教学内容环节的全面渗透。

（二）医疗健康产业

1. 医疗健康独角兽企业现状

2018 年，医疗健康领域独角兽企业数量达到 13 家，在 2017 年的基础上新增3家，相较于2016年（4家）增长近4倍。从企业估值来看，市场持续看好互联网医疗企业的发展，2018年医疗健康领域独角兽企业估值高达343.2亿美元，相较于2017年（196.9亿美元）增长近1倍，是2016年（65亿美元）的5倍；从成立时间来看，多数医疗健康独角兽企业是行业新秀，2014~2016年成立的企业有8家，其中有2家成立于2016年；从区域分布来看，医疗健康独角兽企业主要集中在一线城市，2018年医疗健康领域的独角兽企业主要来自北京和上海，两地独角兽企业数量达到7家，此外，武汉、成都和贵阳实现零突破，分别为1家。

表2 近三年医疗健康独角兽企业名单

序号	2018年	2017年	2016年
1	平安医保科技	平安好医生	平安好医生
2	微医	联影医疗	微医
3	联影医疗	微医	碳云智能
4	依图科技	春雨医生	春雨医生
5	药明明码	药明明码	
6	医渡云	蓝卡健康	
7	春雨医生	诺禾致源	
8	零氪科技	依图科技	
9	诺禾致源	碳云智能	
10	碳云智能	360健康	
11	360健康		
12	医联		
13	药帮忙		

2. 医疗健康产业发展趋势

"AI+"医疗带来医疗模式新变化。目前人工智能技术日趋成熟，已全面渗透到医疗领域，如联影医疗、依图科技等企业将机器视觉、自然语言处理等技术应用在成像、诊疗、预测分析和管理等领域，不仅仅将传统信息数据化，还能有效挖掘信息与疾病的潜在联系，从而对疾病做出预测，更好地进行决策和治疗，极大地提升了医疗效率。

独角兽线下布局，实体化成新趋势。2018年国家发布一系列规范文件，指导互联网医疗实体化发展，包括网上诊疗、远程医疗服务、互联网医院的建立与管理等。微医、春雨医生、药帮忙等互联网医疗企业通过与线下医院合作、开设线下实体店等方式，重构医疗生态系统，将医生、用户、医院、医药等实现资源协调与协同，有效提高了系统效率。

（三）人工智能产业

1. 2016~2018年中国人工智能独角兽比较

2018年是人工智能领域独角兽企业的爆发式增长年，数量达到17家，较2017年新增10家，比2016年新增13家。总估值达375.9亿美元，均值达22.1亿美元，较2017年（18.6亿美元）增长19%，较2016年（12.5亿美元）增长近1倍。企业成立时间多集中在2012年以后，2012年成立的人工智能独角兽企业数量最多，为5家。从技术领域上看，2018年人工智能独角兽企业分布于7个细分领域，其中计算机视觉6家、自动驾驶3家，AI芯片、机器学习、自然语言处理各2家，机器人、智能物联各1家。与2017年相比，计算机视觉领域的独角兽企业数量翻番。自动驾驶、机器学习、智能物联领域均首次出现独角兽企业。

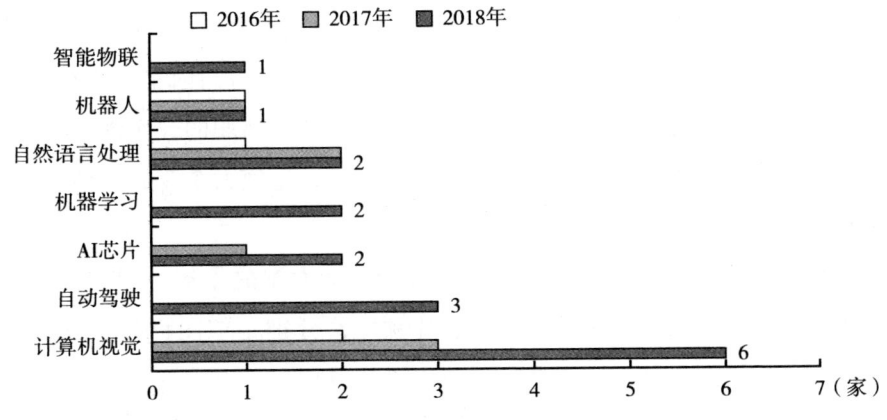

图5　2016~2018年人工智能独角兽企业技术领域分布情况

2018年人工智能领域新晋独角兽企业10家，总估值达161.9亿美元，平均估值达16.2亿美元。其中，估值在20亿~50亿美元的有2家，估值在10亿~20亿美元的有3家，估值为10亿美元的有5家。2018年新晋人工智能独角兽企业分布于5个领域，自动驾驶和计算机视觉领域居多，均为3家，占比30%。

2. 人工智能产业发展趋势

AI独角兽企业进入企业成长扩张期，加速推进区域布局。为了拓展区域市场、获得新技术应用场景、加强产业链配套、降低研发与运营成本等，人工智能独角兽企业正积极向外布局。除北、上、深3个一线城市外，天津、厦门、杭州、成都、重庆、苏州等地逐步成为AI独角兽企业布局的热门区域。从所在领域来看，自动驾驶独角兽企业对外布局较少，表明该领域企业多处在发展初期。另外，自动驾驶产业的发展对场景及产业配套要求高，随着企业成长与技术成熟，未来对外布局的需求将会急剧增加；与之形成鲜明对比的是计算机视觉领域独角兽，包括商汤科技、旷视科技、云天励飞、云从科技、依图科技等，目前已有明晰的场景切入，发展较为成熟，对外投资布局相对较多。

智能时代是创业者的时代，也是年轻人的时代。2018年人工智能独角兽企业创始人以"70后""80后"居多，平均年龄超30岁，17个创始人中有10个具有博士学位。此外，海归创业与大企业离职创业是AI独角兽创始人的重要特点。在2018年的17家AI独角兽企业中，海归创业企业有5家，近半数创始人有企业高管及连续创业经历。从大企业离职的二次创业者往往具备技术能力强、人脉广、资本亲和力高等优势，这使大企业成为孕育人工智能独角兽的重要源泉。

算法芯片化与平台模式将成为人工智能产业发展的主流。2018年的17家独角兽企业中已有7家在布局AI芯片领域，分别是依图科技、云知声、出门问问、地平线机器人、寒武纪科技、深兰科技、云天励飞，除了地平线机器人和寒武纪科技本身属于AI芯片研发企业外，其余5家均是算法研发企业。初步可以看出"算法即芯片"时代正在到来，也让我们看到"算法与芯片融合产生 AI 芯片、AI 芯片与终端融合产生智能终端"的行业发展态势。此外，平台布局也成为多数 AI 独角兽企业的战略选择，即通过开源技术平台来构建自身的技术与企业生态体系，如旷视旗下的"Face++"人工智能开放平台、商汤科技旗下的人脸识别开放平台、云知声旗下的物联网·智能开放平台等。

三 新兴数字经济城市正在崛起

从数字经济独角兽总部所在地省域分布上看，15 个省份有分布，主要集中在北京、上海、广东、浙江、江苏等经济发达省域。北京依然占据绝对优势，有 77 家，北京、上海、广东、浙江四地独角兽数量之和达 147 家，占总体的 83.5%。随着中国深入实施"一带一路"倡议，长江经济带作为海、陆丝绸之路的交汇区，成为我国主要的创新资源集聚区域之一，江苏、湖北、安徽、贵州、四川等省份开始成为数字经济独角兽企业新的重要集聚区。从城市分布上看，共分布在 18 个城市，北京、上海、深圳、杭州仍是数字经济独角兽企业集聚地，南京、武汉、广州、青岛是独角兽企业新高地。

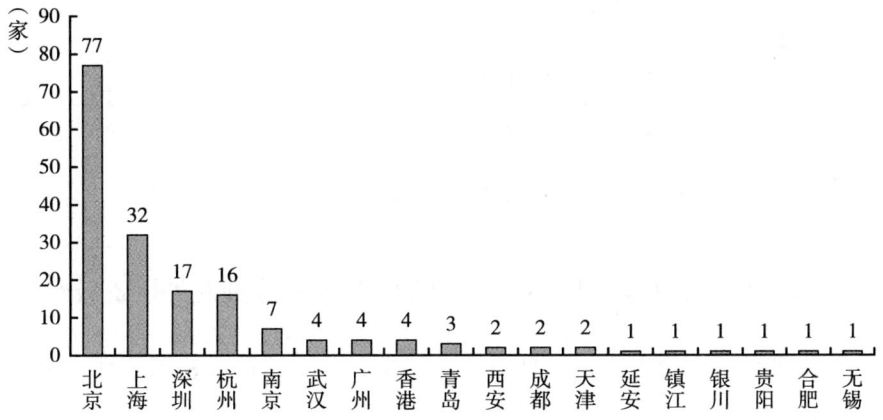

图 6　数字经济独角兽企业区域分布

（一）北上广深杭一线城市仍是数字经济独角兽布局热点

一线城市由于创新资源集聚，深受独角兽企业青睐。根据天眼查数据，202家独角兽企业中，176家有对外投资，共对外投资企业2844家，分布在22个行业领域，投资区域分布在31个省、自治区、直辖市的199个市区。其中，常州在新能源汽车领域表现突出，车和家、开沃新能源在当地投资了多个企业。深圳智能硬件领域表现依然强劲，奥比中光、纳恩博、柔宇科技等企业在当地进行了多项布局。从数字经济领域看，176家数字经济企业中155家有对外投资，共对外投资2624家企业，分布在20个领域，投资分布于31个省份195个市区。总体数据显示，北京、上海仍是数字经济独角兽企业投资布局最多的区域，独角兽在北京投资布局的企业数量达385家，上海318家。

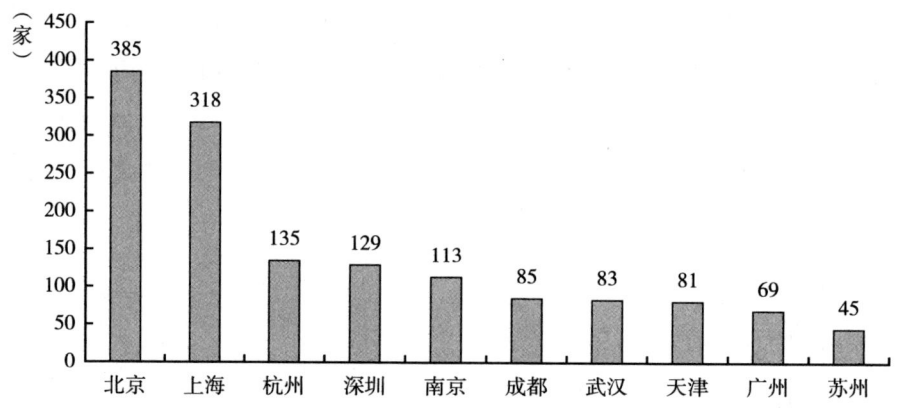

图7 2018年数字经济独角兽企业投资区域排名（前十）

（二）电商、物流、大数据、企业服务等领域企业对外投资最多①

在数字经济独角兽中，对外投资布局排名前十的行业领域分别是电子商

---

① 因企业分公司数据会受到电商、新零售全国布局站点数据的影响，故此处分析的是独角兽企业自身对外投资其他企业的数据。

务、大数据、物流、新文娱、交通出行、人工智能、互联网教育、金融科技、企业服务、医疗健康。电子商务、交通出行、物流、企业服务由于行业本身对区域投资布局具有较强的依赖性，相应企业对外投资布局较多，其中电子商务领域投资布局区域数量最多，为1161家，且多集中在三、四线市区，整个电商产业正在向全国各区域下沉。交通出行领域福建表现亮眼，厦门、福州等地吸引了国内多家出行独角兽企业投资落地。

人工智能、大数据领域产业化加速，企业对外投资布局表现强劲。人工智能领域投资仍集中在智力和创新资源较集聚的北、上、深三个城市，共投资79家，占比达55%。此外，场景与传统产业具有优势的成都、重庆、杭州、苏州等区域表现亮眼，成都被投企业有7家，其他3个城市各5家。但杭州本地AI领域获得投资布局的热度和青睐度并不算高，远不及大数据、电子商务等领域。

互联网教育、金融、医疗、文娱等领域投资火热。由于北京互联网产业发达，拥有众多优秀的企业，互联网教育、金融医疗、文娱领域在全国的投资布局中北京均居榜首。互联网教育领域除北京、上海外，排名第三的市级城市为成都，省级区域为江苏与浙江。金融科技领域除了北上深杭，宁波、天津、福州表现较为亮眼，三者单个独角兽在当地进行了多个企业的投资布局，对产业发展起到较大的推动作用。在医疗健康领域，成都超过深圳，位于北、上、杭后，排名第四，目前成都医疗产业发展较快，已培育出本地医疗独角兽企业——医联科技。在新文娱领域武汉和嘉兴表现突出，武汉主要由斗鱼带动，嘉兴由一下科技、36kr等独角兽支撑。

（三）南京、武汉、成都、天津等数字经济城市崛起

在整个数字经济独角兽企业对外投资中，除北、上、广、深一线城市外，南京、成都、武汉、天津四地更受企业青睐。南京在电子商务、量子信息、"互联网+体育"、智慧物流等领域表现突出，其中"互联网+体育"、量子信息领域独角兽企业在南京的投资布局居全国首位，"互联网+体育"主要由苏宁体育主导投资，创为量子、国盾量子是量子信息领域中唯一两家独角

兽企业，均在南京布局；武汉更受电子商务、新文娱、交通出行等领域企业的偏爱，如交通出行领域斑马快跑在武汉进行了多项投资；成都更受互联网教育、大数据、人工智能、医疗健康领域企业偏爱，人工智能领域吸引依图、商汤、旷视、优必选、云从科技、云天励飞等优秀企业落地投资；天津由于本地场景优势，深受智慧物流企业偏爱，集聚了云鸟科技、G7、闪送、壹米滴答、丰巢科技等多家企业，其中云鸟科技在当地投资企业多达9家。

四 场景成为数字经济企业成长新路径

数字经济时代，随着群体性技术爆发、跨界融合创新兴起，新技术、新模式深刻改变着人类的生产生活方式，场景在技术发展、企业成长中的作用越来越重要。场景已成为促进新技术、新产品、新模式创新的试验空间，成为人工智能等数字新技术的实验室，吸引和培育高科技独角兽企业的重要利器，推进科技变革、汇集产业高端资源的聚合器。

此外，场景建设与以往传统的智慧城市建设有诸多不同之处。以往的智慧城市建设是信息化改造升级的逻辑，重点在建设工程；场景建设是产业发展的逻辑，重点在培育产业。智慧城市建设解决的是城市基础设施问题，而不解决产业转型发展问题；场景建设是把城市建设作为数字经济发展的土壤，用场景破除技术与实体经济的供需对接矛盾，为技术找到商业化应用落点，为产业找到转型升级的解决方案，是一种双向互动。此外，智慧城市建设主要考虑信息化项目的交付，而场景可以成为资源导入的一种策略手段。

（一）数字经济场景创新现状

针对独角兽企业数字技术、数据服务所面向的用户类型、解决的痛点问题，将数字经济独角兽的场景分为文娱、垂直电商、生活服务、物流、教育、金融、医疗、城市出行、企业服务、安防、农业、信息安全等12个数字经济场景。

从在各细分场景的分布上看，文娱、垂直电商、生活服务、物流是数字经济独角兽企业最集中涌现的四大场景，数量分别达 26 家、24 家、22 家和 16 家，四大场景拥有的独角兽企业占数字经济独角兽企业总数量的 50%。从区域来看，北京、上海、杭州、深圳数字经济独角兽覆盖的细分场景数量较多，分别为 12 个、10 个、8 个、7 个。

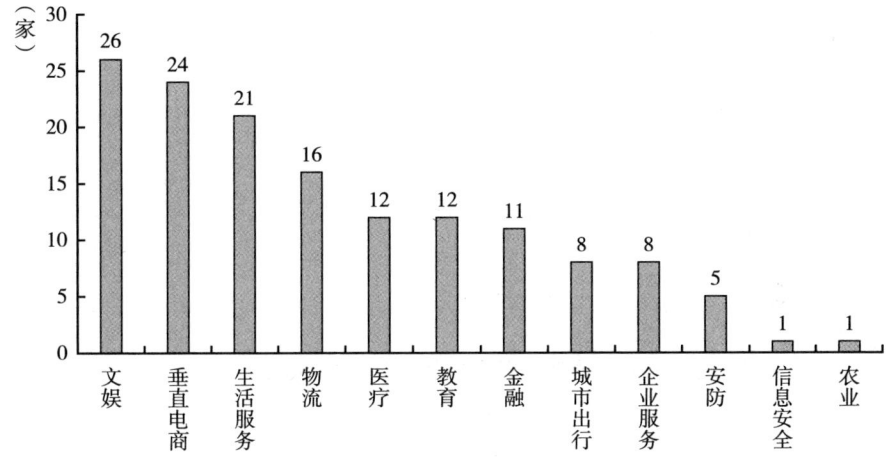

图 8　各细分场景独角兽企业数量分布

从估值看，金融、文娱、城市出行、物流等四个场景中出现了估值在 100 亿美元及以上的超级独角兽，包括蚂蚁金服、今日头条、滴滴出行、菜鸟网络、快手等；超级独角兽的估值拉升了所在细分场景的总体估值，使金融、文娱、城市出行等三大场景总体估值遥遥领先，估值分别达到 1869 亿美元、1471 亿美元、725.1 亿美元；其中，仅金融、文娱、城市出行三大场景的独角兽企业平均估值超过数字经济独角兽企业平均估值 39.31 亿美元，进一步说明目前这三个领域爆发出大量的新技术、新模式、新产品与场景结合。

从成立时间上看，农业、城市出行、信息安全等场景独角兽企业平均成立时间较短（不高于 4 年），而企业服务、教育、垂直电商等场景独角兽企业平均成立时间相对较长（不低于 5 年），其中，垂直电商场景独角兽企业平均成立时间最长，农业场景最短。可以看出，随着数字技术的成熟及其与

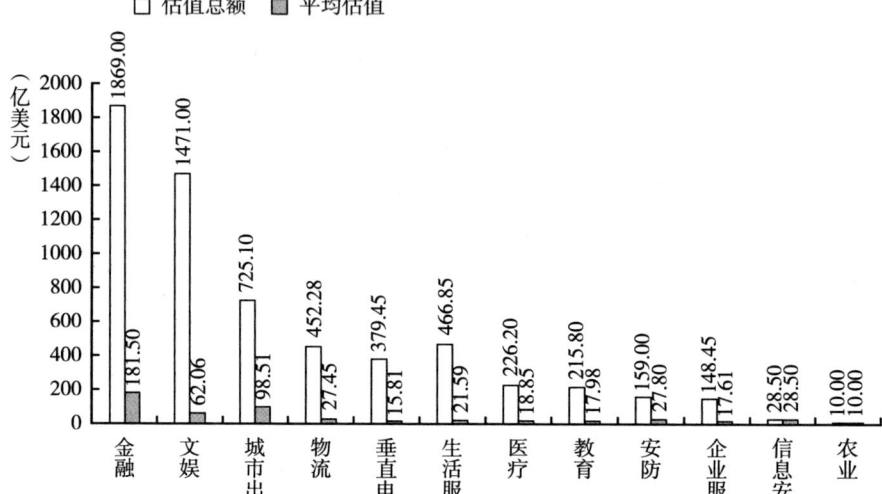

图9 各细分场景独角兽企业估值情况

实体经济融合进一步加速，企业数字技术服务与产品找到合适的应用场景，会加速企业成长为独角兽。

（二）数字经济场景创新趋势

1. 独角兽和数字经济场景相伴相生

一方面，独角兽企业成为数字经济场景创新的主力，引领新场景的创新，比如蚂蚁金服引领二维码支付、车牌支付、刷脸支付等新型无感支付方式创新；今日头条率先推出大数据驱动的新闻个性化分发模式；滴滴开创在线网约车新服务模式等。另一方面，新场景为新技术、新产品提供了试验空间、广阔市场，加速新技术、新产品迭代成熟，孕育了大量独角兽企业，如人脸识别安防领域涌现商汤科技、旷视科技、云从科技、依图科技、云天励飞等独角兽；城市出行在线约车场景涌现滴滴、神州专车、曹操专车、斑马快跑、首汽约车等独角兽。

2. 城市是独角兽企业实现场景创新的试验场

从独角兽企业的区域分布看，北京、上海、深圳、杭州等国内的超大型城市，拥有的独角兽企业最多，覆盖的细分场景范围最广。从目前爆发的场景领域看，金融、城市出行、文娱、物流、教育等均是城市主流场景。城市人口密集，一方面人们对于便捷就餐、租房、出行、购物等需求集中爆发，另一方面也带来交通拥堵、环境污染、公共安全问题等。便捷的生活工作以及安全有序的生活环境需求，成为创业公司开展场景创新的原始素材，为科技创新、新技术应用提供了市场和机遇。

3. 场景创新驱动成为企业创新发展的重要模式

传统经济发展遵循基础研究、技术开发、工程化、产业化的线型与正向推进逻辑。新经济时代，尤其数字经济发展过程中，以应用场景为源头，整合行业资源提出解决方案，快速研发形成服务或产品，在真实服务过程中形成数据驱动的商业闭环，不断实现技术创新迭代的逆向创新特征更加明显。

参考文献

北京市长城企业战略研究所：《2016 年中国独角兽企业发展报告》，2017 年 3 月。
北京市长城企业战略研究所：《2017 年中国独角兽企业发展报告》，2018 年 3 月。
北京市长城企业战略研究所：《2018 年中国独角兽企业研究报告》，2019 年 5 月。
莫祯贞、王建：《场景：新经济创新发生器》，《经济与管理》2018 年第 6 期。
腾讯研究院：《产业互联网：构建智能 + 时代数字生态新图景》，2019 年 3 月。

B.7
工业互联网发展现状及未来趋势

刘 多　高雨晨　刘棣斐　蒋昕昊　张恒升*

摘　要： 工业互联网正成为新一轮科技和产业革命的战略必争领域，主要发达国家对其重视程度不断提高，跨国巨头企业也在加快产业布局。本报告首先介绍了全球工业互联网发展态势，并从技术和产业两个层面对工业互联网未来发展趋势进行展望。随后简单介绍了我国工业互联网发展现状，梳理了产业发展面临的机遇与挑战，并给出相关政策建议。

关键词： 工业互联网　数字化　网络化　智能化

当今世界，新一轮科技革命正在孕育兴起，数据驱动下的智能化浪潮引发产业的全面变革。工业互联网作为新一代信息技术与制造业深度融合背景下的关键基础设施、新型应用模式和全新产业生态，通过构建全要素、全产业链、全价值链全面连接的生产制造和服务体系，加速制造业数

---

* 刘多，中国信息通信研究院院长，教授级高级工程师，长期从事信息通信及融合领域的研究，第十三届全国人民代表大会代表，第十三届北京市政协委员，兼任中国通信标准化协会副理事长、中国互联网协会副理事长及秘书长、工业互联网产业联盟理事长等职务，曾荣获全国三八红旗手、全国优秀科技工作者等多项荣誉，享受国务院政府特殊津贴；高雨晨，中国信息通信研究院政策与经济研究所工程师，主要从事工业互联网、"互联网+"研究；刘棣斐，中国信息通信研究院信息化与工业化融合研究所副主任、高级工程师，主要从事工业互联网平台、信息物理系统、数字孪生研究；蒋昕昊，中国信息通信研究院信息化与工业化融合研究所副主任、工程师，主要从事工业互联网与智能制造体系架构、产业、应用研究；张恒升，中国信息通信研究院技术与标准研究所副主任、高级工程师，主要从事工业互联网网络技术、标准和产业应用研究；池程、刘晓曼、沈彬、刘钊、袁林、杨艳冉对本报告亦有贡献。

字化、网络化、智能化转型,推动其价值创造从传统价值链向价值网络拓展,助力工业经济高质量发展。当前,美、德、日等发达国家以及部分新兴经济体对工业互联网的重视程度日益提升,均将其视为抢占新工业革命先机、增强未来产业竞争力的重要手段,纷纷出台战略或推出针对性支持举措,加强要素保障,营造良好发展环境。在跨国巨头企业和国际产业联盟的共同推动下,全球工业互联网技术创新活跃,产业生态蓬勃发展。2017年11月27日,《国务院关于深化"互联网+先进制造业"发展工业互联网的指导意见》(以下简称《指导意见》)发布后,国内各方对工业互联网的认知不断深化,发展共识逐渐形成,政产学研用各方密切协同、全力推进,在技术、标准、应用、国际合作等方面取得积极进展,形成战略引领、规划指导、政策支持、技术创新与应用实践深度互动的良好局面。作为新工业革命的关键支撑与重要基石,工业互联网未来还将在促进先进制造业和现代服务业深度融合、建设现代化经济体系等方面发挥更大的作用。

一 全球工业互联网发展态势

主要发达国家都以工业互联网为抓手,推动新一代信息技术向工业领域融合渗透,加速工业数字化转型。

美国保持工业互联网领先地位,多层次产业体系正加快形成。产业主体基于科技创新优势不断巩固领先地位,GE成立全资独立公司,为英国石油、俄罗斯石油、美国爱克斯龙电力等垂直行业用户打造基于Predix平台的定制化应用服务,获得大笔订单。微软Azure IoT平台不断丰富远程设备监控、预测性维护、工厂联网与可视化等功能,通过数据采集分析为英国罗.罗公司提供航空发动机远程运维解决方案。英特尔推出边缘计算专用处理器,将自身在云计算、大数据、人工智能等领域的技术优势下沉到设备终端。

在产业生态构建方面,美国工业互联网联盟(IIC)汇聚制造、信息

通信、工业自动化企业及研究机构，从工业互联网顶层设计、技术标准、测试床、产业发展、产融推进等方面开展合作。为加强产业影响力，IIC与电气和电子工程师协会（IEEE）、国际标准化组织（ISO）、国际电工委员会（IEC）等多个全球知名行业组织建立合作关系。围绕架构、安全、路线图等关键领域与德国工业4.0相关组织成立联合工作组，并先后成立了印度、中国区域分部，与各方一道致力于推动全球工业互联网繁荣发展。

德国不断强化信息技术应用，继续大力推进工业4.0战略。西门子着力构建MindSphere工业互联网平台，为客户工厂提供全套基于自身软硬件产品的数字化升级服务，还与合作伙伴联合创建MindSphere World，致力于引领工业互联网平台解决方案创新，推动MindSphere生态系统的全球化发展；博世与Eclipse开源组织深度合作，打造从数字双胞胎到嵌入式编程的边缘开放生态；软件企业SAP在HANA平台基础上进一步推出涵盖边缘计算、大数据处理与应用开发功能的Leonardo平台；倍福、博世、德国电信、爱立信等欧洲企业联合成立"工业互联与自动化5G联盟"（5G-ACIA），推动5G在工业生产领域的落地；德国工业4.0平台汇聚众多本土企业及产业组织，通过发布德国工业4.0的技术路线图和标准架构等研究成果持续推进标准化工作，还成立专门工作组推动数字商业模式方法论的建立及应用。

日本发挥领先技术优势，加快工业互联网落地实施。日立、东芝等企业在积累了大量信息化解决方案的基础上，将相关能力通用化，分别构建Lumada、SPINEX平台，帮助制造企业优化价值链、降低运营成本。发那科依托在工业机器人领域的领先优势打造了FIELD平台，不断提升产品与解决方案的竞争力。在生态构建方面，近年来日本企业牵头成立了机器人革命促进会、工业价值链促进会等产业组织，为推进工业互联网发展提供顶层设计、路线图制定、产业发展态势研究等服务与支撑。

英国突出工业互联网在高端制造中的关键作用。在"高价值制造"战略、《制造的未来：英国的机遇和挑战新时代》等顶层战略的指引下，英国相关产业主体积极将新一代信息技术应用于航空、汽车、生物医药等高端领域，通过促进应用落地来探索工业互联网发展路径，抢占未来产业发展制高点。在具体推进上，英国政府部门采用增加经费支持、促进国际交流、提供先进设备、加强人员培训等方式，强化本国企业的创新能力，并通过灵活运用政府、企业、社会组织间的跨机构协调机制，合力推动工业互联网的快速发展。

法国、瑞士等其他国家发展工业互联网的热情高涨，产业实践日益活跃。这些国家的企业正立足自身优势与需求，加快产业推进步伐。ABB与IBM深度合作，提升ABB Ability平台的计算和分析能力；达索系统基于自身在研发设计软件方面的优势，打造3DEXPERIENCE平台，为用户提供数字化协同研发设计及产品全生命周期管理服务，并与ABB开展合作，着力构建完备的工业互联网供给能力；施耐德电气聚焦工业现场，将自身在电气自动化领域的技术优势与EcoStruxure平台紧密结合，为用户提供智能车间/工厂改造升级等一系列数字化服务。

二 我国工业互联网发展现状

（一）政策体系不断完善

近年来，党中央科学把握发展大势，高瞻远瞩，做出深入实施工业互联网创新发展战略的重大部署，不断完善工业互联网政策总体布局，形成以《指导意见》为顶层设计，以《工业互联网发展行动计划（2018～2020年）》（以下简称《三年行动计划》）及网络、平台、安全等方向指导性政策为四梁八柱的政策体系。国家层面的《指导意见》充分尊重技术发展和市场发展规律，紧密衔接制造强国三步走战略，提出符合我国国情的工业互联网发展三阶段目标，将网络、平台、安全以及融合应用推广列为重点工作着力推进。同时，为引导各方有序推进落实《指导意见》内容，工信部专门组织编制《三年行动计划》，进一步细化《指导意见》提出的七大任务，形成十项"重点工作",并明确每项重点工作的完成时间节点和责任部门,确保各项工作按计划推进。在各领域指导性政策方面,2018年5月,工信部印发《工业互联网APP培育工程实施方案(2018~2020年)》,提出工业APP培育的重点方向、主要目标和四大任务及三项保障措施。2018年7月,《工业互联网平台建设及推广指南》和《工业互联网平台评价方法》印发,指导并规范平台标准制定、培育推广、生态建设、运营管理和能力评价等方面的工作。2019年1月,工信部发布《工业互联网网络建设及推广指南》,指出网络建设方向和重点,鼓励支持企业加快网络升级改造进程。2019年4月,经反复研究修改的《关于加强工业互联网安全工作的指导意见》正式向社会公开并征求意见。

在国家政策引导下,各地方结合自身实际,推出本地支持工业互联网发展的相关政策。截至2019年3月,北京、上海、天津、重庆、广东等20余个省、自治区、直辖市出台了地方工业互联网政策,部分地区在发布的本地制造业发展计划中也明确提出要加快发展工业互联网。例如,早在2017年上海市就发布了《上海市工业互联网创新发展应用三年行动计划(2017~2019年)》,提出在电子信息、装备制造与汽车、生物医药、航空航天、钢铁化工等优势产业推广工业互联网,并提出创建国家级工业互联网创新示范城市。江苏省出台《深化"互联网+先进制造业"发展工业互联网的实施意见》,制定系列配套政策,包括"企业上云"、工业电商发展、工控安全等三年行动计划,以及"企业上云"奖补资金实施办法等文件。广东省出台《深化"互联网+先进制造业"发展工业互联网的实施方案》,提出通过政府补助和购买服务方式,使企业"用平台""建平台"费用下降30%左右。

(二)网络体系日趋成熟

随着网络体系框架的发布,我国工业互联网网络技术架构顶层设计已初步完成,企业内、外网升级改造也初见成效。企业外网方面,基础电信企业积极构筑高品质骨干网,为工业企业提供多元化的网络接入服务。窄带物联网（NB-IoT）已基本实现对全国县级以上地区的覆盖，现有固定宽带网络和移动4G网络的IPv6改造初步完成。企业内网方面，工业企业运用工业以太网、工业无源光网络（PON）等技术加快改造升级工厂内网络设施。软件定义网络（SDN）等技术已应用于装备制造、石油开采等领域。新型网络技术也在加快探索，国内企业、科研院所等都对时间敏感网络（TSN）、边缘计算、5G等关键新技术进行了研究布局，各方联合建设多个创新实验室，打造了新技术、新标准研究基地。标识解析方面，我国自主研发的融合型标识解析技术方案验证成功，北京、上海、广州、武汉、重庆5个国家顶级节点已建成并正式上线，形成"东西南北中"布局架构。11个二级节点实现上线运营，覆盖高端装备、工程机械、轨道交通等领域，截至2019年3月，标识注册量已超过5000万。

（三）平台体系加快构建

目前国内多层次的工业互联网平台体系正在形成。在领军平台的带动下，国内企业纷纷加快布局步伐，平台数量持续增长。根据工信部的摸底数据，截至2018年2月，国内平台类产品就已达269个，目前具备一定区域、行业影响力的工业互联网平台数量已超过50个。其中，航天云网、海尔、树根互联、宝信、用友、华为、东方国信等行业龙头面向转型需求，将技术优势和制造经验转化为赋能型平台服务；徐工、TCL、中联重科、富士康等集团型企业整合资源构建独立运营的平台公司，将内部服务能力向外输出；安世亚太、华龙迅达、优也、昆仑数据等技术创新型企业则面向细分市场需求打造特色平台解决方案，形成差异化竞争优势。

随着投入力度的不断加大，我国工业互联网平台能力和应用水平得到显著提升。根据对11家国内领先平台企业的调研结果[①]，2018年各家企业围绕平台研发投入的平均水平接近4.6亿元，目前接入平台的工业设备数量平

---

① 11家平台企业为：华为、东方国信、航天云网、徐工信息、树根互联、紫光、浪潮、海尔、富士康、用友、阿里云。

均达到59万台（套），注册用户数量平均超过50万，积累工业数据普遍在1000TB以上。同时，上述平台围绕不同行业的特定需求，开发形成一批创新解决方案，为平台用户企业带来切实效益，例如华为"沃土"平台云仿真设计解决方案能够帮助用户降低30%的研发成本，富士康平台上的治具智能维护方案可提升电子元器件测试直通率10个百分点，用友平台的供应链协同管理服务帮助客户减少2000万元货物错发造成的损失。

（四）安全体系初步形成

近年来我国工业互联网安全管理制度建设稳步推进，技术保障体系正逐步成形，顶层设计不断完善，由五大类二十余子类组成的工业互联网安全标准框架初步形成，中国通信标准化协会（CCSA）成立工业互联网特设组（TS8），下设安全组WG5，积极推动联盟安全标准向行业标准与国家标准的转化。技术手段建设也取得积极进展，国家级工业互联网安全监测平台建成并投入运行，平台覆盖45大类通信协议、474类智能联网设备，数据库收录专用漏洞信息1951条，初步具备了安全风险监测发现、预警通知以及处置支持能力。监管部门可通过采集与工业互联网业务有关IP的数据流量，联动基础电信企业的"僵木蠕"监测系统和移动互联网恶意程序监测系统，分析得到工业互联网资产、安全事件、威胁情报等相关数据。工业互联网安全生态正不断壮大，工信部连续举办"护网杯"等系列安全竞赛和主题论坛，工业互联网产业联盟发布《工业互联网安全框架》《工业云安全防护参考方案》等一系列报告，并常态化组织工业互联网安全评估评测和安全工程师认证培训活动，着力加强安全知识普及与人才选拔培养。

（五）产业生态走向繁荣

为从产业层面加快推动工业互联网发展，在工业和信息化部的指导下，2016年2月1日中国信息通信研究院牵头，联合企业、高校、科研院所、协会等143家单位发起成立工业互联网产业联盟（AII）。截至2019年4月，联盟成员数量已达1119家，全面覆盖工业互联网产业各相关方，成为促进我国工业互联网产学研用协同推进、构建融合共享产业生态的重要平台。目前联盟已形成"12+9+X"组织架构，即从总体、需求、技术与标准、网络、平台、安全、测试床、产业发展、垂直行业应用、政策法规与投融资、国际合作与对外交流等方面组建的工作组，务实推进联盟各项工作。同时针对工业互联网发展的重点、难点以及热点问题，设置工业大数据、边缘计算、知识产权、标识、工业智能、工业无线、工业APP、开源等特设组进行深入研究。

三年多来，联盟组织各成员单位就工业互联网技术标准、应用探索、实践案例等进行深入交流和讨论，共同编制《工业互联网体系架构》等系列白皮书，在产业层面形成共识。通过建立测试床，实现工业互联网创新解决方案从0到1的孵化。遴选优秀应用案例，并加快在产业界的复制和推广。开展工业互联网平台评估评测，引导平台企业加强能力建设。截至2019年4月，联盟已编写45份研究报告、建设48个测试床、遴选60个应用案例。联盟还在工信部的大力支持和指导下，连续三年举办工业互联网峰会，将其打造为工业互联网领域最具影响力的产业盛会之一。在国际交流方面，联盟通过派代表参与国际工业互联网推进组织活动、在国际组织中任职及在国际组织中组建联络组等方式，打通与各国际组织之间交流渠道，建立信息和资源共享机制，积极开展务实合作。联盟先后与工业互联网联盟（IIC）、欧盟物联网创新联盟（AIOTI）、日本价值链促进会（IVI）、MulteFire联盟等国际组织签署战略合作备忘录，并在IIC中建立AII-IIC联络组，定期开展交流活动。

三 工业互联网未来发展趋势

（一）网络

技术层面，随着企业实时数据采集需求的日益增长，传统的"两层三级"网络架构逐步向IT-OT融合网络架构演进；在企业快速开通、快速调

整的业务需求牵引下,未来的网络形态将更加灵活,网络管理也会更为友好。企业信息系统正在逐步云化,企业内、外网与私有云、公有云的协同能力成为决定业务模式的关键,云网融合、边云协同等技术会成为新的热点。标准化、通用化的数据互通协议,将成为打通工业全流程数据流转的关键。5G 技术能提供低时延、高可靠、支持海量设备连接的网络,使工业控制类应用使用无线网络连接成为可能。标识解析方面,闭环的私有标识解析系统逐步向开环的公共标识解析系统演进,不同标识解析体系和异构数据间也将实现互联互通。

产业层面,与"烟囱化"的工业网络标准体系一起将被打破的是过去厂商各自圈地的工业网络产业。以时间敏感网络(TSN)、OPC-UA、IPv6 等为代表的标准化网络连接技术的应用,将推动网络协议层之间逐步解耦合,华为、思科等信息通信企业会逐步介入工业网络领域,5G 的兴起更是为基础电信企业切入工业领域提供了绝佳的机会。未来标识解析体系将面向柔性制造、供应链协同等具体行业应用,提供规范的公共标识解析服务,实现对异主、异地、异构信息的智能关联,为资源、能力等的协同共享与最优配置提供重要支撑。

(二)平台

技术层面,全球工业互联网平台技术创新持续深化,技术体系从支撑"建平台"走向支持"用平台"。在"边缘、平台、应用"三层架构基础上,基于 IT 技术的平台架构与应用开发技术创新,以及通过工业模型沉淀和场景化二次开发所带来的平台服务功能提升,成为两条鲜明的技术发展主线。一方面,容器、微服务与应用开发技术不断提升平台的资源利用效率,推动功能解耦与复用,加速应用开发与创新;另一方面,各类工业模型的沉淀、面向工业特点的数据管理和分析,以及平台功能向工业现场的持续下沉,将稳步提升平台的服务能力。

产业层面,聚焦核心业务将成为工业互联网平台产业发展的重点,同时不同平台间的分工合作日益深化也会成为重要趋势。一方面,各类平台主体基于自身核心优势，选择 2~3 个业务方向进行聚焦。另一方面，聚焦不同业务的平台主体通过合作来共同打造完整的平台解决方案。在产业链打通方面，产业链上游如边缘计算、人工智能、微服务、容器等开源技术将成为平台构建的关键支撑。产业链下游系统集成商会打通平台解决方案在用户现场部署的"最后一公里"。在市场格局方面，整个平台产业将呈现由中间环节高度集聚向两端逐步碎片化的市场格局。中间环节的云服务、通用 PaaS 两类技术型平台市场会被少数几个 IT 巨头企业把持，上下两端的连接与边缘计算、数据分析与可视化、业务 PaaS 平台将在特定专业领域内形成一定的聚集态势，面向用户的现场实施集成和工业 SaaS 服务市场则会因为场景和需求的不同出现深度细分。

（三）安全

技术层面，传统安全防御技术、手段已无法应对新的安全威胁，工业互联网安全防护方式将从被动防护转向主动防御，态势感知会成为保障工业互联网安全的重要技术手段。态势感知基于协议深度解析技术以及事件关联分析技术，洞察工业互联网当前运行状态并预判未来安全走势，在发现安全威胁后依托网络中各类设备的联动处置机制及时抑制，阻止威胁蔓延。内生防御将成为工业互联网主流安全防护模式，针对设备，可通过对芯片、固件与操作系统进行安全加固、优化配置等方式实现；针对工业软件和工控系统，可通过引入漏洞挖掘技术，实现对隐患的常态化排查，防患于未然；而针对欠缺安全保障机制的各类通信协议，则通过嵌入数据加密、身份验证、访问控制、完整性验证等机制提升其安全性。同时，涉及工业互联网平台、数据、设备等多方面的安全技术将迎来新突破。基于云访问安全代理、软件定义安全、远程浏览器等技术的安全解决方案将有效提升工业互联网平台的安全可视性、数据保护与威胁应对能力。对数据的分类分级管理以及审计、流动追溯也将成为未来工业互联网安全防护的热点。

产业层面，工业互联网打破现实与虚拟之间的藩篱，网络空间的攻击将直接对物理世界造成威胁，未来整个产业体系需要更先进的安全技术和产品

来保护,这将创造大量的网络安全需求,使工业互联网安全产业的价值进一步凸显。此外,由于网络安全形势严峻,各类病毒变种极快,新式攻击手段层出不穷,单纯工业安全硬件、软件防护无法有效应对,以实时升级为特征的工业安全服务将逐渐普及,工业安全咨询和安全服务外包等会逐渐增多,融合人工智能等新兴技术的安全解决方案将不断涌现。

四 我国工业互联网面临的机遇和挑战

(一)发展机遇

当前全球工业互联网仍处于格局未定的状态,战略机遇期还将持续较长时间。欧美发达国家在理念倡导和产业探索上起步虽早,但尚未在技术、标准、应用等方面取得全方位突破,全球范围内的产业格局都还未定型,这为我们加速追赶提供了宝贵机会。从国内看,我国在发展工业互联网上具有不少比较优势。一是发展基础方面,我国是全球唯一拥有联合国产业分类中全部工业门类的国家,相比其他国家有着更为丰富的应用场景与推进主体,能为工业互联网探索实践提供良好的验证环境,进而不断催生和孕育新模式、新业态。包括互联网在内的信息技术产业创新也十分活跃,电子商务、共享经济等方面走在世界前列,涌现了一大批领先的产品、服务与模式。二是市场规模方面,得益于国内工业互联网潜在市场巨大、细分领域众多等优势,企业探索出的新模式、新业态在推广过程中较容易突破最小经济规模的制约,从而实现需求牵引下的良性发展。三是产业推进方面,我国大中小企业均有较强的投入意愿,形成了大企业借助工业互联网寻求系统性优化提升与核心能力打造、中小企业借助工业互联网加快数字化能力补课和单点创新突破,大中小企业融通发展的良好局面。四是应用创新方面,我国企业立足自身优势,在跟随发展国外已有成熟应用基础上,结合自身制造业的难点、痛点,率先探索平台与金融服务整合以及基于订单的生产体系解构与重构的新模式,优化资源要素配置,激发制造业转型升级活力。五是生态培育方面,国内制造企业、信息通信企业、互联网企业、投融资机构、科研院所与高校均积极参与工业互联网建设，产学研用资的跨界合作已取得显著成效。

（二）风险挑战

尽管我国在发展工业互联网方面具备一些比较优势，近年来的产业推进工作也取得实效，但总体上还处于起步和探索阶段。此外，与发达国家相比、与支撑制造强国和网络强国建设的需求相比，我国工业互联网在核心技术、基础设施、安全防护等方面仍然存在不少短板，未来发展面临不少风险挑战。

网络方面，传统工业网络领域长期处于碎片化发展状态，目前国内外应用最广泛的工业网络技术标准全部由外商主导，我国企业、科研院所提出的技术标准影响力十分有限。在这种情况下发展工业互联网网络产业，面临着关键技术、产业基础、应用推广等多个环节的挑战。目前国内部分企业能够生产一些工业网络设备，但芯片、模块等依然高度依赖国外供应商，以代工、组装生产为主的发展模式亟待向自主研发方向转变。虽然我国工业互联网标识解析体系国家顶级节点和行业二级节点已初步建成，但仍存在企业用户数量较少，认证检测方、数据托管方等生态角色缺失的问题，尚无法形成闭环生态。

平台方面，与国外领先企业相比，我国工业互联网平台在产业基础、平台能力和生态构建方面都还有较大差距。一是与平台建设高度相关的智能装备、工业软件等基础性产品高度依赖国外，制约国内平台做深做精。例如国外企业的CAD、CAE、PLM等高端工业软件占据国内航天、航空、汽车等行业90%的市场份额。[①] 二是平台接入工业设备的数量较少，工业APP和第三方开发者的数量及质量均落后于国外领先平台。西门子MindSphere平台接入约1000万台工业设备，已开发出200余种结合行业机理模型的高价值工业APP，而国内领先平台的工业设备接入数量平均不到60万台，工业

[①] 中国信息通信研究院：《中国数字经济发展和就业白皮书（2018）》，2018年4月。

APP 的含金量也较低。三是国内平台企业综合实力较弱且尚未形成基于平台的创新生态。2018 年，GE、西门子市场规模分别达到 8000 亿和 6000 亿元人民币，全球开发者数量均达到 5 万人级别，而国内大多数平台企业的规模不足百亿、十亿元，开发者数量也仅有千余人，并且大部分都来自企业内部。此外，目前国内不同规模、不同行业的企业都将自己的平台类产品称为"工业互联网平台"，这些"平台"的技术架构和内涵本质千差万别，普遍存在覆盖领域杂但重点不聚焦、服务功能多但能力不精细的问题，在探索形成可盈利的商业模式方面任重道远。

安全方面，目前我国工业互联网安全体系还存在诸多短板，突出表现在以下三方面。一是核心产品无法保证安全可控。工业网络、控制等设备对外依赖严重削弱我国工业互联网安全根基。根据工业互联网安全应急响应中心（ICS-CERT）的公开数据，截至 2019 年 4 月 30 日，其漏洞库收录的工业信息安全相关漏洞总数为 3038 个，设备/系统漏洞数量排名前五的厂商分别为西门子（337 个）、施耐德电气（274 个）、日立（157 个）、研华（143 个）和摩莎（119 个），上述企业均来自境外，并且相关产品已在国内广泛应用。二是安全保障技术手段不足。虽然我国已在国家和地方层面初步部署了多种工业互联网安全监测与威胁处置技术手段，但还未完全覆盖标识解析体系、工业互联网平台、工业控制设备与系统等关键要素，企业特别是中小企业的安全保障技术手段十分缺乏。三是复合型安全人才短缺。工业互联网安全的本质是人与人之间的攻防对抗，安全体系的防护效果和应急响应能力都与安全人才的素质密切相关。目前工业企业中既熟悉网络安全又了解工业知识的复合型人才极度匮乏，现有网络安全人才的能力还无法满足产业发展需要。

产业发展环境方面，工业互联网属于技术密集型、资本密集型产业，进行技术和模式创新离不开大量资金投入。我国工业互联网产业发展长期面临资金短缺、投入不足的问题，例如 GE 近年来对工业互联网平台的投入达 30 多亿美元，而我国投入较大的工业互联网平台企业，8 年累计在数字化领域的研发投入还不到 GE 1 年的 1/6。随着各类新兴业态的蓬勃兴起，法规制定滞后与产业快速发展之间的矛盾将日益突出。例如数据是工业互联网的核心，对于数据确权、流转、交易等的一般规则，目前各界仍在讨论之中，尚未形成统一认识，这在客观上为工业互联网相关法规制定与监管工作的开展带来了挑战。

五 我国工业互联网发展建议

工业互联网事关我国当前及长远发展。在全球工业互联网发展提速的大背景下，我们要认真贯彻落实党中央、国务院的决策部署，针对工业互联网发展的长期性、战略性重点和亟须补齐的重大短板，加大工作力度，以工业互联网的创新发展推动工业生产制造和服务体系深刻变革，加速传统产业优化升级，促进三次产业、大中小企业融通发展，为推动数字经济的繁荣开辟新路径。

一是夯实技术基础。将解决核心技术"卡脖子"问题摆在产业发展全局的核心位置，瞄准高端通用芯片、智能传感器、工业软件等基础技术，以及5G、边缘计算、人工智能、区块链等前沿技术，超前部署，集中力量攻关。同时要面向生产制造新需求，加强各类应用技术研究，形成技术研究和产业应用互促互进的良好局面。面向工业互联网设备、控制、网络、平台、数据等安全需求，加快建成多层次、多功能的安全技术防控体系。

二是加强应用推广。引导骨干企业、科研院所等发挥核心作用，以在重点领域和关键环节建立测试床等方式，对新兴技术进行试验验证，加速相关技术成熟。加快推进工业互联网网络、平台、安全试点项目建设与应用标杆打造，探索形成更多可复制、可借鉴的成功案例，深化工业互联网在实体经济各领域的应用，提升应用实施效果与普惠水平。

三是营造良好环境。放宽工业互联网融合型新产品、新业务准入限制。建立公平、开放、透明的市场规则，完善市场准入负面清单制度，加快清理废除妨碍统一市场和公平竞争的各种规定和做法。引导产业界加快完善数据资源使用规则，尽快制定数据认证、流转、交易等行业规范，发布具有可操作性的数据分类分级标准和脱敏处理规则，稳步推进数据合理合规流转。

四是丰富资源要素。加快打造多元化资金支持体系，为工业互联网产业发展提供长期、稳定的资金支持。完善产融对接常态化机制，搭建产融合作平台，畅通资金供需双方沟通渠道。充分发挥政府基金、产业投资基金等的引导作用，吸引更多社会资本进入工业互联网领域。加大工业互联网领军人才培育与引进力度，建立和完善工业互联网教育培训体系，打造多层次工业互联网人才梯队。

五是深化开放发展。秉持开放、融通、互利、共赢的合作观，着力构建更全面、更深入、更多元的国际工业互联网开放发展格局。以工业互联网产业联盟（AII）等产业组织为依托，加强与国际工业互联网推进组织、团体在参考架构、技术标准、测试床等方面的合作，共同探讨解决网络互联、数据互通、数据治理、应用实践、安全保障等方面的问题，携手共建全球工业互联网产业大生态。

产业信息化篇
Industrial Informatization

B.8 大数据助推传统产业转型升级

杜小勇　武连峰　杨波　唐君林*

摘　要： 以数据为核心的第四次工业革命即将到来，如何看待大数据与产业转型升级，是所有企业决策者当下不可回避的问题。本报告首先对"数字化转型"的概念和价值做出阐述，接着对大数据给传统行业带来的挑战从观念、成熟度、组织流程等方面进行了概括，然后与之对应，讨论了传统企业可采用的数字化转型战略与方法，最后对大数据下的传统产业数字化转型做出了趋势预判。得出以下结论：传统企业的数字化转型是大势所趋，其数字化转型需要建立数字化转型的观念、制度、组织和流程，挖掘组织内部的数字化资源，重视数字

---

* 杜小勇，中国人民大学信息学院计算机系教授、博士生导师；武连峰，IDC中国副总裁兼首席分析师；杨波，中国人民大学信息学院经济信息管理系副教授；唐君林，中国人民大学信息学院管理科学与工程硕士研究生。

化转型人才的培养。

关键词： 数字化转型　传统产业　大数据

一　大数据助推传统产业转型的概念和价值

当前，以大数据、人工智能为代表的新一代信息技术与制造业的深度融合，正引发以数据为核心的第四次工业革命。① 可以预见，在"大众创业，万众创新"的大数据时代，以数据挖掘、数据分析、数据管理为核心的大数据产业链必将推动传统行业的转型与变革，给其带来巨大而深刻的影响。

在消费需求、资本、基础设施、政策等多重因素的协同作用下，大数据助推传统行业数字化转型进程得到了快速推进，体现在生产生活的方方面面。

（一）数字化转型的概念

现在数据已经成为最重要的资产，中国科学院院长白春礼指出："大数据成为全球科技和产业竞争的重要制高点。大数据重塑传统产业结构和形态，催生众多新产业、新业态、新模式。"② 技术的发展使大数据的收集、存储、处理、分析、应用变成了可能，统计强调的是随机抽样，以样本预测全部；而大数据则是直接处理全体数据，不是随机样本，而是全体数据。大数据强调的不是精确性，而是混杂性。一些实验也表明，大数据的简单算法可能比小数据的复杂算法更有效；不再单纯强调因果关系，而很多时候强调相关关系也很有用，知道"是什么"也很重要，让数据自己"发声"。

众所周知，互联网企业拥有大量的数据，它们以数据为生，天生就是数

---

① 孙丕恕：《重视制造业，以信息化引领智能制造发展》，移动电子商务研究中心，2017年3月8日。
② 《大数据成为重要资产　助推数字经济时代到来》，环球网，2017年6月1日。

字型企业。其实，传统企业也拥有大量的数据，但是，很多情况下传统企业并没有意识到这一点，需要通过数字化转型激活沉睡的数据。例如客户的数据，有多少客户的数据没有收集；即使收集了，是否分散在不同的部门；即使数据统一，是否被有效地分析和利用，包括是否对客户的行为数据进行分析，对客户行为进行预测和个性化推荐；另外，大量的生产和经营数据是否被有效地收集、存储、分析和应用；传统企业有很多闲置和使用不足，以及碎片化的数据资源没有得到有效利用，利用大数据技术可以有效地实现资源共享和资源的有效配置。

另外，新技术的运用推动了传统企业的产品服务和业务创新。无论是智能夹克、智能控制系统、自动叠衣机器人，还是国际消费类电子产品展览会（CES）展上中国南京的拜腾汽车，都是数字化转型的成功案例，未来越来越多的传统产业将与数字化相结合，从而变得更加智能化、智慧化，向高价值、高质量的方向发展。[①]

国家产业政策也在不断推动传统企业的数字化转型。党的十九大报告明确提出，供给侧结构性改革深入推进，经济结构不断优化，数字经济等新兴产业蓬勃发展。深化供给侧结构性改革，把发展经济的着力点放在实体经济上，推动互联网、大数据、人工智能和实体经济深度融合。与此同时，"十三五"规划纲要、《国家信息化发展战略纲要》等均对发展数字经济做出了重要部署。《"十三五"国家信息化规划》要求，到2020年，"数字中国"建设取得显著成效，数字红利充分释放。国务院《促进数字经济发展战略纲要》从基础设施、数字化治理、数字化政务、数字化转型、数字化生产力、全球数字经济治理等角度提出了我国数字经济的发展重点。

对于数字化转型，目前还没有统一的定义。国务院发展研究中心于2018年3月发布的《传统产业数字化转型的模式与路径》指出，"数字化转型就是利用新一代信息技术，构建数据的采集、传输、存储、处理和反馈的闭环，打通不同层级与不同行业间的数据壁垒，提高行业整体的运行效率，

[①] 武连峰：《新时代的企业数字化转型》，信息技术服务与外包产业联盟，2018年6月11日。

构建全新的数字经济体系"。我们认为，这个定义较好地抓住了数字化转型的核心要素。

（二）数字化转型的价值

传统企业的数字化转型可以带来以下四方面的价值。

1. 重构传统企业的商业流程

中国企业提升效益、降低成本，在整个流程上有非常大的发展空间。从企业效益成本的角度看，中国互联网公司和中国传统企业的差距相对是比较大的，如果互联网公司的评分是9分、10分，那么中国的传统企业只有4分、5分，而美国的传统企业和互联网之间的差距很小，可能都在7分和8分上下。如果中国传统企业开始进行合理的数字化转型，这将会带来效益成本方面很大的提升。

2. 重构传统企业的用户体验

很多服务行业都在重构用户体验，包括金融、电信、零售行业等。消费者的体验变得非常好，早晨9点在京东下单，下午3点送达，又如每日优鲜、盒马生鲜等。

3. 重构传统企业产品和服务

特别是制造行业，把传统的产品加上传感器、云端、APP，变成一个智慧化的服务。如果可以用APP直接控制室内的电器，用户会觉得很实用，这就是用户的需求。未来产品和服务设备化后带来的增值空间是很大的。

4. 重构传统企业的商业模式

互联网公司一直在讲重构商业模式，其实这对于传统企业和传统行业也将形成很大的颠覆，但过程是很漫长的。

二 大数据助推传统产业转型的挑战

大数据给传统产业转型带来机遇的同时，也带来了巨大的挑战。

（一）大数据助推数字化转型观念落后

随着数字化转型的发展，越来越多的问题凸显出来，最为凸显的一个问题是:在大型企业中,数字化转型常常会遇到极大的观念阻碍。传统的中层管理人员会尽其所能地抵制任何对现状的改变,因此企业中每个人观念的转变是非常重要的。① IDC 公司的高级副总裁兼首席分析师 Frank Gens 曾表示:"我们正处在一个转折点,因为数字转型工作从项目或主动状态转变为战略业务势在必行。每一个成长中的企业,不论历史和行业,都必须将其管理人员和员工的思维方式、生产方式以及运作方式'数字化'"。②

对于数字化转型,特别是相关技术,市场上做了很多通俗化的解读,但这种解释很可能是一种误导,企业想要科学合理地进行数字化转型首先要客观地认知什么是云、大数据、人工智能,这样才能更好地应用它们,并获得更好的帮助。而且,数字化转型远远不是只依靠 IT 部门就能够实现的,必须由企业的决策层引领,自上而下推进,实现全员观念数字化。

企业需要在全公司范围内提升各方对数字化转型的认同感,并建立起数字化思维方式:在塑造竞争优势方面从自给自足到开放合作,在产品设计开发方面从线性开发到快速试验,在工作职能方面从机器替代人类到人机互补合作,在信息安全方面从被动合规到积极应对。③

(二)大数据助推数字化转型成熟度较低

按照 IDC 的分类,在企业大数据应用过程中,可以将数字化转型的成熟度分为五个阶段(见图1)。

第一,单点试验阶段。该阶段企业作为数字化入门者,主要关注业务和 IT 部门的数字化,计划与企业战略脱节,未能关注客户体验。④ 第二,局部推广阶段。该阶段企业作为数字化探索者,已经发现需要制定以数字化为依托、以客户为中心的业务战略,但执行仍局限于项目层面,进展不可预测,也不具备可重复性。第三,拓展复制阶段。该阶段企业作为数字化组织,

---

① 《数字化转型:人员观念的转变非常重要》,比特网,2019年3月21日。
② http://www.d1net.com/cio/cionews/481161.html。
③ 《埃森哲:数字化转型"三步曲"》,搜狐网,2017年3月14日。
④ 苏永钦:《M-ICT 2.0 战略——探索数字化转型之道》,《中兴通讯技术》2017年第1期。

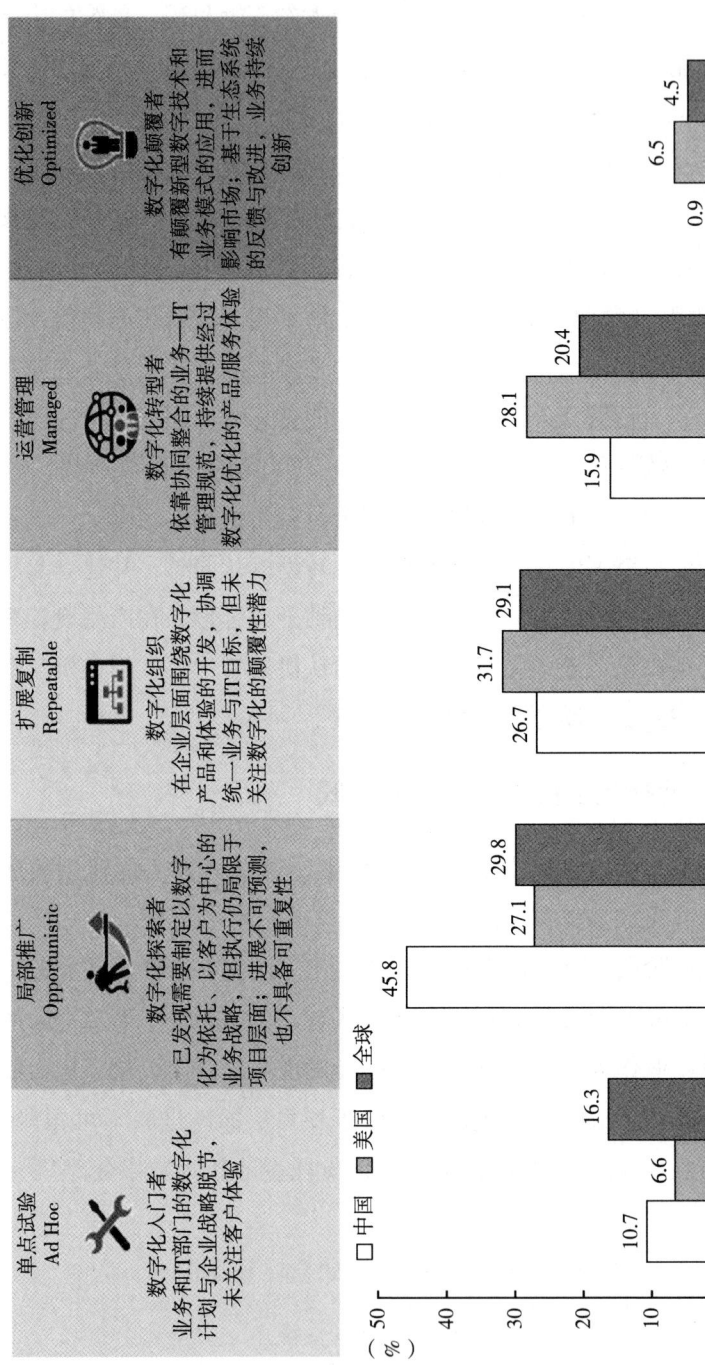

图 1 数字化转型成熟度

资料来源：IDC Digital Transformation Maturity Survey, 2017。

在企业层面围绕数字化产品和体验的开发，协调统一业务与IT目标，但未关注数字化的颠覆性潜力。第四，运营管理阶段。该阶段企业作为数字化转型者，依靠协同整合的业务—IT管理规范，持续提供经过数字化优化的产品/服务体验。第五，优化创新阶段。该阶段企业作为数字化颠覆者，有颠覆创新型数字技术和业务模式的应用，进而影响市场，也会基于生态系统的反馈进行改进，业务持续创新。

IDC在2017年进行的数字化转型成熟度调研显示，中国企业只有0.9%处于数字化优化创新阶段，15.9%的企业处于运行管理阶段，处于扩展复制阶段的企业比例为26.7%，45.8%的企业处于局部推广阶段，10.7%的企业处于单点试验阶段。这个调查说明中国企业还处于数字化转型的初级阶段，数字化转型的成熟度较低。

（三）新老技术融合困难

过去几年来，云计算与移动投资一直是数字化转型领域最为重要的投资方向。不过在2019年以及之后，最重要的技术投资方向很可能将涵盖网络安全、人工智能、大数据、物联网、实时分析、电子商务平台以及社交媒体等领域。此外，区块链、5G以及可穿戴技术也将有所涉及。[①]

虽然摩尔定律仍然在发挥作用，但是IT对很多传统企业来说，仍然是昂贵的。新技术未必适用于企业。很多新技术的第一代进入者往往成为"烈士"。一方面，执行数字转型战略的一个难点是企业战略层面的高管是否能够紧随技术发展，时刻把握市场上被"炒的火热"的概念的真正内涵，清醒地进行数字化转型。另一方面，企业新老技术融合的复杂性越来越高，CIO必须在新旧技术之间达成平衡，才能一边进行数字化转型，一边继续提供业务所需求的技术可靠性和一致性，即既要确保一定程度的稳定，又要使企业以一定速度进行数字化转型。此外，在数

---

① 《2019年数字化转型技术投资重点：云、网络安全、AI（附图表）》，《科技行者》2019年1月21日。

字化转型过程中数据怎么获得,怎么平稳过渡,如何保证数据安全等都是关键的问题。

(四)大数据治理难以直接产生价值

大数据时代数据产生的价值越来越大,数据应用项目非常多,但真正取得预期效果的项目少之又少,且开发过程困难重重,其中的一个原因就是数据质量问题导致许多预期需求无法实现。如果没有数据治理,再多的业务和技术投入都是徒劳的,数据治理是保证数据质量的必需手段,加强数据治理提升数据质量已成为企业提升管理能力的重要任务。① 大数据治理是指为了鼓励大数据应用中的期望行为,而明确的大数据决策权的分配机制和责任的担当框架。

大数据治理是大数据服务化的关键,目前很多企业意识到了数据管理的重要性;首席数据官(CDO)也逐渐成为数字化企业的标准岗位,成为企业组织结构中的一部分,CDO 已经不仅仅是一个职位,而代表着数据部门职能的改变。现在不少企业为了更加明确数据部门的目标,已经把数据管理部的名字改为数据服务部了。由数据管理转变为数据服务,以前是数据部门自己准备数据给自己用,自己做一些分析报表等,现在更多是要把这些提供给别人用,为业务创新服务。而作为数据管理部门的一个管理手段,大数据治理在数据服务化上扮演着重要的角色,其应该是自动化、自助化、智能化的,但是目前的大数据平台难以满足数字化时代的要求。②

在大数据治理的过程中有五个核心要素。第一,明确数据治理责任。建立数据治理组织,例如上述 CDO 和数据服务部的设立。第二,大数据治理需要管理和制度的有力支撑。可结合企业现状,制定和设置相应的管理办法、管理流程、认责体系、人员角色和岗位职责等,颁布相关的数据治理企业规章制度等。第三,制定数据规范。数据规范是指有关企业核心数据的存

---

① 《PPT 图解:数字化转型中的大数据治理》,搜狐网,2018 年 1 月 21 日。
② 《数字化转型中的大数据治理架构》,搜狐网,2017 年 1 月 3 日。

在性、完整性、质量及归档的测量标准，为评估企业数据质量，并且为手动录入、设计数据加载程序、更新信息以及开发应用软件提供的约束性规则；数据规范一般包括数据标准、数据模型、业务规则、元数据、主数据和参考数据，这可以使业务人员、技术人员在提到同一个指标、名词、术语的时候有一致的遵循；[①] 第四，理论结合实践。第五，使用高效的数据治理软件。

三　数字化转型的战略与方法

（一）政策支持和组织保障

传统企业实施大数据助推的数字化转型的难题在于：一是大船难掉头，传统企业一把手思维转变没跟上，难以自我否定、自我变革；二是转型必将触动一部分人的利益，所以要想成功转型，离不开一把手的强力推动，传统企业的数字化变革一定是自上而下的。另外，信息系统的建设来自各个部门的"烟囱式"建设，带来的问题是数据不能打通。新技术有巨大冲击性，对现有客户群、销售、营销、业务体制都会产生重大影响，所以这就不再是一个CIO工程，而是一个CEO工程，不可能仅靠修修补补，而必须有一个完整的应对战略。[②] 数字化转型是企业级的变革。业务创新、技术升级、资金支持以及组织变革都需要企业最高管理者的大力支持。传统企业的数字化转型是"一把手工程"，不仅需要传统企业最高管理者的支持和推动，而且需要建立相应的组织保障。同时，传统企业还需要建立CDO制度，传统企业的数字化转型需要一个内行的决策者、一个专职的推动者、一个法律上的责任人。

[①]《数据问题的全面解决之道数据治理》，信息观察网，2019年4月9日。
[②]《要么"翻船"，要么"翻身"，彻底的数字化转型一定是"一把手工程"》，锦囊专家，2018年3月26日。

案例：中信集团的数字化转型①

中信集团在数字化转型过程中，在以下三个层面为数字化转型提供了支撑：①成立专门的指导委员会，即"互联网+"转型领导小组，由集团最高领导挂帅，解决政策支持的问题；②成立平台服务公司，即中信云网管理公司，解决业务方向、创新孵化和投资问题；③成立科技公司，即中信科技，解决科技输出与商业转化的问题。

（二）建立支持数字化转型的愿景、组织架构

互联网公司叫数字化原生企业，传统企业虽然不是天生数字化的企业，但也需要建立数字化的愿景，掌握数字经济的特征并把它们融入业务运营和企业文化的核心。吸引C端，颠覆和重组这个行业，要能够高速扩展业务并创新，以客户为中心并充分赋能员工，不断创新的同时承担风险。技术和数据是它的生命线，要实现更高效的运营，创造新的基于信息的收入来源，不断提升客户忠诚度。

全球数字化转型的组织机构分成四类，与数字化转型五个阶段相适应。第一阶段是最初级的，由数字化转型特别项目组来定义整个数字化转型的愿景和使命。第二阶段是数字化转型办公室，开始建立治理机构，同时确定企业数字化转型的优先次序。第三阶段是开始把数字化转型的业务和人员渗透到每一个部门中，以加速全面推进企业整体范围的数字化转型。第四阶段是成立数字化业务单元，为企业提供新的颠覆性产品，创新的战略、想法以及解决方法。创造颠覆性产品服务及商业模式的组织架构总体有这四种类型，从全球看，第一种类型占比为30%，第二种46%，第三种20%，第四种很少，只有4%左右。

企业流程再造的产生和发展都与信息技术、管理理念的革新与发展息息相关，相辅相成，相互推进。企业要跟上时代的变迁、科技的进步、

---

① https://mp.weixin.qq.com/s/2noSFqFYdj_uodiG_DboQg。

观念的革新，必然会逐步引入新的信息技术手段、推行新的管理运作模式，这也必将对企业的原有系统提出挑战，企业流程再造也由此诞生并摸索前进。当今，大数据时代毋庸置疑对企业经营和管理带来了巨大的冲击和变革，与大数据相关的新的信息技术手段与管理、运营、决策模式不断涌现，企业选择通过流程再造来应对大数据时代显然是必行之举。①

案例：雪松集团的数字化转型变革②

雪松集团整体的信息化水平低，集团内部形成数据孤岛，集成、协作和业务协同性低，为此其迫切需要通过数字化建设和运营进行集团的数字化转型。

集团信息管理中心全面实行产品管理制度，建立了产品建设到运营的端到端经营制度、流程和方法。以"科技即业务，建设兼运营"作为转型战略，让科技、信息和数据从职能支持角色转变为业务经营角色。例如，雪松集团应用的内部"松信"系统实现了安全即时的员工信息交流，具有便捷高效的组织协同能力。该系统还以"红包、即时打赏、英雄榜、冲顶大赛"等社交化手段激励组织和员工，推动实现组织能力从层级制到扁平制的转换，赋能并激活一线员工的战略转型。松信同时被用作业务运营平台，实现对金融集团各类服务（理财产品、员工贷、雪松普惠等）、文旅集团各类服务（文旅小镇产品销售、开业推广等）、地产汽贸集团各类服务的互联网渠道支持，推动产业集团从线下运营到线下线上全渠道运营。充分利用"统筹规划、统一实施和集中运营"的客户管理系统，实现客户跨产业的全维度洞察、前瞻发现并实施精准营销、交叉营销和深度营销，最大化实现各产业集团业务之间的协同和生态价值。

---

① 李海燕：《大数据背景下的企业流程再造研究》，安徽理工大学硕士学位论文，2014。
② https://mp.weixin.qq.com/s/n6VYHGxQaH1TJgFdFIRkMg。

（三）构建数字化转型的基础设施

大数据基础设施（云平台、大数据平台、人工智能平台等）是数字化转型以及大数据应用的基础，但是通常投资巨大，建立和维护技术要求高。传统企业在构建数字化转型基础设施过程中，还面临业务与数字化分离、重复建设现象严重、业务流程数字化再造难度大、数字化研发能力不足等困难，可谓任重道远。

案例：中信集团的数字化转型中心云建设[①]

中信集团内部行业众多，各个子公司需求各不相同。中信集团在基础设施层，单一私有云或单一公有云的场景都不能完全满足需要。面对这种挑战，中信云采取了建设大型混合云的策略，自建私有云的同时，打通多朵公有云，并且引入数据库云服务，满足子公司基础设施层的各种需求。建设完成后，中信各行业子公司的各种负载、各类业务都能在中信云上找到可承载的资源。

案例：侨鑫集团数字化转型基础设施建设[②]

为了实现数字化转型，加强自身精准识别和定位目标消费者需求的能力，侨鑫集团与技术伙伴合作，通过软硬件一体化产品和PaaS解决方案搭建云平台，借助云计算、大数据、人工智能和机器学习等力量获取客户洞察力，帮助侨鑫集团解决移至云端的难题，加速业务创新，推动企业业务转型、增长。

（1）打通部门间数据壁垒，建立数据仓库，实现数据统一管理，帮助侨鑫集团全面了解客户特征，进而帮助侨鑫赢得更多客户。

（2）在本地部署自由数据中心，让侨鑫集团尽享公有云带来的技术红

---

① https：//mp.weixin.qq.com/s/2noSFqFYdj_uodiG_DboQg。
② https：//mp.weixin.qq.com/s/OUgS1ve86SFzDdTZe5a9ZA。

利，赋予员工更大的生产力和创造力，满足侨鑫集团严格的 IT 合规和数据主权需求。

（3）采用混合云服务，实现 IT 能力和数据在云端和本地部署之间的无缝衔接，赋予侨鑫集团员工更大的生产力和创造力。

（四）选择合适的数字化转型实施方式

传统企业在实施数字化转型时需要选择合适的实施方式。通常，传统企业数字化转型的实施方式有以下四种。

1. 内部事业部制

内部事业部制指数字化转型由内部的事业部负责实施，但是传统企业通常缺乏数字化基因，传统企业利用原有的部门实施数字化转型可能的效果就是"穿新鞋走老路"。

2. 收购外部企业推动数字化转型

很多传统企业实施数字化转型是通过收购外部企业实施的，例如沃尔玛进入中国电商市场收购了"一号店"；国美通过收购"库巴"实施电子商务；苏宁收购"红孩儿"；等等。

3. 设立独立的新公司实施数字化转型

传统企业也可以设立独立的新公司，实施数字化转型，轻装上阵。例如苏宁设立独立的子公司——苏宁易购，完全开展新型数字化业务。

4. 选择第三方数字化转型服务提供商

在选择第三方数字化转型服务提供商时，要考虑到它的全球视野、技术实力、创新能力以及行业经验。

四　大数据助推的传统产业数字化转型趋势

（一）数字化转型是一个长期过程

IDC 分类的数据转型成熟度的五大阶段，即单点试验、局部推广、扩展

复制、运营管理、优化创新,每个阶段的跨越都代表着企业在数字化转型过程中的一次升级。数字化转型是一个长期的过程,企业应根据自身的特点来规划未来的发展目标。①

在这五个阶段,信息与数据在企业中的特点各自不同。在单点试验阶段,企业的信息是孤立的,数据质量和集成问题限制了其有效使用,风险是未知的;在局部推广阶段,企业交易的数据是可管理的,数据仓库提供了基本的分析和报告,对安全性也有一定的评估;在扩展复制阶段,企业拥有体系化的信息,信息框架包括内外数据、结构化和非结构化数据、数据智能和数据安全;在运营管理阶段,企业综合的信息平台包括社交、移动和物联网,并可以用高级分析工具产生新的基于信息的收入;在优化创新阶段,企业可以把控全方位的实时信息,企业的竞争优势和巨大的收入来源于实时管理的信息总量、速度和变化。

(二)数字化转型投资将大幅增长

根据 IDC 的预测,到 2019 年底,全球数字化转型领域的支出预计将达 1.7 万亿美元,相比 2017 年增长 42%。到 2020 年,部署实施数字化平台战略的机构所占比例将达到 60%。② 企业是一种替代市场进行资源配置的组织,是将技术、资本、人才、土地、机器设备等资源组织起来,以更高效、更低成本地满足客户需求的组织。③ 企业要想获得竞争优势,就需要不断优化资源配置,通过对数字化转型的投资,可以利用数据自动流动化解复杂系统的不确定性,优化企业资源的配置。企业通过对大数据转型投资缩短产品的研发周期、提高产品质量、降低产品库存、提高设备的可靠性和使用效率、找到精准的目标客户群体,对大数据转型的投资可以帮助企业优化资源配置和管理决策,未来不进行数字化转型投资的企业可能会丧失竞争优势。

---

① 毕马威:《云技术助力大型企业数字化转型》,2018 年 7 月 31 日。
② 武连峰:《化转型的趋势、挑战与战略》,morecoder,2018 年 3 月 7 日。
③ https://mp.weixin.qq.com/s/lfQuA9R6_NMAT3wKLGMgaw。

（三）数字化转型人才培养大有可为

数字化转型人才特别是传统企业数字化转型人大的需求将大幅增长，数字化转型人才的培养将大有可为。数字化转型人才需要具备的复合型技能包括：IT技术能力、大数据分析处理能力、业务能力、行为能力等。数字化转型的领导者还必须具备领导能力。这给数字化转型培训带来了巨大商机。IT技术能力和大数据分析处理能力属于硬能力，业务能力、行为能力、领导能力属于软能力。硬能力的培养可以通过知识的传授获得，软能力的培养更多地需要从实践中获得。

市场对数字化转型人才的需求也存在不同的层次。首先，传统企业中数字化转型相关人员数字化转型基本知识和工具的培养。这部分培训主要是基本知识和工具应用能力的培养，社会培训机构可以承担这方面的培训任务。其次，数字化转型技术人才的培养。数字化转型需要大量的技术人才，高校本科教育应该应对这方面的需求，开展相关专业课程、教材、人才培养体系的研究。再次，数字化转型管理和咨询人才的培养。数字化转型需要大量的管理和咨询人才，信息管理相关专业和高校商学院应该开展这方面专业硕士的培养，设立相关的专业硕士方向和MBA专业方向。最后，高级管理人员的数字化转型培训。数字化转型是一场革命，也是"一把手工程"，企业如果没有高级管理人员对数字化转型的支持和推动，数字化转型不可能成功。针对高级管理人员的数字化转型培训，可以帮助企业的高级管理人员树立数字化转型思维，掌握数字化转型的基本理念和方法，推动数字化转型的实现。

（四）5G和人工智能将进一步助推传统企业数字化转型

随着5G的推广应用，其低功耗、高速率将进一步推动万物互联，各种各样的传感器实时收集和传递信息，传统企业的各种生产运营数据将指数级增长，越来越多的传统企业成为数据企业，也会越来越重视数据资产的价值，这必将进一步推动传统企业的数字化转型。另外，数据量的爆发式增长也必将进一步推动人工智能的应用。5G和人工智能将相互驱动，推动传统企业的数字化转型。

（五）数字化转型将给传统企业带来大量收入

随着传统企业数字化转型的应用，来自信息化、数字化产品/服务的营收增幅将是传统企业现有产品/服务组合的两倍，数字化转型将给传统企业带来大量的增量收入。数字化转型可以帮助传统企业优化资源配置，增强现有设备和资源的开发共享，提高企业的运营效率和决策水平。数字化转型也可以帮助传统企业更精准地了解用户需求，挖掘客户价值，提升客户的满意度和忠诚度，这都将降低传统企业的经营成本，提高其收入水平。

五 结论

通过以上分析，本报告得出如下四点结论。

第一，传统企业的数字化转型是大势所趋。所有的传统企业都必须重视大数据驱动的数字化转型，否则将可能丧失在数字化时代的机会，同时可能会失去传统的竞争优势。

第二，传统企业的数字化转型需要建立数字化转型的观念和制度。传统企业的领导者在观念上需要真正重视数字化转型，同时在组织内部形成数字化转型的共识和文化，建立数字化转型的制度、组织结构和流程。

第三，传统企业必须利用数字化转型挖掘组织内部的数字化资源。尤其是闲置和浪费的数字化资源，同时要利用数字化转型改造传统的技术、业务和流程，开发新型的基于数字化的产品和服务。

第四，传统企业必须重视数字化转型人才的培养。数字化转型人才是新型复合人才，既要懂技术和大数据的分析处理，也要懂业务，因为数字化转型是为业务服务的；另外，还要具备行为能力，因为数字化转型是系统工程，需要各个业务部门、职能部门、IT部门和数据部门的协同配合，同时可能需要整合外部供应商的力量，这就需要数字化转型人才具备良好的行为能力。

参考文献

孙丕恕：《重视制造业，以信息化引领智能制造发展》，移动电子商务研究中心，2017年3月8日。

武连峰：《化转型的趋势、挑战与战略》，morecoder，2018年3月7日。

《数字化转型：人员观念的转变非常重要》，比特网，2019年3月21日。

《埃森哲：数字化转型"三步曲"》，搜狐网，2017年3月14日。

苏永钦：《M-ICT 2.0战略——探索数字化转型之道》，《中兴通讯技术》2017年第1期。

《2019年数字化转型技术投资重点：云、网络安全、AI（附图表）》，《科技行者》2019年1月21日。

《PPT图解：数字化转型中的大数据治理》，搜狐网，2018年1月21日。

《数字化转型中的大数据治理架构》，搜狐网，2017年1月3日。

《数据问题的全面解决之道数据治理》，信息观察网，2019年4月9日。

《要么"翻船"，要么"翻身"，彻底的数字化转型一定是"一把手工程"》，锦囊专家，2018年3月26日。

李海燕：《大数据背景下的企业流程再造研究》，安徽理工大学硕士学位论文，2014。

毕马威：《云技术助力大型企业数字化转型》，2018年7月31日。

武连峰：《新时代的企业数字化转型》，信息技术服务与外包产业联盟，2018年6月11日。

B.9
中国两化融合十年回顾与展望

周剑 马冬妍 柴雯 付宇涵 许雅丽*

摘 要: 持续推进两化深度融合是党中央、国务院的长期战略部署,是抢占新一轮产业竞争制高点,推动我国工业实现由大到强历史性跨越的必然选择。本报告通过介绍我国两化融合发展背景与历程、企业两化融合发展现状与不足、当前两化融合发展重点和重要推进抓手,对近十年来我国两化融合发展取得的主要成果和存在的问题展开系统深入的剖析,并就下一步重点工作提出建议。

关键词: 两化融合 产业升级 数字化转型 工业互联网

持续深入推进信息化和工业化融合(简称"两化融合")是党中央、国务院的长期战略部署,是建设制造强国和网络强国的必由之路。近十年来,经过深入的理论研究和大量的实践探索,我国对两化融合的认识不断深化,政策环境日臻完善,发展路径日渐清晰,在理论、方法和工具等方面不断创

---

* 周剑,博士,国家工业信息安全发展研究中心信息化所、系统所所长,高级工程师,主要研究方向为两化融合、工业互联网、数字经济等;马冬妍,硕士,国家工业信息安全发展研究中心信息化所副所长,高级工程师,主要研究方向为信息化测评、两化融合政策研制、战略规划、智能制造、"互联网+"等;柴雯,博士,国家工业信息安全发展研究中心高级工程师,主要研究方向为两化融合、信息化评估、工业互联网等;付宇涵,硕士,国家工业信息安全发展研究中心工程师,主要研究方向为两化融合、信息化测评、数字经济等;许雅丽,硕士,国家工业信息安全发展研究中心助理工程师,主要研究方向为两化融合评估、企业上云、数字经济等。

新与突破。在两化融合引领下,信息技术与产业正全面融合渗透,推动企业战略转型、组织变革、技术创新、生产方式和服务模式转变,使企业发展理念、发展模式、绩效产出等产生显著变化。在取得瞩目成绩的同时,我国两化融合发展仍然面临问题与瓶颈,通过全面深入回顾我国两化融合近十年的发展脉络,盘点我国两化融合取得的成绩与不足,有助于社会各界厘清思路,形成共识,在新时代两化融合新目标、新内容、新要求的指引下,进一步推动我国制造业向高端发展。

一 我国两化融合发展背景与十年历程

(一)发展背景

互联网、云计算、大数据、人工智能等新技术的群体性突破及其与实体经济的融合,正在加速重构世界经济版图,全球经济正处于转换发展理念、调整失衡结构、重构竞争优势的关键节点,人类社会已进入工业经济转向数字经济的变轨发展期。国际社会围绕抢占新一轮产业革命制高点的竞争愈演愈烈,各国都在结合自身优势加强战略总体布局和理论方法创新。无论是德国工业4.0还是美国工业互联网,均聚焦信息技术驱动下的智能化变革,引导产业向数字化、网络化、智能化加速跃升,并不断加强对高端产业的再调整、再布局。发展中国家则致力于抓住从工业化向信息化变轨发展的重大机遇,努力实现"换道超车"。

近年来,我国经济发展逐渐步入新常态,亟须提高全要素生产率和产业能力,围绕制造强国和网络强国建设目标,加速供给侧结构性改革,实现新旧动能的接续转换,转向新的可持续发展和经济增长模式。与西方发达国家先工业化、后信息化的梯度发展格局不同,我国是在工业化没有完成的基础上开始推进信息化的,由此提出信息化和工业化融合发展战略,坚持以信息化带动工业化,以工业化促进信息化。两化融合涉及生产要素、生产方式、管理模式、产业体系及社会经济运行方式等不同层面的融合,覆盖全员、全要素、全过程、全方位，既包括作为经济基础的生产力，也包括作为上层建筑的生产关系，是复杂巨系统。持续推进两化深度融合是抢占新一轮产业竞争制高点，是推动我国工业实现由大到强历史性跨越的必然选择。

（二）十年发展历程

从党的十五大首次将信息化作为国家战略，党的十六大提出"以信息化带动工业化、以工业化促进信息化"，党的十七大提出"大力推进信息化与工业化融合"，党的十八大强调"推动信息化和工业化深度融合"，到党的十九大进一步明确"推动互联网、大数据、人工智能和实体经济深度融合"，我国对信息化和工业化融合的认识不断深化，新时代两化融合更是被赋予新的使命和新的任务。自党的十八大以来，我国相继出台了《国家信息化发展战略纲要》《关于深化制造业与互联网融合发展的指导意见》《关于深化"互联网+先进制造业"发展工业互联网的指导意见》《"十三五"国家信息化规划》《信息化和工业化融合发展规划（2016~2020年）》《关于深入推进信息化和工业化融合管理体系的指导意见》等一系列政策文件，融合发展的政策环境日臻完善。

经过长期发展和逐步完善，特别是近年来的深入推进，我国两化融合经历了从探索突破到系统推进，再到全面提升的不同发展阶段，在理论研究、方法创新、产业应用等方面取得了丰硕的成果，形成了以"两化融合生态系统和标准体系"为牵引、"两化融合评估诊断和对标引导"与"两化融合管理体系应用推广"为重要工作抓手，政府部门、行业组织、科研院所、高等院校、服务机构、企业等各方互动协同、实现价值共创的推进体系。自2009年起，为摸清我国两化融合发展状况，找准发展重点和方向，在工信部的指导和支持下，我国探索形成了企业两化融合评估体系，引导企业常态化、周期性开展两化融合自评估、自诊断、自对标；从2013年开始，工信部基于我国企业积累的技术应用成果和管理创新经验，结合连续数年开展企业两化融合评估的经验和规律，总结形成了一套规范企业两化融合过程管理的通用方法，即两化融合管理体系，并开始系统推进两化融合管理体系标准建设和应用推广；2017年至今，两化融合生态系统和标准体系总体框架正式发布，3项两化融合国际标准分别在国际标准化组织（ISO）和国际电信联盟（ITU）成功立项，《企业数字化转型过程中可持续竞争能力建设方法论》正式由ITU发布为国际标准，全国信息化和工业化融合管理标准化技术委员会正式成立，两化融合标准化和国际化工作取得重大突破，开启两化融合新时代、新征程。

二 我国企业两化融合发展现状与不足

（一）我国企业两化融合发展现状

一是企业内部综合集成推动信息化价值成效进入质变阶段。两化融合效能效益与水平发展并非是简单的线性关系，当企业实现综合集成（即两化融合发展处于集成提升及以上阶段）之后，其两化融合效能效益将实现台阶式跃升以及跃升后的加速上扬，实现两化融合效能效益从量变到质变的飞跃。2012年，我国企业两化融合发展水平为45.1分，尚不足50分，2018年达到53.0分，增长17.5%。其中，大型企业和国有企业是两化融合发展的主力军，但小微型企业发展增速已超越大中型企业，民营企业与国有企业水平差距正在逐步缩小。目前，全国22.4%的企业两化融合发展进入集成提升和创新突破发展阶段①，比单项覆盖以下阶段企业的竞争力高出13.6%、经济社会效益高出6.3%。我国集成提升及以上阶段企业的信息化投入水平比单项覆盖及以下阶段企业高出约1/5，但带动全员劳动生产率水平提高40.0%以上，以轻工、电子等行业为例，两化融合发展驱动行业全要素生产率实现指数型增长，跨越"价值拐点"后企业技术创新动力和实际创新效益显著提升，如图1所示。

---

① 企业两化融合发展可分为四个阶段——起步建设阶段、单项覆盖阶段、集成提升阶段和创新突破阶段，可共同表征企业两化融合不断跃升的阶段特征和内涵。

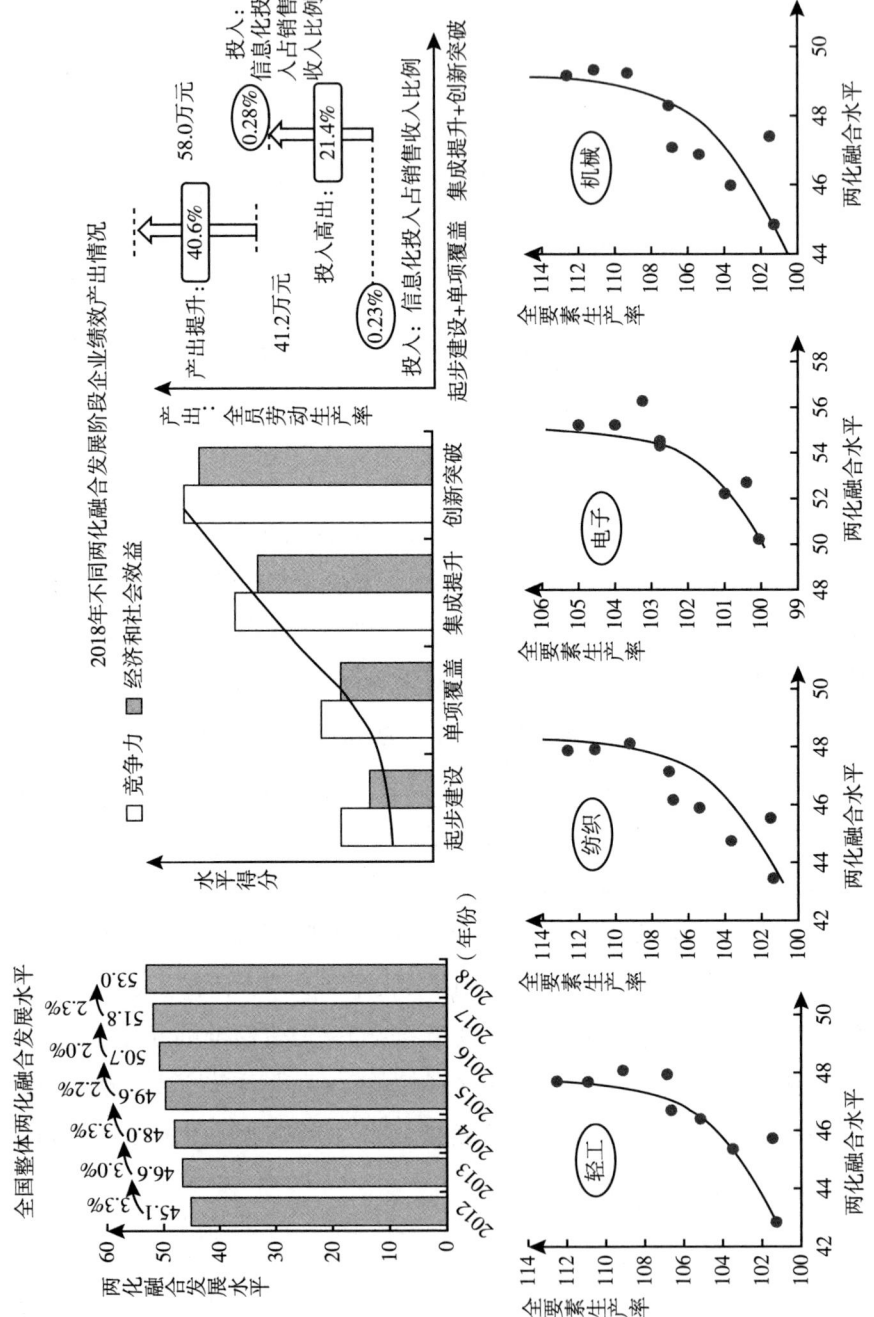

图1 全国整体及重点行业两化融合发展水平与绩效产出分析

二是企业两化融合区域间发展不均衡性呈现新动向。从区域层面来看，全国各省两化融合发展水平梯级分布特征明显，整体呈现"沿海高、西南高、西北低、东北低"的局面。但从发展态势看，近两年发展增速超过8%的省份有60%是中西部省份，例如发展水平处于第一梯队的浙江、江苏、广东同比增速放缓，而发展水平处于第三梯队的黑龙江、青海、西藏等进入快速发展期，两化融合发展水平同比增速跃居第一梯队，原本受经济水平、产业结构、地缘优势等因素的影响在东西部之间存在的两化融合发展差距正因中西部地区快速追赶呈现缩小态势，区域间发展的不均衡性趋于缓和，如图2所示。

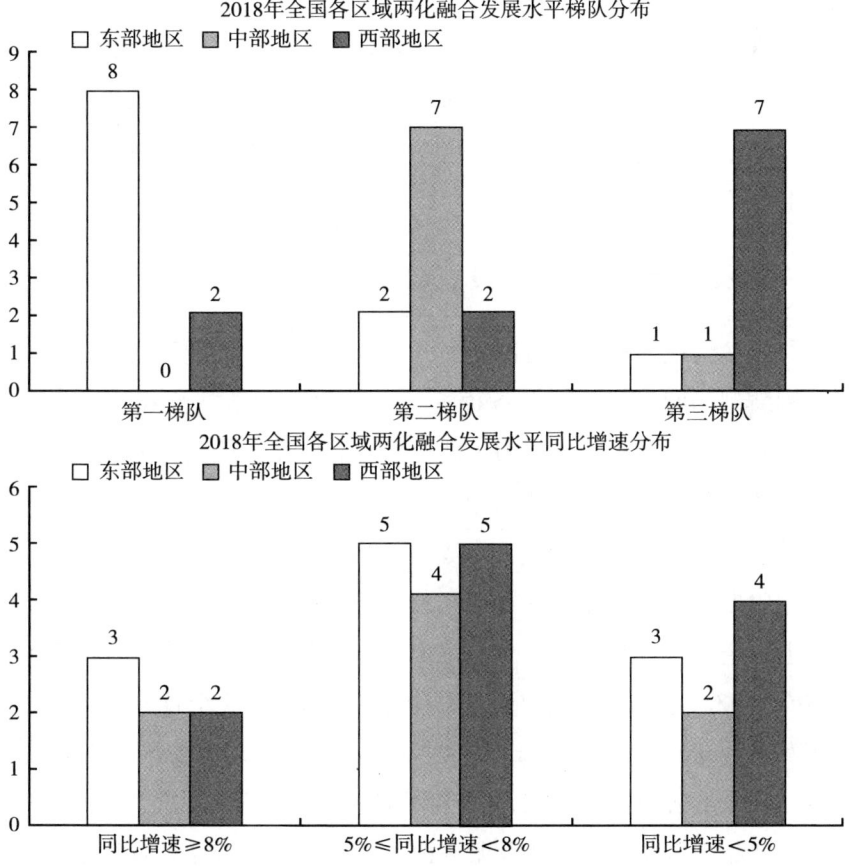

图2 全国各省份两化融合发展态势分析

三是不同行业两化融合重点路径各异。从产业层面看，由于不同行业所处产业链位置、行业结构、生产特征、发展需求各有不同，两化融合发展具有鲜明的差异化特征。我国原材料、装备、消费品行业分别围绕构建智能生产新体系、创造智能服务新价值、实现精准定义新供给等方面展开积极探索，如图3所示。原材料以大型钢铁为例，行业智能制造就绪率达到19.9%，远高于7.0%的全国平均水平，行业围绕降本提质增效的目标，在质量全过程管控、能源综合管理、设备预防性管理、供应链集成等方面不断提升智能化水平；装备制造以机械为例，行业聚焦于研发与制造一体化管控和协同优化，智能服务新价值不断丰富，行业积极探索网络化精准营销、个性化定制、远程监控、在线运维以及基于智能终端的大数据分析等服务模式创新，整体开展服务型制造的企业比例接近1/4；消费品以家电为例，行业深度触网的特征不断催生用户参与价值共创模式创新，基于用户需求精准定义的新供给体系不断完善，行业开展个性化定制的企业比例达到9.5%，较离散行业的平均水平（7.6%）高出1.9个百分点。

（二）我国企业两化融合发展重点趋势

一是云平台成为跨企业协同新模式、新业态培育的重要切入点。工业云作为一种新型的网络化制造服务模式，融合先进制造技术和新一代信息技术，以公共服务平台为载体，通过虚拟化、服务化和协同化汇聚分布、异构的制造资源和制造能力，可实现制造需求和社会化制造资源的高质高效对接。目前，全国工业云平台应用率达到43.5%，工业云平台在降低企业信息化应用门槛、推动企业生产方式和产业组织创新等方面的成效不断凸显。在我国上云企业中，基于统一平台实现资源和业务全面集中管控的企业比例为40.0%、43.9%，分别高出未上云企业4.3个、7.9个百分点；通过建立或应用互联网开放社区实现价值网络中各相关主体动态协同的企业比例为78.7%，较未上云企业高出36.9个百分点，如图4所示。

二是产品智能化正催生企业服务模式创新。智能产品具有催生新型商业模式的能力，企业可以智能化产品作为切入点，建立广泛的"产品+服务"

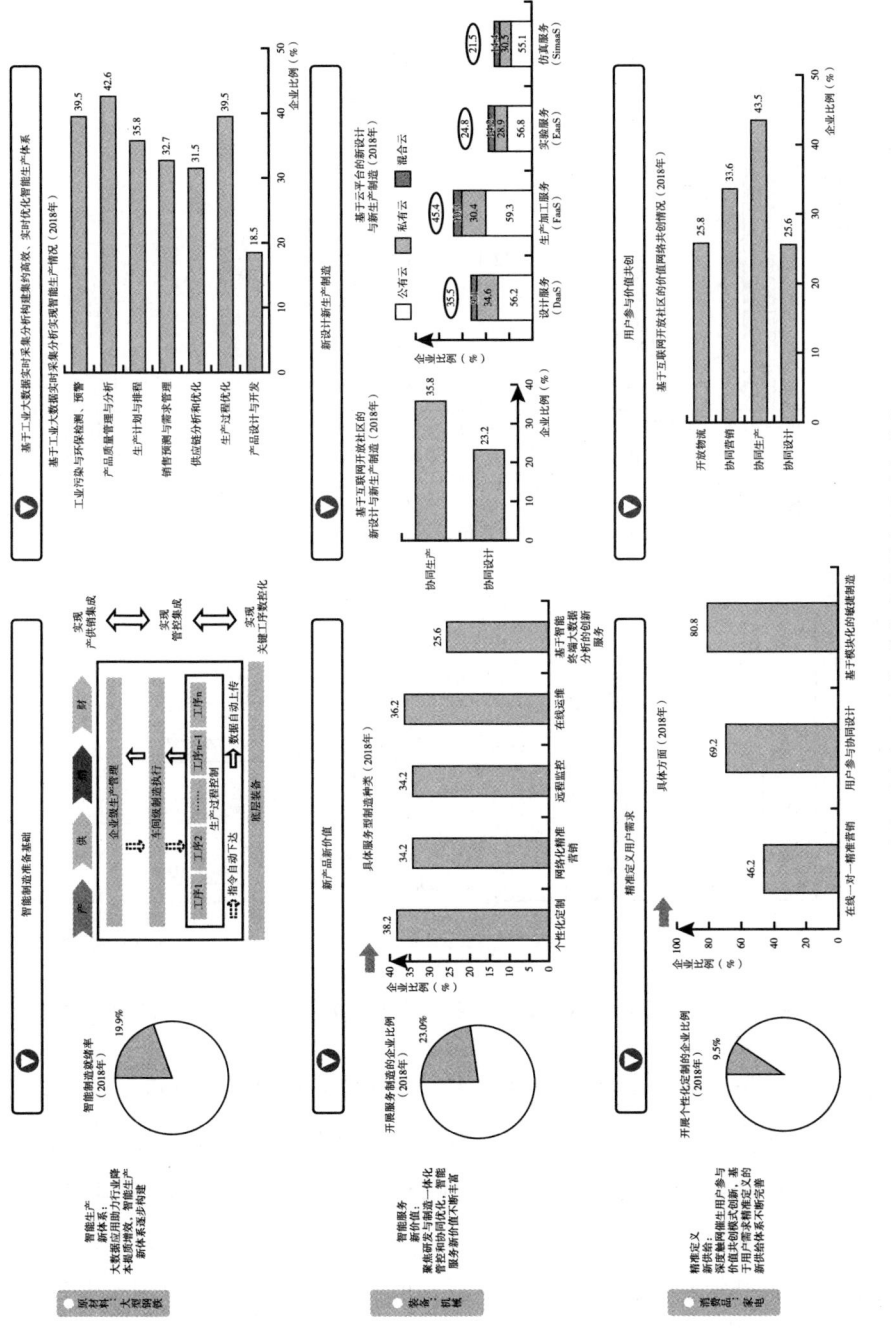

图 3 全国重点行业两化融合发展特征及路径分析

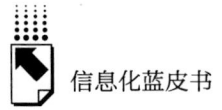

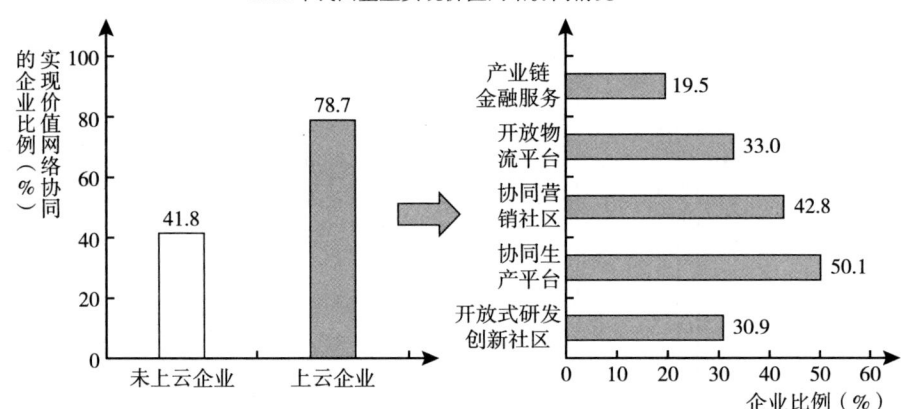

图4 中国上云企业和未上云企业实现内部集成和外部协同情况分析

组合,向客户提供基于数据的增值服务,提升产品附加值,进而持续优化和更新商业模式。用户服务将越来越多地基于产品数据的收集、评估和分析,并依赖于产业创新生态的建立。随着互联网技术在制造领域的快速渗透,产品智能化水平的提升推动产品与服务融合,可有效促进企业实现高效、智能、创新的服务新模式,使价值链不断扩展和延长。电子、交通设备制造、机械、轻工等重点行业实现远程监控、在线运维和基于大数据的服务创新等新模式的企业智能产品比例相对较高，其中电子和交通设备制造行业在服务模式创新和产品智能化方面的发展更为领先，如图5所示。

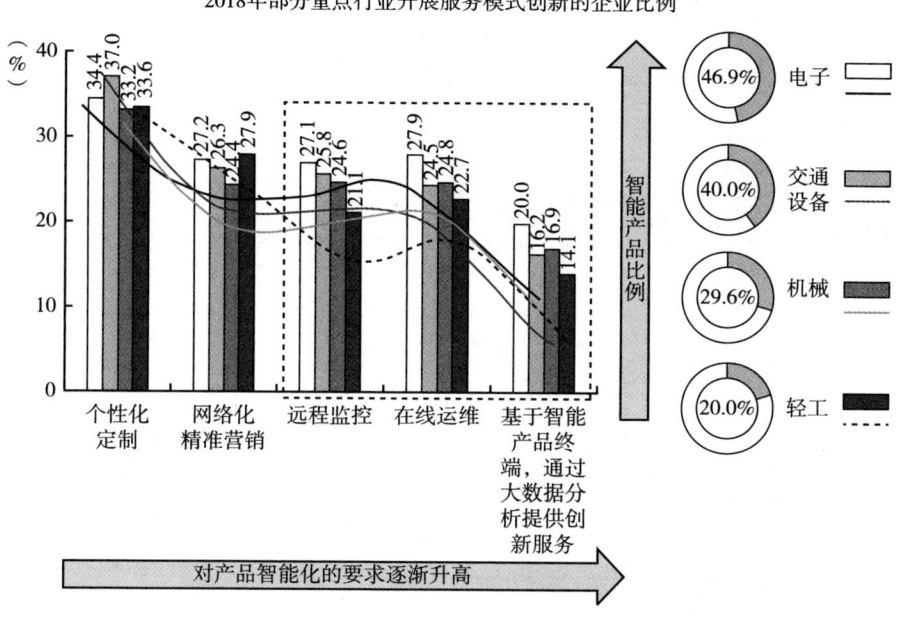

图5　重点行业产品智能化和服务模式创新情况

（三）我国企业两化融合面临的主要问题

一是数字化转型亟须突破设备终端全面连接的瓶颈。工业设备设施联网是先进制造业生态良好发展的基础，但由于传统工业封闭技术体系和价值壁垒的影响以及设备入网成本高昂、线上服务能力不足、商业模式不清晰、价值回报预期不足等原因，我国工业设备设施联网水平普遍偏低。2018年，我国企业数字化生产设备联网率仅为39.4%，推进企业数字化转型亟须突破终端全面连接的瓶颈。此外，生产管理层与制造执行层之间实现数据双向联通的企业约为1/5，成为多层级之间数据双向联通的制约环节，如图6所示。

二是企业内部业务全面集成管控水平不高，跨企业协同难度大。基于统

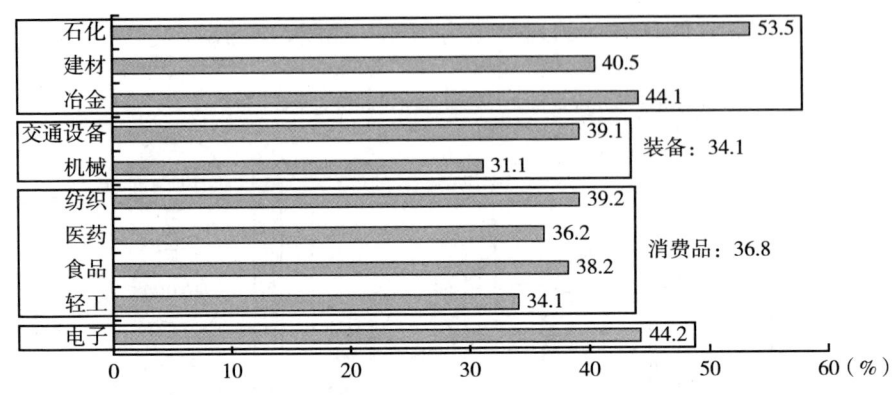

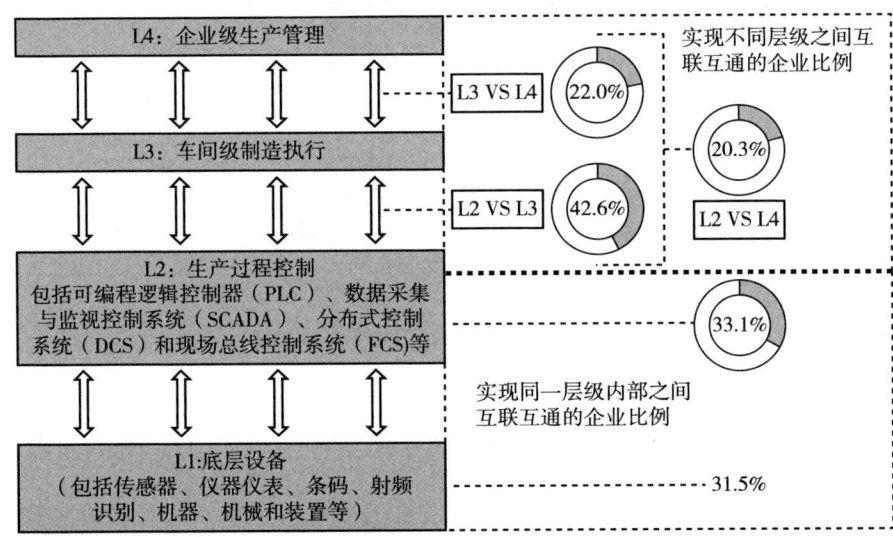

图6 中国底层装备联网和生产制造过程纵向互联互通情况分析

——信息平台对企业内部资源和业务进行全面集中管理，可对人员、物资、设备等核心资源和研发、生产、采购、销售、财务等关键业务环节的状态进行数据化，通过内置的业务逻辑和决策模型将充分数据化的资源和业务环节进行动态协同和优化配置才能实现数据驱动的运营。目前，我国只有不足15%的企业能够通过统一的信息平台，在资源全面协同和共享应用的基础上，实现内部业务全面集中管控和全局动态协同优化，普及情况并不理想。

相较于内部业务集成管控,与业务相关方和产业链上下游企业全面在线协同,要求更高,难度更大,能够实现的企业比例为13.7%,如图7所示。

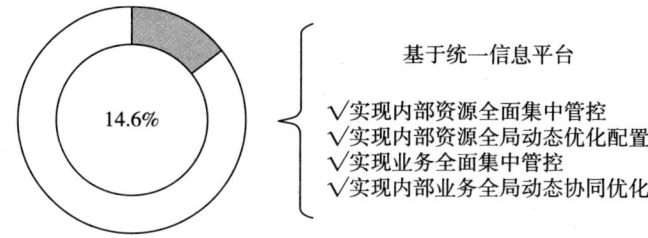

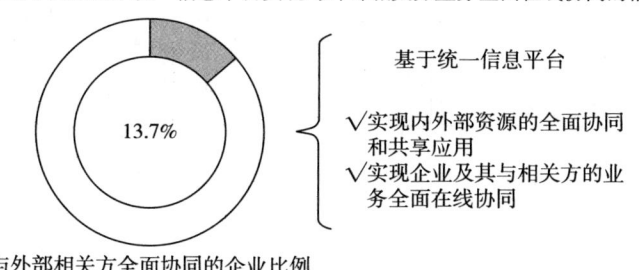

图7 中国企业内部集成和外部协同情况分析

三是工业技术软件化能力不足,工业APP供给能力亟待提升。工业软件是新型制造体系的"软装备",是两化融合的切入点和"黏合剂",当前我国个性化需求高的生产控制类工业软件普及情况并不理想,常规的数字化研发设计软件虽普及广度尚可,但涉及产品数据全生命周期管理和协同应用的高端研发类软件应用率较低,普及率不足1/5。工业APP是工业知识和经验的重要载体、工业互联网平台价值实现的关键手段,但由于我国企业在工业数据采集、大数据建模分析、行业机理模型沉淀等方面基础薄弱,技术和产业支撑能力不足,工程化路径不成熟,工程质量和安全保障能力较弱等因素,我国企业实现工业APP的封装应用和创新发展受到阻碍。目前,我国上云企业中仅有11.3%的上云企业能实现数据信息资源的工业APP封装及应用，能够实现公用构建、模型等的工业APP封装及应用的企业比例不足10%，如图8所示。

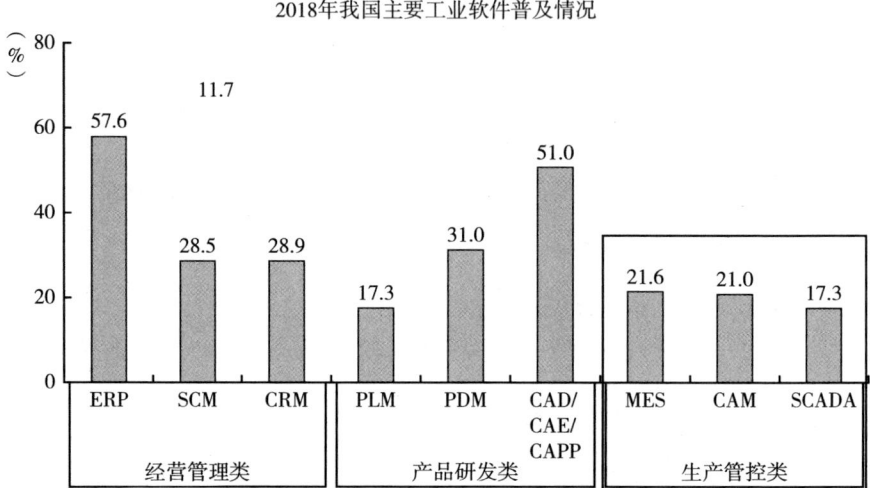

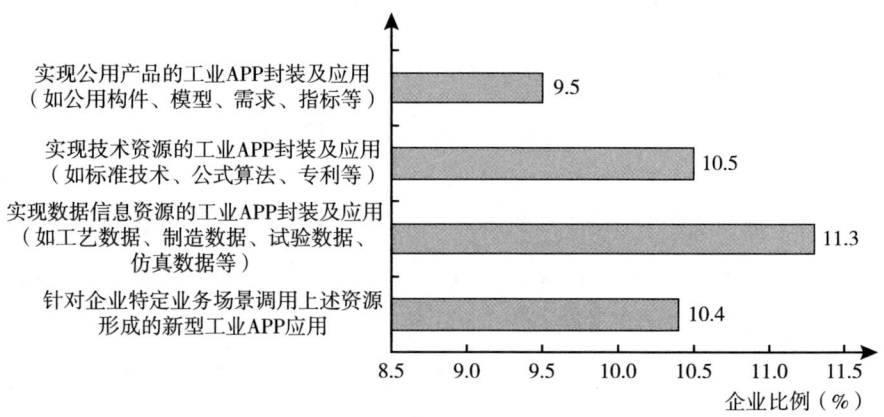

图8 中国工业软件和工业APP应用情况分析

四是数据科学与生产机理的融合亟待突破，融合倍增效应尚未有效发挥。数据已经成为推动经济社会长期增长的新要素和新动力源泉，只有推动数据要素与传统要素互动创新和融合，才能充分激发数据潜能，加快技术、管理、产业各层面的全面融合发展，促进制造业向智能制造发展模式转变。

目前，从工业企业在生产过程优化、生产计划与排程、产品设计与开发、销售预测与需求管理等方面的大数据应用情况来看，工业企业大数据应用的覆盖比例并不高，大部分低于30%，如图9所示。数据科学与工业生产机理的融合度不足，企业数据价值提取广度和深度均不足，制约了数据这一核心要素对其他生产要素的驱动作用。

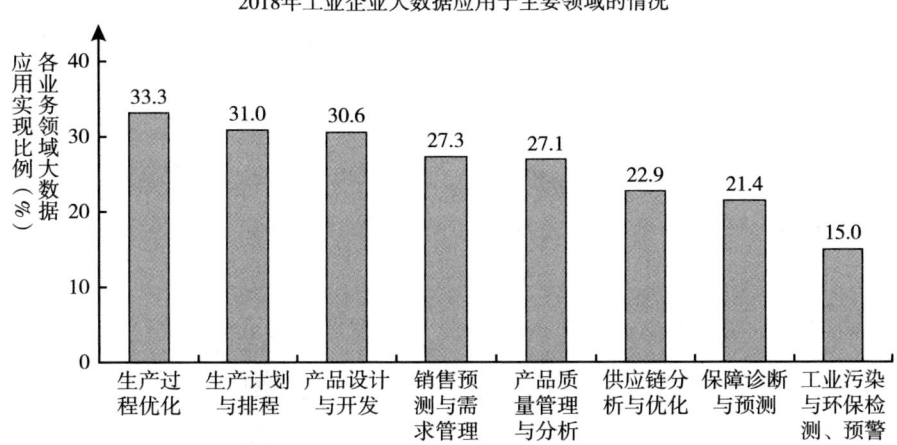

图9 我国工业企业大数据应用主要场景分析

三 两化融合当前工作重点：工业互联网

（一）工业互联网的提出及其战略意义

工业互联网的概念兴起于2012年，其本质是工业能力与IT能力的集成、融合和创新，正在推动工业基础设施、生产方式、创新模式持续变革，其目的是要实现基于信息技术的网络化制造，而全球制造业正处在从数字化阶段加速向网络化阶段迈进的关键时期。党的十九大报告提出的"推动互联网、大数据、人工智能和实体经济深度融合"，指明了在中国特色社会主义进入新时代的历史背景下，信息技术和实体经济融合发展的方向，就是要

深化"互联网+"先进制造业,就是要发展工业互联网。工业互联网为深化供给侧结构性改革、实现创新驱动提供了新路径,关乎数字经济时代我国制造业发展的主动权和话语权。在当前全球格局未定与规模化扩张并存的时代背景下,抢占工业互联网主导权对于我国经济安全和未来网络治理格局具有十分重要的战略意义。

(二)全球工业互联网平台发展现状与趋势

工业互联网平台是工业互联网的核心,极有可能重塑未来制造业竞争的新格局。目前,全球制造业龙头企业、ICT领先企业、互联网主导企业基于各自优势,从不同层面与角度搭建了工业互联网平台,均有迅速扩张的趋势。全球工业互联网平台发展现状总体呈现以下特征:一是IaaS、PaaS、SaaS发展成熟度不同,其中IaaS发展成熟度较高、呈现寡头垄断,主流服务商集中在中美两国;二是被誉为工业互联网平台操作系统的PaaS正逐渐成为关键突破口,但其商业价值仍有待探索;三是PaaS建设需要同时具备制造技术、管理技术和信息技术应用等方面的知识和经验,信息化水平高的制造业龙头企业正成为主力军;四是领先的互联网和ICT企业能够解决制造技术软件化、平台化的关键问题,为平台管理运营和商业模式提供更多经验;五是基于数据的能力合作和开放共享的价值网络打造是工业互联网平台的核心。与美国和德国相比,我国在工业基础和工业know-how方面的差距显著。由于设备数字化、网络化普及水平较低,我国工业数据采集难度较大、分析能力不足。但我国具有完整的产业体系、最完备的互联网生态和巨大的应用需求,IaaS基础设施能力较强,为平台培育和壮大提供了土壤,一旦解决数据采集等基础环节问题,网络效应必然带来后发优势。

(三)中国工业互联网平台面临的问题与发展建议

我国当前的工业互联网平台总体上处于探索阶段,主要瓶颈包括:一是缺乏大规模应用和杀手锏应用,数字化、模块化、平台化的制造资源不够丰富;二是开放合作生态尚未建立,受制于传统合作模式和利益格局,构建开放价值生态的路径和机制还未形成；三是专业深耕能力不足，跨行业应用难度大，发展初期应避免求大求全，错失发展先机。推动我国工业互联网平台创新发展应围绕促进平台间数据开放和共享利用、培育海量用户和规模化应用、营造良性发展的市场生态等方面开展工作，具体包括：开展工业互联网平台试点示范，以平台实际应用成效为导向，研究制定平台发展引导体系，推动"建平台"与"用平台"良性互动；推动平台间数据开放和共享利用，搭建公共性基础能力平台，开发大数据分析建模工具，建立对异构平台数据动态组合、优化迭代、集成创新的能力；推动共性技术攻关和应用创新，针对共性需求和瓶颈环节，建设面向特定场景的测试验证环境和测试床，确定关键亟须标准，组织开展标准研制和应用推广；营造公平有序的发展环境，建立服务评价、应用诊断、咨询培训、评级采信等一套全流程服务体系，支撑政府监管和平台应用推广。

四 两化融合推进抓手之一：评估诊断和对标引导

（一）两化融合评估诊断和对标引导工作背景

推进两化融合，党中央、国务院从战略层面对很多重大问题提出明确的要求，但在战略落地过程中仍面临许多具体问题亟须破解：企业两化融合的概念和内涵及推进理念和原则是什么？企业两化融合框架体系、实现路径、评价分析方法有哪些？当前先进企业的水平如何？在这样的背景下，自2009年起，在有关部委的指导下，科研院所、地方省市行业协会共同探索形成了一套两化融合评估引导体系，并于2013年发布《工业企业信息化和工业化融合评估规范》（国家标准GB/T 23020，简称《评估规范》），首次系统性提出企业两化融合的内涵、边界和相关要素，成为企业实施两化融合、研究制订战略发展规划的建设指南，广泛服务于企业开展自评估、自诊断、自对标，有助于找准两化融合发展重点、路径和方向，加速推进企业新型能力培育和转型升级。

（二）两化融合评估诊断和对标引导解决方案

经过"实践—理论—实践"多轮次循环，基于《评估规范》逐步形成面向企业的全套两化融合评估诊断和对标引导解决方案，具体包括：评估框架、评估指标体系、企业评估问卷及评分方法、诊断和对标模型。依据《评估规范》，企业两化融合评估包括水平与能力评估、效能与效益评估两个部分，如图10所示。随着融合进程的不断深入和水平与能力的不断提高，企业逐步实现两化融合基础建设、单项应用、综合集成、协同与创新，涵盖企业竞争力、经济和社会效益两方面的两化融合效能与效益也将逐步提高。

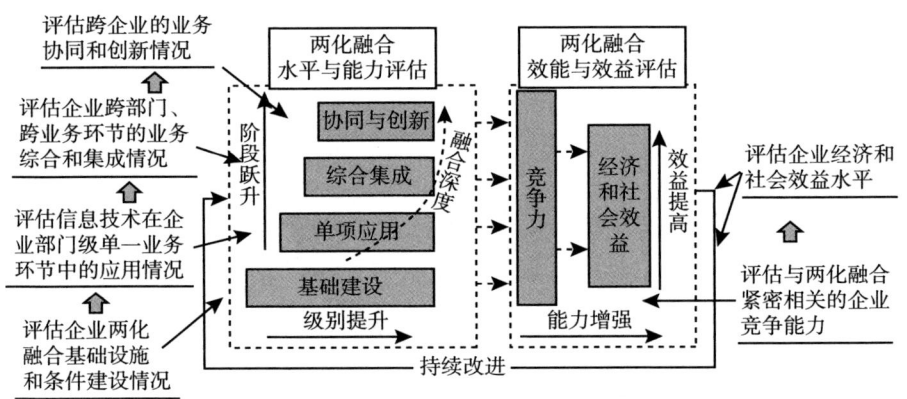

图10 两化融合评估框架

在两化融合发展水平与能力、效能与效益不断提升的过程中，工业企业两化融合发展实现起步建设、单项覆盖、集成提升和创新突破等四个阶段的跃升，如图11所示。其中，处于起步建设阶段的企业已逐步实现两化融合基础设施设备和环境建设，处于单项覆盖阶段的企业能够将信息技术利用在各个单项业务环节中，处于集成提升阶段的企业能够有效实现企业内部业务环节的综合集成，处于创新突破阶段的企业能够实现跨企业的协同与创新。

两化融合评估指标体系构建按照《评估规范》展开，依据评估内容的逐层细化逐级设立对应的评估指标，基于企业两化融合评估框架面向不同类

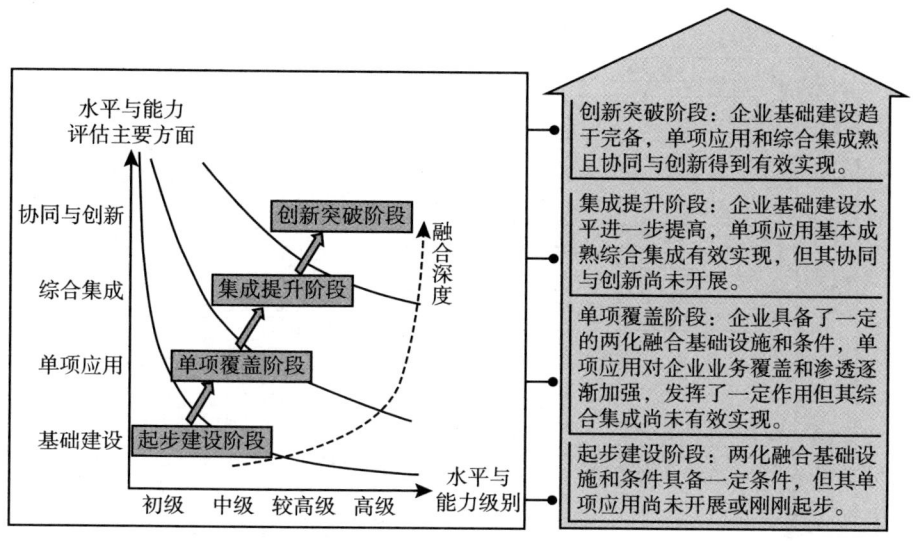

图 11 企业两化融合发展阶段

型企业差异化设计两化融合评估指标体系，该指标体系自顶向下共四层，最底层为面向企业填报的采集项，其中一级指标共计六项，为共性指标，以确保不同类型企业间评估结果横向可比，二级、三级、采集项为个性指标，以便于各类企业纵向深入开展评估，如图 12 所示。

在统一的评估框架下，进一步研制形成覆盖国民经济三次产业、101 个细分行业的 16 套评估指标体系，面向集团型企业形成财务管控、战略管控、经营管控的 3 套集团管控型评估指标体系；依据每套评估指标体系制定了相应的评估问卷，如图 13 所示。

面向各套指标体系和评估问卷，构建出与之对应的评分算法模型，主要包括采集项量化和各级指标赋权，其中采集项包括定量采集指标和定性采集指标，分别以极差法和德尔菲法（Delphi）对底层采集项打分，并基于各层指标的权重逐层向上计算指标得分，最终给出每个企业区间为 [0，100] 的两化融合发展水平得分。同时，基于全国企业两化融合评估数据库和研制企业两化融合诊断对标模型，向参评企业反馈两化融合总体水平、所处阶段、各项关键指标与全国同行业、同规模企业的对标情况等，为企业决策提供量化支撑。

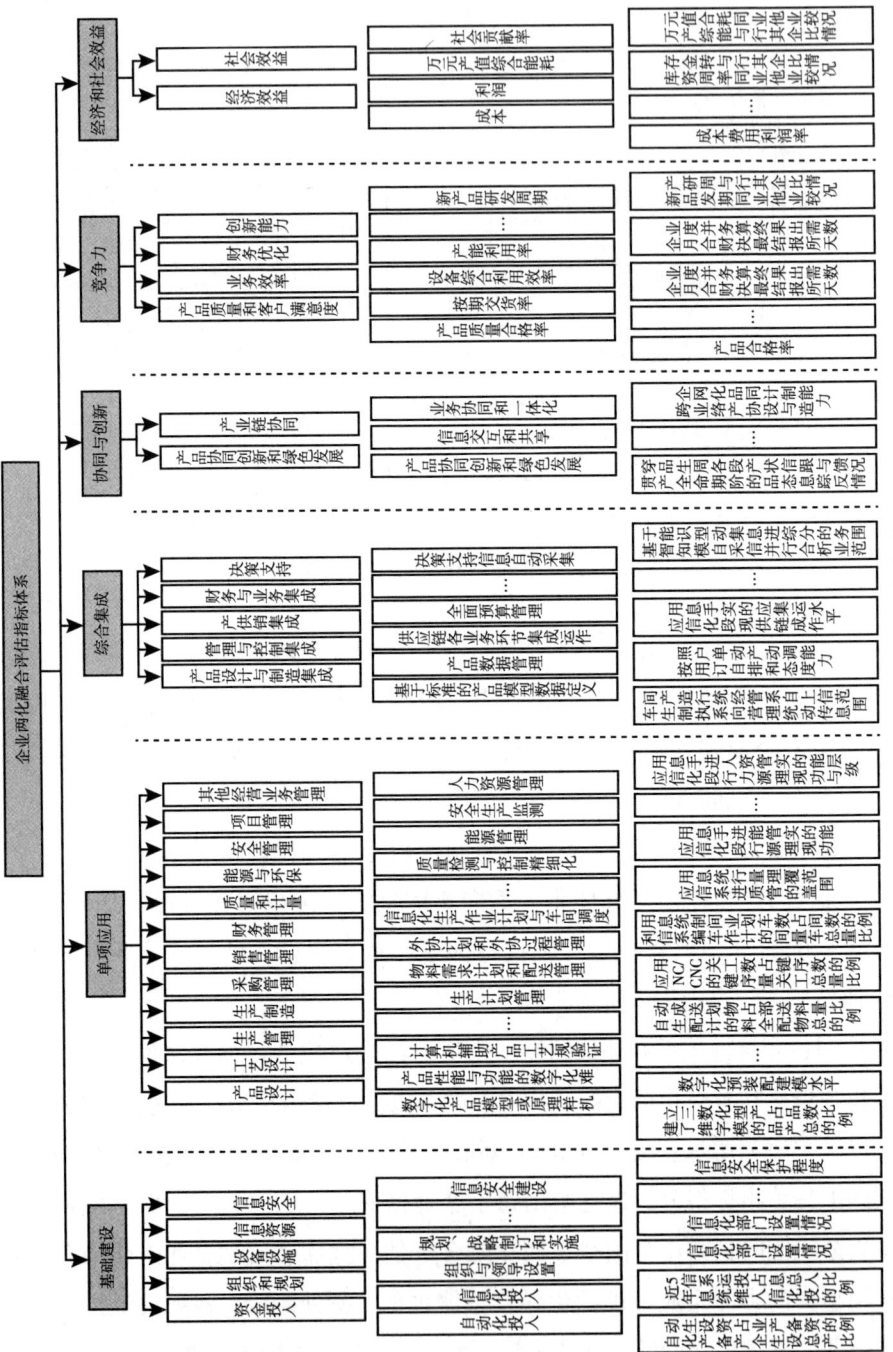

图 12 企业两化融合评估指标体系

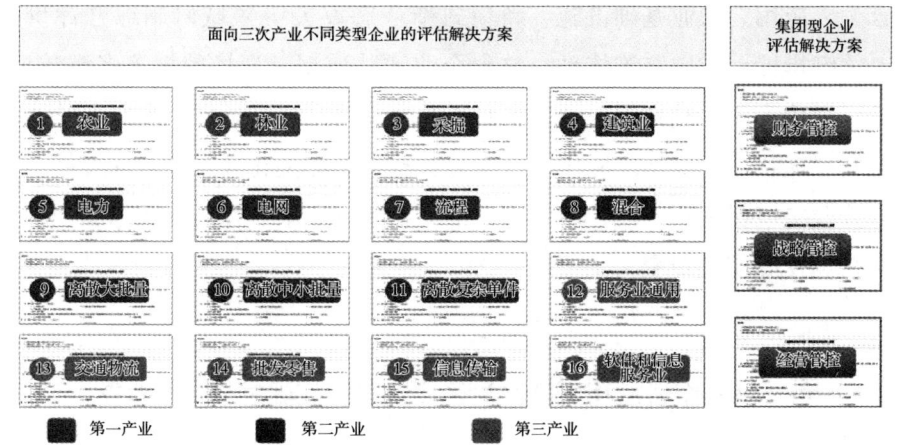

图13 企业两化融合评估问卷

（三）两化融合评估诊断和对标引导推广应用

两化融合评估服务系统（以下简称"系统"）为企业开展两化融合评估诊断和对标引导工作提供互联网工具，系统依据《评估规范》，线上集成评估诊断的全套解决方案，包括评估指标制订、问卷自动生成、评估数据采集、自动评分、数据分析、诊断报告和综合成果展示等。截至2018年底，系统已实现全国35个省级行政单位、国民经济三大产业101个细分行业、97个中央企业集团的全面覆盖，为近13万家企业提供评估诊断和对标引导服务，有效推动了各应用主体线上线下协同工作以及企业数据和案例积累。

两化融合评估诊断和对标引导工作目前已在全国、全行业常态化开展，积累了大量企业两化融合发展翔实数据，能够真实反映出各地区、行业、规模、性质、生产类型等不同类型企业的两化融合发展水平，客观描绘出我国两化融合发展全景图，形成两化融合评估诊断和对标引导系列推广应用工具和方法，构建基于数据的政府精准施策、行业精准引导、企业精准决策、市场精准服务的新模式；例如面向各区域、行业、央企等不同主体形成两化融合分类数据地图；聚焦智能制造、企业互联网转型、大数据和实体经济深度融合、云应用、工业基础设施、新模式新业态发展等领域研制综合评价指数、关键指标，形成监测体系；整合企业评估数据、现场数据等多源数据，借助可视化手段构建数据云图，实时、清晰展现全国各地区、各行业等两化融合发展现状。这些推广应用工具和方法有效赋能两化融合的全面发展，为各方分业施策提供新手段、新方法，推动我国两化融合发展向数据驱动型创新体系和发展模式转变。

五 两化融合推进抓手之二：两化融合管理体系

（一）两化融合管理体系的提出

新一轮产业革命既包含技术的变革也包括管理的变革，全球学术界和产业界都在探寻其本质、发展方向、战略制高点和实现路径。我国企业信息化内生动力和现实需求日益强烈，虽然经过几十年的发展，信息化在企业局部环节的单项应用已逐步成熟，但企业普遍存在装备化基础薄弱、流程管理缺位、信息化与企业管理两张皮、两化融合环境下的企业关键能力不足等问题，严重阻碍了综合集成的有效实现，以及信息化对企业竞争力整体提升作用的发挥。为满足两化融合复杂巨系统对方法论的迫切需求，在把握信息时代发展新趋势和新规律的基础上，通过参考ISO9000等国际各类管理体系标准的做法和经验，总结提炼我国企业几十年来在自动化和信息化方面的实践经验和建设成果，我国研制提出了两化融合管理体系。作为一套管理方法论，两化融合管理体系已成为引领产业同步加速技术创新和管理变革，更好落实智能制造、工业互联网建设要求，加速制造业转型升级的有力抓手。

（二）两化融合管理体系理论基础与基本框架

导向与原则是贯穿整个两化融合管理体系的核心思想和重要理论基础，是确保企业把握两化融合本质、获得并不断提升其实效的关键，如图14所示。两化融合六个导向包括：以效能提升为导向，通过构建高效、灵活的管理模式确保战略可管控、可落地、可优化，精准提升企业效能效益；以数据为驱动，在数据、组织结构、技术和业务流程四个基本要素中，数据成为新驱动要素；以新型能力为主线，以能力打造为牵引，重构企业生产方式、服务模式和组织管理机制；以综合集成为突破口，实现"企业内部管控、供应链、产品全生命周期"综合集成；以流程化为切入点，建立流程驱动、协同协作、开放动态的组织模式；以服务化为方向，向产业链高附加值环节延伸，由单纯提供产品向提供全价值链服务转变。九项基本原则包括：以获取可持续竞争优势为关注焦点；战略一致性；领导的核心作用；全员参与，全员考核；过程管理；全局优化；循序渐进，持之以恒；创新引领；开放协作。具体来讲，两化融合的出发点和落脚点都应紧紧围绕打造信息化环境下的新型能力；应确保两化融合过程与战略的协同一致和有效落地；加强各级领导作用的动态调整和协同协作是基本前提和坚实保障；充分调动全员的积极性、自觉性和创造力，不断完善员工培养发展和绩效激励等机制；采用过程方法对相关的两化融合过程进行有效管控；采用系统方法全面优化两化融合过程；兼顾长远目标和阶段性目标之间的协调统一；充分激发融合创新的动力和潜能；建立和完善信息化环境下的动态组织和开放价值网络。

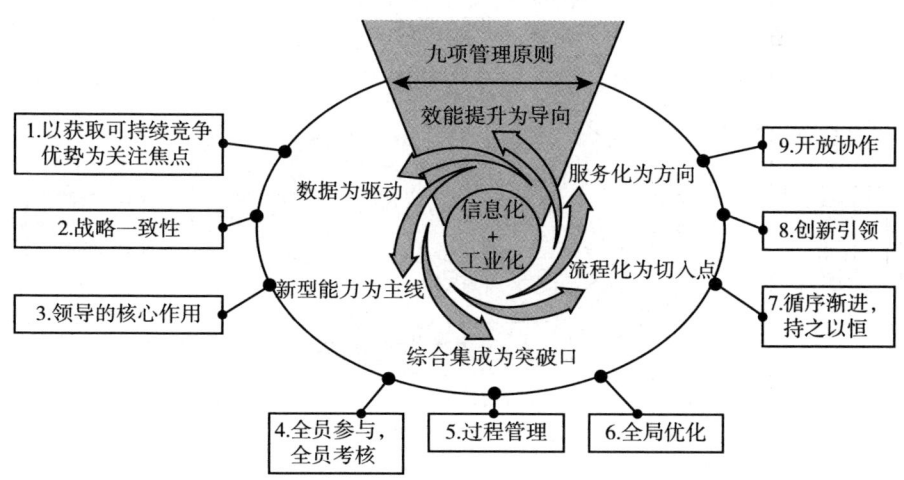

图14　两化融合管理体系导向与原则

两化融合管理体系的基本框架明确了企业两化融合往哪走、做什么、怎么做的问题，如图15所示。通过战略循环机制（往哪走？），企业组织形成符合信息化时代发展趋势的战略，明确与战略相匹配的可持续竞争优势需求，通过打造信息化环境下的新型能力，获取预期的可持续竞争优势，实现战略落地。通过对战略循环过程进行跟踪评测，寻求战略、可持续竞争优势、新型能力互动改进的机会。通过要素循环机制（做什么？），企业围绕拟打造的新型能力及其目标，通过发挥技术的基础性作用，优化业务流程，调整组织结构，并通过技术来实现和规范新的业务流程和组织结构。不断加强数据开发利用，挖掘数据这一核心要素的创新驱动潜能，推动和实现数据、技术、业务流程、组织结构四要素的互动创新和持续优化。通过管理循环机制（怎么做？），企业围绕数据、技术、业务流程与组织结构四要素，充分发挥领导的核心作用，建立策划，支持、实施与运行，评测与改进管理机制，规范两化融合过程，推动新型能力的螺旋式提升，稳定获取预期的竞争优势，从而支持战略的稳定实现和持续改进。

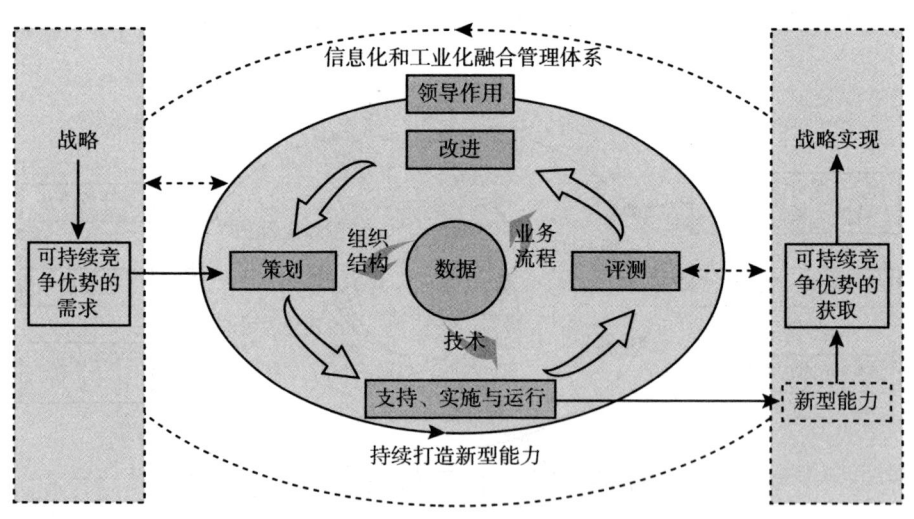

图15　两化融合管理体系基本框架

（三）两化融合管理体系标准体系

作为我国两化融合领域首个自主研制、大范围应用推广并正式向国际输出的管理体系类标准，国标委为两化融合管理体系系列标准预留了 GB/T23000 标准号段，两化融合管理体系标准体系如图 16 所示。截至 2018 年底，已有 9 项两化融合管理体系国家标准完成立项，其中 5 项已发布实施，另有 5 项标准进入国家标准立项程序。基于我国《信息化和工业化融合管理体系 基础和术语》（GB/T 23000 – 2017）和《工业企业信息化和工业化融合评估规范》（GB/T 23020 – 2013）核心成果的 3 项国际标准项目已分别在国际标准化组织 ISO 和国际电信联盟（ITU）成功立项，成为我国两化融合管理体系国际标准化工作的第一个里程碑，也是向全球各国共享我国两化融合实践成果、输出产业转型升级中国方案的重要起点。

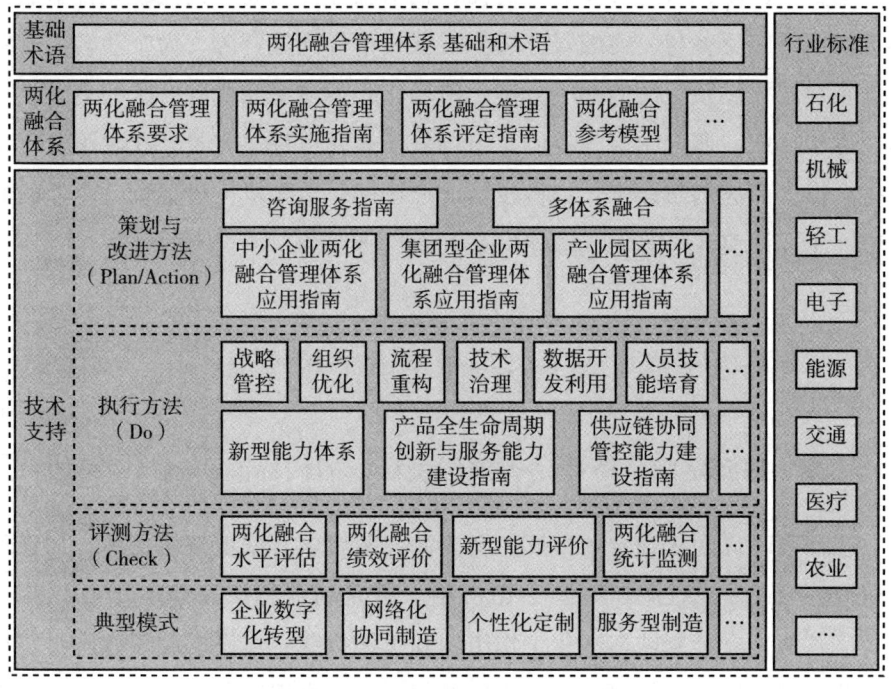

图 16　两化融合管理体系标准体系

（四）两化融合管理体系应用推广

在推动两化融合的过程中，已形成包括两化融合管理体系工作领导小组、专家指导委员会、联合工作组、标准化技术委员会和两化融合服务联盟在内的日趋完善的工作组织体系。两化融合管理体系在国家和地方各项政策规划、试点示范、专项支持等工作中应用推广的力度和重视程度不断加强。截至2018年底，全国两化融合管理体系贯标企业数量已达13000余家，已遴选确立3000余家国家级贯标试点企业和100家贯标示范企业。随着贯标工作的持续推进，两化融合管理体系在引领企业构建数字时代新型竞争能力、帮助企业实现降本增效等方面的作用日益彰显，达标企业运营成本平均下降10.0%，经营利润平均增加11.2%。同时，两化融合管理体系贯标带动咨询服务市场蓬勃发展，引领我国本土第三方咨询服务加快理论方法和解决方案自主创新，引导各类咨询机构、技术服务提供商、其他软硬件解决方案提供商等广泛参与，突破服务边界，互相整合优势资源，为企业转型升级和创新发展提供系统性的解决方案，市场化服务体系和优胜劣汰的良性发展机制逐步形成。评定结果的政府及市场采信体系也日益完善，在政策及资金支持、供应商遴选与评价、销售授信、招投标、金融机构投融资、企业改制上市、企业评奖评价等领域取得一系列新突破。

六　下一步重点工作

（一）举旗定向，持续完善顶层设计、加快标准研制

按照新时代两化融合新特征、新内涵、新要求，制定战略目标，加强理论研究，明确重点任务，完善工作机制、研究制定和深入落实重要政策文件。完善两化融合领域标准化工作组织和工作机制，建设形成行业协会、重点企业、服务机构、科研院所等积极参与，产学研用协同创新的标准化工作体系，滚动制修订两化融合重点领域关键标准，开展两化融合领域团体标准

研制，推动支撑两化融合标准的软件工具开发和测试验证平台建设，加强标准应用推广。

（二）持续发挥工作抓手重要作用，全面深入推进评估与贯标

围绕新一代信息技术与制造业深度融合的新形势、新趋势和新特征，不断完善两化融合评估体系和评估评价模型，建设完善国家和地方两化融合评估服务平台，加强两化融合发展数据地图建设并拓展服务领域，进一步深化对政府施策、行业引导、企业决策和市场服务的支撑作用，推动两化融合发展向数据驱动型创新体系和发展模式转变。通过深化国家和地方两化融合管理体系贯标试点，围绕重点行业开展两化融合管理体系贯标行业示范，全面推动两化融合管理体系贯标工作，实现重点区域和优势产业贯标全覆盖。切实发挥企业两化融合管理体系贯标实效，系统总结推广贯标企业优秀经验和成果，引导同行业企业围绕战略转型，加快技术创新和管理变革，打造以数据为驱动、新型能力建设为主线的产业转型升级新模式。

（三）推动企业数字化转型，探索产业转型的系统解决方案

面向区域、行业、企业三个层面，通过发展数据分析与对标，制定区域战略规划和路线图，积极开展企业数字化转型试点示范建设，面向区域建立一套提升产业聚集区协作能力的企业有机协同机制，面向行业建立一套具有行业共性的企业有机协同机制，面向企业建立一套覆盖企业全局的有机协同机制，形成一批区域级、行业级和企业级系统解决方案，并进行全面应用推广，促进产业聚集区全面转型、行业实力整体提升、企业核心竞争力全面提升。探索推进制造强国、网络强国建设的新理念、新规律、新方法，以新模式打造中国制造新品牌。

（四）支撑工业互联网平台建设，以数据为核心推进协同攻关和共建共享

开展工业互联网平台评级和示范推广，研究制定平台发展评价引导体

系，对示范平台建设及推广应用给予重点支持。推动平台间数据开放共享和共性技术攻关，搭建公共性基础能力平台，开发大数据分析建模工具，建立对异构平台数据动态组合、优化迭代、集成创新能力。以价值牵引工业企业用云上云，研制工业互联网平台企业应用实施指南，明确工业企业应用平台的方法体系，挖掘工业企业核心需求和问题，培育工业互联网平台杀手锏应用，促进平台规模化发展。针对共性需求和瓶颈环节，开展关键急需标准的研制和应用推广。营造公平有序的发展环境，支撑政府监管和平台应用推广。

（五）健全开放协作市场化服务体系，促进形成两化融合创新推进新氛围

培育高质量服务机构，分级分类培育专业服务人才，鼓励骨干企业内部服务剥离，提升第三方服务机构的综合服务能力。面向互联网、大数据、人工智能与实体经济深度融合的特征与需求，推动融合系统解决方案研制与应用。构建线上线下协同的平台化服务体系，建设完善两化融合管理体系工作平台，加强平台服务资源集聚和服务供需对接能力。进行两化融合优秀成果评价和推广，在重点行业领域开展行业试点示范与经验交流，促进行业两化融合水平整体提升。多维度持续开展成果宣贯交流，进一步提升两化融合管理体系的社会认可度，培育形成两化融合创新推进的良好氛围。

参考文献

吴澄：《"两化融合"和"深度融合"——我国工业信息化的现状、问题及未来展望》，《自动化与信息工程》2011年第32（03）期。

李伯虎：《云智慧云制造——"互联网+制造业"的一种智造模式和手段》，《中国人才》2015年第19期。

周剑、陈杰：《制造业企业两化融合评估指标体系构建》，《计算机集成制造系统》2013年第9期。

周剑：《两化融合管理体系构建》，《计算机集成制造系统》2015 年第 7 期。

马冬妍、江鸿震、付宇涵：《工业企业云化指数构建及评估实证研究》，《制造业自动化》2018 年第 6 期。

柴雯、马冬妍：《我国制造业与互联网融合量化评价与政策研究》，《制造业自动化》2018 年第 9 期。

周剑、肖琳琳：《工业互联网平台发展现状、趋势与对策》，《智慧中国》2017 年第 12 期。

肖琳琳：《国内外工业互联网平台对比研究》，《信息通信技术》2018 年第 3 期。

工信部信软司：《加速技术创新和管理变革　提升产业核心竞争力——〈关于深入推进信息化和工业化融合管理体系的指导意见〉政策解读》，《中国电子报》2017 年 7 月 11 日。

《工业企业信息化和工业化融合评估规范》，中国标准出版社，2013。

公共服务篇
Public Services

B.10
以信息化推进国家治理现代化

孟庆国　王友奎*

摘　要： 在推进国家治理体系和治理能力现代化进程中，以数字化、网络化、智能化为特征的信息化作为重要工具和技术支撑，在现代化建设全局中的引领作用日益凸显：一是完善制度体系，推进体制机制创新，推动组织结构、业务流程等制度体系优化完善，推进治理体系现代化；二是增强治理能力，实现更科学的决策、更高效的监督管理、更符合需求的服务，推进治理能力现代化。本报告首先从总体上分析了信息化对国家治理现代化的促进作用，然后重点围绕经济、政治、文化、社会和生态文明建设"五位一体"总体布局，分析了信息化在各领域的应用和推进支撑作用，并指出了当前存在的

---

* 孟庆国，清华大学公共管理学院教授、清华大学国家治理研究院执行院长；王友奎，清华大学公共管理学院博士研究生。

主要问题。

关键词: 国家治理现代化 治理体系 治理能力 信息化

一 信息化在推进国家治理现代化中的作用

(一)国家治理现代化的要求

党的十八届三中全会提出,全面深化改革的总目标,是完善和发展中国特色社会主义制度,推进国家治理体系和治理能力现代化。这是坚持和发展中国特色社会主义的必然要求,也是实现社会主义现代化的应有之义。国家治理现代化是国家治理体系现代化和治理能力现代化的简称,长期的改革实践与理论探索赋予了国家治理现代化更为丰富的内涵。与传统国家治理相比,现代化的国家治理更强调在社会多元化和市场经济的基础上,以制度的现代化为依托,以服务社会进步和经济发展为指向,更强调其整体性、多元性与协调性。有学者提出,国家治理现代化是从传统的国家向现代化国家迈进过程中,多元主体共同维护社会公共秩序和自觉规范权力运行而建构和形成的一整套治理工具、制度规则和执行能力。这就要求国家、市场、社会三者处于最佳关系状态,政府、企业和公民对社会性事务和政治性事务可进行协同治理。

国家治理体系和治理能力是一个国家制度制定和制度执行能力的集中体现,两者相辅相成。国家治理体系是指在党领导下管理国家的制度体系,包括经济、政治、文化、社会和生态文明等各领域体制机制、法律法规安排,是一整套紧密相连、相互协调的国家制度。实现治理体系现代化必须加强制度建设,保证良好的制度供给,深度开发制度体系的潜在功能并大力推进制度与创新相结合,进而实现治理的制度化、规范化、程序化。国家治理能力是指运用国家制度管理社会各方面事务的能力,包括改革发展稳定、内政外

交国防、治党治国治军等各方面。治理能力建设的目的是保证良好的能力供给,以发挥社会主义制度的优越性,从而实现治理的科学化、高效化和协同化。

(二)信息化对治理现代化的推进作用

当前,人类社会在经历农业革命、工业革命后,正在经历信息革命,特别是随着大数据、人工智能、区块链、5G 等信息技术的迅速发展,信息化正在深刻改变着人们的生产生活方式,带来生产力质的飞跃,引发生产关系重大变革,成为重塑国际经济、政治、文化、社会、生态、军事发展新格局的主导力量。国家治理的技术背景已发生革命性变化,信息技术水平的差距是各国间国家治理能力和治理水平差距的关键。这要求国家治理必须适应信息化时代的治理需求,即充分发挥信息化对经济社会发展的引领作用,利用信息化推动国家治理的现代化。

在国家治理现代化进程中,信息化是推进治理现代化的有效工具,也为实现治理现代化提供技术支撑。这种推进和支撑作用主要表现为两方面:一是推进制度体系的完善、体制机制的创新,实现组织结构、业务流程等制度体系的优化完善,推进了治理体系现代化;二是增强了运用国家制度管理社会各方面事务的能力,即治理能力,利用信息化可实现更科学的决策、更有效的监督、更高效的管理、更符合需求的服务、更有预见性的风险防范等,推进了治理能力现代化。

第一,在完善制度体系、推进体制机制创新方面,随着信息化进入全面渗透、跨界融合、加速创新、引领发展的新阶段,现实世界和数字世界不断交汇融合,信息化加速了治理体系的改革。例如,在深化供给侧结构性改革中,互联网、大数据、人工智能等信息技术和实体经济的深度融合,促进了现代化经济体系的建设;在建设国家创新体系中,基础性、前瞻性、颠覆性的信息技术,为建设科技强国、网络强国、数字中国、智慧社会等提供有力支撑;在行政管理体制改革中,新技术的快速发展和变革,大大促进了组织结构的调整和变革,以及业务流程的优化等;在发展社会主义民主政治中,

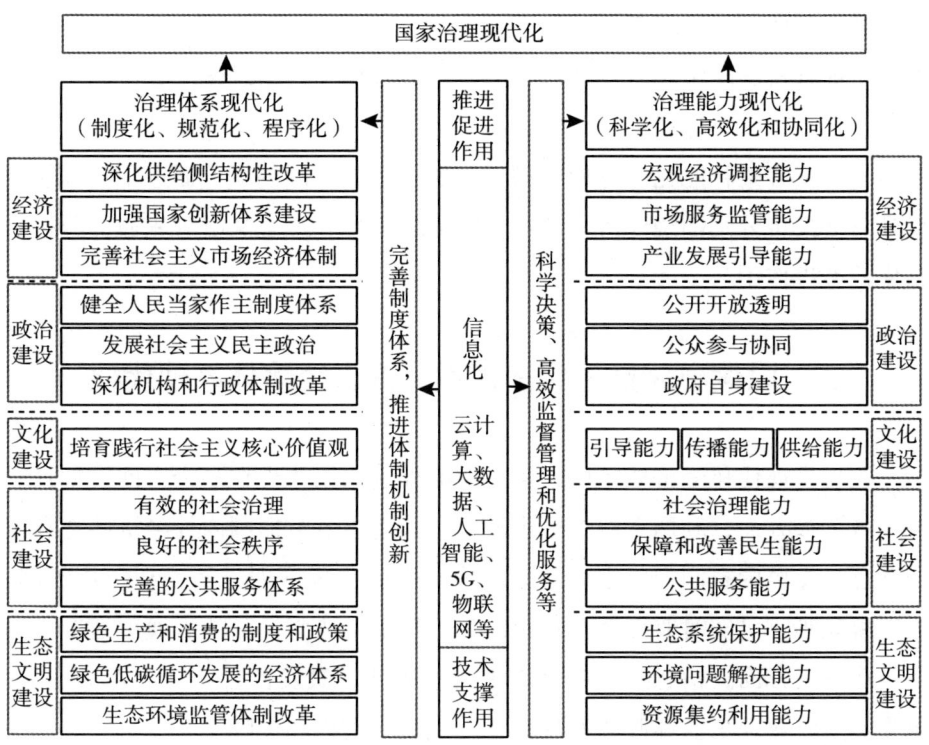

图1 信息化对治理体系、治理能力现代化的推进作用

互联网的快速发展，强化了公民参与治理的意识，扩宽了公众参与的渠道，促进了公众参与；在建设先进文化体系中，网络文化阵地建设和网络文化市场，推动了社会主义文化繁荣兴盛。

第二，在提升治理能力方面，云计算、大数据、移动互联网等信息技术的应用，大大提高了运用国家制度进行科学决策、高效监管、优化服务的能力，以及领导能力、风险防范能力等。如，基于信息汇聚和共享开放，通过大数据实现对海量、多样、动态的数据进行深入分析和挖掘，可以更为及时、准确、全面地掌握社会运行规律，了解社会态势，把握公众需求，从而提高政府决策的科学性、准确性和针对性，实现更有效的经济调控、市场监管、公众参与、公共服务、文化建设、社会治理和生态系统保护等。

总体来看，治理体系现代化强调改革的整体性与系统性，侧重于完善国

家治理机制体制和法律法规；治理能力现代化强调决策的科学性与预见性，侧重于提升科学决策和有效执行能力。在此过程中，信息化促进了国家治理向主体多元化、目标精细化、决策科学化、过程透明化、回应及时化、服务精准化以及方式智能化等方向转型，加速了体制机制创新，促进了治理能力提升。下文将分别围绕经济、政治、文化、社会和生态文明等领域，分析信息化的推进作用。

二 以信息化推进经济建设，促进经济体系现代化

在建设现代化经济体系中，信息化的推进作用体现在多个方面。如：宏观经济调控方面，利用大数据等手段，可快速高效掌握国内外经济趋势和市场动态，支撑国家制定科学有效的政策；市场监督管理方面，利用物联网、人工智能等，可实时监控企业特定的生产环节，监督商品的流通渠道等；数字经济发展方面，信息技术更是带来无限机遇，激发社会创新创业的热情，也为实现农业、工业和服务业现代化提供技术支撑和保障。

（一）促进宏观经济调控体系现代化

现代化的宏观调控体系是保证国民经济运行协调发展的综合调控系统，主要以金融、财政和税收政策等手段，对宏观经济运行进行干预、调节和控制，保障经济平稳增长。其中，信息采集和数据处理至关重要，以信息技术为支撑的各类国民经济发展数据库，已经成为国家和各地调控经济发展的核心支撑体系。

例如，"克强指数"就是基于大数据采集的耗电量、铁路货运量和贷款等预测我国宏观经济。以宏观经济基础数据库为代表的国家电子政务重点建设项目，主要依托各级电子政务网络平台，通过信息资源、信息共享平台、重点领域业务应用系统和安全保障体系建设，实现宏观经济管理部门的互联互通和信息共享，提高业务管理信息化和科学决策水平。

又如国家信息中心的"一带一路"数据库，对网络舆情、贸易、投资、

旅游、跨境电商等多个数据源的超过500亿条数据进行分析，覆盖70余个"一带一路"国家和地区、国内31个省（区、市）、1000多家智库、2400多家媒体；并通过指数化评估，推出"一带一路"国别合作度、投资环境指数、数字丝路畅通度、媒体关注度、智库影响力等指数，支撑重大经济战略制定、调整和实施。

（二）促进数字经济和产业协调发展

我国经济已由高速增长阶段转向高质量发展阶段，推动数字经济发展，对深化供给侧结构性改革，推动经济发展质量变革、效率变革、动力变革，加快构建现代化经济体系意义重大。当前，以信息技术为代表的新一轮科技革命和产业变革方兴未艾，发展数字经济成为广泛共识。数字经济作为网络连接、平台支撑、数据驱动、智能引领的新经济形态，以数字化丰富要素供给，以网络化提高要素的配制效率，以智能化提升产出效能，成为发展最快、创新最活跃、辐射最广泛的经济活动之一。

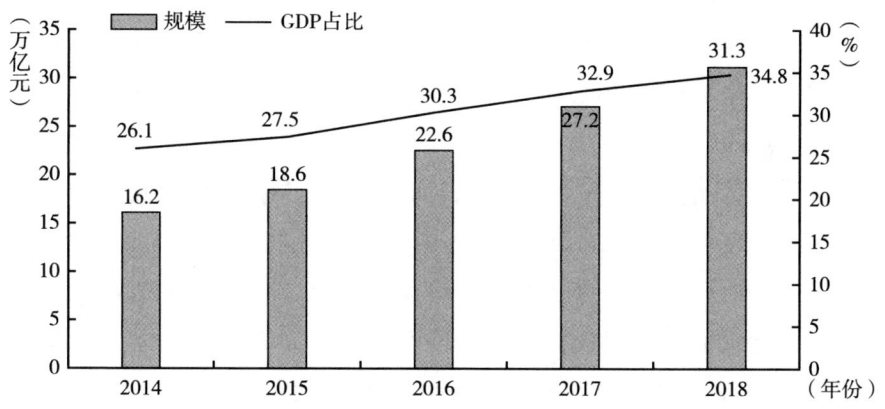

图2 中国数字经济发展规模和GDP占比

加快建设协同发展的产业体系，要善于借助信息技术手段推动各种生产要素质量变革。生产要素质量决定着产品质量，也由此决定着产业发展质量、供给体系质量和整个经济质量。将以信息技术为代表的科技创新与实体

经济紧密结合，布局和发展高端制造业、打造现代农业和服务业，对提升国家竞争力至关重要。以互联网金融为例，传统金融机构与互联网企业利用互联网技术和信息通信技术创新资金融通、支付、投资和信息中介服务的新模式，加快了资本流动速率，提升资本利用效率，有助于推动科技创新和实体经济发展。

（三）促进市场监督管理体系的现代化

《"十三五"市场监管规划》等文件指出，信息化在推动建立健全现代化的市场监督管理体系的过程中具有不可替代的作用。利用物联网、大数据等手段，打造贯穿商品生产、流通、消费全过程的监管链条，建立全流程风险防控机制，以实现信息共享、监管联动、协同协作为纽带，建立覆盖事前、事中、事后三大环节，跨业务、跨部门、跨地区的现代监管体系，加强了市场经营秩序的规范性。在推进"放管服"改革中，信息技术对深化简政放权、放管结合和优化服务也起到了基础支撑作用。以商事制度改革为例，建立跨部门跨层级的业务平台，成为"证照合一""一网通办""最多跑一次"等改革举措的核心支撑，显著改善了营商环境和提高公众企业满意度，激发了市场活力和创造力。

三 以信息化推进政治建设，促进民主政治发展

习近平总书记在2016年网信工作座谈会中指出，"要以信息化推进国家治理体系和治理能力现代化，统筹发展电子政务，构建一体化在线服务平台"。电子政务的建设，不仅提高了行政效率，降低了行政成本，而且还促进了政务公开和民主政治发展，保障公民的知情权、参与权、表达权和监督权。

（一）推进政务公开，促进政府透明开放

公开透明是法治政府的基本特征。全面推进政务公开，让权力在阳光下

运行，对于发展社会主义民主政治，提升国家治理能力，具有重要意义。在全面推进政务公开进程中，政府网站、政务微博、政务微信、政务头条等信息化平台发挥着重要作用。《关于全面推进政务公开工作的意见》指出要强化政府门户网站信息公开第一平台作用，发挥新闻网站、商业网站以及微博微信、移动客户端等新媒体的网络传播力和社会影响力，提高宣传引导的针对性和有效性。

以政府网站为例，各级政府及部门积极利用政府网站平台，发布政府信息，回应社会关切，引导网络舆论。2018年各级政府在网站平台首页发布信息的篇数普遍增长，方便公众及时了解政府信息。

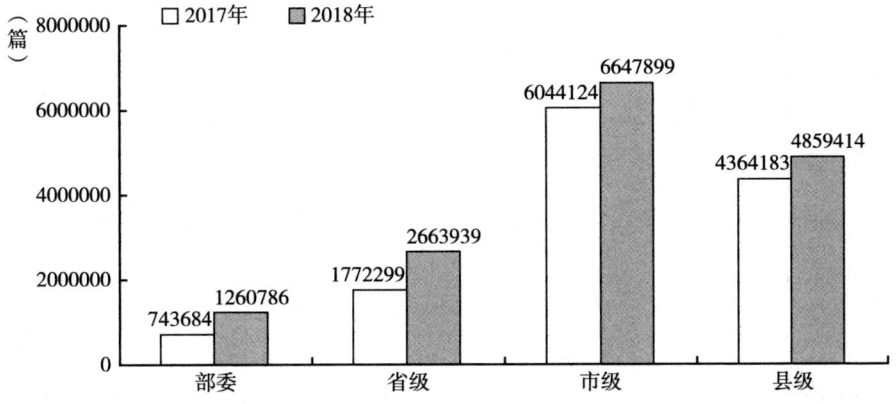

图3 2017年和2018年各级政府网站首页信息更新量

资料来源：CNNIC和开普云。

根据2018年省（自治区、直辖市及新疆生产建设兵团）政府网站发布的《政府网站工作年度报表》，32个省政府门户网站发布信息总量达2850748条，政策解读信息总量达12530条，及时发出政府权威声音，回应社会关切。网站独立用户访问量达5.74亿人次，总访问量达42.23亿人次，发挥了政府网站政务公开"第一平台"的作用。

以政务新媒体为例，截至2018年12月，经新浪平台认证的政务机构微博达到138253个，涵盖党委、政府、检察院、法院和群团组织等。根据

表1 2017年和2018年省政府网站、政务新媒体发布信息量

平台	指标	2017年(篇)	2018年(篇)
政府网站	政府网站信息发布总量	3227178	2850748
	政府网站政策解读信息总量	8087	12530
政务微博	微博发布信息总量	101665	97695
政务微信	微信公众号发布信息总量	45951	46029

资料来源：各省政府网站《政府网站工作年度报表》。

2018年省级《政府网站工作年度报表》，2018年省级政府网站微博信息发布总数达97695条，微博关注数达到20808112；微信公众号发布信息46029条，订阅数达47422。

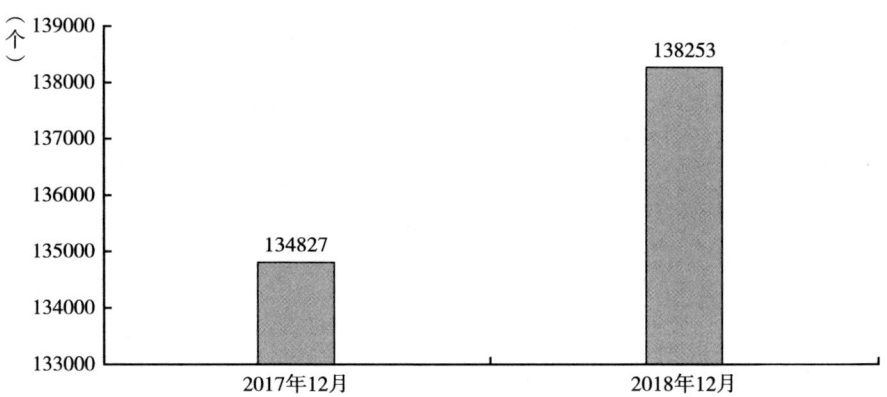

图4 政务微博数量

资料来源：CNNIC和新浪微博。

以政务头条为例，截至2018年12月，政务头条号数量达到78180个，较2016年12月增长129.4%，较2017年12月增长10.3%。政务头条号平台由于用户基数大，用户黏性高，在政务公开和传播中起到了积极作用。

其中，"商务微新闻"头条号2018年发文1048条，阅读量达到9.30亿；"中央政法委长安剑"2018年发文2808条，阅读量达5.21亿；"中国政府网"2018年发文1889条，阅读量达3.32亿。

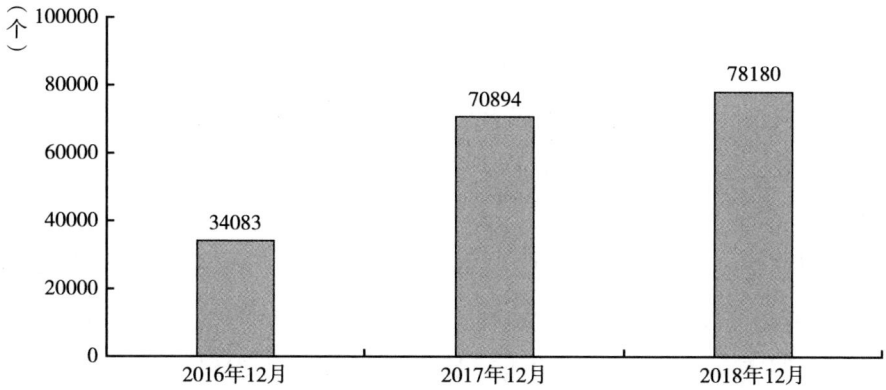

图5 政务微信数量

资料来源：CNNIC和开普云。

表2 2018年政务头条阅读量前十的头条号

头条号名称	机构	发文量	阅读量
商务微新闻	商务部	1048	9.30亿
中央政法委长安剑	中共中央政法委员会	2808	5.21亿
中国政府网	国务院办公厅政府信息与政务公开办公室	1889	3.32亿
中央纪委国家监委网站	中共中央纪律检查委员会国家监察委员会	7512	2.94亿
中国气象局	中国气象局	5799	2.75亿
最高人民法院	最高人民法院	4691	2.48亿
共青团中央	共青团中央	1666	1.78亿
最高人民检察院	最高人民检察院	4852	1.48亿
生态环境部	生态环境部	5572	1.46亿
健康中国	国家卫生健康委员会	1414	1.15亿

资料来源：今日头条。

（二）促进公民参与，引导公民参政议政

政治参与是公民表达政治意愿、制约政府行为，从而实现公民政治权利的重要手段，党的十七大、十八大、十九大报告都明确指出，要"扩大公民有序政治参与"。在传统社会形态下，公众主要通过参会、写信、上访等方式表达自身诉求、参与政府决策、维护自身权益，但这种模式具有

门槛高、难度大、效果差等特点。而信息化的快速发展大大降低了公民政治参与的门槛和难度，拉近了公众和政府之间的距离，各种信息化交流平台成为政府"了解民情、集中民智、维护民利、凝聚民心"的重要手段，也成为各级党委、政府和领导干部"千方百计为群众排忧解难"的重要渠道。

根据各省政府网站发布的2017年和2018年《政府网站工作年度报表》，所有的省级政府门户网站均开通了政民互动类渠道，具备网民留言、征集调查和在线访谈等功能。其中，2018年，省级政府门户网站共收集网民留言总数169.48万条，办结157.61万条，办结率达93%；开展征集调查活动780期，收到意见数达143.19万条；开展在线访谈861期。

表3 2017年和2018年省政府网站互动交流情况

单位：条，期

	指标	2017年	2018年
网民留言	网民留言数量	1575313	1694784
	办结留言数量	1436851	1576108
	公开答复数量	494869	384367
征集调查	征集调查期数	710	780
	收到意见数量	1938645	1431911
在线访谈	访谈期数	912	861

资料来源：各省政府网站《政府网站工作年度报表》。

例如，中央政府门户网站自2015年开通"我向总理说句话"建言征集活动以来，累计收到网民建言超过1000万条。其中，2015年首次开通"2015政府工作报告我来写——我为政府工作献一策"活动，就收到网民建言近8万条，其中1426条被报送至《政府工作报告》起草组，起草组负责任人介绍，对网友的建言，《政府工作报告》起草组都逐条进行研究、反复斟酌，能吸收的尽量吸收。2016年网民建言数超过18万条；2017年超过40万条，其中2701条被报送至《政府工作报告》起草组；

2018年达到31.7万条；2019年超过44万条，其中90%以上在政府工作报告中得到体现。

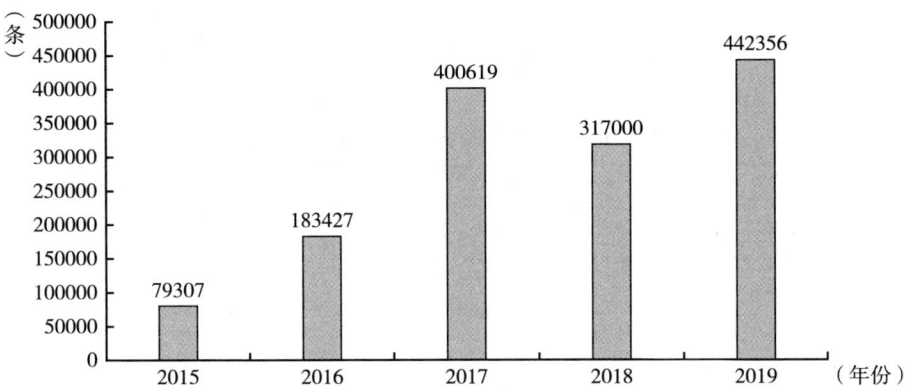

图6　2015～2019年"我向总理说句话"建言数

资料来源：中国政府网（www.gov.cn）。

（三）推进"互联网+政务服务"，提供一体化政务服务

推进"互联网+政务服务"，是把"放管服"改革推向纵深的关键环节，对加快转变政府职能，提高政府服务效率和透明度，便利群众办事创业，进一步激发市场活力和社会创造力具有重要意义。当前，国家正部署推进全国一体化在线政务服务平台，实现互联网与政务服务深度融合，着力解决企业和群众关心的热点难点问题，推动政务服务从政府供给导向向群众需求导向转变，从"线下跑"向"网上办"，从"分头办"向"协同办"转变，全面推进"一网通办"，为优化营商环境、便利企业和群众办事、激发市场活力和社会创造力、建设人民满意的服务型政府提供有力支撑。

根据2018年和2019年《网上政务服务能力调查评估报告》，截至2018年12月31日，32个省级网上政务服务平台已全部建成，可以提供1481个省本级部门的108103项政务服务事项的办事指南、网上办理和结果查询服务，事项总数量比2017年增加了53663项，增幅达98.57%。有29个省级政务服务平台建设开通了政务服务移动端，25个省级政务服务平台开通了

政务服务微信公众号。31个平台构建了省级统一身份认证体系,已经实现省本级1105个部门的24932项(占比59.95%)、342个地市级11325个部门的29.9万项事项的接入认证和单点登录。29个平台已经构建了电子证照库,汇集了760个省本级部门的6754种8.79亿项相关证照信息。

表4　2017年和2018年12月政务服务平台建设和服务提供情况

指 标		2017年12月底	2018年12月底
政务服务平台	已经建成省级网上政务服务平台数(个)	31	32
	已建成省、市、县三级以上的网上政务服务体系的平台数(个)	20	30
行政许可事项	省本级行政许可事项数(项)	22152	28105
	行政许可事项具备在线预约预审功能比例(%)	72.98	87.92
	行政许可事项平均办理时限压缩(%)	24.96	30.70
政务服务事项	提供的政务服务事项办事指南数(项)	54440	108103
省级统一身份体系	构建省级统一身份认证体系的地区(个)	27	31
	省级统一身份认证体系认证的个人数(亿人)	1.07	—
	省级统一身份认证体系认证的企业数(万个)	3071	—
	省本级事项接入数(项)	—	24932
	省本级事项接入比例(%)	—	59.95
电子证照库	建成电子证照库的地区(个)	21	29
	汇聚省本级部门数(个)	552	760
	汇聚证照信息(亿项)	2.61	8.79
用户注册	用户注册数(个人)(亿人)	—	1.66
	用户注册数(企业)(万个)	—	4081

资料来源:中央党校(国家行政学院)。

一体化政务服务平台极大方便了用户办事,缩减了办事时限。报告显示,截至2018年12月31日,32个省级网上政务服务平台提供的省本级行政许可事项中,平均办理时限压缩了30.70%,成效显著。

四　以信息化推进文化建设,促进文化繁荣兴盛

十六大报告提出要全面建设小康社会,必须大力发展社会主义文化,建

设社会主义精神文明。在推动社会主义文化繁荣兴盛的过程中，信息化是不可或缺的重要手段，在文化产业、科普创新、文化传播等方面发挥着重要作用。

（一）促进文化产业协调发展

研究表明，信息化与文化产业存在走向互动协同发展的宏观趋势，两者协调度不断增强，良性互动关系不断提升。信息化的带动作用，主要体现在扩大经营范围和改造产业链方面。拓展文化产业范围方面，技术的进步降低了信息处理和传播的难度，虚拟空间的发展又为文化产品提供了广大而活跃的市场。网上新闻出版、自媒体平台、网络游戏、网络通信、视频直播等新形式不断涌现，也在无形中促进了文化产品在虚拟空间中的生产、流通和消费。以电脑游戏产业为例，2008年我国游戏用户规模为0.67亿人，到了2017年我国游戏用户规模增长至5.83亿人，复合增长率达27.17%。伴随着市场规模的快速扩大，我国游戏市场实际销售收入从2008年的185.60亿元增长到2017年的2036.10亿元，复合年增长率达到30.49%，呈迅猛增长态势。

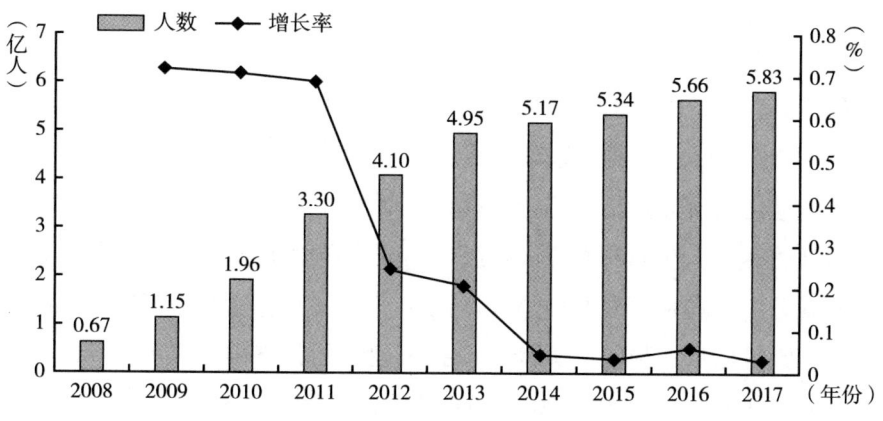

图7　2008~2017年中国游戏用户规模

资料来源：智研咨询集团：《2019~2025年中国网络游戏行业市场专项调研及投资前景分析报告》，2019年2月。

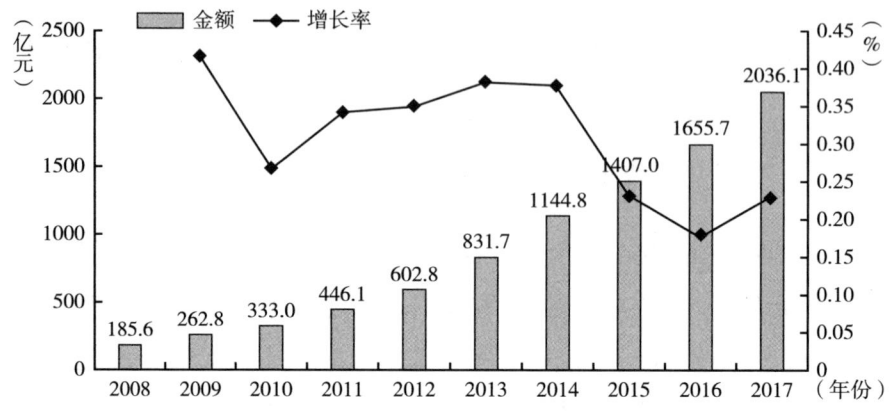

图 8　2008～2017 年中国游戏市场实际销售收入

资料来源：智研咨询集团：《2019～2025 年中国网络游戏行业市场专项调研及投资前景分析报告》，2019 年 2 月。

改造文化产业链方面，以小说等文字出版物的生产经营为例，互联网所提供的共同创作环境使创作、投稿、编辑、校对、宣传推广、销售、评论等环节大大简化和压缩，消费的时间和场所也不再固定，人们可以随时随地在网络上快捷下载网络出版物，极大改造了文化产业链。

（二）推动科学技术普及和创新

科普信息化是国家信息化建设的重要组成部分，主要包括建立和完善科普平台、实施电子科普画廊建设、搭建农村科技传播信息化服务平台、加强科技馆信息化建设等。相对于传统科普，网上科普突破了时空上的限制，增加了信息的容量、互动的方式以及面对不同受众群体开展工作的针对性。

随着近年来国家大力推动"互联网＋科普"，我国的科普信息化水平大幅提升。资料显示，2016 年国家财政投资建设的科普网站共有 2975 个，比 2006 年增长 1 倍以上。截至 2018 年 6 月底，科普中国各栏目（频道）累计科普信息内容资源数据量达 20.6TB，其中的累计浏览量和传播量达 199.58 亿人次；科普中国累计传播渠道达 220 家，科普中国 APP 各渠道累计下载 194 万次，微博关注量达 278 万，微信公众号关注量达 129 万。

随着信息化发展的不断深入,我国公民的科学素质近年来也显著提升。数据显示,2018 年我国公民具备科学素质比例达到 8.47%,比 2015 年的 6.2% 提升了 2.27 个百分点。同时增速明显加快,年平均增长由 2005~2010 年的 0.33 个百分点、2010~2015 年的 0.59 个百分点提升到 2015~2018 年的 0.76 个百分点。同时,我国科普经费和科普设施数量也呈现较快的增长速度。

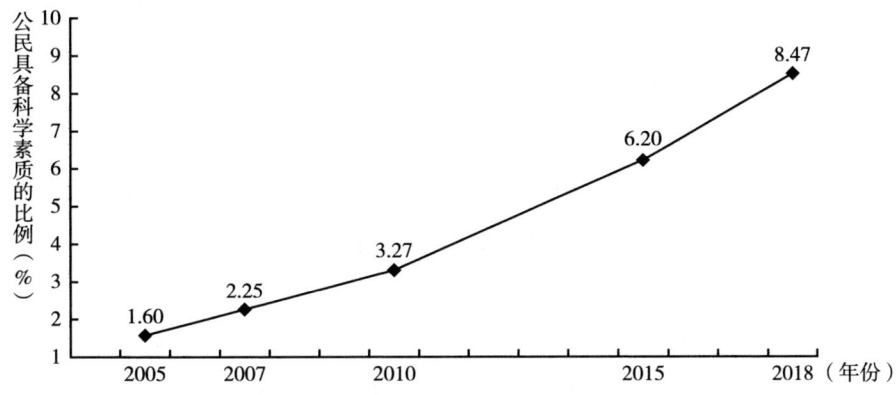

图 9　中国公民科学素质水平变化情况

资料来源:《中国公民科学素质建设报告(2018)》。

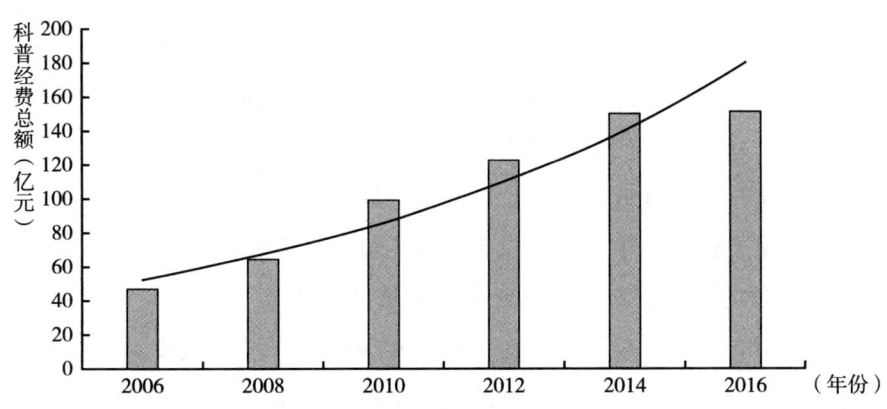

图 10　科普经费筹集总额变化情况

资料来源:《中国公民科学素质建设报告(2018)》。

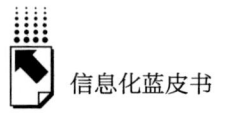

（三）为文化传播提供新载体

在网络时代，文化的创造和传播呈现出新的特点，在推进三网融合和融媒体的发展中，信息化在传媒业的结构改革和行业发展、推动传媒业的及时互动发展、提高信息内容的互动性和时效性等方面有重大作用，创新了宣传方式，扩大了宣传范围，主导了思想舆论阵地，促进了文化繁荣，在传递价值理念、提升社会影响力、拉近与公众的距离等方面有重要作用。

五 以信息化加强社会建设，促进社会和谐稳定

社会建设是"五位一体"总体布局的重要组成部分，必须从维护最广大人民根本利益的高度，加快健全基本公共服务体系，加强和创新社会管理，推动社会主义和谐社会建设。其中，信息化是加强和创新社会管理、保障和改善民生的重要手段，在谋民生之利、解民生之忧、解决人民最关心最直接最现实的利益问题等方面发挥着越来越重要的作用。

（一）创新社会治理，实现社会协同公众参与

在社会治理模式中，党委和政府将不再是唯一主体，基于大众参与所形成的全社会联动治理将成为治理的主要方式。这就要加强社会协同，与相关部门、机构、组织密切配合，建立健全合作机制；鼓励公众参与社会管理，使政策符合公众利益，使群众真正成为社会管理的主体。

在从传统社会管理模式到现代社会治理模式转变过程中，信息化发挥着不可替代的重要作用。第一，可以更好地了解社会态势、反映社情民意，拉近政府和群众之间的距离，促进社会治理从"自上而下的领导布置式"向"自下而上的群众需求式"的转变，从而化解社会矛盾、减少风险。第二，可以有效提高社会治理效能，通过现代信息技术的应用，可以更好地掌握信息、反应部署、协调行动，健全社会事件的监测预警、信息收集、结果发布机制，增强决策的科学性和行动的及时性，形成"用数据说话、用数据决

策、用数据管理、用数据创新"的政府决策机制，推动社会治理从传统"运动式、粗放型"向现代"常态化、精细型"转变。第三，可更好提供社会服务，利用云计算、大数据等信息技术，让群众少跑腿，信息多跑路，提供更加便捷、实用、人性的便民服务。

以"随手拍"交通违法举报为例，随着居民拥有汽车数量的增加，各种不文明交通违法行为和案件频出，给公安交警工作带来极大压力。近年来，深圳、广州、西安、南昌等多地公安交警部门通过APP、微信等信息化平台，推出"随手拍"及相关机制，鼓励市民"人人当交警"，实现"指尖上的监督"，让市民真正参与到道路交通管理中来，而不仅仅是交警部门。其中，深圳市公安交警自2015年推出"随手拍"交通违法举报以来，截至2019年3月，共受理交通违法举报191.4万宗，约16万人参与其中。通过这种举措，不仅有助于树立市民的交通规则意识，减少交通违法行为，节省群众时间，还极大提升了行政执法效率、降低了道路管理成本，实现"公众参与，社会协同"的新局面。

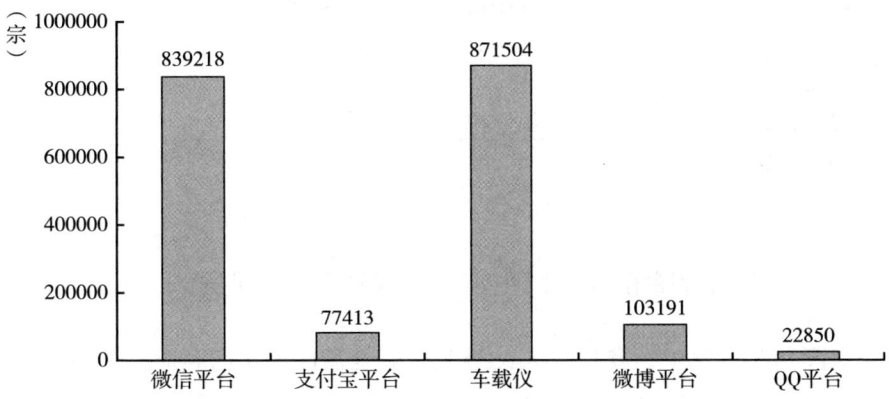

图11 深圳市"随手拍"交通违法举报数

资料来源：深圳市公安交警局。

（二）提供便捷公共服务，提升公共服务水平

健全公共服务体系，保障和改善民生，是社会建设的重要内容。一方

面，国家大力推进"互联网+政务服务"，建设一体化政务服务平台，提供行政类服务网上办理；另一方面，微信、支付宝等信息化平台也积极整合公共服务资源，为用户提供便捷、实用、人性化的公共服务。以微信城市服务为例，CNNIC发布的第43次《中国互联网络发展状况统计报告》显示，截至2018年12月，微信城市服务累计用户数达到5.7亿，比2017年底的4.2亿提升35.7%，涵盖31个省（自治区、直辖市），服务事项涵盖各类生活缴费、机动车违法查询、社保查询、天气预报、学历查询等便民服务。

表5 2018年12月微信城市服务类型用户数前十及覆盖范围

服务类型	累计用户数	覆盖范围
生活缴费	46836493	广州、深圳等共计89个城市
机动车违法查询	30401519	上海、厦门等共计89个城市
城市热力图	26775941	全国
天气预报	20051851	全国
广东社保查询	15537387	广州、珠海等共计18个城市
广东交通违法查询	15002156	广东省
学历查询	14041501	全国
降水预报	12675976	全国
电子社保卡	10251447	广州、深圳等共计89个城市
高考通知书查询	8459092	全国

资料来源：腾讯。

（三）提高保障和改善民生水平，提高群众获得感

保障和改善民生，要抓住人民最关心最直接最现实的利益问题，不断满足人民日益增长的美好生活需要，使人民获得感、幸福感、安全感更加充实、更有保障、更可持续。在这个过程中，信息化的促进作用是多方位的。以教育为例，教育资源是构成教育系统的基本要素，信息化是解决优质教育资源共享方式和传输通道的有效途径，利用信息技术，实现远程/同步授课，使教师和仪器设备等资源实现同步共享。另外，信息化也可促进数字图书馆、数字博物馆等开放共享。

近年来，我国对教育信息化的投入巨大。各级政府在教育经费中按不低于8%的比例列支教育信息化经费，以保障教育信息化的财政投入。在教育财政支出中，仅教育信息化就近2731亿元。教育部等五部门2014年底联合发布《构建利用信息化手段扩大优质教育资源覆盖面有效机制的实施方案》提出，到2020年全面完成教育规划纲要和教育信息化十年发展规划提出的教育信息化目标任务。

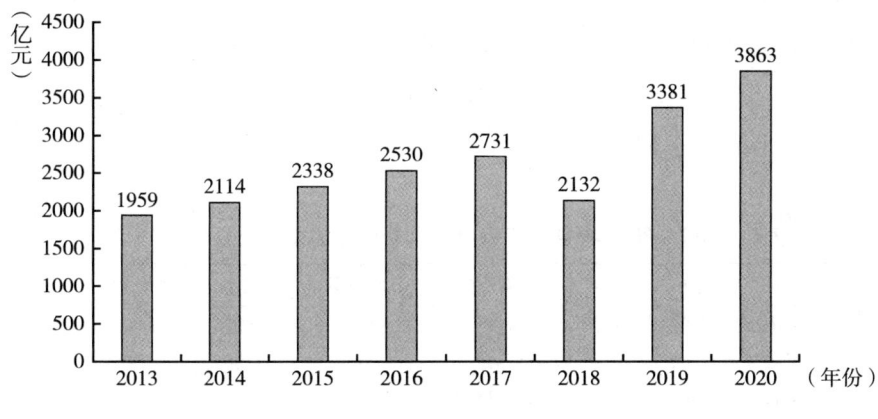

图12 中国教育信息化投入预算

资料来源：智研咨询：《2019～2025年中国教育信息化行业市场竞争格局及未来发展趋势报告》。

六 以信息化推进生态文明建设，促进美丽中国建设

《国家信息化发展战略纲要》指出，建设生态文明是关乎人民福祉和民族未来的长远大计，要构建基于信息化的新型生态环境治理体系。党的十九大报告提出，到本世纪中叶基本实现美丽中国建设，老百姓能够享用到优质生态产品和服务。

（一）利用信息化渠道，促进生态文明意识传播

生态意识是反映人与自然环境和谐发展的价值观，是现代社会人类文明

的重要标志。当前日益严重的环境污染成为制约我国经济社会可持续发展的最大瓶颈,理念意识决定行为习惯,培养全民生态意识是我国生态文明建设的重要方略。

以实物为媒介的舆论宣传和课堂教育,具有受众范围有限、知识传播欠深入等问题。随着信息化技术的提升,各类新媒体在促进生态文明意识方面发挥重要作用,助力政府推广生态文明意识。以环保领域政务微信为例,省级各部门通过发布文章宣传环保意识,2017年1月至2018年6月,前10位的环保部门保证每日3~6篇的发文数量,排名第1位的"京环之声"公众号阅读次数已达到360余万,点赞数也高达7万余次,通过信息化手段可将生态文明意识渗入公民生活。

表6 2017~2018年省级环保部门最受欢迎的微信公众号前10名

排名	机构	微信公众号	文章数	阅读数	点赞数	影响力
1	北京市环境保护宣传中心	京环之声	1851	3683046	78442	3068.3
2	四川省环境保护厅	四川环保	1480	1711567	25729	2883.4
3	广东省环境保护厅	广东环境保护	979	1794387	13064	2823.4
4	山东省环境保护厅	山东环境	2208	1629471	16501	2817.2
5	浙江省环境保护厅	浙江环保	1199	1201614	11986	2783.4
6	河北省环境保护厅	河北环境保护	1392	1492624	7900	2753.2
7	重庆市环境保护局	重庆环保	1150	899461	11289	2742.7
8	天津市环境保护局	天津环保	1153	901088	11467	2730.5
9	江苏省环保宣传教育中心	江苏环保	1168	909013	10139	2729.0
10	安徽省环境保护厅	安徽环保	1308	816270	14069	2693.8

资料来源:2018年全国环境互联网会议发布报告。

(二)改进环保应用技术,创新生态文明监管模式

生态文明治理涉及多个部门,涵盖林业、农业、水利、大气、能源、土地、海洋等多个领域,包括防灾减灾、节能降耗、减排治污、清洁能源、生产安全、资源再生、自然保护和消费安全等多个方面。其复杂性要求必须依靠现代化信息手段,实现对全国生态状况的把握以及综合治理。

传统的生态监管手段多依靠人工实地考察进行测量监测，信息化技术改善传统的技术手段。以甘肃省张掖市为例，将卫星遥感技术运用到了祁连山生态监测和保护当中，构建起了守护祁连山生态的"天眼"，以卫星遥感为核心，以空中无人机巡查和地面监测为辅助，以"一库八网三平台"为主要建设内容，实现对自然保护区的常态监管、对生态环境监测数据的集成、对重点企业监控数据的在线传输，有效推进环境执法智慧化，加强生态环境质量变化预报预警能力，全面共享生态环境数据信息。

（三）提高生态管理水平，加强生态文明科学决策

《生态环境大数据建设总体方案》提出，要充分运用大数据、云计算等现代信息技术手段，推进环境管理转型，全面提高生态环境保护综合决策水平。充分利用信息技术，对大气、水、土壤等进行智能监测统计形成大数据，再通过数据分析后得到的结论可为生态建设提供政策依据，进而实现智慧决策。

运用云计算、网格化监管网等，实现环境监管的线上和线下联动，推进环保执法溯源明确、反应及时、处理快速、监督有效。采用多维 GIS 融合技术，将污染源分布、环境质量实时监控、污染趋势变化，网格员分布等在一张地图上显示出来，实现对环境质量和管理直观把控，对环保决策及监督进行有力支撑。建立智慧大数据中心，将大气、噪声、固废、污染源、移动执法等不同业务信息集成于一个数据中心，实现数据统一存取，信息共融共通，方便各种环境保护相关的工作应用。通过智慧环保平台，可快速感知影响城市环境的监测指标、更有效提升环境管理和污染监管水平、更智慧决策重点区域污染治理方向和重大环境问题，为环境预警与产业结构调整提供决策支撑。

七　当前存在的主要问题与展望

近年来，我国信息化取得长足进展，在推进经济、政治、文化、社会和

生态文明等领域的发展发挥了重要作用，但应该看到，当前信息化在推进国家治理现代化的过程中还存在很多问题，突出表现在以下几点。

1. 法治保障体系滞后

当今世界信息技术创新日新月异，以数字化、网络化、智能化为特征的信息化浪潮正蓬勃发展，信息化发展进入了新的发展阶段，呈现出新的特征和矛盾，都对信息化立法提出了更高要求，但目前我国在信息化立法中存在明显的滞后和短板，无法满足对法治体系的需求。

2. 核心技术受制于人

关键核心技术是国之重器，是实现信息化促进国家治理现代化的重要基础，但互联网核心技术恰恰是我们最大的"命门"，这是我们最大的隐患，特别是在当前中美贸易摩擦不断升级的背景下，我国核心技术的自主创新和突破任重而道远。

3. 数据治理面临较大挑战

随着信息技术与经济社会的交汇融合，数据呈爆炸式迅猛增长的趋势，如何对海量的大数据进行治理，是当前和未来面临的挑战。首先，是数据的权属问题，在数字经济时代，数据已成为国家基础性战略资源，大数据日益对经济运行机制、社会生活方式和国家治理能力产生重要影响，但现阶段尚无针对数据权属的法律规范，数据的采集权、管理权、使用权、交易权等权属问题存在较大争议，导致了诸多问题，亟待破解。其次，是数据的隐私问题，由于数据权属不清、监管不力、手段欠缺等原因，加大了公众个人信息和企业私有数据暴露的风险，人类日益成为"透明人"，而黑客技术的泛滥，也让个人隐私和企业商业秘密更容易被非法获取，给数据治理和国家治理带来很大挑战。再次，是数据开发利用问题，虽然数据规模呈爆炸式增长，但信息资源的开发利用还不够，信息"烟囱"和"孤岛"造成信息不共享现象依然严重，信息化在促进经济社会发展、服务国家整体战略布局中的潜能还没有充分释放。

4. 网络空间治理亟待加强

信息化的快速发展和深入应用，一方面促进了国家治理的现代化，但同时也充斥着网络暴力、网络诈骗、网络谣言、不良信息等，不仅破坏了公共规则，侵犯了合法权益，还挑战了道德底线，破坏了社会和谐，影响了社会主义核心价值观，扰乱了现实和网络空间秩序，具有极大破坏性。网络空间不是法外之地，加强对网络空间的治理，营造风清气正的网络环境，显得日益迫切，未来也是国家治理的重点内容之一。

5. 网络安全风险日益突出

网络安全事关国家安全和国家发展，没有网络安全就没有国家安全，但当前网络安全的风险日益突出，并日益向政治、经济、文化、社会、生态等领域传导渗透，特别是国家关键信息基础设施存在较大风险隐患，安全防控能力薄弱，难以有效应对国家级、有组织的高强度网络攻击。

此外，下一代互联网、人工智能、物联网、5G等新技术的发展和应用，可能会带来一系列社会问题，也需要有与之相适应的新的治理模式。例如，车联网的快速发展和应用，需要有新的法律法规体系以及基础设施、运营监管和责任认定等配套治理体系。再如，智能化的快速发展，推动了人工智能和机器人技术的普及应用，很多低技能岗位将被机器人代替，可能引发大规模结构性失业，以及机器人的发展所带来的监管、社会稳定和道德伦理等一系列问题。

随着信息化向经济社会各个领域渗透融合，一些领先国家率先发起了全面向数字化转型的运动，充分利用大数据、人工智能、虚拟现实、下一代超高速网络等尖端技术，全方位推进经济社会数字化进程，力图实现国家社会整体数字化，将国家治理现代化提升到数字国家治理的新阶段。信息化和数字化催生的二元世界，带来了现实世界治理和虚拟世界治理的双重难题，如何协调二元世界的关系、治理二者融通引发的交叉问题，将是国家治理现代化高级阶段面临的全新挑战。我国要全面建成社会主义现代化强国，要充分认识信息化在推进国家治理现代化中的重要作用，将信息化贯穿现代化进程始终，释放信息化发展的巨大潜能，推动新型工业化、信息化、城镇化、农业现代化同步发展，以信息化驱动现代化，以信息化培育新动能，推动信息化更好造福社会、造福人民。

B.11
中国数字乡村的发展现状与展望

余晓晖 杨子真 郭顺义 王莉 韩维娜*

摘 要： 乡村振兴战略明确提出要实施数字乡村战略，数字乡村是信息化与"三农"发展深度紧密结合的乡村发展新范式。本报告梳理了数字乡村发展的现状和存在的问题，分析了面临的国内外形势，对数字乡村的概念进行界定并从六个方面对未来的数字乡村发展进行展望。针对发展中存在的一些问题和不足，本报告在最后有针对性地提出推进数字乡村建设的建议。

关键词： 乡村振兴战略 数字乡村 "三农"

我国是传统的农业大国，农业、农村、农民问题是关系国计民生的根本性问题。农业、农村现代化是国家全面现代化的先决条件。近些年来，信息技术作为先导性科学技术，正在驱动农业、农村现代化发展进入新阶段，农业、农村信息化也取得了显著成效。乡村振兴战略明确提出要实施数字乡村

---

* 余晓晖，中国信息通信研究院副院长、教授级高级工程师，国家"互联网+"行动专家咨询委员会秘书长、工业互联网战略咨询专家委员会副秘书长、工业互联网产业联盟秘书长、国家战略性新兴产业发展咨询委员会委员和物联网发展专家咨询委员会委员，曾获十余项通信科技进步奖、国务院特殊津贴以及中央国家直属机关优秀青年等荣誉称号；杨子真，中国信息通信研究院产业与规划研究所副所长，高级工程师，硕士生导师，长期跟踪研究通信及信息服务业重大问题及发展趋势；郭顺义，中国信息通信研究院产业与规划研究所主任，高级工程师，主要从事数字化管理、通信业发展、数字乡村建设等方面的研究；王莉，中国信息通信研究院产业与规划研究所副主任，高级工程师，主要从事数字乡村建设、信息无障碍、电信业市场运营管理等方面的研究；韩维娜，中国信息通信研究院产业与规划研究所工程师，主要从事数字乡村建设等方面的研究。

战略。数字乡村是在经济社会数字化转型背景下，信息化与农业农村农民深度融合的新型发展范式，是乡村振兴的战略方向，也是数字中国建设的重要方面，对于尽快缩小城乡差距，转变农村生产生活方式，加快推进农业农村现代化，提升农民的获得感、幸福感和安全感具有巨大的现实意义。

一 数字乡村发展的基本情况

我国数字乡村的概念是在2018年乡村振兴战略中正式提出的，是农业农村信息化的升级版。而农业农村信息化开始较早，可以追溯到20世纪90年代，到目前为止可以大致分为三个阶段。起步期大约开始于20世纪90年代初。2000年以后，进入发展期。第三个阶段是从2010年前后到现在，正处于快速发展期。

（一）农村信息基础设施日益完善

随着"宽带中国"战略的深入实施，我国农村宽带网络覆盖率逐年提升，为推进信息技术在农业农村的创新应用提供了有力支撑。截至2018年底，电信普遍服务三批试点已经基本完工，农村宽带接入用户数达到1.17亿户，全年净增2364万户，比上年末增长25.2%。行政村通光纤比例超过98%。[①] 城乡固定宽带用户普及率差距相比2017年同期缩小1.9个百分点，城乡差距逐渐缩小。

我国行政村4G网络覆盖率已经达到95%，较上年末提升4.3个百分点。2018年启动了第四批电信普遍服务试点，侧重支持了行政村、重点边疆民族地区、海岛的4G网络覆盖。截至2018年底，农村地区互联网普及率为38.4%，农村网民规模达到2.22亿人。信息终端和应用供给更加丰富，用于社保、就业、金融等服务的终端在农村地区正在加速普及。

---

① 资料来源：2019年全国工业和信息化工作会议。

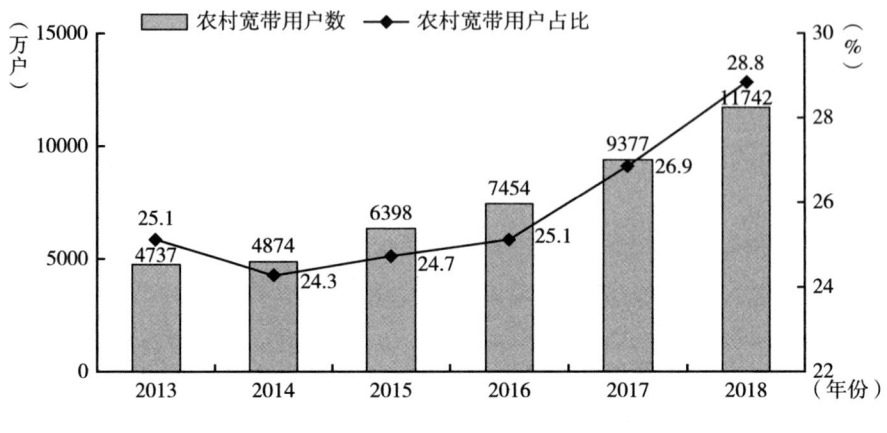

图1 农村宽带用户数情况

（二）农村数字经济发展初显成效

信息技术广泛应用于农业生产、经营和管理，提高了农业发展的质量和效益。RFID电子标签、远程监控系统、无线传感器监测、二维码等技术被逐步应用到数字化农业中，支撑农业生产管理，为农业生产提供精准化种植、可视化管理、智能化决策的依据，提高了农业生产管理效率，提高了农产品的附加值。农业物联网试点成效显现，9个省开展了农业物联网区域试验，发布了426项节本增效农业物联网产品技术和应用模式。农业农村大数据中心建设试点有序开展，积极探索大数据在农业生产、经营、管理、服务等各环节、各领域的应用。

农村电商快速发展，农产品"上行"和工业品"下行"的发展格局正在形成。农村电商物流体系初步建立，电商企业的运营节点覆盖至县级，许多地方延伸到乡镇和村。2018年全国农村网络零售额达到1.37万亿元，全国农产品网络零售额达到2305亿元，同比增长33.8%。① 电商进农村综合示范覆盖全国1016个县，建成县级电商服务中心和物流配送中心1000余

---

① 《2018年我国农村网络零售额1.37万亿元》，新华社，2019年2月21日。

个,[①] 乡村电商服务站8万余个,覆盖了全国约2/3的行政村,农村网店1000余万家,带动就业人数近3000万人,示范地区初步建成"两中心一站点"的电商运营体系。全国新增直接通邮建制村1.6万个,直接通邮率超过98.9%,全国24个省份实现全部建制村直接通邮,快递网点乡镇覆盖率达到92.4%。[②]

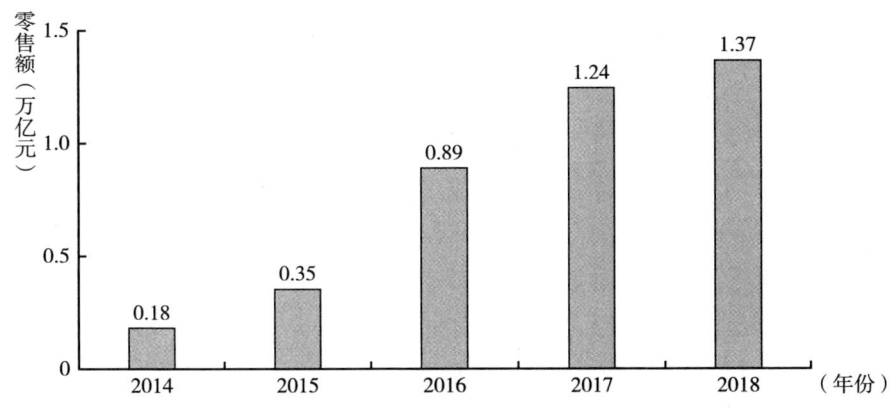

图2 全国农村网络零售规模

以"互联网+休闲农业""互联网+乡村精品旅游""互联网+农村特色文化产业"等为代表的农村新业态蓬勃发展,农民增收效果显著。例如四川凉山州海南乡核桃村,利用沿邛海渔民异地搬迁契机,引入有实力的旅游度假企业,采用企业租赁闲置房屋和雇佣渔民的模式,利用互联网渠道开展旅游推广,实现企业、渔民双赢。

(三)智慧绿色乡村建设深入推进

新一代信息技术和传感设备应用于农村环境综合整治和环境生态保护。涵盖基础地理、土地、地质、矿产资源、地质环境与地质灾害等数据的全国自然资源"一张图"平台建立起来,打造出"天上看、地上查、网上管"

---

① 《商务部召开例行新闻发布会(2019年1月17日)》,商务部新闻办公室,2019年1月17日。
② 《2018年我国邮政业高质量发展步伐加快》,中国邮政快递报社,2019年1月3日。

自然资源监管新模式,实现了对全国每一块土地开发的全流程、全覆盖监管。涵盖基础地理、遥感影像、水利基础和水利专题等数据的水利"一张图"平台建立,数据总量达到700TB,有效促进了水利信息资源的全面整合,完善了国家基础水利信息体系。

农村的人居环境不断改善。农民群众的环境意识明显提升,绿色文明的生活习惯逐步养成。北京市大力推动农村供水和污水处理信息化,极大改善了农村地区饮水条件,显著提高了农村地区污水的监管和处理效率。陕西省在农村环境连片整治示范项目中积极引入信息技术,陕南南水北调水源区、关中渭河和陕北延河等流域,以及道路沿线、人口密集地区等示范区域农村环境明显改善,农民群众的环境意识明显提升。辽宁省建立了环境监管移动执法平台,汇聚规模以上畜禽养殖、屠宰加工企业的重点污染源信息,通过便携式手持移动执法终端,随时调取企业信息开展现场执法。

(四)乡村数字文化建设快速发展

互联网逐步成为文化传播和精神文明建设的新阵地。各地积极应用互联网平台宣传党和国家的方针政策、文明村镇、新乡贤、优秀传统文化等内容。运用数字化技术对农村优秀民俗文化资源进行发掘、整理和保护,有重点地建设了一批具有鲜明地方文化特点,具有较强代表性和较高历史、人文、科学价值的数字文化资源。同时,适应农民对信息内容和获取渠道等需求的变化,对传统农家书屋、阅览室等进行信息化改造,充实数字化资源,建设数字农家书屋。甘肃省着力打造了"读者数字农家书屋",通过书屋将政策信息、农业技术、便民技术等内容传递给农民。

县级融媒体中心快速发展。2018年起全国推进县级融媒体中心建设,县级融媒体在机构、内容、渠道、平台、人员、经营、管理等方面的深度融合加快推进,促进了基层宣传工作与党委政府中心工作、群众生产生活的有机结合。数字广播电视户户通扎实推进,截至2018年9月底,我国有线数字电视用户数达1.98亿户。全国文化信息资源共享工程实施,建成了2.86万个乡镇基层服务点,60万个村基层服务点。

（五）农村治理模式不断创新

"互联网+党建"加快发展。各地区各部门不断完善农村基层党建信息平台。共产党员网推出30余个系列党员教育示范培训课程，通过全国党建网站联盟将党员教育资源直接推送到全国2万余家党建网站。全国党员干部现代远程教育进一步完善，形成了从中央直达基层的远程教育网络体系，经过不断更新升级站点设备，实现了站点建设由"基本型"向"拓展型"的转变。同时，实施完成党员教育"精品工程"，有效提升党员教育的吸引力和影响力。

电子政务向乡村延伸覆盖。电子政务服务向农村基层延伸，提升了政府部门公共服务效率，节约了乡村居民的办事成本。贵州省网上办事大厅覆盖省市县乡村五级，基本实现全省政务、事务、商务服务"进一张网，办全省事"，实现了跨部门、跨地区、跨层级的数据共享交换、联动审批和全程追溯。浙江推动"最多跑一次"向乡村覆盖，截至2018年10月，已经有2万余个村（社区）在浙江政务服务网上实现了农业农村行政审批网上办理。

（六）乡村信息服务深入推进

"互联网+医疗"推动了医疗服务向基层、偏远和欠发达地区延伸。全国近7000家医疗机构开展了远程医疗服务。宁夏、云南、内蒙古、贵州、西藏等省份远程医疗政策试点稳步推进，贵州县级以上公立医院全部接入了远程医疗网络，有力促进了优质医疗资源的"重心下移、资源下沉"。远程医疗服务已经覆盖全国所有地级市和1800多个县，包括所有国家级贫困县。国家级平台新农合跨省就医结算与监管信息系统基本建成，与卫生计生部门管理新农合省份（除西藏外）的信息平台及部分大型医疗机构互联互通。2015~2016年，中医馆健康信息平台建设项目启动，构建国家、省两级中医馆健康信息平台，为基层中医馆提供辨证论治、治未病、知识库等信息化服务。

"互联网+教育"切实提高了农村的教育信息化水平。"三通两平台"

的建设与应用,推进了数字教育资源开放共享,为农村地区提供了有针对性的数字教育资源服务。截至2018年底,全国96.7%的中小学实现网络接入,92.3%的中小学拥有多媒体教室,数量达到333万间,其中71.2%的中小学实现多媒体教学设备全覆盖。① 教育卫星宽带传输网直接服务农村中小学师生的数量超过1亿人。人大附中的"双师教学"已经覆盖了全国21个省市自治区,超过200所乡村中学。"国培计划"累计培训乡村教师和校园长540万余人次。农村教师特岗计划实施以来,28万名农村特岗教师活跃在中西部22个省(区、市)1000多个县3万余所农村学校(村小、教学点)。

农业部2014年开始试点益农信息社,在农村设立信息服务站点,为农民提供综合信息服务。2017年在18个省市开展整省推进。截至2018年5月底,全国共建设运营益农信息社20.4万个,累计培训村级信息员63.3万人次,为农民提供公益服务8250万人次、开展便民服务2.9亿人次,实现电子商务交易额177亿元。

新型职业农民培养工程逐步实施,累计培训农村青年近60万人次,加快培养造就了一支爱农业、懂网络、善经营的新型职业农民队伍。截至2017年底,各类新型农业经营主体超过300万家,新型职业农民达到1400万人。新型职业农民通过弹性学制参加中高等农业职业教育、农业信息化教育、互联网技能教育、新技术应用教育等。相关部门推行终身职业技能培训,大范围推广"互联网+职业培训",面向农民的培训便利性和可及性大幅提升。

(七)网络扶贫成效显著

贫困农村网络覆盖加快。实施了四批电信普遍服务试点,贫困村通宽带比例达到97%。截至2018年底,832个国家级贫困县固定宽带用户数达到4522万户,较上年同期增长28.6%;移动宽带用户数1.69亿户,较上年同

---

① 《2018年12月教育信息化和网络安全工作月报》,工信部科技司,2019年1月25日。

期增长 19.5%。安徽、河南、重庆等省份所有贫困县已经实现 100% 行政村通光纤和通宽带。安徽、河南、重庆、云南、江西等省份已经实现贫困县行政村的 4G 网络全面覆盖。

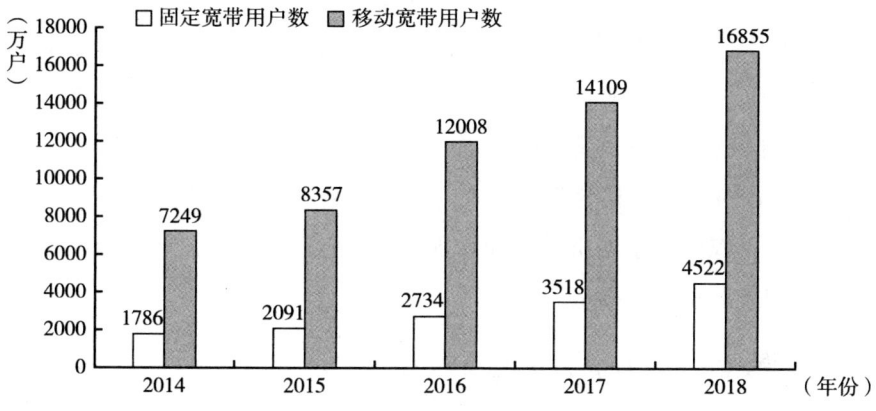

图 3 832 个国家级贫困县宽带用户数情况

农村电商带动脱贫增收。电子商务进农村示范累计支持了 737 个国家级贫困县，占贫困县总数的 88%。截至 2018 年前 3 季度，纳入综合示范的贫困县网络零售额 1101 亿元，增速高出全国平均增速 31.5 个百分点。

二 数字乡村发展面临的问题

（一）城乡数字鸿沟依然较大

农村网民增速仍低于城镇网民增速，2018 年农村网民数比 2017 年增长 6.2%，而同期城镇网民数增速为 7.8%。农村地区与城市地区互联网普及率差距有所扩大。根据 CNNIC 数据，2018 年农村互联网普及率与城镇互联网普及率的差距，较 2014 年扩大了 2.2 个百分点。在应用方面，农村网民在网络购物、网上支付、互联网金融等互联网应用服务的使用率明显低于城镇网民。

（二）农业农村信息服务缺乏统筹

一是涉农信息系统相互割裂。不同部门搭建的涉农信息系统在数据收集、相关系统填报、信息报送等方面协调力度不够，致使数据对接不足，难以形成合力。这一问题在各地都不同程度地存在。二是农村信息服务站点重复建设。农业、商务、邮政、供销社等相关部门在农村基层开展的试点示范和信息站点比较多，但是每个部门建一个站点、挂一块牌子的现象比较普遍，且缺乏有效的资源整合和共享。三是农村数字经济发展相对滞后。根据测算，2018年农业数字经济占行业增加值比重仅为7.3%，远远低于服务业的35.9%和工业的18.3%。

（三）区域之间发展不平衡

一是网络覆盖程度存在差距。在一些位置偏远、环境恶劣的乡村，受自然条件限制，网络覆盖成本高、难度大，网络覆盖工作进程相对缓慢。例如，截至2017年底，浙江全省行政村宽带村通率达98.4%，4G网络已实现城乡全覆盖。而同期四川凉山、阿坝、甘孜3个地区的贫困村光纤和4G网络通达率分别仅为71%和61%。二是信息应用水平差距明显。东部地区一些乡村已经开始迈入数字乡村阶段，西部地区很多农村刚刚接入互联网，一些农民还不会上网，农村信息化应用还处于比较初级的阶段。

（四）数字乡村建设人才基础薄弱

一是农业信息化专业人才匮乏。既懂信息技术又懂农业生产经营管理的人才少，信息利用能力欠缺、信息效用不高，互联网带动农民创业创新的氛围还没有形成，严重阻碍了农业信息技术普及推广和"互联网+"现代农业建设进度。二是农村居民信息素养不高。第六次全国人口普查显示，我国农村人口小学以下文化程度占43.5%，大专及以上文化人员比重仅占0.6%，农民对现代通信信息技术了解很少，信息化意识和利用信息的能力不强。对于庞大的农民群体来说，现有的培训资源严重不足。

（五）数字乡村建设资金投入不足

一是资金总体投入量不足。农业信息化资金投入不足，各类农业项目多偏重于高产创建、新技术应用、新品种研发推广等，直接涉及农业信息化的项目较少。地方财政在农村卫生健康、教育等公共服务领域的信息化方面的投入尚显不足。二是没有建立长效投入机制。数字乡村建设"政府一头热"的现象不同程度存在。农村项目的效益大部分低于城市，企业积极性相对较低。需要进一步深化改革创新，以发挥市场在配置资源中的决定性作用和更好地发挥政府作用，逐步形成既使农民受益又让市场主体有积极性的建设发展机制，撬动更多社会力量参与数字乡村建设。

（六）网络安全保障不足

一是系统安全保障不足。农业系统网络安全专业人才和网络安全防护软、硬件设施均不足，网络信息安全环境保护能力不足。二是农民对不良信息防范意识较为薄弱。农村居民文化水平较低、辨识能力差，容易成为网络电信诈骗的重点对象。农村留守儿童缺少监护人的监督和教导，也容易沉迷于网络。

三 数字乡村发展形势分析

（一）国家政策对数字乡村发展提出新要求

党的十九大对建设数字中国做出重大战略部署。农村不应成为数字中国建设的短板，数字乡村是数字中国建设的重要组成部分。《中共中央国务院关于实施乡村振兴战略的意见》明确提出要实施数字乡村战略。乡村振兴战略是党中央统筹推进"五位一体"总体布局、协调推进"四个全面"战略布局的重大战略选择。乡村振兴战略的总要求是产业兴旺、生态宜居、乡风文明、治理有效、生活富裕，这同时是对数字乡村的总要求。2019年5

月,中共中央办公厅、国务院办公厅印发《数字乡村发展战略纲要》,确立了从2020年到本世纪中叶四个阶段的数字乡村发展目标,部署了加快乡村信息基础设施建设、发展农村数字经济、强化农业农村科技创新供给、建设智慧绿色乡村、繁荣发展乡村网络文化、推进乡村治理能力现代化、深化信息惠民服务、激发乡村振兴内生动力、推动网络扶贫向纵深发展、统筹推动城乡信息化融合发展等十项重点任务。战略纲要的发布为未来一段时间我国数字乡村的发展提供了清晰的战略指引。

(二)新一代信息技术发展为数字乡村提供新支撑

互联网、物联网、大数据、人工智能等新一代信息技术不断创新,新技术、新应用、新设备不断涌现,且与实体经济深度融合,为数字乡村发展提供了有力的技术支撑。

"互联网+农业"构建新型农业生产经营方式,利用互联网促进分散的小农户集中连片,提升农业企业、家庭农场、合作社等规模化生产主体的产销对接水平,推动生产流通销售方式变革和发展方式转变。"互联网+医疗"向偏远和欠发达地区延伸,利用互联网实现精准治疗、一站结算、医疗众筹,为农民提供更加便捷的医疗服务。"互联网+教育"提升农村地区教育教学水平,通过"三通两平台"建设、远程教学、网络助学等方式,改善农村办学基础条件,为农村地区学生提供优质的教学资源。农村电子政务改善农村治理方式,推动政务服务和公共服务向农村基层延伸覆盖,"一网审批"解决农村办事"最后一公里"。

(三)国内外的形势变化给数字乡村发展带来新挑战

进入21世纪以来,世界主要国家纷纷把数字农业作为国家战略重点,将现代信息技术广泛应用于农业生产和农村生活,构筑新一轮的产业革命新优势。我国的数字乡村建设与发达国家相比还存在较大差距。美国将信息技术与大规模机械化作业融合发展,大力发展精准农业,农场的精准农业技术应用比例在2013年就已经超过85%。以色列将物联网技术广泛应用于设施农业,在农业滴灌、温室自动控制、农产品追溯等方面处于世界领先水平。德国早在20世纪80年代就着手建立面向农业的资源数据中心,现在已经将"工业4.0"与农业紧密结合,着力发展智能化农业生产。我国数字乡村建设需要顺应数字化转型趋势,加强顶层设计和整体规划,加快补齐农业农村发展短板,走中国特色数字乡村发展之路。

当前我国主要矛盾已经转化为人民日益增长的美好生活需要和不平衡不充分的发展之间的矛盾,不平衡不充分问题最为突出的表现在乡村。社会主要矛盾的转化是关系全局的历史性变化,这也对实施数字乡村战略带来了新的挑战。数字乡村需要解决的核心问题是缩小数字鸿沟,促进农民增收,提高农民生活质量,让亿万农民在数字乡村建设过程中有更多获得感和幸福感。同时,我国正处于向农业现代化迈进的关键时期,建设农业强国,抢占全球农业产业制高点,要求数字乡村建设顺应世界农业发展潮流,积极推进以信息化驱动农业现代化,以数字技术引领农业农村高质量发展,不断提升我国农业的国际竞争力和影响力,赢得先机、获取主动。

四 数字乡村发展展望

数字乡村是新时期农村发展的一种新范式。其内涵是以新一代信息通信技术作为农业生产经营的新工具、农民生活幸福的新驱动、乡村生态保护的新手段,信息化赋能农业生产、经营、管理和服务等各个环节,不断提升农业农村数字化、网络化、智能化水平,提升农民生活智慧化水平,促进农民收入稳步增长、生活质量显著提升。

数字乡村不同于过去传统的农业农村信息化。数字乡村建设的对象更全面,包括农业、农村、农民三方面主体;涵盖范围更广泛,包括生产、生活、生态等各个领域;应用信息技术更先进,大数据、云计算、人工智能等新技术得到深度引用。

数字乡村既是一种发展范式,也是新时期乡村发展的目标形态。展望未来,可以从以下六个方面描绘数字乡村的核心内容和主要特征。

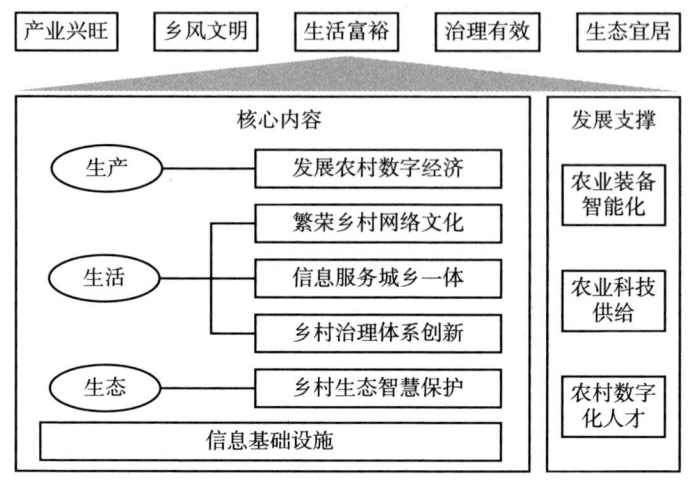

图4　数字乡村发展范式

（一）农村网络普及完善

以有线、无线、卫星等多种方式，在乡村地区构建起高速、泛在、安全的通信网络，提供与城市地区无差别的网络质量和速率，全面支撑农村生产生活和生态保护的数字化转型。适合农民的信息终端和服务供给丰富多样，乡村居民可以通过多种渠道获得各类服务信息。与农村居民生产、生活密切相关的水利、电网、交通、物流等基础设施实现数字化转型升级，农业生产效率和农民生活品质进一步得到提高。

（二）农村数字经济发展壮大

数字技术应用于农业生产经营管理的各个环节之中，实现农业数字化、智能化。遥感监测、智能感知、智能控制等在大田管理、作物种植、畜禽养殖、水产养殖等领域得到广泛应用。智慧农田、智慧牧场、智慧渔场等全面普及，显著提高农业发展质量和效益。农村电子商务基础设施完备，物流四通八达。农村电商成为农产品出村进城的重要渠道，推动农产品实现标准化、品牌化生产。

（三）乡村生态智慧保护

农村物联网在农业生产领域普及应用，现代设施农业、观光农业等绿色农业实现规模化发展。对化肥、农药等投入品实现全程信息化监管，农业投入品减量化使用。卫星遥感技术、无人机、高清远程视频监控系统等应用于对农村生态系统脆弱区和敏感区的重点监测。信息技术和传感设备广泛应用于农村饮用水水源水质的监测保护，农村污染物、污染源全时全程处于被监测状态。

（四）乡村网络文化繁荣发展

线上线下、互联互通的农村文化网络服务体系完善，面向农民的数字文化资源产品丰富。通过数字博物馆、数字影像馆等对乡村优秀文化资源实现数字化留存和传承，为农民留住乡愁。互联网成为宣传党的农村政策，弘扬孝老爱亲、勤读力耕、诚实守信等中华优秀传统文化的重要阵地。农村网络文化积极向上，农村网络空间风清气正。

（五）乡村治理体系创新

面向农村的电子政务服务水平持续提升，"最多跑一次""不见面审批"等改革模式推广至农村，乡村办事流程简化提速。"省—市—县（区）—乡镇—村"五级综合信息服务体系建设完善，实现网上办、马上办、全程帮办、少跑快办。借助互联网不断创新村民自治形式，实现网络村务公开，农民自治能力显著提高。

（六）信息服务体系城乡一体

"互联网+教育"在乡村得到普及，城市优质教育资源与乡村中小学对接，乡村学生享受与城市学生同样的教育资源。"互联网+医疗健康"广泛应用，高速宽带网络全面覆盖乡村医疗机构，医疗机构利用健康大数据为农民提供在线健康管理服务，城市医院向农村基层医疗卫生机构提供远程医

疗、远程教学、远程培训等服务。民生保障信息服务丰富完善，社会保障、社会救助系统全面覆盖乡村。网络公益成为向农村留守儿童和妇女、老年人、残障人士以及困境儿童提供关爱的重要途径。

五 推进数字乡村建设的建议

（一）加强统筹协调

加强统筹规划和顶层设计，完善数字乡村发展重大政策制度。建立跨部门协同机制，统筹协调各部门资源，推进各部门涉农信息数据的互联互通，推动农村基层服务站点共建共享共用，提高数字乡村建设质量和效益。处理好政府和市场的关系，统筹协调社会各方力量，探索数字乡村建设发展长效机制，以财政投入撬动社会投入，带动更多社会力量投入数字乡村建设。

（二）引导数字乡村分类建设

我国东西部地区经济和信息化发展水平差距较大，数字乡村建设需要根据各地区的特点进行因地制宜、分类指导，避免"一刀切"。具体到村庄类型，针对四类乡村需要分类施策。对集聚提升类村庄，重点强化信息技术在农业生产经营中的应用，积极培育乡村新业态；对城郊融合类村庄，加快乡村与智慧城市的融合发展，促进城市优势资源向乡村流动；对特色保护类村庄，发展乡村旅游和特色产业，形成特色资源保护与村庄发展的良性互促机制；对搬迁撤并类村庄，重点考虑迁入地的网络基础设施建设和各类信息服务的接续问题。

（三）数字乡村与智慧城市融合发展

数字乡村与智慧城市紧密联系、各有侧重。数字乡村需要与智慧城市协同推进、融合发展，既要吸收智慧城市建设中的优秀经验，又要充分考虑农村地区产业结构、基础设施、人员特点等实际，通过推动城乡之间数据资源流动和均衡配置,带动城乡之间各类生产要素的自由流动,促进城市地区优质的医疗、教育、文化等资源向农村流动,缩小城乡差距,发展具有中国特色的数字乡村。

(四)强化数字乡村建设的人才支撑

提升农村基层干部的信息化素养,发挥返乡创业人员的带头作用,建立一支爱农业、懂网络、善创新的人才队伍。借助新型职业农民培养工程,发挥社会各界力量的积极性,组织教育教学资源,充分利用已有的农民夜校、益农信息社等软硬件设施,广泛开展农村居民的信息技能培训,提升农民的信息应用水平。

(五)加强农村网络安全保障

强化对农业、电子政务、民生等重要信息系统的安全保障,实施分级分类保护,推动提高农村网络和设施对各种入侵破坏的防范能力。注意加强对农民的网络安全教育,提高他们的自我保护意识和防护能力,同时加强网络巡查,净化农村网络空间。

B.12 中国教育信息化发展现状分析（2018~2019）

王运武　童莉莉　黄荣怀*

摘　要： 2018~2019年，教育信息化总体持续呈现良好发展态势，国家加大深入推进教育信息化力度。教育信息化逐步从1.0时代迈向2.0时代，教育信息化推动教育系统变革的作用显著增强。教育信息化基础设施智慧化程度逐步提升，智慧教育示范区崭露头角，数字化教学资源呈现多样性、智能化、智慧化，教育信息化应用进入纵深发展阶段。教育信息化领域加速采纳新兴信息技术，市场持续回暖，产业呈现多元化发展。教育信息化推动"一带一路"国家和地区教育发展大有作为，国际社会逐渐认可和借鉴中国以教育信息化推动教育发展的典型经验。

关键词： 教育信息化2.0　教育系统变革　智慧校园　智慧教育示范区

---

* 王运武，博士，副教授，硕士研究生导师，在江苏师范大学、江苏省教育信息化工程技术研究中心、江苏省智慧教育研究中心就职；童莉莉，工学博士，北京师范大学教育学部副教授，联合国教科文组织国际农村教育研究与培训中心主任助理；黄荣怀，博士，教授，长江学者，博士生导师，联合国教科文组织国际农村教育研究与培训中心主任，北京师范大学智慧学习研究院联席院长。

一 教育信息化发展总体情况

改革开放 40 年，中国教育信息化建设取得了举世瞩目的成就，先后经历了从无到有、从有到强的发展过程。教育信息化发展可以划分为三个阶段：前教育信息化阶段（1978～2000 年）、教育信息化 1.0 阶段（2001～2017 年）和教育信息化 2.0 阶段（2018 年及以后）。[①] 截至 2017 年 12 月，教育信息化基础设施覆盖率达到 100%，数字化资源日益丰富并呈现多元化，师资队伍的信息化水平和信息素养显著提升，技术与课堂的深入融合随处可见，教育信息化政策、规章、制度更加全面，新一代的教育信息化产业为开展信息化工作提供了重要保障。[②]

2018～2019 年，教育信息化总体持续呈现良好发展态势，国家加大深入推进教育信息化力度。教育信息化发展逐步从 1.0 时代迈向 2.0 时代，[③] 教育信息化推动教育实现系统性变革，促进教育改革与发展，带动实现教育现代化的作用显著增强。[④] 教育信息化基础设施的智慧化水平逐渐提升，高校和中小学加快推进智慧校园建设进程。数字化教学资源呈现多样性、智能化、智慧化的发展趋势。智慧教育示范区崭露头角，教育信息化应用进入纵深发展阶段。

（一）教育信息化政策引导力度持续加强

截至 2017 年 12 月，《国家教育信息化十年发展规划（2011～2020 年）》《教育信息化"十三五"规划》等教育信息化规划政策文件持续发挥着重要

[①] 黄荣怀、王运武：《中国教育改革 40 年：教育信息化》，科学出版社，2019，第 1～5 页。
[②] 顾小清、郭日发：《教育信息化的回顾与展望：本土演进研究》，《电化教育研究》2018 年第 2 期。
[③] 王运武等：《改革开放 40 年：教育信息化从 1.0 到 2.0 的嬗变与超越》，《中国医学教育技术》2019 年第 1 期。
[④] 黄荣怀：《升级教育信息化　助力教育系统变革》，《中国教育报》2018 年 5 月 19 日，第 3 版。

的统筹规划和引领作用,有力促进了教育信息化的可持续发展。

2018~2019年教育部加大了教育信息化政策引导力度,教育信息化2.0、人工智能、智慧校园、智慧教育示范区、信息技术能力提升工程2.0等受到国家高度重视。微信、QQ等社交媒体促进了教育信息化政策的高效、及时传播,显著扩大和提升了政策文件的传播范围和传播速度,显著增强了政策的协同效果。"十三五"即将进入收官之年,全国将会掀起"十四五"教育信息化发展规划预研浪潮,"十四五"期间教育信息化政策文件的研制将会趋向于智慧化、科学化、精准化。

2018年4月,教育部密集发布了《教育信息化2.0行动计划》(教技〔2018〕6号)①、《中小学数字校园建设规范(试行)》(教技〔2018〕5号)②、《高等学校人工智能创新行动计划》(教技〔2018〕3号)③。2018年6月,国家市场监督管理总局和中国国家标准化管理委员会发布了国家标准文件《智慧校园总体架构》(GBT 36342-2018)④。国家政策引导数字校园向智慧校园转型发展,智慧校园正趋向于标准化和规范化建设。

2019年5月16日,国家主席习近平向国际人工智能与教育大会致贺信,指出人工智能正在改变着人们的生产、生活和学习方式,强调要重视人工智能对教育的深刻影响,加快推动人工智能与教育深度融合,以人工智能促进教育变革创新。⑤

未来教育信息化规划政策文件研制,将会进一步发挥教育信息化智库的作用,人工智能、大数据等新兴技术在教育信息化决策支持中的作用将会进一步凸显。教育信息化规划政策文件的执行力度将会受到政府、专家学者的关注。

---

① 教育部:《教育部关于印发〈教育信息化2.0行动计划〉的通知》,2018年4月25日。
② 教育部:《教育部关于发布〈中小学数字校园建设规范(试行)〉的通知》,2018年5月2日。
③ 教育部:《教育部关于印发〈高等学校人工智能创新行动计划〉的通知》,2018年4月10日。
④ 国家市场监督管理总局、中国国家标准化管理委员会:《智慧校园总体框架》,2018年6月7日。
⑤ 《习近平向国际人工智能与教育大会致贺信》,新华社,2019年5月16日。

（二）以项目推动教育信息化2.0行动计划

截至2017年12月，农村中小学现代远程教育工程、英特尔未来教育项目、全国中小学教师信息技术应用能力提升工程、"一师一优课、一课一名师"活动、教育部—乐高"创新人才培养"教师培训项目、教育部—中国移动科研基金项目等在推进教育信息化均衡发展、提升教师教育信息化水平、培养创新人才等方面发挥了重要的作用。项目推进是促进教育信息化发展的重要途径之一。

2018～2019年教育信息化进入深入推进阶段，全国围绕教育信息化2.0行动计划开起智慧示范区建设、信息技术应用能力提升、智慧校园建设等教育信息化项目。2019年，教育部先后启动了"智慧教育示范区"建设项目、全国中小学教师信息技术应用能力提升工程2.0等。2019年1月，教育部启动"智慧教育示范区"建设项目，[①] 支持教育信息化基础条件好的地区，优先开展"智慧教育示范区"建设，探索智慧教育推进路径和策略。智慧教育示范区的先行探索，将为全面推进智慧教育建设提供经验。2019年3月，教育部开始实施全国中小学教师信息技术应用能力提升工程2.0，再次将提升中小学教师信息技术应用能力作为重要任务，这不仅有利于提升校长的信息化领导力，而且有利于提升教师信息化教学能力，从而推进信息技术与教育教学融合创新发展，为全面推进教育信息化2.0行动计划，加快教育现代化建设奠定基础。[②]

二 教育信息化基础设施与应用

（一）教育信息化基础设施智慧程度逐步提升

截至2017年12月，教育信息化基础设施建设取得显著成就。2018～

[①] 教育部：《教育部办公厅关于"智慧教育示范区"建设项目推荐遴选工作的通知》，2019年1月2日。

[②] 教育部：《教育部关于实施全国中小学教师信息技术应用能力提升工程2.0的意见》，2019年3月20日。

2019年，教育信息化基础设施呈现智慧化发展趋势，未来几年基础设施智慧化将是教育信息化未来发展的重要任务之一。但是，教育信息化基础设施建设存在中西部差异、城乡差异、校际差异，教育信息化基础设施差异的根源来自教育信息化经费投入的差距，教育信息化均衡化发展值得关注。

全国高校和中小学正在大力推进智慧校园建设，意识领先的区域已经启动"智慧教育示范区"建设。智慧校园是实现智慧教育必由之路的观念逐渐得到人们的普遍认可。① 全国中小学大力推进的"三通两平台"（"三通"即宽带网络校校通、优质资源班班通、网络学习空间人人通；"两平台"即教育资源公共服务平台、教育管理公共服务平台），显著提升了校园网络基础设施、数字化资源和信息化教育管理水平，为智慧校园建设奠定了良好的基础。基础设施的智慧化是智慧校园建设重点关注的内容之一。截至2019年8月，随着全国大力推进智慧校园建设，智慧教学楼、智慧校医院、智慧办公室、智慧图书馆、智慧场馆、智慧宿舍、智慧餐厅等校园基础设施的智慧化水平有了一定程度的提升。

智能教育终端普及率显著提升。计算机、笔记本、视频展台、液晶电视机、投影机、多媒体中控系统、触摸一体机、电子白板、平板电脑、移动终端、智慧黑板等教育媒体已经广泛进入学校。教育媒体种类越来越丰富，功能越来越强大，呈现智能化、智慧化的发展趋势。智慧教室逐步取代了传统教室，创客教室逐步取代了传统主题教室，智慧实验室逐步取代了传统实验室，智慧场馆逐步取代了传统场馆。广泛运用智能教育终端的智慧学习环境，为学习者提供了多样化、个性化、智慧化、情境化的学习体验，让学习变得更便捷、更舒适、更高效。

（二）教育信息网络基本满足教育教学需求

截至2017年12月，互联网普及效果显著，学校普遍接入宽带互联网。

---

① 王运武、于长虹：《智慧校园——实现智慧教育的必由之路》，电子工业出版社，2016，第1~10页。

教育信息网络基本能够满足教育教学日常需求，但是用户的宽带体验感有待提升，超前部署教育信息网络的需求仍然存在。"宽带提速""超前部署5G网络"将会成为新常态。

截至2018年12月，中国网民规模再创新高，达8.29亿，普及率达59.6%，较2017年底提升3.8个百分点。其中，手机网民规模达8.17亿，网民通过手机接入互联网的比例高达98.6%。2018年，进一步扩大了互联网覆盖范围，互联网造成的"数字鸿沟"加快缩小。中国持续推进IPv6大规模部署，IPv6地址数量为41079块/32，年增长率达75.3%。①

东部城市学校的办公区和教学区大多实现宽带网络和无线网络全覆盖，但是东部乡村学校、西部学校的有线和无线网络覆盖率有待提升。教育信息网络基本能够满足教育教学需求，但是省市、区域、城乡、学校之间存在较大差距。例如，以青岛市与河南省某薄弱市为例进行比较。截至2018年4月，青岛市实现了100G骨干带宽、区市分中心40G带宽、中小学10G带宽接入新一代教育城域网。学校校园网主干宽带以千兆级为主，占58.9%，其次是百兆级，占29.58%，有5.76%的学校校园网主干宽带已经达到万兆级，还有3.93%的学校校园网主干网只有十兆级。② 2018年，河南省某薄弱市宽带网络接入率仅为89%左右，平均带宽为55.38Mb/s，有65.27%的学校接入带宽在10Mb/s~50Mb/s，其中带宽达到100M以上的学校占22.35%。只有18.81%的学校实现了有线网络全覆盖，23.23%的学校实现了无线网络全覆盖。③

教育信息化发达区域实现了《教育信息化十年发展规划（2011~2020年）》提出的"超前部署教育信息网络"的目标。④ 但是教育信息化薄弱区

---

① CNNIC：《第43次〈中国互联网发展状况统计报告〉》，2019年2月。
② 北京师范大学智慧学习研究院：《〈青岛市"互联网+教育"行动计划（2016~2018）〉评估报告》，2018年8月24日。
③ 周昱希、梁林梅：《区域基础教育信息化发展现状调查研究——以河南省某薄弱市为例》，《中国教育信息化》2018年第8期。
④ 教育部：《教育信息化十年发展规划（2011~2020年）》，2012年2月13日。

域的教育信息网络仅能满足教育教学基本需求，还不能满足教育教学高端需求。

随着智能手机的普及，移动互联网普及率显著提升，学校实现了移动互联网全覆盖。截至2018年6月末，移动互联网用户总数达到13.4亿户，同比增长14.5%，其中，手机上网的用户数达12.3亿户。①

（三）数字化教育资源多样化

截至2017年12月，数字化教育资源日益丰富，呈现显著的多样化特征，基本满足了学习者的个性化需求。建国初期，中国教育资源严重困乏，难以满足教育教学需求，而如今教育资源充足。只有教科书和教参的时代成为永恒的记忆，形态各异、种类繁多的数字化教育资源让师生目不暇接。近年来，数字资源、立体资源、虚拟现实资源、增强现实资源、3D资源、全息资源等新形态资源弥补了传统纸质资源的不足，让师生有了更多的资源选择。

智慧型课程资源取代了传统课程资源，线上、线下相结合的混合式课程资源发展迅速。纸质教材、电子教材、PPT、APP、在线课程、MOOC、SPOC、微课等多形态课程资源并存。混合式课程突破了课上、课下的界限，混合式教学、混合式学习正在逐步成为日常教学常态。个性化学习资源、生成性学习资源、仿真学习资源、移动学习资源等各种学习资源蓬勃发展。物联网、大数据、全息技术、裸眼3D、人工智能等在新型数字化教育资源建设中具有非常大的应用潜力。数字化教育资源智慧化趋势日益明显，将有助于学习者获得个性化、智慧化、宜人化的学习体验。

2018年9月17日，教育部为加快建设高水平本科教育，全面提高人才培养能力，决定实施"六卓越一拔尖"计划2.0重大项目。② 随着"金课建

---

① 《我国移动互联网用户总数达13.4亿户 6月户均接入流量超4GB》，飞象网，2018年7月20日。
② 教育部：《教育部关于加快建设高水平本科教育全面提高人才培养能力的意见》，2018年9月17日。

设"计划（建设 10000 门左右国家级一流课程和 10000 门左右省级一流课程）的实施，全国高校必将掀起新一轮的线上、线下混合式课程建设浪潮。

（四）教育信息化应用逐步进入融合创新阶段

截至 2017 年 12 月，教育信息化应用水平显著提升。2018~2019 年教育信息化应用将逐步进入融合创新阶段，信息技术对教育教学的改革支撑作用显著增强。信息技术支持的管理、教学、教研、科研等创新应用崭露头角。教育信息化支持的"扁平化"管理，显著提升了教育管理绩效。大数据和人工智能的应用，促进了教育管理和决策的科学化、精准化和可视化。

混合学习方式、计算机支持的协作学习方式、网络学习方式、E-Learning 学习方式、移动学习方式、仿真学习方式、虚拟学习方式、微课程学习方式、翻转课堂学习方式等新型学习方式正在被师生采纳。新理念、新理论、新媒体、新技术、政策引导等催生了多样化的教学方式和学习方式。未来学习方式的变革将趋向于多样化、个性化、主动化、信息化、泛在化、智慧化。[1]

信息技术与课程整合可为新型教学结构的创设提供理想的教学环境。信息技术支持下的新型教学模式不断涌现，信息化应用模式逐步深入。"专递课堂、名师课堂、名校网络课堂"的创新建设与应用，不断扩大优质资源覆盖面。

信息化教研逐渐成为常态化，越来越多的教师逐渐尝试跨区域、跨领域开展教研活动，打破了传统面对面的教研模式。创新的教研形态逐渐被越来越多的教研员采纳，教研员的信息化教研素养明显提升。越来越多的研究者能够熟练使用信息化科研工具和方法，信息化科研加快了知识更新进化的速

---

[1] 王运武、朱明月：《学习方式何以变革：标准与路径》，《现代远程教育研究》2015 年第 3 期。

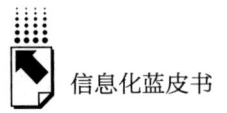
信息化蓝皮书

度。信息化科研显著提升了文献检索效率，熟练使用各种数字化资源和科研数据库成为开展课题研究的重要途径。

（五）师生信息技术应用能力逐年提升

截至2017年12月，教师信息技术应用能力普遍提升。2018～2019年，全国各地在教育部统筹指导下，积极推进教师信息技术应用能力培训工作。教师信息素养大幅提升，信息化教学逐渐成为常态。教师显著提升了运用数字化工具和软件进行教学的能力。高校和中小学校长普遍提升了信息化领导力，涌现了一批教育信息化专家型校长，在推进学校教育信息化进程中发挥着重要的作用。教师的数字化学习能力明显增强，越来越多的教师能够迅速学习新知识和新技术，能够创造性地开展教学与教育管理工作。

教师广泛应用信息化教学平台的协同教研、备课、录课、课后辅导、试题组卷、阅卷工具、作业评价、学生个性化学业诊断、学生管理、排课系统、课间制作、资源分享等功能。Office办公软件、微课制作软件、一起作业、问卷星、作业盒子、微信、QQ等是中小学教师经常使用的信息化软件。蓝墨云班课、课堂派、雨课堂、Edmodo等是高校教师经常使用的课堂教学支持工具。

随着中小学信息技术教育的普及，学生的信息素养提升显著。越来越多的学生拥有智能手机、平板电脑、笔记本等移动终端。线上线下的混合式学习正在逐步成为高校和中小学的主要学习方式。学生普遍提升了利用信息化工具和技术解决问题的能力，能利用信息化工具和技术开展协作性学习、探究性学习、研究性学习等。随着STEAM教育和创客教育的实施，以创新为引导的学习逐渐受到学生的青睐。

未来几年，随着全国中小学教师信息技术应用能力提升工程2.0的实施，校长信息化领导能力、教师信息化教学能力、培训团队信息化指导能力等培训项目将会明显增多。教师信息技术应用能力的提升将会成为推进实施教育信息化2.0行动计划的重要支撑。

三 新兴信息技术与教育信息化

教育信息化的发展与信息技术发展密切相关,新兴信息技术是推动教育信息化发展的重要力量。人工智能、大数据、5G 网络、区块链、物联网、增强现实、虚拟现实、仿真技术、全息技术、3D 技术、全光网、学习分析等信息技术的出现与发展,为教育信息化的发展提供了有力的技术支撑。

(一)人工智能技术在教育中的应用现状及前景展望

人工智能对学习、生活和工作的影响越来越大,在教育领域中的应用具有很大的潜力,将会显著提升教育生产力,让未来的教育真正拥有"智慧"。[1] 尤其是 2016 年来,教育人工智能研究和实践应用呈现井喷式发展,教育人工智能产品发展迅速,涌现了诸多典型应用案例。国家高度重视人工智能发展,将人工智能上升为国家战略,大力推进教育人工智能创新应用,实施全民智能教育项目。教育人工智能未来发展,需要加强政策引导和标准规范,推进教育人工智能技术创新,推进人工智能与教育产生深度融合效应,做好人工智能变革教育的准备。

截至 2019 年,教育人工智能企业蓬勃发展,产品研发能力持续增强,涌现了智能教学平台(系统)、全面智能测评、拍照搜题在线答疑、智能语音识别辅助教学及测评、教育机器人、模拟和游戏化教学平台等多种人工智能产品,在教育应用中获得了较好的应用效果,获得了用户的好评。例如:截至 2019 年 8 月 8 日,批改网批改的作文达到了 552142071 篇,[2] 以语义和语料库的支持瞬间完成作文批改任务,显著减轻了教师负担,受到教师的青睐。

---

[1] 王运武等:《教育人工智能:让未来的教育真正拥有"智慧"》,《中国医学教育技术》2018 年第 2 期。

[2] 数据来源于批改网,https://www.pigai.org。

联合国教科文组织高度重视人工智能对教育变革可能带来的影响,多次举办全球性会议研讨人工智能在教育领域中的应用。近年来,智能技术作为新一轮科技革命的代表,受到国际上很多国家的高度重视,成为世界各国核心竞争力的重要关注点。

2019年5月,在北京召开的国际人工智能与教育大会上,达成了利用人工智能破解教育变革难题、利用人工智能变革教育的共识。当前社会正处于教育系统变革的关键时期,为促进教育人工智能发展,各国需要制定有效促进人工智能教育发展的政策,规划好人工智能与教育融合的路径,加强人工智能相关人才培养,重视人工智能教育的伦理问题。

人工智能在促进教育2030议程、赋能教学、优化管理等方面具有潜能。[①] 在促进教育2030议程方面,人工智能能够改变学习方式,助力个性化培养,能够为每个学生进行"数据画像",能够变革教学方式、降低教师负担。人工智能赋能教学存在四个境界:教师学会基本的人工智能知识和原理;教师学会利用人工智能来学习;教师尝试利用人工智能开展教学;教师向他人传递利用人工智能学习和教学的经验。人工智能能够优化管理,改善学校治理。人工智能技术在教育数据收集、整理、分析等方面具有优势,有利于实现基于数据的教育治理。

(二)机器人技术在教育中的应用现状及前景展望

教育机器人综合运用了人工智能、语音识别和仿生技术等技术,在培养学生的分析能力、创造能力和实践能力等方面具有较大的应用潜力。近年来,随着机器人技术的迅速发展,教育机器人呈现良好的发展态势。教育机器人受到教育领域的高度关注,逐渐成为国内外研究热点之一,并涌现了一批教育机器人的研究机构。目前,教育机器人研究涉及外观、听觉能力、视觉能力、认人能力、口说能力、同理心与情绪侦测能力、长期互动能力等。

---

① 黄荣怀:《人工智能促教育2030议程实现》,《中国教育报》2019年5月18日,第3版。

从市场的发展现状来看，教育机器人产品的应用情境分为四类：①大学和家庭场域中的教育机器人，如智能玩具、儿童娱乐教育同伴和家庭智能助理等；②部分产品目前还处于概念性阶段，虽然已明确定义了需求的应用情境，但尚未得到市场的验证，如课堂机器人助教和机器人教师等；③针对公共场所定制的教与学的产品，如安全教育机器人；④专业场域的教育机器人，如工业制造培训、手术医疗培训、复健照护等。①

教育机器人在创新教与学活动中具有广阔的市场应用前景，典型的十二类教育机器人产品分别是：智能玩具、儿童娱乐教育同伴、家庭智能助理、远程控制机器人、STEAM教具、特殊教育机器人、课堂机器人助教、机器人教师、工业制造培训、手术医疗培训、复健照护、安全教育机器人。②

目前，尽管受人工智能、语音识别和仿生技术等关键技术的限制，教育机器人还不能很好地满足人们学习的高层次、多样化需求。教育机器人在实践中的应用还存在课程管理平台、对应的学习内容和师资等缺乏的诸多困难，但是随着教育机器人市场需求的日益增加，其发展前景非常乐观。教育机器人在课内外教学中的应用越来越多，北京、上海、广东、江苏等地已经将教育机器人纳入地方课程或校本课程。未来几年，教育机器人将会持续成为研究热点，教育机器人产品将会越来越丰富。

（三）大数据技术在教育中的应用现状及前景展望

美国、日本、中国等国家都将大数据作为国家战略，推动大数据开发和应用。近年来，大数据产业发展迅速，教育是大数据的重要应用领域。高校和中小学逐渐认识到大数据的潜在价值，教育大数据逐渐成为重要的教育资产。目前，教育大数据产品主要有自适应学习类、作业答疑类、语言学习类、题库测评类、课堂教学类、情感关怀类等。

---

① 黄荣怀等：《教育机器人的发展现状与趋势》，《现代教育技术》2017年第1期。
② 黄荣怀等：《教育机器人的发展现状与趋势》，《现代教育技术》2017年第1期。

教育大数据呈现了四大价值：一是为个性化学习提供数据支持；二是促进教学范式从传统经验感知转向数据驱动的精准化教学；三是提高教育治理现代化水平，实现基于数据支持的教育决策和管理；四是促进研究范式多样化，全样本数据使科学研究更精准。①

未来3年，基于教育大数据的学习行为、学习过程、学习干预等学习分析，以及教育决策和管理、科学研究等值得关注。教育大数据与教育人工智能的结合，将会使"互联网+教育"如虎添翼，促进学习、教学和管理的深层次变革。随着智能终端设备的普及，人工智能将会让用户成为透明人，教育大数据的安全问题显得尤为重要。教育大数据引发的数据泄露、数据伦理道德等问题亟待解决。

（四）5G在教育中的应用现状及前景展望

2018年12月20日，5G当选为2018年度科技类十大流行语。5G作为下一代无线网络的传输技术，最大的优势是传输速度快。5G网络峰值理论传输速度可达每8秒1GB，比4G网络的传输速度快数百倍。未来5G网络具有趋向于多元化、宽带化、综合化、智能化的发展趋势。5G网络将使各种智能终端实现高速网络连接，更好地发挥智能终端的优势。移动数据流量将呈现爆炸式增长，超密集异构网络成为未来5G网络提高数据流量的关键技术。②资源应用、环境设计、课程开发、管理细分、教师培训、学生学习、评价优化等成为5G与教育教学实践融合创新的重要场景。③

截至2019年5月，中国移动、中国联通、中国电信三大运营商的5G试点超15个城市。2019年，全球迎来了部署5G规模商用的浪潮，5G火车站、5G智慧高速公路、5G地铁站、5G自动驾驶示范区、5G电话等5G规

---

① 李振等：《我国教育大数据的研究现状、问题与对策——基于CNKI学术期刊的内容分析》，《现代远距离教育》2019年第1期。
② 赵国锋：《5G移动通信网络关键技术综述》，《重庆邮电大学学报》（自然科学版）2015年第4期。
③ 赵兴龙、许林、李雅瑄：《5G之教育应用：内涵探解与场景创新——兼论新兴信息技术优化育人生态的新思考》，《中国电化教育》2019年第4期。

模商用让人期待。根据中国信息通信研究院预测，预计2020~2025年，我国5G商用将直接带动经济总产出10.6万亿元，直接创造经济增加值3.3万亿元，间接带动经济总产出约24.8万亿元，间接带动的经济增加值达8.4万亿元。①

2019年，信息化企业争先抢占先机，探讨"5G+智能教育"行业应用。2019年，网龙控股有限公司在福州长乐区投资建设了智能教育小镇，先行探索"5G+智能教育"，寻找智慧建设路径。2019年5月，浙江师范大学与中国联通联合启动"5G+创新实验室"。② 未来3年，全国将会掀起"5G+智能教育"浪潮。

（五）区块链技术在教育中的应用现状及前景展望

区块链是比特币的一个重要概念，构成了比特币的核心部分。区块链的本质是去中心化的数据库，包含了加密后的比特币网络交易信息。区块链分为三种类型：公有区块链、联合（行业）区块链、私有区块链。区块链具有去中心化、开放性、独立性、安全性、匿名性等特征。区块链体现了分布式数据存储、点对点传输、共识机制、加密算法等计算机技术的综合应用。

区块链技术有利于促进教育资源共享，推动教育资源的开放与公平。区块链技术对社会和个人有积极的影响，即在增加受教育机会，提高不发达国家以及发展中国家的教育投入水平，增强个人在劳动力市场上的竞争力和职业发展能力，进而促进社会创业等方面具有价值和意义。③ 区块链技术在教育中有六大应用模式：建立个体学信大数据、打造智能化教育淘宝平台、开发学位证书系统、构建开放教育资源新生态、实现网络学习社区"自组织"运行以及开发去中心化教育系统。④

---

① 《中国迎5G规模商用"风口"：三大运营商试点超15城市》，新浪财经，2019年5月27日。
② 卞军凯：《打造全球领先的智慧教育基地》，《福建日报》2019年5月26日。
③ 许涛：《"区块链+"教育的发展现状及其应用价值研究》，《远程教育杂志》2017年第2期。
④ 杨现民等：《区块链技术在教育领域的应用模式与现实挑战》，《现代远程教育研究》2017年第2期。

四 教育信息化产业

教育信息化产业是信息化产业的重要支撑之一,在深入推进教育信息化、促进信息化发展等方面继续发挥着重要作用。截至2017年12月,中国建立了完整的教育信息化产业体系,初步形成了良好的教育信息化产业环境,建立了教育信息化产业生态链。2018~2019年,教育信息化产业总体呈现蓬勃发展的态势,教育信息化产业融资逐渐趋向理性。国家逐年增加了教育经费投入,资本和新技术持续作用于教育领域,进一步激发了教育信息化产业活力。但是教育信息化产业政策还有待加强,教育信息化企业的国际竞争力还有待提升,教育信息化产业支持、促进教育信息化发展的作用还有待发挥。

(一)教育信息化产业政策薄弱

国家加大教育信息化产业支持力度,教育信息化产业引领教育产业发展,促进经济和社会发展的作用日益凸显。互联网+教育、人工智能、大数据、物联网、教育机器人、智慧校园、智慧教育等热点,激发了教育信息化产业发展的动力。

国家出台了《大数据产业发展规划(2016~2020年)》《机器人产业发展规划(2016~2020年)》《促进新一代人工智能产业发展三年行动计划(2018~2020年)》等,部分省市纷纷制定了物联网、大数据、机器人、人工智能等新兴信息技术产业发展战略。截至2018年1月,涉及教育信息化的A股上市企业数量仅仅增加到10家,教育信息化类企业的国际竞争力相对比较薄弱。教育是公共产品,教育信息化产业有其特殊性,兼具有经济属性和公益属性。为促进教育信息化产业发展,还需尽快出台教育信息化产业发展政策,形成教育信息化产业生态链,营造良好的教育信息化产业发展环境。

（二）教育信息化产业联盟持续推进"政产学研用"协同创新

国家教育信息化产业技术创新战略联盟、中国教育信息化产业技术创新战略联盟、北京教育信息化产业联盟等政产学研结合的新型创新组织，在教育信息化产业政策引导和解读，推动教育信息化产业技术创新，提升教育信息化产业核心竞争力，促进教育信息化产业结构转型升级，以教育信息化产业提升教育信息化行业水平等方面持续发挥着重要的作用。

（三）教育信息化市场持续回暖

教育信息化市场持续回暖，教育信息化产业迎来了辉煌的发展。教育信息化投资与融资逐渐趋向理性化，教育信息化行业趋势向好，教育信息化产业成为资本投资热点。2017年全国教育经费总投入为42562.01亿元，比2016年的38888.39亿元增长9.45%。国家财政性教育经费为34207.75亿元，比上年的31396.25亿元增长8.95%，占GDP比例为4.14%。[①] 2017年教育信息化经费支出不低于2731亿元，2018年教育信息化经费支出首次超过3000亿元。2018年、2019年，国家财政性教育经费占GDP比例继续保持4%以上的增长率，教育信息化经费财政性教育经费比重保持在8.5%以上。[②]

2015年教育信息化融资达到顶峰，随后两年逐渐降温，教育投资市场趋于冷静，从2018年开始教育信息化投资逐渐回暖。2013年至2020年，除2018年之外，中国教育信息化经费预算总体呈现持续上升态势，如图1所示。

在线教育打破了区域限制，扩大了优秀师资、优秀资源的覆盖面，有效

---

① 教育部：《2017年全国教育经费执行情况统计公告》，http://www.moe.gov.cn/jyb_xwfb/gzdt/gzdt/s5987/201810/t20181015_351535.html。
② 《经费超过3132亿！2018年，教育信息化是否迎来发展机遇？》，亿欧网，2018年1月23日。

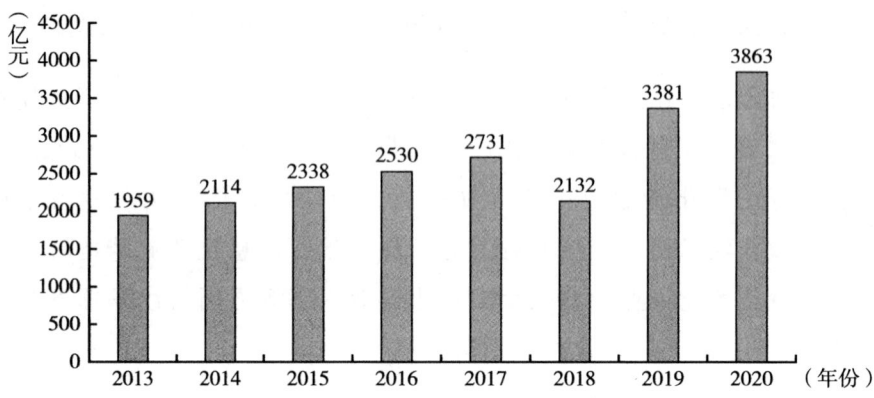

图1　2013~2020年中国教育信息化经费预算

资料来源：智研咨询集团：《2019~2025年中国教育信息化行业市场竞争格局及未来发展趋势报告》，http：//www.chyxx.com/research/201808/664398.html#catalogue。

促进了教育均衡发展。在线教育迎来快速发展期，备受资本青睐，大融资增多。2012~2018年，中国在线教育用户规模快速发展如图2所示。2019年，在线教育市场将进一步扩大，用户数量将继续增加。

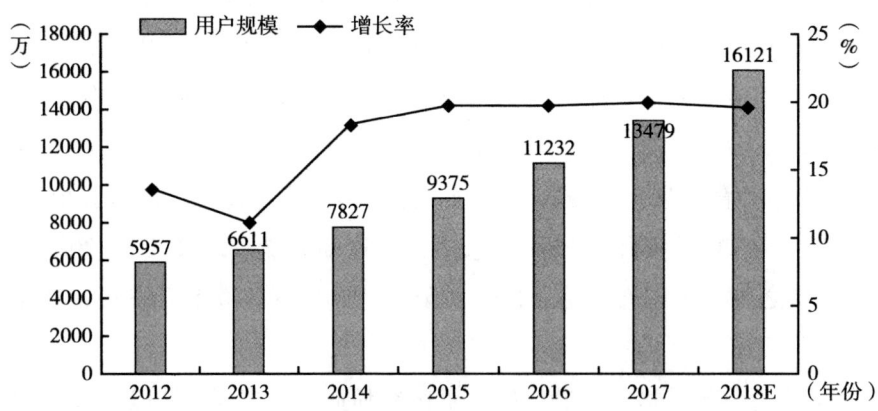

图2　2012~2018年中国在线教育市场用户规模及增长率走势

资料来源：智研咨询集团：《2018~2024年中国在线教育行业市场分析预测及发展趋势研究报告》，http：//www.chyxx.com/research/201806/652483.html。

据 2018 年 SmartShow 国际智慧教育展览会各院校报名用户调研数据，用户关注的教育科技产品依次为：人工智能和机器人、优质资源共享解决方案、校园文化和核心素养、新课标和新高考改革、创新实验室、创客教育和STEAM 教育、互动课堂、教育数字出版等。① 人工智能教育、机器人教育正在逐渐成为新的教育形态，悄悄改变着传统教育。2019 年，在线教育、教育大数据、教育云平台、校园信息化平台类软件、教育智能测评等比较受用户群体关注。未来 3 年，IT 基础设施、智慧化应用系统、智慧性教学资源等智慧校园产品将会继续受到用户青睐。

（四）教育信息化产业呈现多元化发展

中国教育信息化产业呈现多元化特征，智慧教育产业、教育机器人产业、教育大数据产业、教育人工智能产业等新兴产业崭露头角，成为新的教育信息化产业增长点。发达国家争先研制机器人产业、大数据产业、人工智能产业战略政策，抢占新兴产业发展先机。未来 3 年，新兴教育信息化产业将会呈现蓬勃发展的态势。

2011～2017 年中国教育机器人行业的市场规模快速扩展，年均复合增速超过 25%。2017 年，国内教育机器人行业市场规模同比增长 31%，达到 13.6 亿元。② 2018 年、2019 年继续保持良好的发展态势。根据北京师范大学智慧学习研究院发布的《2016 全球教育机器人发展白皮书》，以终端消费、教育机构市场模型预估教育服务机器人市场规模；以教育套件与 STEAM 玩具套件市场规模预估机器人教育的产品市场规模。最终得到的结论是：到 2021 年，全球教育机器人的市场规模将达到 111 亿美元。其中，教育服务机器人相较于机器人教育市场拥有更大的发展潜力。

数据的重要性日益凸显，越来越多的国家把大数据定义为国家战略资

---

① 《智慧教育展：2019 年教育信息化建设投入方向大预测！》，搜狐网，2018 年 10 月 19 日。
② 前瞻产业研究院：《2019～2024 年中国教育机器人行业发展前景预测与投资规划分析报告》，https://bg.qianzhan.com/report/detail/1609191752292583.html。

源,开始抢占信息时代的制高点。2017年我国教育大数据市场规模约53.1亿元,同比(2016年的33.9亿元)增长56.64%。2018年教育大数据行业迅速增长,2019年教育大数据市场规模将超百亿。①

2019年5月16日,陈宝生在国际人工智能与教育大会上以"中国的人工智能教育"为主旨发言指出,"建立起教育与人工智能产业的对接对话机制,将产业界的创新创造及时地转化为教育技术新产品,提供更多更优的人工智能教育的基础设施"。②

(五)以教育信息化产业推动"一带一路"国家和地区教育发展

教育信息化产业在推动"一带一路"倡议、促进沿线国家教育发展、提升国家文化软实力方面大有作为。推动教育信息化产品在沿线国家和地区的应用,有助于帮助沿线国家和地区人民了解中国,增强对中国教育体系和文化的认同感,加强教育的国际交流与合作,共同实现教育现代化。例如,福州网龙公司已经和马来西亚、埃及、尼日利亚、俄罗斯等20多个"一带一路"沿线国家和地区建立了战略合作关系,网龙将协助尼日利亚建设"三平台一中心"(国家教育资源公共服务平台、国家教育社区网络平台、国家数字人才培养平台、国家未来教育体验中心)。③

五 教育信息化未来发展展望

一是教育信息化未来发展必须面向教育发展的新形势、新需求。随着人工智能时代、智慧时代的来临,教育的需求将发展变化,人们期待更美好的

---

① 《2018年教育大数据行业快速增长,预计2019年市场规模将超百亿》,中国产业信息网,http://k.sina.com.cn/article_5121738109_13147857d00100dg42.html。
② 《教育部长陈宝生:要建立教育与人工智能产业的对接对话机制》,新浪网,2019年5月16日。
③ 卞军凯:《打造全球领先的智慧教育基地》,《福建日报》2019年5月26日。

教育。新时代的教育面临很多新的诉求，诸如教育范式从关注目标转向关注能力，教师理念需要与课程教学改革相匹配，师资需要缓解结构性短缺，信息时代教师的能力结构改变，信息时代的教学情景变化等。关于未来的教育，学习渠道扩宽了，教育培养目标转变了，课程内容要变，学习方式也发生着根本性变化，互联网为个性化学习、个别化学习提供了条件，改变了师生关系。教育亟待面向新形势、新需求，变革人才培养模式，充分利用智能技术加快推动人才培养模式、教学方法改革，构建包含智能学习、交互式学习的新型教育体系。

二是教育信息化未来发展必须及时采纳、吸收新兴技术，促进教育的包容性发展，为建立全方位的终身学习体系提供精准服务。教育机器人、教育大数据、人工智能技术、物联网技术、学习分析技术、区块链技术等新兴技术的发展，为教育信息化未来的发展带来了新的机遇。未来教育信息化的发展，必将注重促进信息技术与教育的深度融合，打造智慧学习环境，建设教育大资源，提升师生信息素养，从融合应用向创新发展转变，变革人才培养模式、教育服务模式和教育治理模式，从而促进教育信息化从"量变"到"质变"，激发教育系统变革，实现教育信息化的融合创新与发展，产生技术与教育的融合效应，培养具有全球意识和全球视野的创新型人才。依托智慧校园构筑的智慧教育系统成为孕育和启迪人类智慧、传递教育智慧的重要变革力量。在全球教育治理走向"共同利益"的背景下，教育信息化未来的发展将更有利于促进教育的包容性发展，为搭建开放、灵活的全方位终身学习体系提供精准服务。

三是教育信息化未来发展必须支撑和引领教育现代化，为建设教育强国服务。教育信息化为扫盲教育、扩大教育总体规模、提升教育质量、促进教育公平、开展终身教育、扩大教育开放、支撑经济社会发展等做出了重要贡献。教育信息化对于实现优质教育资源共享，促进教育均衡发展、引领教育创新与变革等发挥着至关重要的作用。中国教育事业的发展离不开教育信息化的支撑，教育信息化的发展激发教育创新与变革的动力。教育信息化既是教育改革与发展的推动者，又是教育改革与发展的引领者。教育信息化是国

家信息化的重要组成部分，以教育信息化带动实现教育现代化是中国教育事业发展的战略选择。当前，中国正处于从教育大国向教育强国转变的过渡时期，伟大的"中国教育梦"任重道远。教育信息化未来发展担负着助力中国从教育大国向教育强国转型发展、促进培养适应人工智能时代的创新人才、实现"中国教育梦"的历史重任。

B.13
中国智慧交通发展现状及趋势

刘方 李海舰 魏彬 郭明多 杨艳芳*

摘　要： 智慧交通是智慧城市建设的重要组成部分，在云计算、物联网、大数据、移动互联网不断发展的背景下，智慧交通成为解决交通拥堵、安全及能耗等问题的重要手段。本报告在智慧交通概念的基础上，对政府或地方出台的智慧交通相关政策与规划进行梳理，总结了中国智慧交通在公路交通、水运交通、城市道路交通和综合交通等方面的发展现状。针对中国智慧交通的热点应用，重点深入阐述了智慧交通在全出行链交通信息服务、自动驾驶、智慧公路、智能公交等方面的应用情况及支撑技术。最后从车联网和自动驾驶应用、交通大数据、精细化交通管理、信息服务等方面对中国智慧交通发展趋势进行了分析。

关键词： 智慧交通　车联网　自动驾驶　精细化交通管理

智慧交通是指在以人为本、可持续发展的理念下，有效集成智能传感技术、通信传输技术、数据处理技术和信息网络技术，并应用到交通系统中，

---

* 刘方，交通运输部科学研究院信息中心主任，研究员，研究方向为交通运输信息化、交通运输数据资源管理与应用等；李海舰，博士，北京工业大学城市交通学院副教授，专注于智能交通系统及应用技术研究；魏彬，硕士，交通运输部科学研究院信息中心助理工程师，研究方向为智慧交通、数字交通战略研究；郭明多，硕士，交通运输部科学研究院信息中心工程师，研究方向为交通运输大数据治理、数据安全等；杨艳芳，博士，交通运输部科学研究院信息中心助理研究员，研究方向为智能交通、交通大数据分析和应用等。

合理优化人们的出行方式，有效提升交通基础设施的管理水平，改善物流服务的运营效率，从而实现更为全面的互联互通和更深入的智能化，以达到提升人们出行体验和提高货物运输效率的目的。

智慧交通的概念是伴随着智慧城市的概念提出而产生的，智慧交通是在智能交通上发展形成的一种更高级的、先进的交通模式。智慧交通充分利用信息技术、导航与定位技术、计算机技术等高新技术，推动交通运输往更安全、更高效、更便捷、更经济、更环保、更舒适方面运行和发展。智慧交通使交通系统在区域、城市甚至更大的时空范围内具备感知、互联、分析、预测、控制等能力，能够充分保障交通安全、发挥交通基础设施效能、提升交通系统运行效率和管理水平，缓解拥堵难题，减少交通事故，为公众提供通畅高质量的出行服务。图1是组成智慧交通系统五大基本要素的结构示意。

图1　智慧交通五大要素

我国政府近年来大力推进智慧交通规划建设。《信息产业科技发展"十一五"规划和2020年中长期规划纲要》将"智能交通系统"作为重点发展项目。交通运输部在2013年提出加快"综合交通、智慧交通、平安交通、绿色交通"的建设,并将智慧交通作为交通行业的发展引擎,加快运用现代科学和信息技术,提升交通运输现代化水平,提升交通运输服务质量和水平。交通运输部在2017年发布的《智慧交通让出行更便捷行动方案(2017~2020年)》,围绕"加快城市交通出行智能化发展、不断完善智慧出行发展环境"等方面,"更好发挥政府作用,推动企业为主体的智慧交通出行信息服务体系建设,促进'互联网+'便捷交通发展"。表1列举了部分部委或地方颁发的智慧交通政策和规划。

表1 部委或地方颁布的智慧交通政策和规划

政策名称	颁发部门	颁布时间	主要内容
《2012~2020年智能交通发展战略》	交通运输部	2012年7月	提出中国智能交通发展的总体目标、战略重点、战略实施策略和措施等
《关于积极推进"互联网+"行动的指导意见》	国务院	2015年7月	明确提出要大力发展"互联网+"便捷交通,加快互联网与交通运输领域的深度融合
《"十三五"现代综合交通运输体系发展规划》	国务院	2017年2月	将在交通建设、运行、服务、监管等方面实现信息化、智能化,通信、自动识别、智能控制、云计算、大数据、物联网、移动互联网等技术深度融合交通运输行业
《推进智慧交通发展行动计划(2017~2020年)》	交通运输部	2017年1月	多渠道筹集资金支持开展智慧交通示范试点,加强交通运输大数据应用中心建设,建立交通运输政务信息资源共享机制
《智慧交通让出行更便捷行动方案(2017~2020年)》	交通运输部	2017年9月	提出要加快城市交通出行智能化发展,不断完善智慧出行发展环境,建设完善城市公交智能化应用系统。充分利用互联网技术加强对城市公共交通运行状况监测、分析和预测
《智能汽车创新发展战略(征求意见稿)》	国家发改委	2018年1月	建成一个"智能汽车创新发展"平台且实质运行,初步完成6大(创新、生态、设施、标准、监管、安全)体系建设

续表

政策名称	颁发部门	颁布时间	主要内容
《北京市自动驾驶车辆道路测试能力评估内容与方法(试行)》《北京市自动驾驶车辆封闭测试场地技术要求(试行)》	北京市经信委、交通委员会、公安交通管理局	2018年2月	对自动驾驶车辆的速度等提出相对严格的要求,并对自动驾驶车辆进行考核。同时,建设了国家智能汽车与智慧交通(京冀)示范区海淀基地、东方时尚驾校大兴基地两个自动驾驶封闭训练测试场
《实施国家智能汽车与智慧交通(京冀)示范区北京市自动驾驶产业创新扶持"星火计划"》	北京市经信委	2018年8月	"星火计划"以国家智能汽车与智慧交通(京冀)示范区封闭试验场为依托,为符合条件的参与企业(或创新团队)提供多种测试与技术评估特惠服务

我国的智慧交通行业发展较快,具有巨大的发展空间。从行业规模来看,2018年中国智慧交通行业投资规模达到1640.15亿元,比2017年1413.81亿元增长了16.01%,2018年随着各地智慧城市建设的推进,在智慧交通行业IT应用投资方面加大了力度。2019年智慧城市建设受政府投资的影响,智慧交通行业应用投资将会继续增长,智慧交通产业将进入新一轮的快速发展轨道。2013~2018年中国智慧交通行业投资规模情况如图2所示。

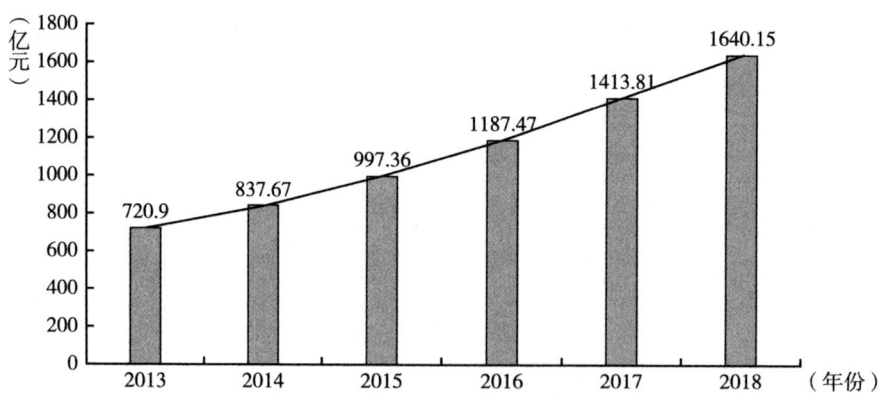

图2 2013~2018年中国智慧交通行业投资规模统计

资料来源:作者参考前瞻产业研究院资料整理。

一 中国智慧交通助力交通行业大发展

互联网的不断发展推动了交通运输行业增效升级，智慧交通成为助力公路交通、水运交通、城市道路交通和综合交通行业大发展的重要手段。随着物联网、云计算、人工智能、大数据、BIM 及 GIS 技术的发展，智慧交通将继续引领交通行业不断向更高水平发展。

（一）公路交通发展情况

物联网、车联网以及智能化的数据采集和感知技术的运用，助力公路交通的智能化水平向着智慧化的方向迈进。智慧公路的快速发展，使交通管理者能够更加全面、及时和准确地掌握交通基础设施、运输装备、场站设备等的运行情况和外部环境。在云计算、大数据等现代信息技术的集成创新与应用下，公路交通管理系统拥有巨大的存储能力、快准的计算能力以及科学的分析能力。高速公路智慧化是当下公路运输的发展方向，是实现公路高效运输、安全运输和绿色运输的必然要求。

公路交通的智慧化应用主要集中在智慧服务，主要是通过平台与智能手机、导航等移动设备终端进行链接，从而为相关用户提供个性化服务，包括基础信息管理服务，这主要是针对公路管理者和相关部门提供的智慧服务；出行服务，这主要是针对公路使用者提供的路况、交通情况等的信息智慧服务；增值服务，这主要是针对相关的网络服务商、广播电视媒体等的有偿数据服务。

在公路收费领域中，中国高速公路电子不停车收费（ETC）已经实现全国联网，京津冀，长三角、珠三角地区跨省区的收费系统实现联网，区域交流更加便捷。我国公路网络建设持续增加，公路货运能力不断提升。据中国智能交通协会统计，2018 年新建高速公路智能化系统的市场规模在 206 亿元左右。"十三五"规划到 2020 年实现高速公路里程 15 万公里。随着我国高速公路智能化、信息化的大力建设，高速公路总里程的不断增加以及维护、升级改造的不断实施，预计，未来我国高速公路智能化行业市场规模将不断增大。到2024年我国高速公路智能化行业市场规模将接近975亿元，年均复合增长率在13%左右。图3是2011~2024年中国高速公路智能化市场规模变化及预测情况。

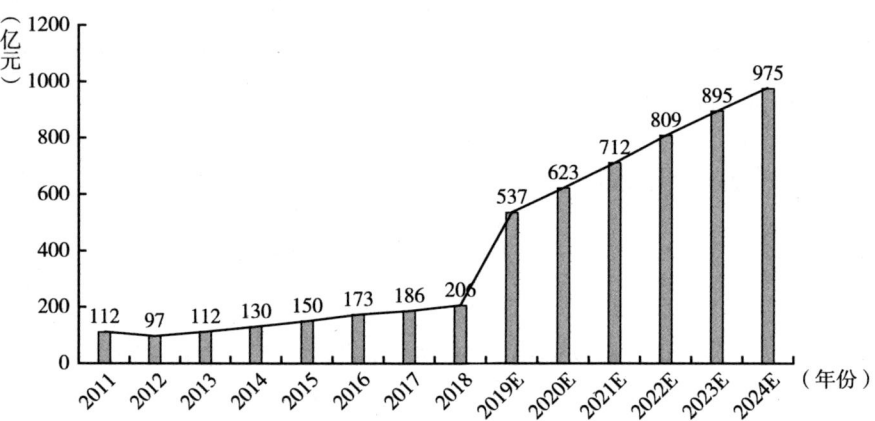

图3　中国高速公路智能化市场规模变化及预测情况

资料来源：作者参考前瞻产业研究院资料整理。

（二）水运方向发展情况

"十三五"规划纲要指出，在"十三五"期间要建设环渤海、长三角、珠三角世界级港海群，提升沿海和内河水运设施专业化水平，加快推进水运基于互联网的服务模式、管理模式及供应链、物流链等各类创新，培育"互联网"水运体系。加快推进长江、珠江—西河、淮河、闽江等内河高等级航道建设，深入推进山东、浙江、广东、福建、天津等国际航运试点区建设，有序推进沿海港口的集装箱、原油、液化天然气等专业泊位建设，稳步推进海南凤凰岛等国际邮轮码头建设，提升港口智能化、信息化水平。随着科技的发展，信息技术在水运上的应用越来越多，提升了水运交通的智能化水平，提高了水运交通的风险预控能力。在水运方面，以绿色、智慧、平安交通为导向的发展趋势逐渐凸显。

随着大数据技术、先进的信息通信技术和计算机技术在水运方面的应用，船舶的感知、分析、计算能力实现了智能化，船舶航行的安全性和高效性得到了有效保障。中国船舶工业集团使用的"会思考"智能船能够对船舶的运行情况、周边的海况环境进行实时连续感知，进而降低了船舶的事故发生率，保障了航运安全，实现了船舶运营智能服务的目的。

航运建设在"互联网＋"的模式下，通过"智慧港航"建设，可以实现水上交通运输信息资源共享。通过跨区域数据共享平台能够实现跨区域航运数据交换共享、跨区域航运船舶动态管理和自动识别信息实时共享，极大地提高船舶监管水平、风险预控和应急处置能力等。

智能化港口建设成为水运智慧发展的重点，各地正在积极推动智能化港口和闸口建设，港口商务、物流单证等的电子化和全过程网络化的服务不断加快实现，货物的连续追踪、实时监控和在线查询得到满足，港口企业与上下游企业的信息共享与交换机制不断建立健全，与口岸单位和管理部门实现资源共享。

国内港口货物吞吐量和集装箱吞吐量在全球居于领先地位。图4列举了2013～2018年全国港口货物/集装箱吞吐量情况，统计数据显示，2018年全国港口完成货物吞吐量143.51亿吨，比上年增长2.5%。随着大数据、云计算等先进信息通信技术在船舶运输、航道枢纽管理、航运管理、智慧港口等领域应用，推动我国水运交通实现智能化发展，不断推进智能船舶、信息传输网络技术和船联网技术等方面建设。

（三）城市道路交通发展情况

城市智慧出行在智慧交通系统的基础上，融合了物联网、互联网、大数据环境下丰富的信息资源和信息处理手段，汇集的交通信息能够为智慧交通提供全方位的信息服务。高效、安全、便捷、舒适的智慧交通，提高了城市交通系统的运行效率，降低了交通事故率和缓解了环境污染。"互联网＋"应用到城市交通及公众出行中，带来了网约车、定制公交、拼车、顺风车等新的交通出行模式。城市智慧交通实现共享交通，进行定制化、个性化交通

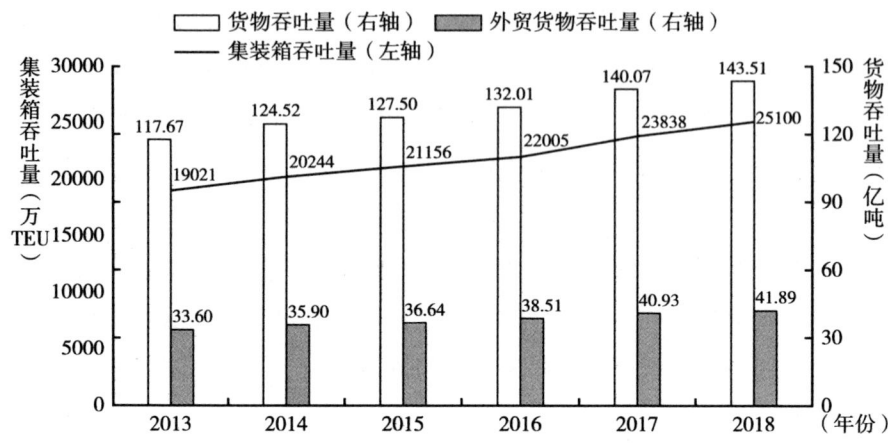

图 4　2013～2018 年全国港口货物/集装箱吞吐量情况

资料来源：交通运输部。

出行成为城市公共交通发展新突破点。

随着科技的不断发展，越来越多的新型技术被应用到交通管控，智能监控系统让人、车、路与交通管理部门进行实时的信息交换，管理人员可以实时获得车辆的排队、拥堵、信号灯等信息，能够及时准确地进行管理措施的调整以疏导交通，有效缓解道路交通压力。通过大数据、云计算技术，共享停车场车位数据，提升了整个停车场的车位周转率。智慧停车场管理体系的应用，实现了车辆的计时收费和车辆管理等功能。

目前的交通信息服务系统依托动态交通信息及其他车辆、道路、环境等信息资源，通过车载设备、手机等移动终端，联合交通广播、车载终端、可变信息板等显示装置，为出行者提供高质量的出行信息服务。

2014～2020 年中国移动出行用车用户规模及预测情况如图 5 所示。网约车行业的整体势头强劲，是当前共享经济与智慧交通模式的一种重要体现，是"互联网＋"在城市道路交通中应用的具体实践。

（四）综合交通方向发展情况

随着经济社会不断发展，前沿技术不断更新，综合交通运输方式使不同

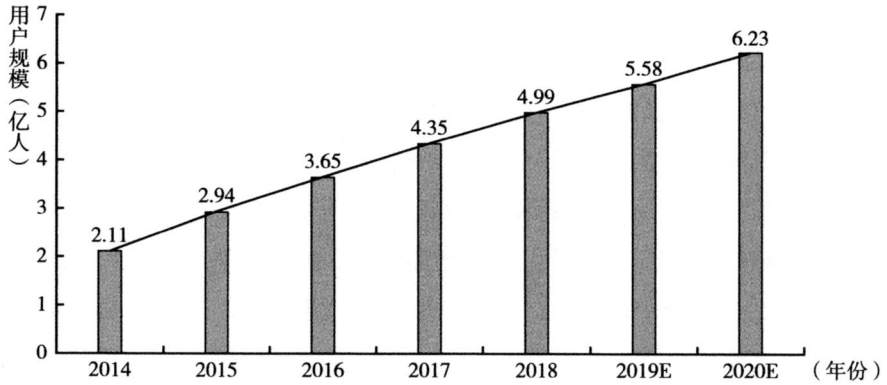

图 5　2014～2020 年中国移动出行用车用户规模及预测情况

资料来源：作者参考前瞻产业研究院资料整理。

运输方式资源得到可持续的最优配置。随着新兴技术的不断突破和在交通方面的不断应用，我国各种运输方式向着综合、协同的方向发展，多种交通运输方式之间存在信息交互滞后的限制，进而影响了综合交通的高效性和协同性。信息共享和服务智能化成为综合交通的发展和便捷出行的必要条件而得到发展应用。目前在加强公路、铁路、民航等枢纽换乘信息的基础上，同时提升多种交通方式间进行协同运行能力。综合交通的智慧化发展受到关注和重视，整合资源、信息共享、构建社会化的智慧交通管理和服务平台是我国智慧交通发展的特色。

我国当前的全国铁路网计算机联网售票和旅客服务系统、铁路运输管理信息系统、铁路综合监控及应急指挥系统等已经成为世界上规模最大的超大型系统，能够极大地提升铁路客运服务系统的综合性和智能性水平。基于数据链与精确定位的航空综合监视，机场跑道感知系统的构建，飞行区移动目标监控平台的实现，大型机场安全智能监测与主动防御技术不断成熟，我国新一代空中交通管理系统进一步发展。目前我国在许多城市已经将先进的公交智能化运营和服务系统应用到公共交通领域中，在地区范围内的公路、铁路、航空、水运、城市交通等多种交通方式中实现了资源信息和服务功能的整合，实现了跨区域的互联互通。

根据前瞻产业研究院发布的《智能交通行业市场前瞻与投资战略规划研究报告》，2014年的中国智慧交通行业市场规模达到246亿元，其中包括了电子警察、交通视频监控、智能公交等交通行业，同比增长25%。到2018年，中国智慧交通行业市场规模达到1329.4亿元，预计未来五年我国智慧交通将保持13%左右的年均复合增速；预计到2024年中国智慧交通行业市场规模将突破2593.8亿元，全国道路客运联网售票系统将基本达到统一服务的目标，推动旅客联程运输服务更加个性化和智能化，推动道路客运客票无纸化体系的建立。

二 中国智慧交通的热点应用及关键技术

我国的智慧交通建设随着近年国内新兴技术的发展而得到不断的改善，电子信息技术日益成熟，民众便捷交通出行需求提高，政府在智能化交通领域投入增大，伴随着车联网技术、自动驾驶技术的推广应用，智慧交通是交通运输信息化发展的方向和目标。

（一）全出行链交通信息服务

全出行链交通信息服务是在出行信息服务系统基础上，通过（电子）显示屏、引导标志和广播等车站重要的信息传递模式，使出行者在列车上通过广播、时刻表和显示屏等方式获取所需信息，为出行者提供门到门的出行信息服务。随着信息技术和通信技术的不断发展，移动互联网技术已经实现了无线终端技术在用户之间的全面使用。随着移动互联网的发展以及智能手机的普及，利用手机定位技术对居民出行轨迹进行追踪，通过采集和分析居民出行过程中产生的手机定位数据，居民出行信息能够完整被获取；交通信息的便捷式发布和分享，交通出行信息多样性共享与展示，更加流畅与简单。

大数据技术在智慧交通领域的应用比较广泛，通过交通综合数据中心，整合了交通运输行业系统内的占道施工信息、公交换乘信息、动态路况信息、客运线路信息和水路航运信息、社会公众活动信息、民航部门的航班信息、高速公路信息等，形成实时、全面、综合的全出行链交通信息，通过灵活多样、个性化发布手段，提供公众出行信息服务、政府管理信息服务。智慧交通的建设，一体化综合交通信息正通过网站、微博、车载终端、移动终端、路侧设施、公共媒体等多样化的方式，向公众提供一个完整的门到门无缝隙一体化综合全出行链的服务。

（二）自动驾驶

自动驾驶技术需要依靠高精地图及定位技术，高精地图可以为车辆环境感知提供辅助，提供超视距路况信息，并帮助车辆进行规划决策，自动驾驶车调用高精地图时可以优先形成行驶策略。自动驾驶汽车在人工智能、雷达、视觉计算、监控装置和全球定位系统等技术和设备下协同运行，计算机依靠获得的数据自动安全地操作机动车辆。自动驾驶融合了人工智能、通信技术、新材料、传感技术、互联网等多项新兴技术，具有提高公路安全性，缓解交通拥堵和环境保护等方面优势。利用高精度地图，通过各种采集技术获取道路信息，并将数据储存于共享数据库里；通过 GPS/北斗导航系统、雷达、视觉计算等手段，自动驾驶汽车感知周边环境数据，并通过据库中的地理信息对比，进而能够确定车辆所处位置；通过车联网（V2X）技术，在交换、共享道路环境等信息后，自动驾驶车辆将所获得的信息通过后台计算机进行处理得到车辆的行驶轨迹。自动驾驶技术是智慧交通发展的革命性应用，能够减少交通事故，更好地管理交通流量，进而增加道路通行能力，减少交通拥堵。

（三）智慧公路

智慧公路是交通行业与人工智能、新能源产业深度融合的"黑科技"。智慧公路利用物联网技术，通过信息传感设备和技术的使用，包含了射频识别（RFID）、红外感应器、全球定位系统、激光扫描器等，进行信息交换和通讯，实现智能化识别、定位、追踪、监控和管理。具备多维感知能力的智慧公路交通基础设施实现信息的互联互通，且能对信息进行自动控制，主动检测路网运行异常，及时上报道路拥堵、交通事故和设备故障。信息化技术深度融合公路行业，达到了主动预测、自动处置、快速响应、高效服务的目标。车路协同、区域路网协同管理、出行信息服务的应用，包括动态路径导航、实时路况发布、个性化出行、交通分析等，提高了公路信息服务水平和质量，为公路交通安全和高效通行提供数据支撑，全面提升以人为本的智慧公路决策水平。

目前智慧路网对高边坡、隧道及雾区等特殊路段进行监测进而降低交通事故方面已取得良好的效果。其原理主要是通过对经过车辆的流量、速度、胎压、胎温、车厢温度等进行实时监测，结合定位技术，整合定位、预判、应急等功能，进而对交通事故进行快速处置。服务区实现 Wi-Fi 全覆盖，所有服务项目均可网上支付，司乘人员可以通过自助服务终端查询全省高速实时路况，方便出行。

（四）智能公交

通过先进的定位技术、通信技术、GIS 技术，对公交调度系统进行智能化建设。智慧公交能够对线路、车辆进行有效调度，实现公交排班的智能化，极大地提高了公交车辆和线路的利用率，完善的视频监控系统的建设能够实现对公交车内、站点及站场的实时监控管理。城市公交进行智能控制管理，可以更加有序地管理公交系统。

智能公交系统可视化的服务、准确的监控，为公众出行提供更加安全、便捷的服务和有力的保障。公交调度监控系统实现了车辆营运的实时数据的采集和车辆的自动定位。智慧公交科学、智能、实时的运营调度，在完善的公交信息基础上，结合手机、实体电子站牌等信息公众可以准确地获取相关信息。智能公交加强了对运营车辆的指挥调度，能够更科学有效的管理公交车辆，提高了运营效率，使公众出行更优质、安全、经济、舒适。

三 中国智慧交通发展趋势展望及分析

我国交通智能化水平正持续提升，互联网与交通融合的步伐不断加快，智慧交通已经成为我国智慧城市建设的重要领域。智慧交通成为解决交通拥堵、安全及能耗等问题的重要手段，得到了政策层面的大力支持，未来发展空间较大。

（一）基于新一代通信技术的车联网应用落地及自动驾驶服务升级

作为新一代移动通信技术，5G将成为支撑未来创新的统一连接架构，给自动驾驶、车联网技术带来更多加速和突破，基于新一代通信技术的车联网应用落地未来可期。在工信部与交通运输部的合作下，中国公路系统的数字化、智能化改造正积极推动中，5G技术在车路协同中发挥重要优势。

随着5G网络建设同步展开，我国多数城市和高速公路会采用C–V2X（蜂窝车联网）技术对交通基础设施进行升级改造。具备C–V2X功能的车辆将能够率先感受到C–V2X技术带来的便利、安全、节能等优势。5G和AI等新兴技术的结合必将激发汽车行业的创新浪潮，推动整个汽车生态的进化。

自动驾驶技术在中国和美国得到高速发展。截止到2018年底，美国加州政府已经向60家企业发放了自动驾驶测试牌照，中国各地政府也先后向24家企业发放了测试牌照。得益于中国汽车产业链在5G技术和应用上的不断深化推进，利用5G技术低时延、高可靠、高速率和大容量的能力，车联网不仅可以帮助车辆间进行位置、速度、行驶方向和行驶意图的沟通，更可以利用路边设施辅助车辆对环境进行感知。5G和车联网技术是自动驾驶所必需的技术保障，通过利用5G技术的充分优势，在自动驾驶领域中5G技术将发挥出巨大作用。

自动驾驶技术能够将我们从当前的人工驾驶模式中解放出来，使我们的旅程更加安全、高效、环保。"5G+车联网"技术将大大增强自动驾驶车辆

的感知能力，促进了车联网应用尽早落地及自动驾驶服务的升级。更高级自动驾驶称为自主驾驶或无人驾驶，这需要更深入的车车/车路广泛协同，5G＋车联网技术将是自主驾驶或无人驾驶不可替代的必要手段。

（二）交通大数据深度挖掘助力现代交通管理与决策

大数据技术、信息处理技术的发展为交通领域的智能管理带来了可能，伴随着大数据时代的到来，新技术与新思维引导了交通的重大变革。对海量的现代交通数据进行挖掘，从中提取有价值的数据信息为公众的出行提供便捷，为相关交通决策的制定提供依据，在减少交通损失等方面具有重要的意义。

大数据时代，交通大数据交易需求迎来爆发式增长，大数据技术通过对海量无序的交通数据进行整合形成可利用、有规律的交通资源。利用交通大数据在降低交通运输成本、优化车辆驾驶路线、提高交通监测管理水平、满足民众个性化出行需求、交通应急处理等方面具备优势。

未来交通大数据的应用价值随着数据运营、数据挖掘的优化成熟将被全方位利用出来，变革新的交通管理与出行方式，交通运行智慧化水平将极大地提高。"互联网＋"时代，对海量的交通数据的分析、深度挖掘以提升交通服务质量和优化交通管理，形成数字化、智能化、电子化的智慧交通信息网络。

推动不同区域交通数据开放共享与互联互通，实现跨区域的交通协同。部门不协同和"信息孤岛"不断被打破，将交通数据聚整合到具有综合特点的交通信息大数据库中，动态的交通资源被合理配置并加以高效利用，能够大大地降低交通成本，实现交通运输高效管理。交通大数据在整合、处理、挖掘、分析过程中，"预防—监管—评估"大数据环形链的建立，能够实现交通运输便捷、高效、智能、现代地发展。

（三）精细化交通管理技术的实施利于交通系统安全提升

将物联网、大数据技术融入现代交通管理中，能够有助于精细化交通管理目标的实现。基于车联网技术对沟通优化平台实现智慧化,进而达到交通系统的精细化管理的目的。在城市交通运行最优化的情况下,各部门之间通过车联网网络化执行管理手段,部门之间的执行张力被有效缓解,进而管理部门间的运行精细化得以实现。

交通信息在物联网数据共享技术接口作用下变成了社会公共资源,传感技术利用车载终端对数据进行实时接收,促进了城市交通管理微观角度的精细化。停车的精细化管理能够通过车联网得以实现,将 RFID 技术应用至停车管理系统中,驾驶员在进入停车场后、无须任何人工操作,车辆的停车时间将极大地降低。停车空间的车位内的 RFID 标识,对全市的停车空间进行精细化地识别与管理,并将相关信息反馈给用户,最终能够实现车辆的最优化停车管理。利用精细化交通管理技术助力交通系统,使系统的运行更加优化,可以将交通管理服务工作做到准确及时、细致严谨,实现交通系统的安全、高效、协同运行和持续健康发展。

(四)全出行链信息服务的定制化、个性化、精准化

随着城市规模的不断扩大和交通问题的加剧,为了节约出行成本,出行者倾向于多个出行方式以出行链的形式连接起来。"门到门"全出行链包括从出发地到车站和从车站到目的地的"最后一公里"、等车、乘车及换乘四个环节的过程,全出行链信息服务的定制化、个性化和精准化将会大大提升出行者的出行效率,提升出行服务水平。

随着全出行的信息化建设不断发展,大部分的基础信息实现了计算机处理和网络化传输,信息技术被应用于生产组织和旅客人性化的服务。利用先进的计算机和通信技术为出行者提供详细的、及时的出行导航,以及通过历史的售票数据,及调用安装在用户终端的个人导航系统中的数据等,收集旅客的需求来实现出行者出行信息的定制化、个性化。实时高效通信系统和用于无线通信的控制机制及时为出行者提供实时路况运行监测、道路偶发拥堵、道路险情等信息,并且提前进行预警并实时规划替代线路方案。利用出行者的连续定位技术和手机的信令数据,实时获取个人的位置信息,实现交

通出行链信息服务的精细化和智能化。

通过高精度的定位技术、大数据技术、云计算、人工智能等关键技术，以及联合交通信息发布平台，为出行者提供全出行链信息定制化、个性化、精准化的出行服务，为大范围多方式城域OD的出行提供信息服务，能够保障高效接驳衔接，保证准点率，提升出行者的出行服务水平和舒适度。由于出行者的个人资料和位置数据涉及私人信息，需要特别注意处理，这些信息在使用或存储时，需要特别采取加密和设置权限等技术以确保个人隐私不泄露。

信息化环境建设篇

ICT Environment Construction

B.14
全球数据治理体系建设与中国的路径选择研究

付 伟*

摘 要： 数据治理体系建设是推动数字经济高质量发展的关键。美国和欧盟正在加紧构建符合自身利益诉求的数据治理体系，并力图引领全球数据治理，提升数字经济发展水平。我国数据治理体系建设尚不完善，国家数据安全和个人隐私保护的呼声较高，相关立法进展也较为迅速，有关促进数据产业和数字经济发展的法律规则相对不足。该报告认为我国数据治理体系构建需要综合考虑基本国情、数据安全、产业发展和隐私保护，要加快构建满足国家数据安全、数据产业发展和个

---

* 付伟，工学博士，京东集团法律研究院产业经济研究中心主任，曾入选国家外国专家局办公室、工业和信息化部办公厅第三批中青年技术专家，主要从事数据产业、数据治理、数字经济及信息化理论与政策领域的研究工作。

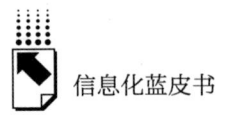

人隐私保护的"三方均衡"的数据治理体系。

关键词： 数据治理　数字经济　数据产业　隐私保护

数字世界与物理世界既存在显著的差异又具有广泛而密切的联系。数字世界一旦缺乏有效的治理规则，则会使物理世界的假、恶、丑等现象映射到虚拟的数字世界，最终阻碍数字世界的有效运行和人类社会的健康发展。[①] 随着人类社会加速进入数字经济时代，世界主要经济体和国家根据自身发展需要正在加紧构建数据治理体系。中国应该以国家数据安全为出发点，兼顾数据产业发展和个人隐私保护需求，积极借鉴欧美等发达国家数据治理体系建设经验，加快构建符合我国根本利益的数据治理规则体系。

一　数据治理的概念、内涵及目标

数据治理（Data Governance）早期主要指组织和机构对其所拥有的数据进行管理的各个方面。有机构将数据治理定义为一种确保数据在全生命周期中高质量存在的能力，重点包括数据的可得性、可用性、一致性、完整性和安全性等，通过构建流程以确保数据在机构组织中得到有效的管理。[②] 也有学者认为数据治理不仅是通过数据管理提升数据能力，更注重数据相关的流程设定和治理职责划分，因而数据治理是围绕数据资产展开的以组织决策为目标，包括数据管理的技术、过程、标准和政策的集合。[③]

随着数字经济的快速发展，脸书用户个人信息泄露事件、LinkedIn Vs hiQ案件、头腾（头条和腾讯）大战、剑桥分析事件等发生，大量有关数据

[①] 周宏仁：《信息化论》，人民出版社，2008，第580页。
[②] Data Governance, https://en.wikipedia.org/wiki/Data_governance, 2019年5月8日。
[③] 张宁、袁勤俭：《数据治理研究述评》，《情报杂志》2017年第5期。

的问题不断暴露出来，个人隐私保护、数据产业发展、国家数据安全等开始成为关注的重点。数据治理概念和内涵开始不断扩大，数据治理的主体从组织机构扩张到国家政府，数据治理的目的也从单纯地追求经济利益扩张到维护安全、保护隐私、促进发展等多元化目标。基于此，笔者将数据治理定义为，一国政府对其数据在收集、处理、利用、保护等方面采取的立场、主张以及与之对应的政策、策略和措施的集合。①在这个层面上，可以进一步将数据治理分为国内数据治理和国际数据治理两大部分，其中国内数据治理的内容主要包括数据权属问题、个人隐私保护、数据流通利用等，国际数据治理则包含数据的跨境流动规则、域外管辖问题和隐私安全问题，等等（见图1）。国内外通用的数据治理方法包括法律法规、行业自律、标准规范、双多边协议、执法规则等方面。

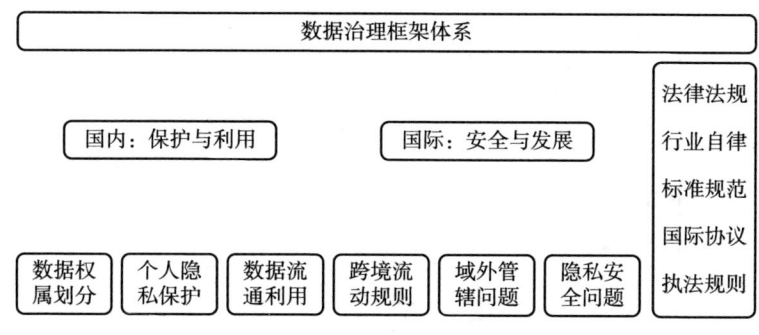

图1 数据治理框架体系

数据治理体系是国家法治化发展的重要组成部分，对于增强人们利用信息技术、发展数字经济的信心至关重要，也是有效保障国家数据安全、促进数据产业发展和保护个人隐私的基本要求。《通用数据保护条例》（GDPR）实施之后，美国信息技术创新基金会（ITIF）对21个国家的研究显示，在一定的个人信息保护水平基线以下，提高个人信息保护水平可以提升人们的信任水平并促进数字经济的发展，当个人信息保护水平提高到基线以上时，

---

① 付伟：《中国数据产业发展研究》，北京邮电大学博士学位论文，2019。

继续加强监管并不能带来额外的信任，也不能进一步促进数字经济发展，并可能抑制或减少数字经济创新。① 数据治理需要与国民经济、社会发展水平以及产业阶段相适应，否则会产生相反的效果。数据治理规则对数字经济产生影响的机制可以简单地描述为：当数据保护水平不足时，发展数字经济缺乏必需的信任基础，从而不利于数字经济发展；当数据保护水平不断提升时，人们对发展数字经济的信任也随之增强，并有助于促进数字经济发展；当数据保护水平过高时，数字企业的合规成本超过了创新预期可以带来的收益，不利于数字经济发展。因此，数据治理的核心目标是寻求最佳的数据监管水平或强度，以保证个人隐私保护、数据产业发展和国家数据安全的诉求得到不同程度的满足，并根据实际需要进行调节以达到全社会的利益最大化。

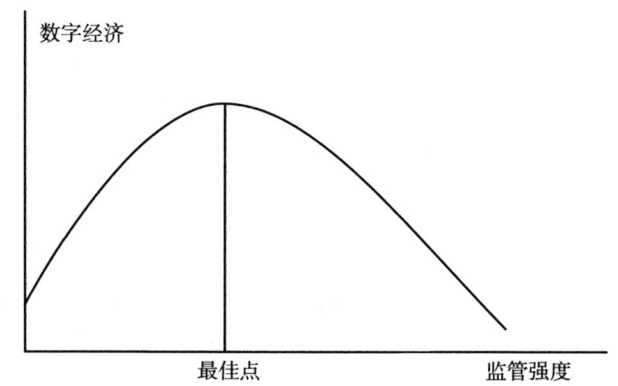

图2　数据治理的监管强度与数字经济发展之间的倒"U"曲线

二　欧盟、美国和部分发展中国家数据治理体系建设

世界各国/地区已经围绕数字技术和数字生态展开了激烈的竞争，以数据治理为代表的规则体系将是下一个重要的竞争领域。以欧盟、美国为代表

---

① ITIF, *Why Stronger Privacy Regulations Do Not Spur Increased Internet Use*, http://www2.itif.org/2018-trust-privacy.pdf.

的发达国家/地区，正在不遗余力地推动其数据治理规则和理念走向全球，更多的发展中国家也在积极构建维护自身利益的数据治理规则。

（一）欧盟构建基于高水平数据保护规则的数据治理体系

欧盟是全球主要的数字经济市场之一，其互联网日均活跃用户超过3亿，预计到2020年潜在数据经济增加值将超过7000亿欧元，同时创造超过1000万个就业岗位。[①] 然而由于成员国之间的语言、法律、标准、发展水平等存在差异，欧盟数字市场的碎片化非常严重，数字经济企业分布不均，更是缺乏骨干的互联网企业，成员国之间的在线服务活跃度低。从供需关系来看，美国企业始终是欧盟最大的数字产品及服务提供商，欧盟则主要扮演着数字市场消费者的角色。在此背景下，欧盟确立了构建数字单一市场的战略，一方面建立高水平的数据治理规则，另一方面消除区域内数字壁垒，鼓励数据区域内充分自由流动。欧盟的数据治理体系已经基本形成。

首先，欧盟出台了统一的数据保护规则，建立较高的数据保护标准，对欧盟数据接收国家、地区和企业提出"充分性"保护要求。欧盟2018年5月正式实施的《通用数据保护条例》（GDPR）构建了一套高标准的数据保护机制，赋予了数据主体访问权、被遗忘权、限制处理权、可携带权、拒绝处理权、获取信息权等大量的权利，其中被遗忘权、可携带权为GDPR创设的新权利，同时欧盟还通过建立"白名单"制度对其数据流入国进行严格限定，对损害欧盟公民个人数据权益的企业提出了巨额罚款。[②] 除此之外，拟于2019年实施的《电子隐私条例》将作为GDPR的特别法，对个人电子通信数据提出了更高的保护标准和要求。

其次，围绕推进欧盟数字单一市场战略的需求，大力支持各类数据在欧

[①] European Commission, Final Results of the European Data Market Study Measuring the Size and Trends of the EU Data Economy, 2017 – 5 – 2, https：//ec. europa. eu/digital – single – market/en/news/final – results – european – data – market – study – measuring – size – and – trends – eu – data – economy.

[②] 京东法律研究院：《欧盟数据宪章》，法律出版社，2018，第24~27页。

盟境内自由流动，以消除区域内的数字壁垒，促进欧盟数字经济发展。欧盟在其《欧洲数字议程》和数字单一市场战略中都显示出其对数据相关财产权益的重视和认可。GDPR正文开篇就强调，"不得以保护自然人个人数据处理为由，限制或禁止个人数据在欧盟的自由流动"。① 除此之外，欧盟还在积极探索企业间数据共享和非个人数据在欧盟境内自由流动的规则和机制建设。例如，欧洲理事会2018年4月发布《欧洲企业间数据共享研究报告》，强调企业间数据共享对欧洲数据经济发展的重要作用；欧盟委员会2018年10月通过了《非个人数据在欧盟境内自由流动框架条例》，以促进欧盟内部非个人数据在欧盟境内自由流动。

最后，为满足安全和执法诉求，欧盟提出了数据的域外管辖要求。虽然GDPR的"属人"管辖原则可以看作一种变相长臂管辖，但欧盟并不满足于此，进一步提出了《电子证据跨境调取的议案》，该议案基于安全和执法需要，可以直接向在欧盟境内运营的企业要求调取其存于欧盟境外的数据。

总体来讲，欧盟数据治理体系建设已经取得了不错的成绩，尤其是自GDPR正式实施以来，在构建成员国数据保护机构间合作机制和欧洲数据保护委员会的一致性机制方面取得了显著进展，截至2019年2月，欧洲经济区的31个国家/地区的数据保护机构共接到206326起案例报告，其中52%已经结案，累计行政罚款超过5595万欧元。② 同时，欧盟的数据治理理念和规则已经开始对其他国家的相关规则制定产生重大影响，特别是在个人数据和隐私保护保护方面，包括日本、印度、韩国、巴西在内的很多国家已经或者在推进类似GDPR的数据保护立法。

（二）美国构建基于全球数据自由流动的数据治理体系

美国依靠其在数字技术、专利标准、商业品牌、数字内容等领域的领先优势，控制着全球数字经济的关键领域和产业链环节，其对数据的控制能力

---

① 京东法律研究院：《欧盟数据宪章》，法律出版社，2018，第226页。
② European Data Protection Board, First Overview on the Implementation of the GDPR and the Roles and Means of the National Supervisory Authorities, 2019 - 2.

和分析能力远超其他国家。因此，美国数据治理体系的核心是在全球范围内消除贸易壁垒，支持数据在全球范围内自由流动，为其数字经济企业进军全球市场扫清障碍，但对于一些特殊领域的数据也会制定专门的规则予以严格保护。

第一，对外输出数据全球自由流动理念，并将其作为贸易战略的关键组成部分之一。美国没有就个人数据和隐私保护进行统一立法，并特别重视行业自律在数据保护中的作用，仅在公共机构、金融、教育、保险和儿童上网隐私等涉及敏感个人信息的领域进行单独的立法，例如医疗数据主要受《美国健康保险携带和责任法案》（HIPAA）保护，金融服务数据主要受《格雷姆—里奇—比利雷法案》（GLBA）保护。① 同时，美国高度重视数字贸易的发展，并将其作为贸易战略和贸易谈判的重心。为此，美国政府积极推动全球数据的贸易规则制定，在与欧盟、墨西哥、加拿大等国家和地区签订的协议中，增加消除数据流动壁垒的条款，促进双边的数字经济与贸易活动。②

第二，以国家安全为由就特定领域的数据提出限制出境或严格审查要求。一方面，美国依据《出口管理条例》（EAR）对军民两用技术的技术参数数据及数据库的出口许可予以严格限定，尤其是一些关键的参数数据集禁止出境。另一方面，为应对先进技术扩散的风险，美国已经开始限制外商对包括数据在内的高科技领域进行投资。2018年8月，美国快速通过《外商投资风险评估现代化法案》（FIRRMA）。如果外商投资美国高科技企业涉及收集、处理、存储美国公民的敏感信息，美国将依据FIRRMA对该项投资及涉事企业进行审查。而在诸如电信业等核心领域，美国外资投资委员会（CFIUS）明确要求国外网络运营商在美国为消费者提供通信服务的通信基础设施应位于美国境内，并将通信数据、交易数据、用户信息等仅存储在美

---

① 付伟、于长钺：《美欧跨境数据流动管理机制研究及我国的对策建议》，《中国信息化》2017年第6期。
② 茶洪旺、付伟、郑婷婷：《数据跨境流动政策的国际比较与反思》，《电子政务》2019年第5期。

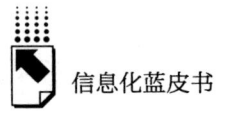

国境内。

第三，寻求数据领域的域外管辖区，制定出台旨在为增强美国执法机构获取数据能力的法案。2018年3月，美国国会通过了《澄清境外合法使用数据法》（CLOUD法案），授权美国执法机构可要求在美国运营的主体提供境外存储的数据。

此外，脸书个人用户数据大规模泄露事件爆发后，美国联邦政府和州政府层面的个人信息和隐私保护要求有所加强，特别是部分州政府加快出台个人信息和隐私的保护法规。2018年6月，《加州消费者隐私保护法案》快速获得通过①，而联邦层面统一的隐私保护立法业已提上议程，美国国会和社会各界展开了激烈的讨论。值得注意的是，《加州消费者隐私保护法案》的立法理念（选择退出，Opt-Out）与GDPR（选择进入，Opt-In）存在较大差异，而且严厉程度也不及GDPR。总之，美国数据治理体系构建的核心始终是围绕支持全球数据自由流动以消除数字贸易壁垒，服务于其贸易战略和国家整体利益。

（三）发展中国家普遍采纳谨慎的防御型数据治理规则

发展中国家在数据安全保障能力、数据控制能力和数据分析能力上普遍与发达国家存在较大差距，其经济发展阶段仍然处于工业化过程中，没有系统完善的数据治理规则体系。但是，面对全球数字经济发展的浪潮，特别是近年来出现了一些基于数据收集和分析而危害国家安全的事件，发展中国家普遍存在非常强烈的不安全感，由于担忧过于宽松的数据监管环境会威胁到国家安全和政权稳定，发展中国家比较倾向于限制数据自由流动的主张和规

---

① 值得注意的是，《加州消费者隐私保护法案》是一部自下而上推动的法案。2017年，美国地产商人Alastair Mactaggart发起了一项旨在加强隐私保护的投票倡议，获得超过60万人签名，并计划于2018年11月在州选举时进行投票。由于通过民间投票形成的法案极难修改，且加州相关企业及加州众议院议员对倡议诉求不能完全接受。议员与Mactaggart团队随后开展了谈判工作并达成协议：由众议院起草一份替代法案，如果在2018年6月28日前获得通过，Mactaggart将撤销倡议。《加州消费者隐私保护法案》于2018年6月28日获得加州议会通过，并于2020年1月1日生效。

则。总体来看，很多发展中国家主要从维护国家数据安全和保护个人数据的层面出发，提出包括在本地建立数据中心、在本地处理和存储数据、在本地进行特殊数据的容灾备份等要求。例如，越南早在2013年就要求互联网服务提供者需在境内建设至少一个数据中心，且部分特殊数据需本地化存储；2018年9月巴西出台了《一般数据保护法》，对个人数据的收集、使用、存储和处理制定了详细的规则，并要求数据跨境传输时，数据接收方所在国家的数据保护达到充分性保护水平。① 虽然限制数据跨境流动的规则可能对全球数字贸易带来负面影响，也不利于这些发展中国家融入全球经济体系和数字转型，但部分要求和规则也是发展中国家维护国家数据安全和保护个人隐私非常有限的手段和措施之一。

三 中国数据治理体系建设现状、存在问题及治理路径选择

数字经济已经成为我国创新创业最为活跃、发展动力最为强劲的领域。数据治理体系建设对数字经济高质量发展至关重要。当前，中国数据法律规则尚不完善，体系构建需要综合考虑个人隐私保护、数字经济发展、国家安全保障等多种诉求，加快构建"三方均衡"的数据治理体系。

（一）中国数据治理体系建设进展

中国数据治理体系建设可以分为两个阶段。在2019年以前中国立法和司法机构主要采取包容审慎的态度对待数据相关的新业态，数据治理体系的建设相对缓慢，主要围绕国家数据安全的需求和个人隐私保护的诉求制定和出台了一些法律法规。在综合性立法方面，《网络安全法》第三十七条提出"关键信息基础设施的运营者在中华人民共和国境内运营中收集和产生的个

---

① 茶洪旺、付伟、郑婷婷：《数据跨境流动政策的国际比较与反思》，《电子政务》2019年第5期。

人信息和重要数据应当在境内存储",首次为个人信息和重要数据存储进行了原则性规定,提供了上位法依据,但是有关个人信息和重要数据的概念和范围没有予以明确,同时存储条件等关键问题也有待后期出台相关的标准规范予以确认。《民法总则》第一百二十七条规定:"法律对数据、网络虚拟财产的保护有规定的,依照其规定。"该条规定虽然非常简短且不具备实际的操作性,但是其作为高层级法规指向了数据所蕴含的财产权利。[①] 这项规定可能为未来明确数据财产权利提供可以突破的方向。仍在编纂中的《民法典·人格权编》将"隐私权和个人信息"作为其中一部分,并对个人信息的范围及相关数据的收集、利用、保护等问题做了明确的规定。同时,鉴于数字经济发展态势远快于相关法律法规制定的速度,为了遏制侵犯个人隐私和"数据黑产"频发的问题,最高人民法院和最高人民检察院联合发布并于2017年6月1日正式实施了《关于办理侵犯公民个人信息刑事案件适用法律若干问题的解释》[②],明确了"公民个人信息"的范围,明确了非法"提供公民个人信息"和"非法获取公民个人信息"的认定标准,明确了侵犯公民个人信息罪和为合法经营活动而非法购买、收受公民个人信息的定罪量刑标准,以及明确了拒不履行公民个人信息安全管理义务行为的处理,涉案公民个人信息的数量计算规则和侵犯公民个人信息犯罪的罚金刑适用规则等,该司法解释的出台对侵犯个人信息和从事"数据黑产"的人员和机构产生了非常大的震慑作用。

然而上述司法解释主要关注刑事案件,涉及侵犯个人隐私和民事权益的问题仍然非常严重,数字经济健康快速发展需要更加透明高效的数据治理体系。自2019年5月以来,中国数据治理相关的法律法规制定速度加快,国家互联网信息办公室先后发布了《网络安全审查办法(征求意见稿)》《数据安全管理办法(征求意见稿)》《儿童个人信息网络保护规定(征求意见

---

① 王镭:《电子数据财产利益的侵权法保护——以侵害数据完整性为视角》,《法律科学》(西北政法大学学报)2019年第1期。
② 最高人民法院、最高人民检察院:《关于办理侵犯公民个人信息刑事案件适用法律若干问题的解释》,2017年5月9日。

稿)》《个人信息出境安全评估办法(征求意见稿)》,不仅要求对导致"大量个人信息和重要数据泄露、丢失、毁损或出境"的行为进行网络安全审查,同时对"利用网络开展数据收集、存储、传输、处理、使用等活动"提出了严格的安全保护和监督管理规则,同时对儿童个人信息和个人信息出境提出了特殊规定,具有中国特色的数据治理体系正在形成。与此同时,中国还加强了个人隐私保护的监督检查,2019年1月23日,中央网信办、工业和信息化部、公安部、国家市场监管总局联合发布了《关于开展App违法违规收集使用个人信息专项治理的公告》,要求移动应用程序(App)运营者在收集和使用个人信息时严格遵守《网络安全法》的相关规定,遵循合法、正当、必要的原则,不收集与所提供服务无关的个人信息,同时加强用户个人隐私保护。

(二)中国数据治理体系构建中需考虑的几个问题

数据治理体系是国家治理体系的重要组成部分,事关国家数据安全、数字经济发展和个人权益保护,需要从基本国情出发,综合考虑国家数据安全、数据产业发展和个人隐私保护的需求。总体来看,我国数据治理体系建设需要考虑以下几个问题。

第一,中国仍然是全球最大的发展中国家,发展仍然是第一要务,数据治理规则体系的构建要符合这一最基本的国情。习近平总书记在庆祝改革开放40周年大会上的讲话明确指出,"必须坚持以发展为第一要务,不断增强我国综合国力","我们必须围绕解决好人民日益增长的美好生活需要和不平衡不充分的发展之间的矛盾这个社会主要矛盾"。① 这要求国家经济社会和法治化建设必须围绕满足人民日益增长的美好生活需要,不断地提高综合国力。从历史的经验和实践来看,单纯通过国内法宣示数据的主权对于保障国家数据安全的作用有限,数据安全保障能力的核心是对数据的控制力和分析力,归根结底有赖于掌握核心数据技术和强大的数据

---

① 习近平:《在庆祝改革开放40周年大会上的讲话》,2018年12月28日。

产业。① 当前,产业界呼吁通过加快推进数据财产相关的权益确权,不断推进数据产业和数字经济发展,但是相关的数据治理规则仍显不足。按照"发展是第一要务"的要求,数据治理体系构建既需要适当扩大个人对其数据的权利,也需要对企业付出成本而合法收集、存储和利用个人数据的权利予以认可,② 充分激活企业围绕数据资源进行创新创业的活力。因此不仅需要保护个人权益,也需要考虑企业竞争和生产关系,以便在有关数据的合约监管、风险管理、资源交易与定价等领域实现更加符合数字经济发展的机制设计。③

第二,防止过严的数据治理规则制约数据企业进行早期资本积累,限制数据产业能力提升,阻碍数字经济发展。数据治理理念和规则需要与一国或地区的发展水平相适应,否则可能产生严重的消极影响。2010年美国和加拿大的两位教授做了一项关于隐私政策和在线广告的研究,研究显示自2002年欧盟执行数据保护规则限制广告商收集和使用用户信息以来,导致在线广告的有效性降低了65%。④ 这项措施使欧盟(当时为欧共体)的互联网企业很难通过利润丰厚的广告业务来完成早期资本积累,然而包括谷歌、亚马逊等在内的美国互联网公司正是在2002年之后的几年内迅速完成了资本积累,在进入欧盟之前已经拥有比它们的竞争对手更多的资金和技术,从而取得先发优势,后续不论欧盟的规则如何变化,它们都可以通过增加合规投入,使用更加先进的技术,抢占先机。当前,全球关于欧盟GDPR的讨论非常激烈,有一部分学者认为中国应该将GDPR作为范本来学习和借鉴。⑤ 但是GDPR强监管属性显现的弊端也非常明显,诸如对中小企业创新

---

① 付伟、于长钺:《数据权属国内外研究述评与发展动态分析》,《现代情报》2017年第7期。
② 程啸:《论大数据时代的个人数据权利》,《中国社会科学》2018年第3期。
③ 戴昕:《数据隐私问题的维度扩展与议题转换:法律经济学视角》,《交大法学》2019年第1期。
④ Avi Goldfarb and Catherine E. , "Tucker Privacy Regulation and Online Advertising", *Management Science* Vol. 57, No. 1 (January 2011), pp. 57–71.
⑤ 郑志峰:《人工智能时代的隐私保护》,《法律科学》(西北政法大学学报)2019年第2期;吴沈括:《数据治理的全球态势及中国应对策略》,《电子政务》2019年第1期。

创业不利，对人工智能等新技术的应用产生不利，可能加剧全球数字市场的碎片化等。① 美国信息技术创新基金会（ITIF）认为，GDPR 的执行要求企业投入更多的时间和金钱来遵守相关要求，企业关注的重点将是如何避免罚款，在此过程中消费者福利并没有增加。② ITIF 在另一份研究报告中提醒其他国家精简监管体系，通过宽松监管以促进数字经济发展，重点防范数字创新中对消费者的伤害，而非建立严厉的监管规则。③ 此外，美国国家经济研究局（NBER）的研究显示，GDPR 实施后，欧盟国家企业的融资额和融资案例数都显著下降，使成立 0~3 年、3~6 年、6~9 年的企业的每笔交易融资额减少 27.1%、31.4% 和 77.3%，造成的岗位流失相当于样本新兴企业雇员的 4.09%~11.20%（剔除 GDPR 可能创造的就业岗位），并对已经获得天使投资，正在寻求风险投资的新兴企业造成的影响最大。④

第三，中国数据治理体系构建需要支持合理安全的跨境数据流动。数字经济与数字贸易是全球经济发展的大趋势，中国需要在未来全球经济发展中发挥更重要的作用，需要支持合理安全的跨境数据流动治理规则。⑤ 一是当前中国与世界各国和地区的在线商业往来和跨境数据流动活跃程度不足，这与中国已经具备的经济总量和影响力是不相符的。随着数字贸易规模的不断扩大，中国与世界各国和地区基于互联网的商业业务和个人交流将更加频繁，如果没有相应的跨境数据流动主张和规则，既不利于提高跨境数据流繁荣程度，也不利于数字经济和贸易发展。二是需要通过构建合理的数据跨境流动规则体系来巩固和维护中国在数据资源和互联网发展方面的优势。互联网和大数据产业的通用性、可复制性和扩张能力非常强。中国拥有全球最大的互联网用户规模，也是全球数据资源和互联网产业发展最

---

① Kara Sutton, GDPR Success or Failure? Eight Things to Watch, 2018-5-24.
② Nick Wallace, Europe is about to Lose the Global AI Race-thanks to GDPR, 2018-5-25.
③ Daniel Castro & Alan McQuinn, This Is *NOT* an Update on ITIF's Privacy Policies, 2018-5-24.
④ Jian Jia, Ginger Zhe Jin, Liad Wagman, The Short-Run Effects of GDPR on Technology Venture Investment, 2018-11.
⑤ 付伟、于长钺：《数据权属国内外研究述评与发展动态分析》，《现代情报》2017 年第 7 期。

具潜力的市场。为巩固和维护数据资源和互联网发展的优势，有必要加强跨境数据流管理，维护基于商业目的正常和合理的跨境数据流动，坚决抵制可能损害我国国家安全、经济安全和个人隐私的跨境数据流动。三是中国"一带一路"倡议实施和企业的"走出去"需要明确的数据跨境流动规则予以支撑。中国已经成为全球诸多重要领域产业链的核心组成部分，随着"一带一路"倡议的深入实施，中国与境外机构和企业的技术、产业、商务合作会涉及大量的数据转移和交换，中国企业在境外建立分支机构和开展业务等，都有赖于跨境数据流的支撑，中国数据治理体系的构建需要充分考虑到这些诉求。

（三）积极探索构建"三方均衡"数据治理体系

数据治理体系是国家和地区间数字经济竞争的制高点，以欧美为代表的发达国家正在加紧推进其数据治理理念的全球化，以主导全球数字经济和数据治理规则。我国应从国家数据安全、数据产业发展、个人隐私保护三个层面综合考虑，构建满足国家、企业和个人利益诉求的"三方均衡"数据治理体系。首先，中国数据治理体系的构建需要应对日趋严峻的全球网络空间安全威胁和挑战，需要对诸如大规模的基因和生物识别数据、医疗健康数据、地理测绘数据、矿产资源数据等重要数据的收集、存储、利用及转移等提出严格限定，切实有效保障国家数据安全。其次，要高度重视数据产业的发展，掌握核心数据技术是保障国家数据安全，提高个人隐私保护能力的基本前提。数据治理的法律规则要支持和促进数据技术与产业的发展，不断提高数据控制能力，同时将最新的技术运用于数据安全防护和个人隐私保护之中，从而实现国家安全、产业发展和隐私保护的协调统一。最后，数据治理需要以人为本，加强对个人隐私的保护，构建起人们发展数字经济的信心。寻求对个人隐私的保护是国际数据治理中普遍的基本原则之一，有助于各国在进行数据治理对话过程中处于相同的话语体系之中。欧美国家非常重视数据隐私权的保护，世界大部分国家"对个人隐私需要采取保护"的态度是一致的，但是在立法层面和司法层面有显著的差异。中国需要认真研究美国、欧盟等国家和地区的数据隐私规则,并与我国实际相结合,提出符合我国国情的数据隐私保护规则,这可能是未来研究的重点。

数据只有流动起来才能创造价值,数据治理体系构建应有利于促进数据在不同主体之间有序流动。由于数据共享规则的缺失,企业间共享和再利用数据缺乏信任,数据互操作性低和访问成本高的问题较为严重,制约了智能供应链、智能制造等关键领域发展。当前,国外正在加紧推动企业间数据共享规则的制定,支持区域范围内企业间数据流动。欧盟为构建数字单一市场提升区域数字经济竞争力,除了出台数据保护法规外,还在积极推进欧洲企业间数据共享,通过深化区域内数据的自由流动,增强企业间数据的获取和传输便利性,以及数据的可移植性和互操作性等。① 欧盟企业间数据共享的经验有四个方面,一是构建数据供需双方互信机制,确保通过共享数据技术机制的高安全级别建立信任;二是明确合作伙伴之间数据共享需求,提供更为简单和界面友好的数据传输渠道,以及有关数据的具体用例等;三是建立企业间数据共享的法律和政策框架,特别是要重视个人数据保护和知识产权方面的法律政策;四是重视企业间数据共享为双方带来的切实收益。

从数据立法趋势看,中国数据治理的法律体系正在形成,《数据安全法》和《个人信息保护法》已经纳入十三届全国人大常委会立法规划,维护国家数据安全和个人信息保护将会继续予以强化,数据财产权益的界定和分配也有望进一步明晰。但相对而言,中国已经出台或正在制定的数据治理规则中支持和促进数据产业、数字经济发展的内容相对不足,尤其是从法律法规层面对数据企业、数据资源、数据产业予以认可和保护还有待加强。有专家提出建立《数据产权法》的思路非常好,通过明晰数据产权提高数据资源的市场配置效率,通过合理有效的产权制度安排激励企业进行更大规模的数据技术和模式创新。② 建议在优先保障公民个人隐私的基础上,按照数

---

① Everis Benelux, Study on Data Sharing Between Companies in Europe (2018), 2019-22-20.
② 周宏仁:《我国数据产业发展前景光明》,《人民日报》2016年1月18日,第7版。

据主体享受权利、承担责任和履行义务对等原则进行必要的数据产权划分。在此过程中，应充分考虑数字企业提供基于数据的产品和服务的投资收益情况，确保数据的流通、利用以及再流通、再利用成本最低和效率最高，不断提高数据产业全要素生产率，促进数据经济蓬勃发展和繁荣。①

---

① 茶洪旺、付伟、郑婷婷：《促进中国数据产业发展的路径》，《中国信息化周报》2019 年 5 月 27 日，第 14 版。

B.15
人工智能监管与法律规制

张平 刘露*

摘　要： 在国家人工智能"发展为主、控制潜在风险为辅"的战略布局下，科技创新与适度监管成为人工智能立法的两大核心价值。在深度把握人工智能发展规律的基础上，充分发挥国内人工智能场景优势，有序开展人工智能监管与法律规制相关工作。结合实体经济发展路线突破重点领域，平衡法律与技术的关系，鼓励科研创新，积极参加全球领域的人工智能治理。坚持人工智能基本伦理原则，在分散立法的同时，通过信息和算法的公开打通层级各异的立法体系形成有机整体。

关键词： 人工智能　监管　法律规制

人工智能技术在全球范围内掀起新一轮技术革命的巨浪。截至2018年，全球人工智能企业共计13717家，共计融资784.8亿美元。人工智能作为引领技术浪潮的第一梯队，2018年10月习近平总书记在中央政治局学习会上

---

* 张平，法学博士，北京大学法学院教授、博士生导师，北京大学知识产权学院常务副院长，北京大学法律与人工智能研究中心研究员，深入研究知识产权法、互联网法，重点关注互联网开放创新的知识产权保护与应用、标准必要专利的司法救济及反垄断规制以及大数据应用中个人信息的法律保护等问题；刘露，工学博士，高级工程师，北京大学法学院研究员，深入人工智能应用及大数据产业技术领域，结合法律行业智能应用现状开展"人工智能+法律"的理论及实践研究。

强调了其"头雁效应";2019年2月美国总统特朗普签署行政令,启动《美国人工智能计划》并推出 ai.gov,人工智能由民间技术层面向国家战略高度逐步推进。

人工智能的发展将影响到个人隐私、社会伦理以及产业安全等各个方面,因此对人工智能的支持不仅体现在技术战略本身,还要更多地关注相应的社会、产业政策及法律监管。2019年3月4日,十三届全国人大二次会议指出"全国人大常委会已将人工智能密切相关的立法项目列入本届五年的立法规划,同时把人工智能方面立法列入抓紧研究项目,努力为人工智能的创新发展提供有力的法治保障"。

一 人工智能的良性发展是技术与法律的平衡

法律生命力体现在时代的不断演进中,人工智能法律研究和法律规制绝非对人工智能的简单约束。立法和法律监督的前提是对人工智能科学规律的深刻理解,是"技术+法律"的平衡和创新。

(一)人工智能的社会属性

与传统技术革命不同,人工智能既具备技术工具的普遍客观属性又具备独特的社会属性。人工智能的发展从单一数据处理者向具备独立思维甚至情感的高级智慧演进,将经历三个阶段——弱人工智能阶段(Artificial Narrow Intelligence,ANI)、强人工智能阶段(Artificial General Intelligence,AGI)、超人工智能阶段(Artificial Super Intelligence,ASI)。当前有的法律学者用民事主体的民事行为能力类比人工智能的发展,将其类比性地区分为无行为能力、限制行为能力、完全行为能力三个发展阶段。

1941年阿西莫夫提出的机器人三大定律至今仍被人工智能专家们所研学并认可。第一定律:机器人不得伤害人类个体,或者目睹人类个体将遭受危险而袖手不管。第二定律:机器人必须服从人给予它的命令,当该命令与第一定律冲突时例外。第三定律：机器人尽可能保护自己的生存，前提是不违反第一、第二定律。2017年，阿西洛马人工智能23项原则，在伦理和价值（Ethics and Values）分类中指出人工智能价值观和价值归属问题："人工智能系统应该被设计和操作，以使其和人类尊严、权力、自由和文化多样性的理想相一致。高度自主的人工智能系统的设计，应该确保它们的目标和行为在整个运行中与人类的价值观相一致。"

在伦理和法律范畴，是否赋予人工智能以"人格"或其他虚拟的"法律主体资格"成为下一步立法和规制的焦点。然而，人工智能的工作目的基于人类的设定，虽可以独立决策或思维但并无其自身的目的性，技术上尚无法实现有意识的行为。因此，当前简单地将人工智能赋予"人格"或法律主体地位不够合理，依旧需要伴随技术的发展持有动态的观点。

（二）人工智能的三要素

数据资源、运算能力、核心算法构成了人工智能的三大基本要素，并且共同推动人工智能往更高层次的感知、认知发展。人工智能技术既可用于服务于个体、群体或社会的利益，也可能被不良目的滥用，在安全、责任、歧视方面存在风险，具有"双刃剑"的明显特征。

1. 开放共享中的数据安全

数据的开放对于人工智能发展至关重要。首先，应合法、正当、必要地收集用于提供用户服务的个人信息，不能以欺骗、误导或强迫等手段收集、使用其他与所提供服务无关的用户信息和非必需信息。比如，在图像识别、语音识别等领域，在收集、分析用于机器深度学习的原始图像视频素材、语音语料等时，用户应具有知情权并得到事先的同意。

其次，用户个人信息在数据收集、使用过程中应当遵守保密的原则，不得泄露、篡改或者毁损，更不得出售或者非法向他人提供数据或信息。对用户数据的输出和使用，应当匿名化、假名化，并进行脱密处理，积极履行信息安全保障义务。

当前，国际上在这方面已经有了一些基本的法律框架。例如，欧盟基本权利宪章以及保护个人数据的《通用数据保护条例》（General Data Protection Regulation，GDPR），在数字单一市场之下欧盟委员会也推出了一系列立法举措。《美国人工智能倡议》提出了要加强对高质量和完全可追溯的联邦数据、模型和计算资源的访问要求，美国《为人工智能的未来做好准备》报告也提出了将实施"人工智能公开数据"计划，实现大量政府数据集的公开。

2. 决策算法的信任问题

在金融信贷、司法决策、精准医疗等需要重要决策的关键领域已经开始逐步使用机器学习自主或者自动化的学习系统。随着机器学习自主或者自动化的学习系统日益被广泛应用，实现算法决策的透明性和公平性成为国际社会的一个主流关注点。算法模型的设计存在智能算法不透明、用户难理解、易加入编程人员主观选择和判断等问题，将导致自动化决策的结果影响个人权益，或者对某些群体造成歧视。这些问题最终会导致人类对人工智能应用的不信任，应用难以推广。

随着技术发展，人工智能系统的自主性、复杂性将进一步提高，机器通过自主学习获得决策能力，人工智能可以独立地执行任务而不受人类控制。当人类可能无法知晓系统依据什么决策和如何进行决策时，对技术的恐慌和应用的鸿沟将不断加深。阿西洛马人工智能原则之一——故障透明性指出"如果一个人工智能系统造成了损害，那么造成损害的原因要能被确定"。因此实现算法决策的透明性和公平性，确保算法及其决策可以有效接受中立第三方机构的审查和相关监管机构的监管至关重要。同时，为了增进公众信任，人们还需要理解技术的运作情况，不再以黑盒向使用者呈现。这就要求人工智能系统具有可解释性，以便人类可以理解系统的行为。

电气和电子工程师协会（Institute of Electrical and Electronics Engineers，IEEE）提出，应当为个人提供异议和救济的渠道。欧盟的 GDPR 则赋予个人反对自动化决策的权利，意味着算法决策透明化的需求伴随着应用的扩展逐步加强。

（三）应用场景的多样化

人工智能的监管虽具备对智能技术的普遍原则，但更多的是对涉及人工智能技术应用的具体领域的规范。从目前人工智能的应用场景来看，特定应用领域为主的弱人工智能仍是目前人工智能的主要应用形式，比如生物识别分析中的图像识别、语音识别以及智能算法中的智能搜索、推荐与排序等。人工智能的商业应用主要是感知技术的应用，比如基于人脸识别技术的安防和基于语音识别、语义理解的语音助手和智能客服系统等。

人工智能技术的快速发展，对传统行业具有重塑功能，通过技术的改良创新促进行业进步。涉及垂直行业，人工智能多以辅助的角色来辅佐人类进行工作，诸如目前的智能投顾、自动驾驶汽车等，而真正意义上的完全摆脱人类且能达到甚至超过人类的人工智能尚不能实现。预计随着认知智能技术的加速突破与应用，运算能力、数据量的大幅增长以及算法的提升，人工智能市场将加速爆发，未来人工智能+金融、人工智能+医疗、人工智能+法律等产业均将创造巨大的商业价值。

从行业角度讲，大多数现有的行业规范并不特别适合行业内部不断出现的人工智能问题，人工智能的发展将持续引发新的现象。人工智能所引发的新问题将随着其行业的延伸和渗透而出现，那么人工智能的立法也应该得到细化和延伸。

自动驾驶是其中进展最快的领域之一，也是最能够体现促进与监管并行思路的一个领域。美国已有33个州允许在公共道路上部署自动驾驶汽车。美国交通部国家公路交通安全管理局2017年发布的《自动驾驶系统：安全愿景2.0》作为企业自愿遵守的指引，为自动驾驶系统的安全设计、测试和部署提供给了最佳实际案例，允许和鼓励企业参考这一灵活的安全框架，自行测试和公开安全性能自测情况。英国《2018年自动驾驶汽车和电动车法》对自动驾驶汽车登记、事故责任和保险赔付问题进行了简要规定。韩国则修订《道路汽车法》允许自动驾驶汽车在获得临时行驶许可后进行道路测试，并规定了许可条件和信息报告制度。

表1 人工智能主要应用场景及存在的风险

行业	应用场景	风险监管
金融	身份认证、智能支付、投资分析、智能风控	系统风险、信息合法及隐私保护、金融监管
医疗	远程医疗、影像分析、智能诊疗、健康管理	数据孤岛、数据标准缺乏、隐私保护、医疗监管
法律	智能合同、案件预测、智能取证、智能风控	个人隐私保护、伦理判断困境、侵权责任认定
工业制造	自动驾驶、仓储管理、供应链管理、预防性维修	安全风险、劳动力风险、场景风险、测试管理风险
家庭服务	养老陪护、线下零售、家务工作、智慧家居	信息安全监管、个人隐私泄露、拒绝服务风险、文化规范风险
安防	智能摄像、人脸识别、虹膜识别	数据孤岛、场景理解受限、隐私泄露、成像质量
教育	儿童辅导、智能推荐、语音撰写、远程教育	个人隐私保护、恶意信息传播、教育场景局限、生态体系构建

二 人工智能监管与法律规制现状

对人工智能的监管在世界范围内分为两个阵营：支持者呼吁在人工智能的开发和应用中加强政府监管，埃隆·马斯克（Elon Musk）等科技界人士不断发出警告，要求立即采取行动，防止人工智能的滥用给人类带来灾难性后果。保守人士认为人工智能技术处于高速裂变时期，伦理和制度当前尚未达成普遍共识，在这种情况下对人工智能的监管，容易造成对创新能力和发展实力的扼杀。

因此在人工智能全球高速发展的大环境下，严格控制法律边界，适度进行人工智能监督和规制对行业应用的未来发展尤为重要。联合国下属的世界知识产权组织（WIPO）公布的研究报告《技术趋势2019：人工智能》显示，在全球人工智能领域的竞争中，美国和中国处于领先地位。结合全球人工智能投资和发展情况，将人工智能发展分为三大梯队：第一梯队为美国、中国；第二梯队是日本、欧盟、英国；第三梯队是印度、以色列等其他国家。

通过梳理各国在人工智能监管立法方面的有关争论和考虑，尤其是第一、二梯队国家在发展人工智能方面的担忧及其法律上面临的难题，分析监管与法律规制出发点，借鉴已有经验，对我国预判后续可能面临的前瞻性法律政策问题有所启示。

（一）第一梯队：美国、中国

1. 美国：偏重技术产业、判例指导实践

美国人工智能发展政策强调对人工智能研究进行长期投资，以保持在这一领域的世界领先地位。在美国"三权分立"国家体制下，立法、行政、司法机关在人工智能领域具备不同的职能。

政府方面，美国白宫2016年发布《为了人工智能的未来而准备》报告，梳理了人工智能的现状、发展以及远景，分析了人工智能有可能引发的社会、政策等问题。2018年特朗普政府举办"美国产业人工智能峰会"，宣布成立"人工智能特别委员会"，提出了继续保持美国在人工智能领域全球领导地位的重要举措。

立法方面，美国国会提出《人工智能未来法案》，该法案提议成立一个专门研究人工智能法律和政策的联邦咨询委员会，体现了美国社会对于人工智能发展所引起各项问题的关注，尤其在对于经济发展和社会稳定方面的担忧。

该法案反映了美国社会对人工智能可能引发的问题及其对经济繁荣和社会稳定性影响的关注，提议建立一个联邦咨询委员会进一步研究人工智能相关法律政策问题。在2015~2018年提交至美国国会的有关人工智能的54份立法议案中，设立专门机构评估人工智能对国家安全（包括网络安全）、就业、医疗健康和养老影响的法案占据大多数。

司法角度通过判例起到对实际操作的指导意义。如用司法判例对算法的法律性质进行了明确，在搜索引擎算法的案例中，它被看成言论，刑事辅助审判系统中的算法则被认定为是商业秘密等。

2. 中国：分散立法，分步执行

2017年，中国国务院发布了《新一代人工智能发展规划》并将人工智能写入政府工作报告。建立人工智能法律法规、伦理规范和政策体系，形成人工智能安全评估和管控能力等重点任务在规划中得到了明确的体现。该规划的发布也为我国人工智能立法指明了方向。2018世界人工智能大会开幕式上，国家主席习近平在贺信中指出，要处理好人工智能在法律、安全、就业、道德伦理和政府治理等方面提出的新课题。

结合三步走的战略方针，我国已有多部涉及人工智能方向的法律、法规、规章，比如《个人信息保护法》等，但总体上还未形成体系，呈现分散立法状态，与人工智能产业相关度较高的规定主要集中在网络安全和数据保护领域，而关于人工智能研发、生产、使用等方面的法律规范还存在很大的缺失。这就需要综合考虑法律体系的制定，比如通过制定行业标准、定义产品特性、限制产品功能、加强公共宣传以及不予许可等措施，降低或减小所引起的风险和影响。

（二）第二梯队：英国、欧盟、日本

1. 英国：加强伦理建设、着重行业自律

2016年，英国政府科学办公室发布报告《人工智能给未来决策带来的机遇及影响》，明确人工智能在全行业的深度应用。2017年，英国政府发布报告《在英国发展人工智能》，提出在英国促进人工智能发展的重要行动建议。2018年4月，英国政府发布《产业战略：人工智能领域行动》政策文件，确立围绕人工智能打造世界最创新的经济、为全民提供好工作和高收入、升级英国的基础设施、打造最佳的商业环境、建设遍布英国的繁荣社区五大目标。

2018年4月，英国议会人工智能特别委员会发布《英国人工智能发展的计划、能力与志向》（*AI in the UK：Ready，Willing and Able?*），在报告中呼吁英国政府制定国家层面的人工智能准则（AI Code），研究制定人工智能相关基本伦理原则和相关标准，探索人工智能伦理的最佳实践和行业自律。

他们认为人工智能系统可能会不可避免地出现错误从而带来不可预计的危害，在是否需要新的法律或者现有法律责任机制是否能够覆盖也不是十分确定。所以，英国议会建议法律委员会考虑人工智能法律责任问题上的当前立法的充分性，并阐明法律适用问题，并且应当提出关于可责性和可理解性的明确原则。

2. 欧盟：以人为本发展、着重数据源头规制

欧盟的人工智能技术略落后于第一梯队的中美两国，但偏重于完整体系建立。政府方面更集中于强调建立全面稳定的人工智能战略框架，确保人工智能的可持续和良性发展，强调科技赋能于社会。欧盟政治战略中心（EPSC）2018年3月底发布的报告《人工智能时代：确立以人为本的欧盟人工智能战略》中强调人工智能价值观，需要确保人工智能技术朝着有益于个人和社会的方向发展。

欧洲议会在2015～2017年曾通过《机器人民事法律规则》立法研究项目，尝试在欧盟层面建立一套针对机器人和人工智能的民事规则，以涵盖机器人法律地位、民事责任、开发原则、知识产权和数据流动、标准化和安全保障等方面的内容，并要求欧盟委员会据此起草一份立法草案。但截至目前，欧盟委员会尚未完成这项工作，由于对是否为机器人赋予"电子人"法律地位的问题争议极大，预计在短期内很难出台欧洲议会所规划的综合性立法。

2018年12月，欧盟委员会人工智能高级专家组发布的《可信赖的人工智能伦理准则草案》提出，"可信赖的人工智能"应成为人工智能开发和应用的指引。可信赖的人工智能包含"合伦理的目的"和"技术稳健性"等两项因素。合伦理的目的意味着人工智能的开发和应用，应当遵循《欧盟条约》和《基本权利宪章》所体现的基本原则和价值观。为此，在人工智能的早期设计阶段就应融入可问责性、数据治理、普惠性（design for all）、对人工智能自主决策的管理（监督）、非歧视、尊重和强化人类自主、尊重隐私、稳健性、安全性、透明性等原则，并通过技术和非技术的方法确保实现上述原则。

3. 日本：人工智能带动产业复兴

日本在近十年的科技竞争中逐渐失去电子行业的优势，但依托其在智能机器人研究领域的先进技术，积极推动人工智能发展，通过人工智能浪潮带动整体产业复兴。日本在2016年提出的"社会5.0"战略中将人工智能作为实现超智能社会的核心，并设立"人工智能战略会议"进行国家层面的综合管理。

从2016年以来由总务省下属的"人工智能网络社会推进会"对人工智能影响评估进行了连续三年的研究，奠定了日本在相关国际论坛上的话题主导地位。日本向OECD提交的《人工智能开发指南》的草案中，包含互联性、透明性、可控性、安全（safety）保护、安全保障（security）、隐私保护、伦理性、辅助用户、可问责性等九项开发原则。2018年则制定了《人工智能利用指南》，提出正确利用、正确学习、连接性、安全性（safety）、安全保障（security）、隐私保护、尊严和自律、公平性、透明性、可问责性等九项利用原则。

三 人工智能立法特点分析

综合上述各国人工智能促进和监管的整体趋势分析，我们可以总结出各国采取的政策措施背后所体现的若干共识：人工智能无疑为每一个国家开启了一个新的历史机遇，尽管伴随着安全性、隐私、伦理等诸多潜在风险，但在最大化收益、最小化风险的原则下，始终坚持以人为本的开发和应用路径，可以保障在可控风险下最大化地享受人工智能带来的美好前景。在这一共识下，我们可以发现当前人工智能发展的立法具有以下几大特点。

（一）柔性规范为主，刚性立法为辅

无论是通过制定人工智能伦理原则来引导开发和应用者在设计的早期阶段就置入控制上述诸多风险的技术和非技术手段，还是在具体应用场景、技术使用、应用形式等方面，制定企业自愿遵守的保障安全性的指南

(例如，美国《自动驾驶系统：安全愿景2.0》、日本《自动驾驶系统道路实测指南》和《无人机安全飞行指南》），抑或在监管执行层面允许企业自行选择其具体的应用方案并进行场景应用的安全性等方面的自评估（如美国AV START法案），都是以软法、自治、柔性规范为主，极少有刚性立法。

过早的刚性立法可能束缚技术的发展，是以柔性规范为主的重要原因。例如，欧盟、澳大利亚、日本都曾提及为自动驾驶汽车制定安全标准的问题，但同时也提到过早地通过硬性标准，企业将丧失探索更优的技术方案和采纳国际最新技术方案的机会，从而在国际竞争中处于不利地位。另外，人工智能的开发和应用目前还处于初步阶段并仍在快速发展，各国政府和国际社会对其可能的影响以及监管都还处于讨论和研究阶段，尚未形成规则和共识，保持富有灵活性的监管体制，将有利于政府通过持续观察技术发展趋势和国际讨论的进展，及时和低成本地进行调整。

这些软法性、自治性规范尽管当前并没有强制性法律效力，但其中的许多原则和规则指出了未来可能的监管方向，并且极有可能在未来立法条件成熟时转化为具有强制力的法律规定。

（二）应用场景规范为主，综合立法为辅

当前人工智能立法的另一个特点是以应用场景规范为主，综合立法为辅。目前除欧盟外，其他各国均没有尝试制定有关人工智能的综合性立法。但对于人工智能的具体应用场景，例如，自动驾驶汽车、无人机、产业或医疗看护机器人等，已经出台了一定的规范性文件。

这一特点可能有多方面的原因。首先，人工智能作为一项通用型技术，可能被运用到各种现有产品或服务中，从而受到这些产品或服务现有监管的影响。其次，对于技术本身采取中立性的原则，而在技术的应用场景中针对已经呈现出的风险进行预防，是当前许多高新技术相关立法的普遍趋势。最后，对于人工智能技术所带来的诸多具有普遍性的风险，各国正在通过伦理原则等柔性规范进行引导和防控，综合性立法的条件尚不成熟。

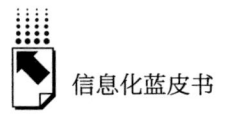

（三）鼓励科研和创新为主，市场应用限制为辅

各国对人工智能所采取的政策明显呈现出鼓励科研和创新为主、市场应用限制为辅的特点。各国政府较为肯定的一点是，无论政府采取何种应对措施，都不应当扼杀或阻碍本国产业的创新和发展。例如，欧洲议会就反复强调，欧盟未来关于机器人和人工智能的任何举措，应采用渐进、务实和谨慎的方法，以确保不会扼杀创新。美国也指出，政府正在努力制定能够最大限度发挥人工智能经济和社会效益并促进创新的政策和内部实践。日本和韩国则通过更为积极的政府支持性举措促进本国产业的发展。例如，韩国所制定的有关人工智能的大量立法从税务、知识产权、资金支持或采购支持等方面给予支持；日本则体现为政府通过《推进官民数据利用基本法》等放松规制性举措，更为积极地帮助私营部门之间实现数据格式统一和共享，提供创新和发展所需的数据、信息和应用平台。

四　我国加速人工智能法律监管步伐

（一）与实体经济融合发展，努力突破重点领域

人工智能技术的成熟应用场景正在成为监管的主要对象，促进与监管并行成为主要基调。实体经济融合发展的人工智能，将会得到更多的产业支持。在人工智能技术的应用前景相对较为明确和成熟的领域，如自动驾驶、无人机、产业用和医疗看护机器人等，需要尽快尽早开始进行适当的监管或为可能的监管进行着准备，促进与监管并行也成为当前人工智能应用领域政策措施的主要基调。

立法和监管要按照领域发展方向均衡考量。紧贴实体经济发展实际情况，区分对待不同产业，分计划分阶段进行考量。在遵循《新一代人工智能发展规划》提出的"发展为主、控制潜在风险为辅"的战略布局下，把创新与安全作为人工智能立法的两大核心价值，坚持维护总体开放的市场环

境，明确准入规范和安全标准，推进核心创新技术的研发应用，为推广利用人工智能技术创造空间。

我国近年来人工智能高速发展也是以率先实现商业运用为引领，要充分利用人工智能应用场景优势，充分进行商业布局和监管架构布局。在不同行业领域组织产学研广泛参与。发挥领先互联网企业优势，实现高技术产业的推动和示范作用，利用国家级科技力量，在抢占技术创新制高点的同时，推动构建合理规范的人工智能制度体系。高校和研究机构开展前瞻性科技法律研究并逐步向行业渗透和推广。如开展与人工智能应用相关的民事与刑事责任确认、隐私和产权保护、信息安全利益等法律问题分析，为人工智能规范和制度的建立提供理论支撑和智力输入。

（二）关注国际规则态势，积极跟进相关国际组织活动

人工智能所开启的技术革新被普遍认为是"第四次产业革命"，在这一决胜未来的关键性技术竞争中，可喜的是我国企业和研究机构在技术研发和创新中处于全球领先地位，并积极地参与到了国际竞争与合作当中。但当前有关人工智能的国际对话与合作表现为多个层次，在许多方面都强调企业、研究人员、政府等多利益相关方的精诚合作。

第一，各国政府正在通过双边或多边协议加强人工智能技术研发合作和政策议题对话。美国已经在与日本、韩国、德国、波兰、英国、意大利等国的双边或多边论坛加入了相关议题；欧洲25国在2018年签署了《人工智能合作宣言》。

第二，以OECD和G7为代表的组织或会议成为制定人工智能伦理原则、探讨人工智能影响的主要论坛，人工智能领域的软法性国际规范已经呼之欲出，其中日本、欧盟、美国、英国通过提出各自的伦理原则草案发挥着引领作用，这些原则将有潜力成为未来有关人工智能的国际规则。

第三，国际公约的更新和国际标准化活动。人工智能为许多现行国际标准和条约带来修订的必要性。例如，涉及无人机的1944年《国际民用航空公约》、涉及致命性自主武器系统的联合国《特定常规武器公约》、涉及自

动驾驶的1949年《联合国道路交通公约》。许多国际标准化组织，也正在针对人工智能开发和更新国际标准，例如国际标准化组织和国际电工委员会第一联合技术委员会成立的人工智能分技术委员会（ISO/IEC JTC1 SC42）、国际标准化组织机器人技术委员会（ISO/TC 299）、金融服务技术委员会（ISO/TC 68）、道路车辆技术委员会（ISO/TC 22）等。美国国家标准与技术研究院（NIST）和欧洲电信标准化协会（ETSI）等也在开展人工智能标准相关工作。不同于上文所提及的国内过早出台刚性规范或标准可能使本国企业在国际竞争中丧失优势，国际标准化中的竞争则关乎未来的市场之争，对于我国借助当前的技术优势对外输出技术、产品和规则是至关重要的。

相比于过去任何一次的重大技术革命，我国正处于前所未有的优势地位，从而更有能力和义务积极参与这一关乎未来的国际规则的制定过程并发挥更大的影响力，同时为我国产业谋取更大的发展机会。因此，我们建议政府在未来更加密切地关注国际规则态势，积极跟进相关国际组织的活动。

（三）抓住成熟技术发展机会，制定试验、示范政策法规

针对当前较为明确和成熟的技术应用场景，许多国家为促进本国产业的快速发展，都建立了不同程度的"监管沙箱"制度，即对于新兴的产品或服务，政府通过简化市场准入、标准和程序的方式，先允许在一定范围内快速落地进行测试和验证。例如，日本为了保障高度自动驾驶汽车（L4）的测试活动，于2018年向国会提出《国家战略特别区域法改正法案》，拟在国家战略特区中创设限定区域的"监管沙箱"制度。美国自动驾驶法案则建议为某些符合最低安全水平的高度自动化汽车（L4）豁免部分针对传统汽车制定的安全性标准，以简化开发和实地测试流程。

除监管沙箱之外，各国政府还支持建立新型技术试验或测试平台。例如，日本为促进自动驾驶汽车的各种道路试验和测试，在冲绳、轮岛、福井、茨城、秋田等多个地区指定了测试区域，并由日本汽车研究所在茨城建立"Jtown"作为专业测试评估场所，提供多用途市内道路、特殊环境试验场等多种测试环境。澳大利亚则由政府投资500亿美元建立"澳大利亚产

业4.0测试实验室"计划,在澳大利亚大学中选择五家建立实验室,为产业4.0技术的试验、开发和展示提供空间,也为教育机构和产业的合作研究提供了平台。

面对人工智能领域激烈的国际竞争,特别是我国技术和企业界已经展露出初期优势的当前,政府在确保风险可控的前提下,率先抓住成熟技术的发展机会,提供包容性的试验和示范平台,将能够为我国技术和产业提供进一步的先发优势。

(四)发挥我国数据规模优势,及时评估人工智能影响及应对

人工智能已经成为当前最具战略性的技术领域,决策者当前应对人工智能机遇和挑战的方式将决定国家的未来面貌。明智的政策选择和前瞻性的应对,既需要有及时、准确、全面信息作为支撑,也需要政府与专业可靠的智囊、产业最前线的各利益相关方之间精诚合作,共同应对技术革命带来的机遇和挑战。得益于过去十年来移动互联网的发展和人口红利,我国已经具有明显的数据规模优势,同时拥有大量富有活力的研究者、创新者、实践者群体。我们建议政府充分发挥和调动现有的优势,通过跨学科的调查、各利益相关方的对话和公共讨论,对人工智能为我国带来的影响进行及时和整体性的预估,并制定相应的应对计划。

在各国对人工智能的影响评估中,我们也看到鉴于不同的国情,各国对人工智能影响评估呈现一定的差异。欧洲议会认为,人工智能驱动下的生产自动化可能使原本出于劳动力成本等考虑转移出去的生产过程有机会再次回到欧洲;日本的评估则特别关注人工智能帮助日本解决"少子老龄化"问题的前景。我国在过去几十年来通过充分发挥人口红利实现了巨大的发展成就,当前同样也面临低出生率问题,欧盟或日本等的评估对于我国也具有一定的参考价值,但更需要根据我国的现实国情进行更为务实的评估。

最后,在影响评估中各国普遍的一个关切是人工智能的开发和应用对未来就业和人才需求的影响。前者涉及人工智能将在哪些领域增加或减少工作岗位和收入,政府如何帮助易受影响的劳动者群体成功转型至新的工作岗

位;而后者除了培养人工智能专业和高端人才之外,还涉及如何提高所有公民数字素养并降低数据鸿沟的问题,这将关乎我国公民未来在全球劳动力市场中的竞争力以及实现平等和全面发展的前景。这些是私人部门不太可能高度关注但具有重要意义的领域,更加需要政府从全局层面进行前瞻性应对。

人工智能无疑为每一个国家开启了一个新的历史机遇,我们期待并相信决策者能够在一个新的时代的入口做出明智的政策选择和前瞻性的应对。

五 小结

对于人工智能的发展可能带来的风险,需要通过法律的手段进行有效的规范和制约,以保证人工智能在良好有序的环境下健康发展,并积极运用法律手段,规范技术的适度发展和应用,在为人工智能发展提供规范和保障的同时,也要营造一个创新发展的法律环境。

引导人工智能有序,实现"科技向善",人工智能的监管和法律规制是不可或缺的重要一环。结合人工智能的技术赋能和现有法律体系法律关系,主动理解人工智能这一技术变革对政治、伦理、法律的潜在影响。把握伦理基础原则,通过分散立法的形式突破重点领域,利用公开透明算法打通层级各异的立法体系是对人工智能法律管理进一步的要求。

参考文献

《全球人工智能发展报告(2018)》,乌镇智库,2019年4月。
《国务院关于印发新一代人工智能发展规划的通知》,2017年7月。
杨丹辉、邓洲:《人工智能发展的重点领域和方向》,《人民论坛》2018年第2期。
魏川博:《人工智能在社会应用中的法律问题研究》,《法制与社会》2019年第2期。
宋建宝:欧盟人工智能伦理准则概要》,《人民法院报》2019年4月19日。
李彦宏:《工智能面临的问题、挑战与伦理》,互联网经济,2019年4月。
The White House Office of Science and Technology Policy, Summary of the 2018 White

House Summit on Artificialintelligence for American Industry, https: //www. whitehouse. gov/wp – content/uploads/.

Congress. gov. , H. R. 4625 – Future of Artificial IntelligenceAct of 2017, https: //www. congress. gov/bill/115th – congress/house – bill/4625/text.

Congress. gov. , S. 2217 – Future of Artificial IntelligenceAct of 2017, https: //www. congress. gov/115/bills/s2217/BILLS – 115s2217is. pdf.

Report of Session AI in the UK: Ready, Willing and Able, House of Lords Selected Committee on Artificial Intelligence, 2018 – 4 – 16.

Committee on Legal Affairs of the Commission on Civil Law Rules on Robotics, Report With Recommendations to the Commission on Civil Law Rules on Robotics, http: //www. europarl. europa. eu/sides/getDoc. do? pubRef = –//EP//TEXT + REPORT + A8 – 2017 – 0005 + 0 + DOC + XML + V0//EN.

B.16
《电子商务法》：解读和展望

周 辉*

摘 要： 《电子商务法》的出台将电子商务发展纳入法治化轨道，是网络信息法治发展的里程碑成果，向世界贡献了中国立法智慧。应从促进电商发展、捍卫消费者权益、规范电商平台、倡导绿色发展等多个维度理解这部电子商务领域的综合性法律。《电子商务法》在其实施过程中，会起到推动监管体系创新、规范电商经营活动、明确平台治理格局的重要作用，但是在平台责任等方面上仍有适用困难的问题。未来，《电子商务法》应在实施中不断完善，永远保持时代气息，与先进技术和商业模式同步发展，成为真正可以指导电子商务动态实践的"活法"。

关键词： 电子商务法 平台治理 平台责任

一 《电子商务法》出台的重要意义

在经历三年起草、四次审议之后，2018年8月31日第十三届全国人民代表大会常务委员会第五次会议通过的《中华人民共和国电子商务法》（简称《电子商务法》），成为电子商务领域规范运行的标准以及促进电子商务市场有序发展的纲领性法律文件。

---

* 周辉，中国社会科学院法学所助理研究员，中国社会科学院文化法制研究中心研究员，中国法学会网络与信息法学研究会副秘书长；中国社科院法学所研究生张心宇对本报告撰写、修改亦有贡献。

(一)推动电子商务规范发展

电子商务作为一种商业发展的新模式,呈现出了诸多新问题、新挑战。电子商务领域中不正当刷单、电商经营者侵犯用户个人信息、网络售假、知识产权侵权等违法违规行为屡有发生,给蓬勃发展的电子商务拉响了警钟。为了规范和促进电子商务领域发展,几经打磨,在多方博弈下,《电子商务法》终于出台。作为电子商务领域的基础性、龙头性、骨干性立法,《电子商务法》填补了领域内的立法空白。

《电子商务法》调整的电子商务活动是一种通过互联网等信息网络渠道提供商品和服务的商业活动,由此确定其调整范围。首先,该法将通过包括电脑端、移动端、电信端等各种信息网络进行商业活动的行为纳入其调整范围中。其次,将在线上交易的有形产品、虚拟产品、在线提供的服务或者是从线上订立、线下履行的服务列为其调整对象。最后,为了保证《电子商务法》所应具有的针对性、具体性,《电子商务法》未将一些特殊种类的服务如金融产品、新闻发布、音频视频播放、网络出版等纳入其调整范围。

《电子商务法》解决的是一系列与电子商务领域有关的法律问题,包括平台治理、平台责任、电子支付、线上知识产权保护、网络反不正当竞争规制、跨境电商法律规则、线上纠纷解决、法律责任等。这些问题有的是线上特有的问题,如平台治理、平台责任、电子支付,也有是线下问题的延伸,如知识产权保护、不正当竞争规制等。所以,《电子商务法》既有新规则的创设,也有传统线下规则的创新,是一部电子商务领域承前启后的综合性、创新性、补充性立法。[①]

(二)网络信息法治建设的重要成果

"互联网+"、人工智能等网络技术的发展深刻地影响了世界历史、经

[①] 电子商务法起草组:《中华人民共和国电子商务法条文研析与适用指引》,中国法制出版社,2018,第25页。

济、政治发展的格局。十九大报告提出了建设网络强国战略目标。针对网络信息基础建设薄弱、网络市场发展失序、网络安全威胁逐渐增长等问题，加强电子商务法治建设，是落实网络强国战略的重要举措。

以规范网络市场秩序、保障网络消费者权益、促进电子商务发展为目标的《电子商务法》的出台，是网络信息法治发展中的里程碑成果。《电子商务法》在把握网络商业活动发展规律的基础上，协调与其他法律之间关系，调整电子商务领域新型法律关系，是对现行法律的重要创新、补充和超越。作为继《电子签名法》《网络安全法》之后的基础性立法，电子商务立法在很大程度上解决了我国网络信息法制建设中"缺少顶层设计、立法层级低、立法碎片化、照搬现实办法"①的问题，其所带来的经验必将为未来网信立法提供重要参考和借鉴。

（三）中国立法走向世界的重要标志

互联网一出生就是国际化的。网络信息技术的蓬勃发展也深刻地改变了人类生活方式，渗透到了人类生活的方方面面。《电子商务法》的立法目标是在所聚焦法律关系中实现进一步的延伸，对电子商务领域所涉及的法律关系进行全面的规定。这种综合性立法工作十分考验立法者的立法能力。作为专门规范电子商务领域的综合立法，《电子商务法》全面地、创造性地回应了以电子商务平台经营者（以下简称"电商平台"）为核心的线上交易、电子支付、纠纷解决等新型法律问题，其制定标志着中国网络信息立法模式的成熟和立法技术的完善，向世界网络新型法治贡献了中国的立法智慧。

二 理解《电子商务法》的四个维度

电子商务、网络交易市场与传统商业模式相比，具有明显的复杂性、模糊性特点。作为针对电子商务领域的综合性立法，《电子商务法》既调整平

---

① 周汉华：《论互联网法》，《网络信息法学研究》2017年第1期。

等主体之间的法律关系，也调整不平等主体之间的法律关系，不仅具有公法性质、也具有私法性质，既对行为进行规范，也对技术概念加以界定。应当在网络强国和数字中国建设的时代背景下，从以下四个维度理解《电子商务法》，从这四个维度理解《电子商务法》，把握《电子商务法》对于推动电子商务又好又快发展、完善国家法治建设、推进生态文明建设所具有的重要意义和深远影响。

（一）推动电子商务产业发展的促进法

创新是电子商务存在的首要原则。电子商务产业已成为经济新常态下的重要增长点和新型原动力，在推动高质量发展、满足人民日益增长的美好生活需要、构建开放型经济、解决就业岗位等方面有着明显优势。《电子商务法》作为上层建筑，其首要目标自然是为了促进电子商务产业的创新发展，以法律规范指引电子商务发展的实践，从而坚实相应的经济基础，让电子商务可以成为带领市场经济发展的强大推动力。因此，在《电子商务法》的第一章总则中，便开宗明义地指出《电子商务法》应"促进电子商务持续健康发展"。《电子商务法》的原则规则来源于电子商务发展实践，同时也要适应、促进和服务于电子商务领域的发展。

第一，规定适应和促进电子商务发展的产业政策。国务院和省级政府在制定国民经济和社会发展规划时，应充分考虑当下电子商务创新发展的需要，如促进电商物流网络建设、完善电商统计制度、构筑电子商务标准的制定、推动其体系化的发展；注重发挥电子商务产业带动作用，促进电商行业与其他各行业融合，发掘电商行业的创新带动力；发挥电子商务的跨域性特点，挖掘电商发展在精准扶贫、促民增收上的巨大潜力，在农村积极推广电子商务创收新模式。

第二，以法律的形式将促进电子商务发展的成熟经验、有效机制确定下来，优化电商营商环境。国家应支持电子商业模式的发展与创新，完善电子商务的新业态促进政策，打造适宜电商成长、经营的市场环境；在鼓励开发电商数据应用的同时，应保证数据合法、安全、有序流动；探索开放共享公共数据的有效途径，释放"公共数据红利"，但也应保证电商合法地、安全地利用公共数据。

第三，进一步明确电子商务发展所特需的监管机制与治理体系。建立起符合电子商务特性的协同治理体系，促进相关监管部门、电商行业组织、电商平台、平台经营者、消费者在内的多元主体共同管理；各级政府应排除公权力干涉、限制市场竞争，不得制定带有地域歧视的行业政策，促进线上线下商业活动的融合发展，在全国范围内进一步整合社会资源；促进市场准入条件合理化；对符合要求的便民经营活动和小额交易行为豁免办理市场主体登记。

第四，建立对跨境电子商务发展的规范制度。国家应针对跨境电商发展的需要，对其涉及的海关、进出检疫、跨境支付等行为建立规范机制，促进跨境电商有序发展；在跨境电商发展过程探索与其他国家电商领域的交流和合作，以及建立起有效的、各国可接受的争议解决机制，在海关、检疫、支付方面建立起流畅的交流渠道；政府应积极促进跨境电商环境优化，保证跨境电商经营者可以凭电子单证办理相关进出口手续。

第五，鼓励电商平台创新业态，实现多元化经营，挖掘电商发展潜力。电商平台应在相关协议以及规则的基础上，为平台上经营者的商业活动提供包括物流、仓储、电子支付在内的配套服务。

（二）捍卫消费者权益的保护法

保护消费者合法权益是实现电商产业持续、和谐发展的关键。但是，电商发展的非实体性、虚拟化，也加剧了网络交易过程中，保护消费者权益的困难。《电子商务法》从起草到公布，一直坚持"以人为本"的思想，以守护消费者权益作为首要目标。从法律文本出发，《电子商务法》在以下三个方面加强了对网络交易市场中消费者权益的保护。

第一，规定了电子商务经营者在消费者权益保护方面应该承担的义务。（1）一般义务。确定了电子商务经营者应在经营活动中遵循自愿、平等、公平、诚信的原则，在提供商品与服务时应确保消费者人身财产安全，不提供违法违禁商品与服务。（2）信息披露义务。电商经营者在提供商品与服务时，应该向消费者及时提供全面、真实、准确的信息，以保护消费者所应有的知情权和选择权。（3）真实宣传义务。真实性原则是宣传的本质要求，电商经营者应实事求是地开展宣传活动，不以虚构交易量、制造虚假评价来误导、欺骗消费者。（4）公平交易义务。电子商务经营者的"精准推送"损害消费者的知情权与选择权，应对消费者提供不包含数据画像的自然搜索选项，保障公平交易、维护消费者合法权益。（5）合法投放广告义务。电商经营者的广告精准投放严重影响消费者正常生活，对其生活造成很大困扰。经营者应根据《广告法》的相关要求，合法投放广告。（6）搭售提醒义务。电商可以进行搭售行为，但前提是应通过显著方式保证消费者知悉，不得因为未尽提醒义务导致消费者支付多余款项。（7）依约交付义务。在交易过程中，电商经营者应该依照之前的承诺方式、价款、流程向消费者提供商品或服务。（8）依约退还押金义务。不得对押金的收取与退还设置不合理的条件，符合条件、约定的情况下应及时依约退还消费者押金。（9）合法管理用户信息义务。不得对用户信息查询、更正、删除以及用户注销设置不合理条件，收到相关申请以后，应及时根据相应核定程序对用户信息进行更新、删除。（10）公平订立合同义务。电商经营者往往通过自动信息系统发布交易信息，应该准确告知消费者订立合同的步骤、注意事项。消费者选择商品并且提交订单和支付成功后，电商经营者除非在自动信息系统中明示，否则不能通过格式条款来否决订单效力，合同依然成立。（11）受理并处理投诉义务。通过强制性规范要求电商经营者建立争端解决机制，让电商交易争端尽量在网上解决，提高争端解决效率。

第二，确定电子支付服务提供者的用户保护责任。电子支付具有较大的支付风险，支付指令出现错误后，电子支付服务提供者应及时排查，及时纠正。如造成用户合法权益受害，电子支付服务提供者应该承担赔偿等不利后果，除非该损害的发生和其自身无关。在支付完成后，电子支付服务提供者应及时依约向消费者发送确认支付的信息。除非是由于用户过错，用户因未经授权的电子支付遭受损失的，电子服务提供者应担责。电子支付服务提供

者被通知出现未经授权的电子支付订单、或自行发现未经授权的电子支付订单,应该及时采取措施,防止损失扩大。未及时采取必要措施,则应对扩大部分承担相应的不利后果。

第三,明确了平台服务提供者的法定义务。电子商务平台经营者在网络交易市场有着主导作用,为了防止电商平台"私权力"过大,容易侵犯消费者合法权益,《电子商务法》设定了专门的平台义务与平台责任。

平台义务主要有以下四种。(1)标记自营业务。电商平台应主动采用明确标记,区别其自营业务和平台内经营者业务,避免消费者被误导或受骗。(2)保证消费者评价真实义务。电商平台不得随意删除消费者评价,保证消费者评价确切可靠、发挥真实的作用,促进诚信经营。(3)合法展示搜索结果。电商平台应使用客观算法向消费者提供自然搜索结果。电商平台可以竞价排名机制时获取利润,但必须要显著标识这种搜索结果为"广告",告知消费者这种搜索结果的性质。(4)协助维权义务。消费者在电商平台内购买商品或服务时,在与平台经营者发生争议时,电商平台在争议解决中具有"先天优势",因此其应当承担对消费者维权的积极协助义务。

平台责任主要有以下三种。(1)先行赔偿责任。在电商平台未尽审核义务、未尽提供平台内经营者信息义务,或者自身有相应承诺等情况下,消费者可以依据《消费者权益保护法》的相关规定[1],依法要求平台先行赔偿。(2)连带责任。在平台内经营者存在特定违法行为,即损害消费者人身、财产安全或者有其他损害消费者合法权益的行为,电商平台知道或者应当知道上述违法行为但未采取必要措施的情况下,应承担连带责任。(3)相应责任。[2] 电

---

[1] 《消费者权益保护法》第四十四条第一款:消费者通过网络交易平台购买商品或者接受服务,其合法权益受到损害的,可以向销售者或者服务者要求赔偿;网络交易平台提供者不能提供销售者或者服务者的真实名称、地址和有效联系方式的,消费者也可以向网络交易平台提供者要求赔偿;网络交易平台提供者作出更有利于消费者的承诺的,应当履行承诺;网络交易平台提供者赔偿后,有权向销售者或者服务者追偿。

[2] 《电子商务法》第三十八条:……对关系消费者生命健康的商品或者服务,电子商务平台经营者对平台内经营者的资质资格未尽到审核义务,或者对消费者未尽到安全保障义务,造成消费者损害的,依法承担相应的责任。

商平台应履行相应的资质审核义务和尽到安保义务,否则应承担相应责任。

第四,除了上述义务与责任外,《电子商务法》中明确国家应保护消费者权益、维护交易安全、保护个人信息安全,并且设定了相应的法律制裁机制。

(三)规范电子商务平台行为的平台法

平台是电子商务发展中连接消费者以及经营者的重要枢纽,平台经济发展已经成为世界电子商务发展的核心趋势。《电子商务法》深刻理解平台对于电子商务发展的意义,区分了电子商务平台经营者与电子商务经营者,对不同类型的平台经营者做了区别规定,除了前文所述的平台责任与平台义务之外,电商平台在电子商务中的独特地位也是《电子商务法》所关注的重点。

第一,制定平台服务协议和交易规则(以下简称"平台规则"),以平台规则作为平台治理中基础规范,充分发挥其指引作用。(1)平台规则的制定要遵循公开、公平、公正的原则。从明确平台进出入机制、保障商品服务质量、保护消费者合法权益、保护用户个人信息、健全信用评价、显著公示规则内容等方面建立严密的交易规则体系。(2)建立在线争端解决机制。作为网络交易市场中的枢纽,平台在争端解决中具有先天优势,鼓励电商平台建立商品服务担保机制以及在线争端解决机制能够对消费者与经营者的争端进行快速反应,提供交易保障、提高交易效率。(3)修改平台规则应公示与讨论。平台为更新服务内容修改平台规则是不可避免的情况,但是不可利用其优势地位随意修改平台规则,损害消费者权益,应提前7日公示修改内容,并采取必要措施进行民主讨论,给予不同意修改的用户相应的退出选择。(4)不得随意利用平台规则强行赋予平台内交易不合理的条件或者向平台内经营者收取不合理的费用。(5)在平台内对违法违规的平台经营者采取必要措施时,应及时公示,防止相关合法利益受损。

第二,推进电商平台参与或协助监管。(1)平台内经营者和非经营用户信息管理。为了纠纷中快速确定当事人,电商平台应承担在平台内的经营

者,以及非经营信息主体身份信息的登记核验义务,建立日常信息档案管理更新机制,并依规向管理部门登记。(2)配合进行市场主体登记。电商平台掌握大量关于平台内经营者的身份信息,具有向市场监督管理部门报送平台内经营者相关信息的义务,并为平台内经营者市场登记提供相应便利。(3)配合进行税收征管。电商平台应向税务部门报送纳税主体信息、经营收入信息等。提示部分不需要进行市场主体登记的经营者进行税务登记。(4)保障网络安全与交易安全。电商平台应采取包括技术措施在内的必要措施保护电子交易安全,并建立相关的紧急预案,及时减轻网络安全事件所带来的损害。(5)检查监控平台经营活动。电商平台应合法使用其所具有的技术能力,在平台内经营者存在违法行为时,可以及时进行产品下架、连接断开等处理方式,并应及时报告于上级主管部门。

第三,确立电商平台知识产权保护制度。(1)"避风港"原则。我国"通知与删除"规则与其他国家的"通知与删除"规则和最初的"避风港规则"已有明显区别,已逐步演化为"知识产权预防性保护规则"和"电商平台规则原则"。《电子商务法》中关于"通知—删除"的规范是互联网治理在电商平台上的新举措。知识产权权利人在遭受侵权后,有权通知电商平台采取必要措施,但要求其有构成侵权的初步证据。平台在接到通知后,应及时采取措施,向平台内经营者转送相应的通知。如因电商平台不作为或者不及时处理而导致损害扩大,导致权利人损失加重,则就扩大部分,电商平台应承担连带责任。如平台内经营者认为其不存在侵权行为,可在接到通知后,向电商平台提交不存在侵权行为的声明。电商平台在接到声明后,应将该声明转送给知识产权权利人,并告知其可以向有关主管部门投诉或者向人民法院起诉。电商平台在转送声明到达知识产权权利人后十五日内,未收到权利人已经投诉或者起诉通知的,应当及时终止所采取的措施。(2)公示原则,电商平台应及时公示前述流程中的通知、声明、结果。(3)"红旗原则",作为避风港原则的一种例外适用,《电子商务法》中的"红旗原则"使用了"知道或者应当知道"的表述,有利于知识产权权利人举证,也有利于催促电商平台积极采取必要措施保护知识产权权利人的合法权利。

（四）倡导绿色发展的生态友好法

生态文明建设关系到中华民族乃至于整个人类发展命运，倡导绿色发展功在当代、利在千秋。《电子商务法》为落实生态文明入宪的新要求、实现电子商务领域的绿色发展做出多处规定。（1）环境保护是电子商务经营者应尽的义务。销售的商品和服务应当符合环境保护的要求。（2）鼓励各级政府以及有关部门推动绿色包装、仓储、运输，在物流运输过程，快递服务提供者应使用符合环保要求的环保材料进行包装运输，促进快递包装材料再利用与循环。（3）支持电子商务包括绿色包装、绿色仓储、绿色运输在内的绿色产业链发展。

三　《电子商务法》实施前瞻

"法律的生命在于其实施"。[①] 良法必须得到较好的实施、普遍的遵守才能实现善治的目标。《电子商务法》的有效实施是电子商务产业实现自身革命以及更健康发展的必然要求，也是法治建设的必然要求。

（一）监管理念方式创新

在《电子商务法》第六条、第七条规定电子商务领域分工监管原则，确定了电子商务市场中的多元治理体系。为实现这一目标，要实现的是理念、路径、思维上的转变，应由传统行政监管转变为协同监管、多元治理。在电子商务领域中，传统的单一监管模式、分头执法方式不再适应电子商务领域发展的要求，《电子商务法》实施后的监管执法需要加强部门协调配合、优化执法力量、提高执法效率。

针对电子商务领域经常出现信用体系缺失、交易保障不健全的问题，国

---

① Roscoe Pound, "The Scope and Purpose of Sociological Jurisprudence III", *Harvard Law Review* 6 (1912): 489–516.

家应加强统筹规划,加强各部门之间的协调配合,建立相互协调、动态有效的监管体系。在这一体系下不断改进电子商务监管联动机制、信息共享机制、协同办案机制、联合执法机制、快速反应机制。

从社会共治的角度出发,应加强政府、行业协会、企业、高等学校、研究院所之间合作交流,推动行业自律、平台内部治理、多元共治,以群策群力解决电子商务领域的新问题、新挑战,通过社会共治模式提高监管效率、降低监管成本、实现良法善治。

(二)电商经营合规创新

维护电子商务交易秩序也是《电子商务法》的重要立法目标之一。为了回应电子商务中所出现的各种乱象,《电子商务法》着力解决电子商务经营活动中所出现的诚信缺失、知识产权侵权、竞价排名、个人信息泄漏、偷税漏税、消费者合法权益受损等问题。《电子商务法》以规范具体行为为切入点实现了对整个电子商务市场秩序的维护,对在电子商务领域的经营者都提出了更高要求的合规义务,违规者将承担法律上的不利后果。"大数据杀熟""无广告标注竞价排名"等商业模式已经走到末路,电子商务经营者和平台经营者应在合规前提下进行电子商务的商业模式创新。

在规范电子商务活动的目标指引下,《电子商务法》为了科学合理地规范电子商务经营活动秩序,区分了一般的电子商务经营者与电子商务平台经营者,并且强调了电商平台所具有的独特优势和技术能力,由此要求平台内经营者所应遵守更高合规义务和担负管理职责。在电子商务活动中,电商平台具有经营者的基础属性,还要承担一定的管理者职责,除了承担一般的经营者所需要承担的义务以外,如消费者保护义务、行政登记义务、纳税义务,也要配合平台内经营者进行相关登记、信息审核检验、实现平台自我治理等。

(三)平台治理更加透明

平台经济模式成为电商发展的主流模式,大型电商平台不仅是单一经营者,更是一个平台内大量经营者的集合,是一个市场,牵扯到的是方方面面的利益。电商平台在其发展过程,很容易就会因只关注于自身利益,导致社会利益和消费者权益受损。

《电子商务法》分别从国家治理角度与平台自治角度对平台治理问题进行回应。电商平台应从确立进入退出机制、保护消费者合法权益、健全信用评价制度等方面建立严密的交易规则体系;运用担保机制和争端解决机制快速解决交易纠纷;对违规行为及时采取措施;建立相应的紧急预案等。

在国家层面,设定了相应行政责任,用以规范电商平台的经营行为,具体包括不得随意删改消费者的评价、对平台内经营者进行不合理限制、收取不合理的费用等。否则将会承担相应的行政责任,接受行政处罚。

《电子商务法》针对电子商务发展平台化的显著趋势,对电商平台从定义、规则、责任、义务等多个方面加以规范,理顺平台治理应有的治理逻辑,使平台治理格局更加清晰透明,这对于推动电子商务发展和规范电子商务市场秩序都有着十分重要的作用。

(四)平台责任有待细化

《电子商务法》明确了电商平台在特定情况应承担的先行赔偿责任、连带责任、相应责任。但是对何为"关系消费者生命健康的商品或者服务"、何为"不符合保障人身、财产安全的要求"、何时会认定平台"未采取必要措施的"并无明确要求。这些抽象的规定只能由相关执法者根据具体情况来具体分析,无法从在《电子商务法》的文本找到相应的指引,也由此给予了执法者较大的自由裁量空间。

《电子商务法》第38条,规定了电商平台的"相应责任",但相应责任的性质难以厘清,从民事责任语境来看,其可能包括连带责任、补充责任或者是按份责任等。电商平台承担"相应责任"的前提是,当电商平台未对关系到消费者生命与健康的产品与服务履行相应的审核义务、对消费者未履行相应安保义务导致其遭受损害,此种情形下应承担相应责任。这种"相应责任"可能不仅包括民事责任,也可能包括刑事责任和行政责任。

《电子商务法》中设置平台的"相应责任"本身可能也是一种立法灵活性、概括性的体现,但是其不确定性会损害法的规范作用。类似的问题还包括如何界定《电子商务法》第42条和第43条中知识产权权利人通知平台侵权所应提供的初步证据、平台进行删除的具体标准。《电子商务法》虽然将"通知与移除"规则改造为"通知+移除+转通知+反声明+投诉通知+恢复"的细化程序,但相应的适格标准却未能确定。这一类问题可能需要配套法规予以细化和司法解释的进一步澄清,以更好地服务于电子商务发展和司法实践。

四 未来:《电子商务法》的不断完善

《电子商务法》2018年8月31日通过,并于2019年1月1日起正式实施。作为一部法律,《电子商务法》才刚刚从法律运行过程的起点出发,初步完成从应然状态到实然状态的转变。

针对电子商务发展中形成的新型社会关系,《电子商务法》要在相应的实践中得以运用。贯彻实施《电子商务法》"促发展、定规矩、维权利"的立法宗旨,需要形成多元治理、社会共治的局面,使行政机关、司法机关、电子商务经营者和平台经营者、相关行业、消费者各方面的力量有效凝聚为一体,并在这一过程中提高协同治理机制的可操作性。在法的运行过程中,应逐步实现《电子商务法》的规范作用,建立有序又有活力的电子商务发展秩序,落实新发展新理念,不断满足人民群众对网络时代美好生活的新需要。

电子商务的发展具有渗透性、变化性,会"随着电子技术的广泛应用和互联网行业与传统行业的相互渗透,在特定领域形成了新的业务模式并产生了新的社会关系"。①《电子商务法》可能会面临"出台即过时"的法律困境。为解决上述问题,一方面,《电子商务法》必须要与时俱进,通过合

---

① 刘颖:《我国电子商务法调整的社会关系范围》,《中国法学》2018年第4期。

理的法解释技术和法政策手段来不断赋予其鲜活的生命力,用法律解释、具体政策实施来消除"法律稳定性与其调整对象不断出现的新情况、新问题之间的矛盾。"另一方面,也要从"一般法"和"特别法"的互补关系出发,积极寻求《电子商务法》之外的"一般法"的规定,以"一般法"填补《电子商务法》缺位性规定。同时,要根据适用情况进行相应的立法后评估,利用大数据、人工智能等新技术新方法发掘《电子商务法》及其实施中的问题。在与实践不断回应、调整和互动的过程中,《电子商务法》才能始终保持时代特色、与先进技术和先进商业模式同步发展,成为始终可以指导电子商务动态实践的"活法",被电子商务领域中各主体普遍遵循,真正实现电子商务领域的良法善治。

B.17
全球窄带物联网专利技术竞争格局分析

陈 燕　周胜生　刘庆琳　彭 桃*

摘　要： 窄带物联网是5G时代应对万物互联的核心技术，目前处于重要发展机遇期。本报告介绍了全球窄带物联网产业发展情况，指出了全球窄带物联网整体专利申请态势、专利布局的重点和热点，并对潜在标准必要专利情况进行了分析。尽管中国在窄带物联网领域具有一定数量的专利申请，但仍需防范专利风险，提早做好相应准备。

关键词： 窄带物联网　专利竞争　潜在标准必要专利

一　窄带物联网（NB-IoT）产业发展情况

（一）全球 NB-IoT 产业发展概况

1. NB-IoT 运营商积极部署，产业链初见成效

从2016年6月冻结3GPP Release 13之后，各运营商开始在全球积极批量部署 NB-IoT。从2018年3月至2019年3月，全球投资 NB-IoT 网络的运

---

* 陈燕，国家知识产权局知识产权发展研究中心副主任，研究员，主要研究方向涉及知识产权战略、政策和竞争情报分析等；周胜生，国家知识产权局专利局专利审查协作天津中心，总审查师，主要研究方向涉及知识产权战略和专利审查政策等；刘庆琳，国家知识产权局知识产权发展研究中心研究二处副处长，副研究员，主要研究方向涉及专利竞争情报分析、技术创新与专利政策、知识产权战略等；彭桃，国家知识产权局知识产权发展研究中心研究二处，助理研究员，主要研究方向涉及专利竞争情报分析、高价值专利培育等。

营商从 107 家增长到 140 家,增长率将近 31%,已经完成 NB-IoT 部署的运营商从 44 家增长到 88 家,增长率 100%,已经部署 NB-IoT 的国家有 50 个。①

在全球产业政策激励下,NB-IoT 产业链上下游逐渐扩展并日益壮大。在产业链上游,高通、华为、夏普和爱立信等传统通信巨头提供核心网技术支撑,高通、英特尔和 Marvell 等全球顶尖半导体企业提供芯片设计和制造技术。在产业链中游,专业的物联网企业 ublox 和 Sierra Wireless 提供模组产品,AT&T、T-Mobile 和沃达丰等全球移动通信服务商提供运营服务。在产业链下游,目前有韩国三星、中国美的销售 NB-IoT 终端产品(见图 1)。

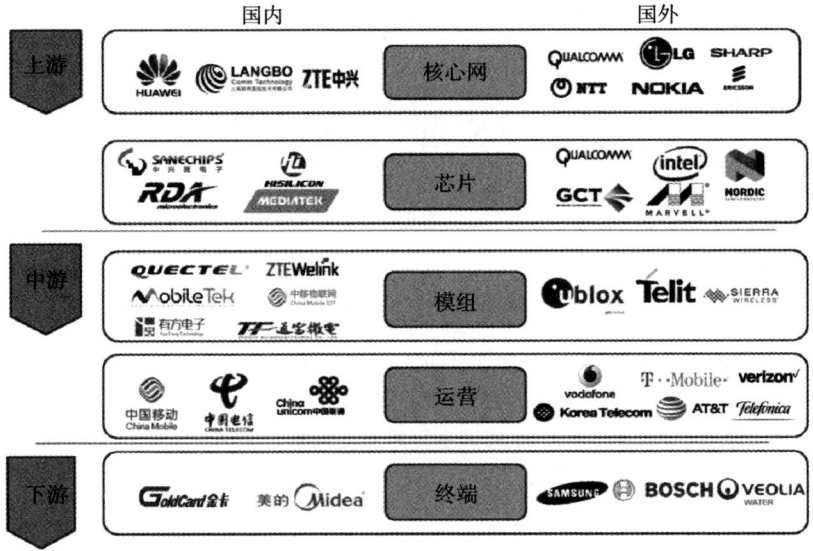

图 1　NB-IoT 产业链分布情况

2. NB-IoT 用例范围不断扩展,与相关产业深度融合

随着 NB-IoT 网络和平台的加速部署和发展动能的不断丰富,NB-IoT 的用例正在不断增加。一方面,NB-IoT 用例的范围在不断延伸,从国际电信联盟(ITU)最初为 NB-IoT 设想的智慧城市、智能家居/建筑等应用场景,

---

① GSMA,NB-IoT and LTE-M:Global Market Status 2018,Global NB-IoT/LTE-M networks,March 2019.

逐渐延伸到工业自动化、环境监测和健康医疗等领域（参见图2）。此外，NB-IoT与各产业深度融合。表1总结了2017～2018年NB-IoT测试、试验或启动的一系列用例情况。

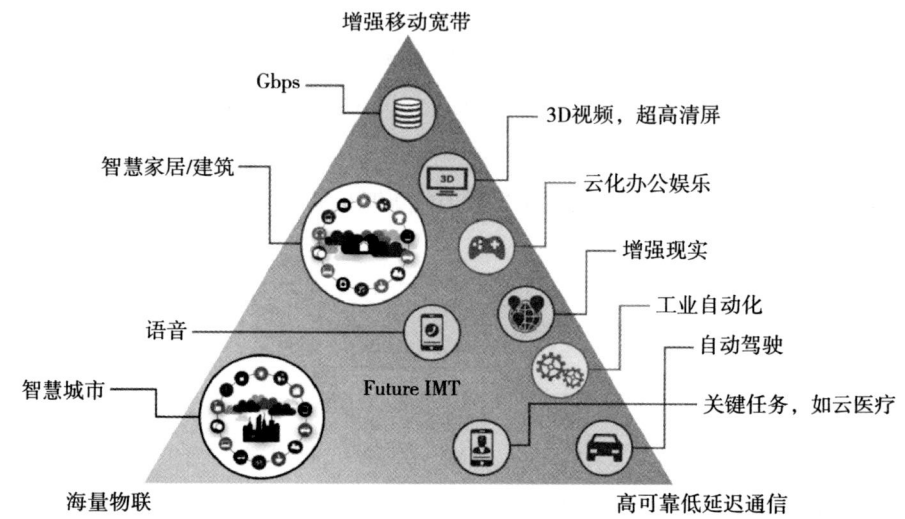

图2　国际电信联盟提出的5G应用场景

资料来源：国际电信联盟：*Setting the Scene for 5G: Opportunities & Challenges*，2018。

表1　NB-IoT领域主要用例（2017～2018年）

国家/地区	运营商	领域	细节
巴西	—	市政、宠物追踪	u-blox、华为、Vivo、CAS Tecnologia、智能测量制造商PinMyPet在测量和追踪应用领域对NB-IoT进行现场测试
智利	西班牙电信	市政	Telefonica、华为和Kamstrup在智利试验NB-IoT水表。
中国	中国移动	医疗	爱立信、AstraZeneca、无锡国家高新技术开发区和中国移动合作开发使用NB-IoT进行实时医疗器械分析
德国	德国电信	交通基础设施	杜塞尔多夫机场、德国电信和BS2 Sicherheitssysteme使用连接到NB-IoT网络的传感器构建交通运输基础设施的监测系统
		停车	在汉堡市使用NB-IoT网络提供智慧停车方案
		智慧城市	在伯恩建立NB-IoT网络，连接装置包括路灯、垃圾桶和空气质量监测器

续表

国家/地区	运营商	领域	细节
香港	中国移动香港	环境	使用 NB-IoT 网络来监测元朗大棠的树木
罗马尼亚	沃达丰	石油和天然气	与 OMV Petrom 合作在商用网络上试验 NB-IoT 来监测偏远区域的气井
挪威	Telia	农业	Telia 和 Nortrace 使用 NB-IoT 来追踪绵羊
南非	Vodacom	市政	Vodacom 使用 NB-IoT 网络在约翰内斯堡的米德兰德的园区内试用智能水表
韩国	韩国电信	儿童护理	通过 NB-IoT 网络建立儿童监测方案
美国	T-Mobile	废弃物处理	Sensoneo 在废物填充水平传感器试验中使用 T-Mobile 的 NB-IoT 网络。计划在发布后继续使用网络
美国	T-Mobile	智慧城市	在美国拉斯维加斯试验 NB-IoT 网络用于智慧城市应用
芬兰	DNA	环境	建立 NB-IoT 网络来监测芬兰零售店的空气质量
芬兰	Telia	邮政	与 Posti 合作在芬兰试验 5 个连接 NB-IoT 的邮筒

资料来源：GSMA：NB-IoT and LTE-M：Global Market Status，2018。

（二）中国 NB-IoT 产业发展情况

1. NB-IoT 相关政策密集出台，政策体系日趋完善

尽管 NB-IoT 的概念是在 2015 年确立的，但是对 NB-IoT 低成本、低功耗和大连接的核心性能需求早已出现，按照此性能需求，我国 NB-IoT 产业的相关政策最早可以追溯到 2013 年。国务院于 2013 年印发了《国务院关于推进物联网有序健康发展的指导意见》（国发〔2013〕7 号），提出的多项任务与 NB-IoT 的核心性能需求有关。2016 年，在国家《新一代信息技术产业规划（2016~2020）》中，建设 NB-IoT 网络被列为信息通信业"十三五"规划重点工程之一。

在 2016 年 6 月 3GPP 组织冻结 NB-IoT 标准不久后，2017 年工信部便迅速密集出台了一系列关于 NB-IoT 的政策。2017 年 1 月发布了《信息通信行业发展规划物联网分册（2016~2020 年）》，提出要加快发展 NB-IoT 等低功

耗广域网技术和网络虚拟化技术。5月，工信部发布《电信网编号计划（2017年版）》，将"140XX～144XX"确定为物联网网号。6月16日，工信部发布了《关于全面推进移动物联网（NB-IoT）建设发展的通知》，对NB-IoT建设进行了具体要求，到2020年，NB-IoT网络实现全国普遍覆盖，面向室内、交通路网、地下管网等应用场景实现深度覆盖，基站规模达到150万个，总连接数超过6亿。6月20日，工信部发布2017年第27号公告，明确了NB-IoT系统频率的使用要求。8月7日，工信部同意了部分单位提出的电信网码号资源有关申请，并公示了物联网号段分配结果。

2. 产业上下游积极响应，产业链初步形成

在国内政策引导下，中国移动、中国电信和中国联通三大运营商迅速投资部署NB-IoT网络，并投入巨额资金补贴NB-IoT技术的研发。2017年，中国电信和中国移动两大运营商陆续完成了全球规模最大的NB-IoT网络建设。中国电信首先宣布商用后，中国移动也于2018年底前完成了全国348个城市乡镇以上区域的NB-IoT的连续覆盖。中国联通也确立以NB-IoT技术作为未来物联网建设的主要标准，并将在全国300个城市实现NB-IoT覆盖。①

在产业链上游，以华为和中兴为代表的企业积极参与NB-IoT标准的制定并提供核心网技术；在产业链中游，上海移远、移柯和中兴物联等企业提供模组，国内三大通信运营商提供运营服务；在产业链下游，金卡智能和美的等企业提供终端产品。由此可见，中国NB-IoT已逐步形成较为完整的产业链。

二 NB-IoT专利技术整体态势

专利竞争已经成为全球产业竞争的焦点。在快速创新发展的NB-IoT领

---

① 艾斯：《盘点2017全球物联网行业：NB-IoT迎来爆发但一切才刚起航》，C114中国通信网，2017年12月。

域，我们亟须全面了解NB-IoT的专利布局情况，本部分旨在勾勒NB-IoT全球和中国专利申请状况，主要围绕专利申请趋势、区域布局、技术来源、重要申请人、重点技术等角度展开分析。

（一）全球专利态势分析

截至2018年10月17日，检索到世界范围内涉及NB-IoT技术的专利申请共2879项。[①]

1. 全球专利申请处于快速增长时期

全球NB-IoT技术专利申请总体上可以分为萌芽期（2015年前）和快速发展期（2015年至今）两个阶段。在萌芽期，2012年出现了最早的NB-IoT相关专利申请，尽管NB-IoT的概念并未明确提出，但是仍然有少量专利涉及NB-IoT，全球年专利申请量均在20件以下。2015年进入快速发展期，专利申请快速增长，尤其是在标准冻结后，无线接入网等核心架构的技术研发已基本完成，其应用领域逐渐扩展，专利申请呈现出指数增长的态势，由于专利公开滞后于专利申请，因此可以推测2017年和2018年的专利申请量仍然将持续增长。由于NB-IoT的底层技术趋于成熟，未来面对万物互联的应用层技术发展方兴未艾，因此可以预测未来全球专利申请量也将保持增长态势。

2. 标准相关专利[②]布局竞争激烈

在2015年9月标准立项后，按照标准必要专利的产生过程，由于

[①] 本报告根据NB-IoT技术特点，所分析的专利数据仅仅为涉及NB-IoT技术改进点的专利数据，不涉及复用4G/LTE、4.5G的专利申请数据。近期数据不完整的原因主要有以下四点：一是通过国际《专利合作条约》提出的专利申请（通常称为PCT申请）自申请日起30个月甚至更长时间之后才进入国家阶段，从而导致与之相对应的国家公布时间更晚；二是发明专利申请通常自申请日（有优先权的，自优先权日）起18个月（要求提前公布的申请除外）才能被公布；三是实用新型专利申请在授权后才能被公布，其公布日的滞后程度取决于审查周期的长短；四是检索数据库中的数据更新速度的问题。由于2018年度专利申请数据不完整，不具有可比性，因此2018年度的专利申请数据未纳入分析。下同。

[②] 本报告中的标准相关专利包括围绕标准提案布局的专利申请以及标准冻结后围绕标准所申请的专利。

标准制定的各参与方不清楚标准将选择何种技术路线，因此在标准冻结前各方在多个技术路线上申请多项专利进行撒网式布局，致使专利申请量出现了一个小高峰（见图3）。比如针对上行链路的两个备选技术路线，高斯最小频移键控（Gaussian Filtered Minimum Shift Keying，GMSK）的频分多址（Frequency Division Multiple Access，FDMA）方案和单载波频分多址（Single-carrier Frequency-Division Multiple Access，SC-FDMA）方案成为各方撒网式布局的热点。在2016年6月16日NB-IoT标准冻结后，由于NB-IoT各关键节点上的技术路线也已经明确，因此标准制定的各参与方就可以围绕无线链路设计和随机接入等关键节点的技术路线开展专利布局，按照世界各国普遍采用的"先申请制"的原则，NB-IoT的相关创新主体在NB-IoT标准冻结后就争分夺秒地申请专利，2016年6月后的专利申请量再次迅速增长，因此在标准冻结前后出现一个小高峰，这也从侧面反映出NB-IoT领域的各创新主体围绕标准开展专利布局的激烈程度。

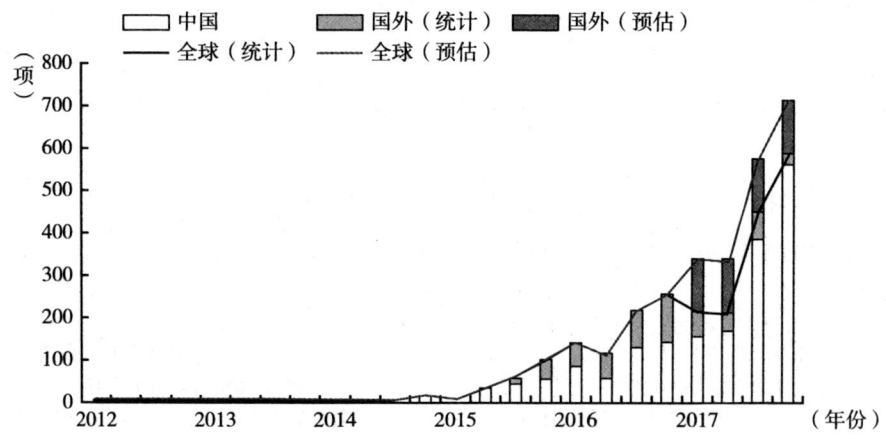

图3 全球NB-IoT技术专利申请总体态势

资料来源：国家知识产权局知识产权发展研究中心组织的"5G核心技术——窄带物联网专利分析和预警项目"，2018年。

3. 中美日韩是主要技术原创地和主要目标市场

NB-IoT 领域专利技术原创国主要是中国、美国、日本和韩国。中国在 NB-IoT 领域的专利申请量最多，占全球的 54%，主要是中国的华为、中兴以及众多应用层的创新主体申请的专利。NB-IoT 技术在全球市场地域相对集中，且目标市场国分布与技术产出国占比类似，其中，在中国申请的专利数量最多，占全球的 65%（见图 4）。这主要是两方面的原因，一方面是中国本土的企业在中国申请的专利数量占比大，且通过 PCT 或巴黎公约途径进入其他国家的专利少，比如专利申请量靠前的中兴和华为在本报告的数据检索截止到日前进入其他国家的专利申请数量较少；另一方面是因为其他国家的专利大量进入中国布局，比如申请量靠前的高通、爱立信和 LG 都很重视中国市场，将中国作为除本国外的主要目标市场。

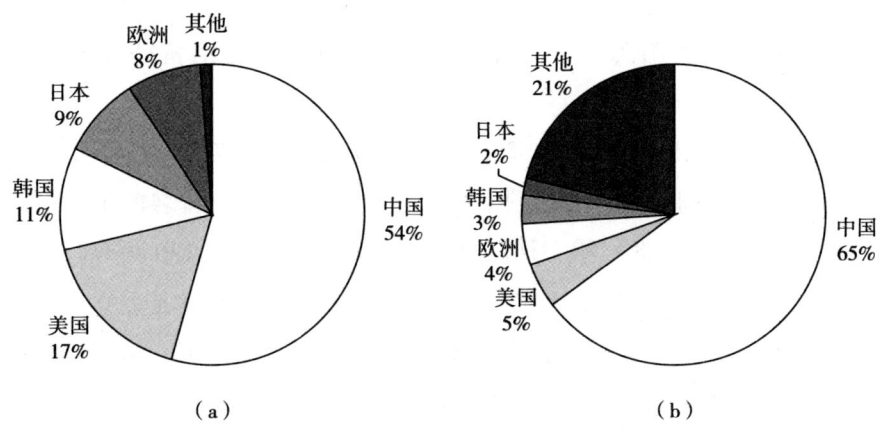

图 4　全球 NB-IoT 专利申请来源国/地区（a）和目标国/地区（b）

4. 全球专利布局的重点向应用技术集聚，市政管理和智慧生活将持续成为专利布局热点

根据技术分析和专家意见，NB-IoT 技术被分为两个一级分支，即支撑技术层和应用技术层，支撑技术层的二级分支包括物理链路、关键过程、硬件结构和射频指标，应用技术层的二级分支包括市政管理、智慧生活、智能

交通、企业管理和智慧农业。

从一级分支技术分布来看，全球专利申请的支撑技术和应用技术占比较为接近，其中支撑技术层专利占全球的42%，这也反映出目前产业正处于从支撑技术向应用过渡的关键时期，在核心架构技术日趋完善的背景下，全球专利布局的重点将转向应用技术。从二级技术分支分布来看，物理链路和关键过程是支撑技术层的两个热点技术分支，这两个技术分支的总和占支撑技术层的87%，可以说技术热点非常集中。市政管理和智慧生活是应用技术层的两个热点技术分支，其中市政管理的专利申请占比最大，达37%，其次是智慧生活，占比达30%（见图5）。市政管理涵盖智能抄表、智能井盖、智能路灯等，而智慧生活涵盖智能建筑、智能家居和穿戴设备等。据预测，2025年物联网的连接数将是2018年连接数的2.8倍，其中连接数增长最大三个领域分别是智能建筑（50亿）、智能家居（32亿）和市政管理（16亿）。[①] 随着NB-IoT的部署范围不断扩大和用例不断丰富，市政管理和智慧生活将持续成为专利布局的热点。

5. 三家中国企业入围专利申请前十位，国外传统巨头实力依然强劲

从NB-IoT全球专利申请人排名可以看出（见图6），排名前十的申请人大致可以分为三个梯队，第一梯队是中兴和高通，中兴以130项专利申请暂列第一，排名第二的高通的专利申请量紧随其后，第二梯队是爱立信、英特尔、LG和华为，专利申请量都在60项以上且数量较为接近，第三梯队是福建强闽、三星、NTT都科摩和夏普。从排名上看，中国的企业在专利申请量上取得良好成绩，共有3个中国企业入围前十，且每个梯队中各有一家中国企业。除中国的3个企业外，其余7个都属于国外传统通信巨头，尽管国外传统通信巨头的专利申请量并不算多，但是掌握相当大比例的标准相关专利，其技术实力依然强劲。

---

① GSMA, Intelligence: The Mobile Economy 2019, 2019.

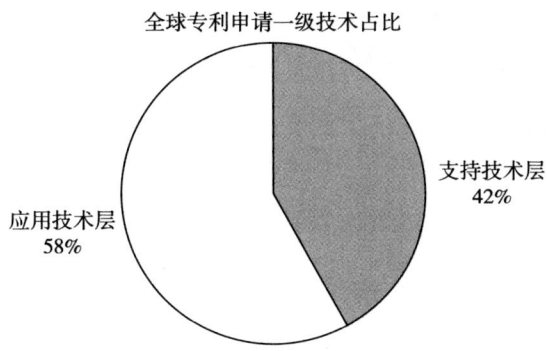

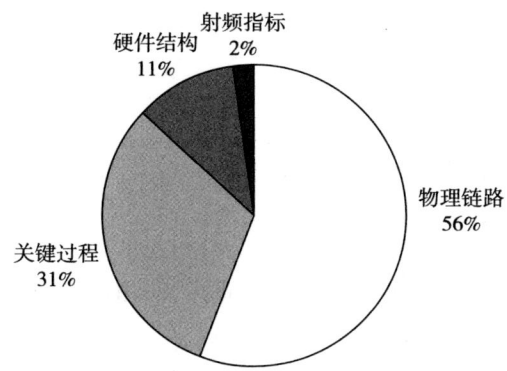

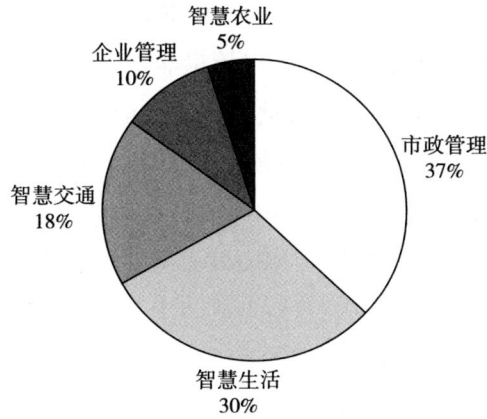

图 5 全球 NB-IoT 专利申请技术分布

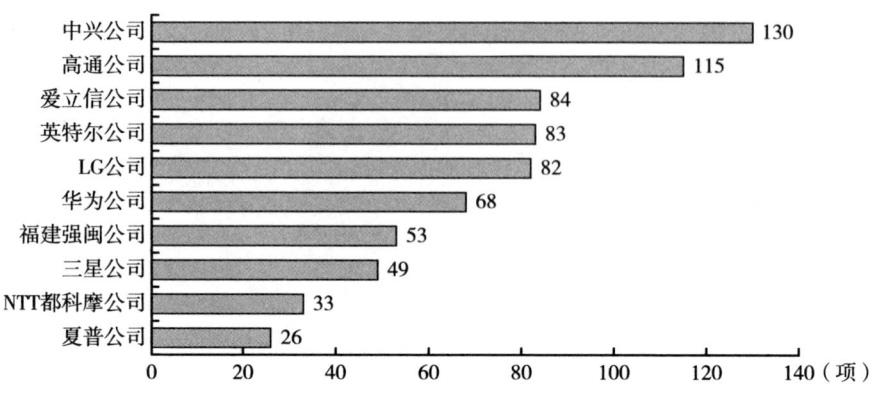

图6 全球NB-IoT主要专利申请人排名

资料来源：国家知识产权局知识产权发展研究中心组织的"5G核心技术——窄带物联网专利分析和预警项目"，2018年。

（二）中国专利态势分析

1. 中国NB-IoT专利申请量全球占优

在中国专利申请中，2010年就出现了有关NB-IoT应用技术层的专利申请，比国外的相关的专利申请提前2年，另外，从全球与中国专利申请趋势可以看出（见图3），从2015年全球专利申请出现明显增长开始，中国专利申请与全球专利申请都呈现出增长态势。从2015年第一季度到2016年第二季度，中国的专利申请量与全球专利申请量非常接近，从2016年第三季度至2017年第四季度，中国专利申请量明显超过全球专利申请量，且逐渐呈现出压倒性的优势。因此，无论是从最早出现相关专利申请的时间，还是从每个季度的专利申请量来看，中国NB-IoT的专利申请量表现非常抢眼，呈现出引领全球的态势，这也为我国NB-IoT产业的持续健康发展奠定了良好的基础。

2. 主要集中于应用技术层领域

中国NB-IoT专利申请总量全球第一且遥遥领先，在全球2879项专利申请中，中国有2216项专利申请，占全球总量的3/4以上。从二级技术分支的占比情况来看，支撑技术层和应用技术层专利也都遥遥领先，其中支撑技术层专利申请量占全球专利申请量的45%,应用技术层专利申请量占全球的99%。从中国专利申请技术构成来看,应用技术层专利占比最大,是支撑技术层专利申请量的3倍,但是就NB-IoT所面对的万物互联的应用场景而言,应用技术层专利仍然偏少,还具有较大增长空间(见图7)。

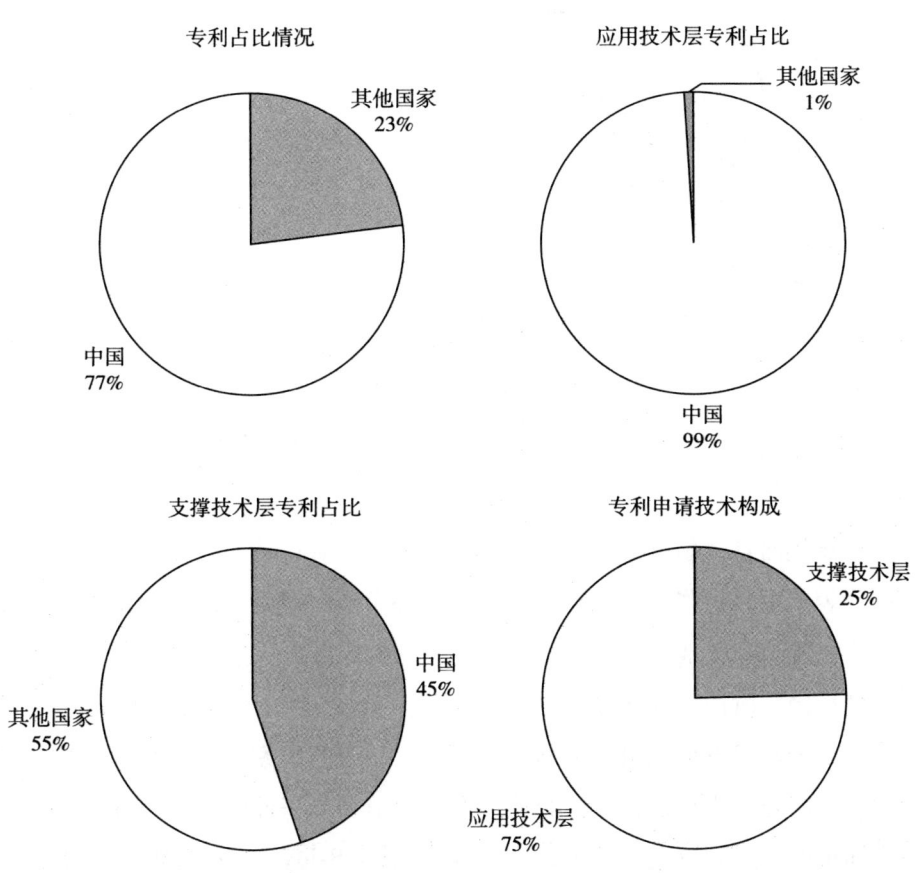

图7 中国NB-IoT专利申请占比和技术分布占比情况

3. 国外巨头注重海外市场专利布局,国内申请人存在差距

在华专利申请数量排名前十的申请人中有高通、英特尔、三星和夏普四个国外巨头(见图8),这4个国外巨头重视底层核心网技术研发,同样也重视海外市场专利布局,中国作为全球最大的NB-IoT需求国,自然成为这

些国外巨头未来的目标市场。尽管每个申请人布局的专利数量不多，但是这4个国外巨头布局的专利数量总共超过100件，且绝大部分都是支撑技术层的技术，技术创新水平较高，专利申请撰写质量上乘。

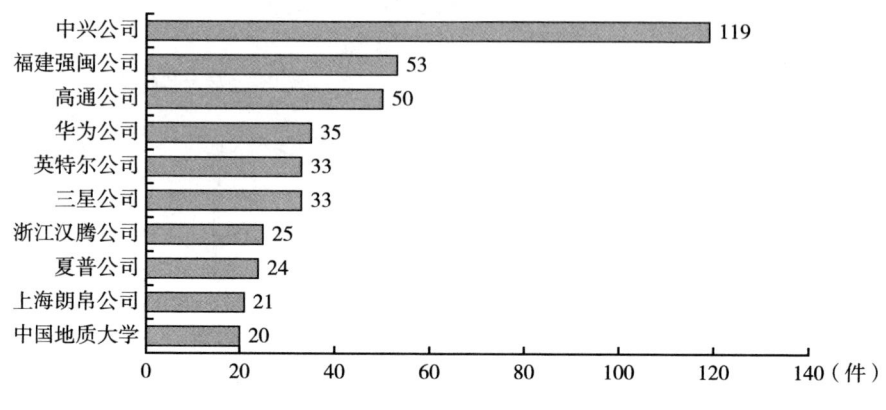

图8　在华 NB-IoT 主要专利申请人

资料来源：国家知识产权局知识产权发展研究中心组织的"5G 核心技术——窄带物联网专利分析和预警项目"，2018年。

相比较而言，国内申请人海外布局的能力还有待提高。作为国内通信企业的代表，中兴、华为的申请近半数为海外申请，但是目前仅少量专利通过PCT途径进入到其他国家。这可能是两方面的原因，一方面是相关国际申请仍然处在国际阶段，尚未超过办理进入国家阶段的30个月的期限，企业仍然可以根据技术发展和自身战略来选择进入相应的国家，但是与早早布局中国的4个国外巨头相比，国内企业的专利申请布局海外的步伐相对滞后；另一方面可能是受到近期中美贸易摩擦的影响，NB-IoT 作为5G的核心技术之一，中国将5G技术输出到海外的一举一动势必会受到极大的关注或者相当程度的阻力。除中兴和华为之外，大部分国内申请人的专利申请为应用技术层，且绝大部分为国内申请，没有进行海外布局，这也反映出大部分国内申请人缺乏海外重要目标市场国的专利布局意识和能力。因此，无论是从海外布局的专利申请数量，还是参与海外布局的申请人数量，国内申请人都存在一定差距。

三 NB-IoT 支撑技术层专利分析

全球 NB-IoT 的支撑技术层专利共计 1203 项，在全球专利申请中占比 42%，相关专利申请最早出现于 2012 年，从 2015 年至 2017 年快速增长。

（一）支撑技术层专利有望持续增长

支撑技术层包括关键过程、射频指标分析、物理链路和硬件结构，其中关键过程和物理链路基本上涵盖了 NB-IoT 的主要底层技术。从 2015 年起，国内和国外的支撑技术层专利申请数量迅速增长，2016 年达到高峰，受公开滞后的影响，可以预计未来支撑技术层专利申请将持续增长（见图9）。对比国内和国外申请趋势可以发现，国内的专利申请与国外的专利申请同步增长，且国内的专利申请量从 2012 年开始就一直处于领先地位，这与国内申请人积极参加标准制定，提前开展专利布局不无关系。

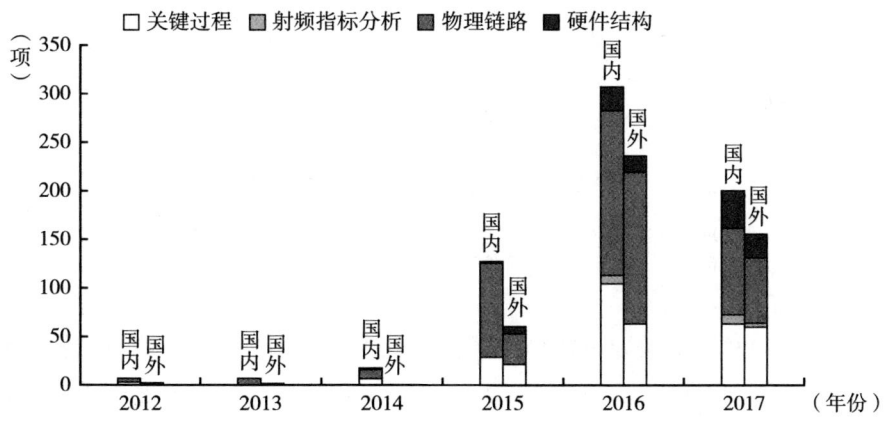

图 9 国内外 NB-IoT 支撑技术层专利申请态势

资料来源：国家知识产权局知识产权发展研究中心组织的"5G 核心技术——窄带物联网专利分析和预警项目"，2018 年。

（二）物理链路和关键过程是支撑技术层研发的重点和热点

从具体技术分支来看，物理链路和关键过程是 NB-IoT 技术研发的重要领域，其中物理链路的专利申请量在所有二级技术分支中最大，为 672 项，是 NB-IoT 领域专利布局的重点。从图 9 可以看出，从 2015 年开始，物理链路和关键过程每年的专利申请量都处于第一和第二的位置，受公开滞后的影响，可以预计 2017~2018 年的专利申请量仍然较大（见图 10），将成为未来研发热点。

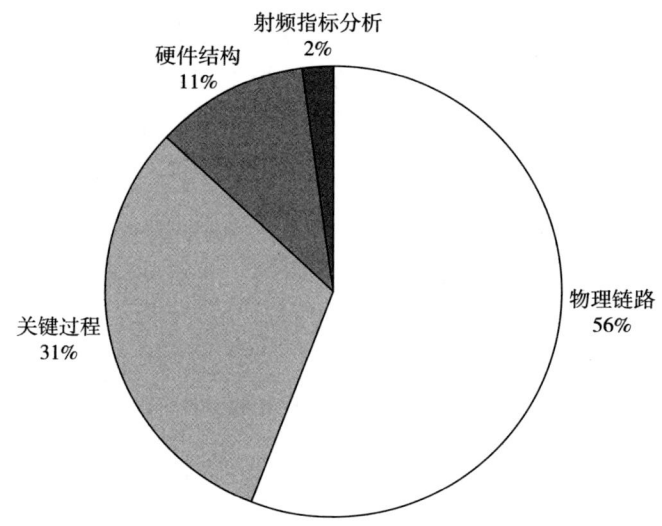

图 10　全球 NB-IoT 支撑技术层专利技术分支占比

资料来源：国家知识产权局知识产权发展研究中心组织的"5G 核心技术——窄带物联网专利分析和预警项目"，2018 年。

尽管中国专利申请数量在物理链路领域占优（41%），但是高质量专利少，且重要专利主要掌握在美国、韩国等主要申请人手中，尤其是在同步信号、参考信号、控制信道、数据信道、随机接入信道等技术分支中，美韩等国拥有的重要专利数量在两位数以上，并在中国提交了多件潜在标准必要专利申请，未来一旦标准冻结，相关专利申请则很可能成为标准必要专利，因此相对而言，国外申请人在物理链路领域具有较强的专利控制力。

四 NB-IoT 应用技术层专利竞争格局

应用技术层专利自2010年出现以来直到2015年，技术一直处于萌芽期，发展较为缓慢，在2016年以后，NB-IoT应用技术层进入飞速发展期，全球的相关专利申请量增速较快。全球NB-IoT应用技术层专利共1676项，中国申请人贡献了1669项，占比高达99.6%。从专利申请量的占比来看，市政管理占比最高，智慧生活其次（见图11）。从申请人类型来看，主要是中小企业。

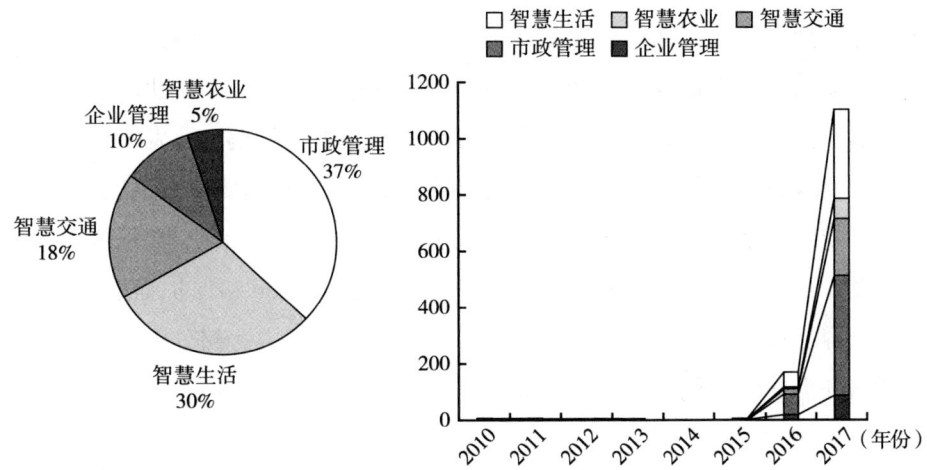

图11 中国NB-IoT应用技术层专利态势、二级技术分支占比

资料来源：国家知识产权局知识产权发展研究中心组织的"5G核心技术——窄带物联网专利分析和预警项目"，2018年。

（一）NB-IoT应用技术层专利占比增大，应用场景逐渐扩展

由于NB-IoT标准的冻结，专利申请在产业链上的分布情况发生明显变化。一方面，应用技术层专利申请占比明显增大，从2016年开始，下游的应用终端环节专利占比开始增大，2017年已达到63%；另一方面，应用场景也在不断扩展，由2011年的视频系统、2013年的智能抄表扩充至燃气

计、灾害监测仪、照明系统、采暖设备、电子锁及各类家庭电器等，2017年还出现了智能农机、智能灌溉等智慧农业类的专利申请。

（二）国内应用技术层高价值专利少，大部分中小企业创新能力不足

尽管中小企业贡献了应用技术层的绝大部分专利申请，但是高价值专利数量稀少，一方面是专利申请的创新水平不高，另一方面是专利申请的撰写质量不佳。从专利申请的创新水平来看，大部分专利未体现出底层技术对具体应用领域的支撑，研发重点仍停留在改变应用场景和非核心手段的替换方案，各专利之间的相似性较大，技术创新水平不高。从专利申请类型来看，将近一半的专利申请是实用新型，专利申请的稳定性一般来说比较低。从专利申请的撰写质量上看，国内专利申请的权利要求数量偏少，发明专利申请的权利要求数量不超过10项，实用新型专利申请的权利要求数量以2~5项居多，与国外来华专利申请的20项权利要求存在较大差距，此外核心权利要求设置普遍缺乏合理的梯次性，权利要求保护范围窄和保护强度水平低，专利较容易被规避。从以上多个方面综合反映出，国内大部分中小企业利用专利制度更好保护创新的能力不足。

五 全球NB-IoT潜在标准必要专利分析

在通信领域，标准必要专利（Standard-Essential Patent，SEP）是指包含在国际标准、国家标准和行业标准中，且在实施标准时必须使用的专利。显然，标准必要专利持有者对产业发展具有很大的话语权，甚至从某种程度上决定着产业的发展方向。通过分析发现，全球NB-IoT专利申请中69项是潜在标准必要专利。①

---

① 本报告中的潜在标准必要专利是指在标准冻结前申请的可能成为标准必要专利的专利申请。

（一）中美韩占据优势，且潜在标准必要专利较为集中

从各国潜在标准必要专利数量占比来看，中美韩三国掌握的 NB-IoT 潜在标准必要专利数量分列前三，在标准必要专利布局中占据优势。从申请人来看，美国主要是高通和英特尔两家公司，而中国主要是华为和中兴，韩国则是 LG 和三星，这六家企业所掌握的潜在标准必要专利数量占比将近 70%，潜在标准必要专利相对较为集中。

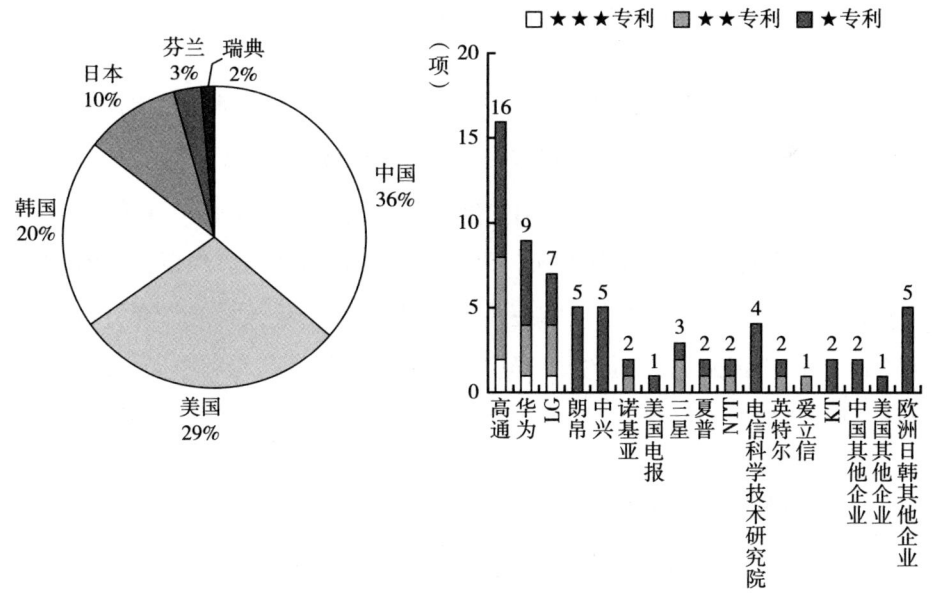

图 12 全球 NB-IoT 潜在标准必要专利数量占比

图 13 全球 NB-IoT 潜在标准必要专利数量

资料来源：国家知识产权局知识产权发展研究中心组织的"5G 核心技术——窄带物联网专利分析和预警项目"，2018 年。

（二）高通、华为和 LG 三家企业优势明显，中国企业积极布局

通过将专利申请与标准提案进行比对分析，根据与标准提案中技术方案的相关程度确定等级，其中★★★专利表示最可能成为标准必要专利的专利

申请。无论是从掌握的潜在标准必要专利的总数来看，还是从掌握★★专利和★★★专利申请的数量来看，高通、华为和LG三家企业分列前三且优势都非常明显，其中高通以拥有16项潜在标准必要专利高居榜首，该数量是华为和LG的总和。从掌握潜在标准必要专利的企业数量来看，中国有6家企业，是所有国家中布局潜在标准必要专利的企业数量最多的国家，这与中国企业积极参与标准相关专利布局有很大关系。

六 我国发展NB-IoT的建议

我国在NB-IoT领域具有良好的技术储备，在支撑技术层，以华为和中兴为代表的企业积极参与标准制定并布局了相当数量的潜在标准必要专利，在应用技术层，国内众多中小企业积极参与NB-IoT技术的应用开发，良好的技术储备为我国NB-IoT的健康发展奠定了良好的基础。为促进NB-IoT尽早大规模商用并确保我国持续掌握技术优势，政府应当加大政策引导力度，相关企业也应当结合自身优势，开展高水平技术创新和专利布局，确保牢牢掌握NB-IoT的核心技术。

（一）政府及产业层面

1. 定标准，建联盟，促进产业融合发展

目前国内NB-IoT应用开发企业多而分散，绝大部分为中小企业，缺乏"小巨人"型企业。当前行业内存在技术标准不互通等问题，在一定程度上阻碍众多中小企业的发展壮大。

政府可以发挥产业引导作用，推动NB-IoT应用技术层的模组标准化，统一硬件规格、接口、基本功能、软件以及性能要求。在充分研究NB-IoT领域相关的专利风险的情况下，制定既与国际接轨，又符合国情且利于国内企业发展的行业标准。相关政府部门还可以促成产业链上下游构建产业联盟，为中小企业合并重组创造条件，促进产业融合发展。

2. 设基金,收专利,为产业健康发展保驾护航

国外通信巨头通过构建"标准必要专利池"(如无线技术专利授权平台 Avanci),不断提高对产业的控制力和影响力,而我国处于产业中下游的厂商有可能面临产业风险的严峻考验。为了提早应对风险,一方面,相关政府部门可以引导产业链上游芯片、中游模组和下游终端等厂商组成专利联盟,共同应对未来的挑战。另一方面,相关政府部门可以出资设立产业发展基金,构建专利池,向面临侵权诉讼的国内企业提供帮助和支持,为产业的健康发展保驾护航。

3. 推试点,降成本,推动应用场景落地

从标准、技术、产业链、基础设施、平台和应用等方面综合施策,合力并举助力 NB-IoT 规模化商用。首先,可以在条件成熟的部分省市,在公共服务、公益慈善等非营利性行业做 NB-IoT 应用场景的试点,起到宣传推广的作用。其次,可以鼓励政府部门、企事业单位作为 NB-IoT 的主要节点参与网络运营,进一步降低 NB-IoT 运营网络资费,加速形成以点带面、点面结合的商用推广,为更多应用场景的落地提供良好示范。

(二)企业层面

1. 加强高水平技术研发,培育高价值专利

国内专利申请存在量多而少优的问题,高价值专利少。高价值专利需要较高的技术创新水平、良好的经济价值和高标准的法律保护。

在技术创新方面,短期而言,相关企业可以围绕支撑技术层中随机接入信道等技术热点,以及参考信号、控制信道、数据信道等技术空白点加强研发,努力解决制约 NB-IoT 技术的时延和与 5G NR 共存的问题。长期而言,相关企业以针对支撑技术层布局的热点和空白点,瞄准未来五至十年的技术发展进行前瞻性研究。NB-IoT 对于技术研发的前瞻性和知识产权保护的预见性要求很高,国外申请人在支撑技术层中的物理链路和关键过程大量布局专利,如高通早期申请主要集中在调制方式和 TDD 帧结构等,值得国内企业学习借鉴。

在具体技术领域,一方面可以加强对新型应用场景的开发和对已有应用

领域的挖掘，从用户角度出发，根据应用场景特点，对底层技术进行有针对性改进，针对这些技术改进在技术链和产业链上开展全方位专利布局，便能够争取用户端主动权。另一方面，增强应用技术层与支撑技术紧密结合，将支撑技术引入到具体应用场景时，结合支撑技术完成技术转移，从支撑技术在实际应用领域所要解决的问题出发，推进由具体连接方式和数据传输向大数据后续处理和设备控制等技术转移，形成应用技术包绕支撑技术的专利防御方式。在产业链方面，中下游厂商应加强寻找应用技术层中特定应用场景的空白区，如智慧农业中水土监测、能耗控制、安全保障等具体应用场景，加强技术研发针对性以扩大应用场景，避免低水平研究和创新资源浪费，形成同业企业差异化发展和良性竞争。

经济价值与技术创新水平关系密切，相关企业在瞄准市场需求和产业发展规律的情况下，高水平技术创新必将带来良好的经济价值。

在专利保护方面，需要知识产权的创造端、服务端和审查端等多方发力，才能共同培育出高价值专利。国内相关企业在知识产权创造端可以提升自身企业的知识产权管理水平，比如建立完善的知识产权管理体系和设立知识产权工程师/知识产权专员等，高水平知识产权服务对于高价值专利培育有着非常重要的作用，相关企业应当重视知识产权服务并加大投入，为高水平技术创新采购高标准知识产权服务。

2. 围绕标准开展专利布局，充分发挥专利价值

标准必要专利对于产业企业的发展都有非常重大的影响和作用，这也是跨国巨头们不惜重金围绕技术标准申请专利的原因。国内相关企业应当密切关注标准发展动向，积极提交标准提案，围绕标准提案重要技术路线布局专利申请，灵活运用各项申请和审查策略以契合标准冻结节点。一旦提案被冻结，明确了相关标准，需要紧密围绕标准专利进行外围专利布局，在产业技术链上构筑密不透风的专利防御网，增加相互许可的资本，防止竞争对手规避。同时，借助专业的知识产权服务机构提高专利运用的水平，综合采用专利许可、转让、质押等手段最大限度地发挥专利价值，进而为企业带来良好的经济收益，促进企业良性发展。

比较研究篇

Comparison Reports

B.18
国际组织数字经济测度方法研究

尹丽波　高晓雨　王梦梓　方元欣　牛玮璐*

摘　要： 数字经济测度已经成为有关国际组织和主要国家的研究重点。本报告梳理了近一年来，国际货币基金组织（IMF）、二十国集团（G20）和经合组织（OECD）等国际组织关于数字经济测度的研究报告，全面介绍了OECD《衡量数字化转型》中提出的数字经济测度指标体系及其测度结果。此外，本报告还对《衡量数字化转型》中我国相关结果进行了详细地分析，归纳总结了数字经济测度工作启示，以期为我国建立数

---

* 尹丽波，硕士，国家工业信息安全发展研究中心主任，高级工程师，长期致力于网络与信息安全研究、工业信息安全技术研究与产业推进工作；高晓雨，硕士，国家工业信息安全发展研究中心信息政策所副所长，高级工程师，专注于数字经济研究；王梦梓，博士，国家工业信息安全发展研究中心助理工程师，研究方向为数字经济测度、产业数字化、数字经济战略；方元欣，硕士，国家工业信息安全发展研究中心助理工程师，研究方向为数字经济国际合作、数字经济测度、数字贸易；牛玮璐，硕士，国家工业信息安全发展研究中心助理工程师，研究方向为数字经济国际合作、数字经济测度、数字贸易。

字经济测度指标体系提供参考和借鉴。

关键词： 数字经济测度　数字化转型　OECD　IMF　G20

2018年，全球数字经济继续蓬勃发展，全球数字经济规模增至近13万亿美元，全球数据每年的增长速度维持在40%左右，在带动新兴产业发展、推动传统产业转型、实现包容性增长和可持续发展方面发挥着重要作用。衡量数字经济的影响对于理解整体经济形势愈发重要，本报告将重点梳理近一年来，国际货币基金组织（IMF）、二十国集团（G20）和经合组织（OECD）等国际组织关于数字经济测度的思考，并重点分析OECD报告的内容及发现，总结启示。

一　有关国际组织发布数字经济测度报告的主要内容

近一年来，IMF、G20和OECD相继发布了关于数字经济测度的报告。这些报告的内容虽然各有侧重，但均对我国建立数字经济发展指标体系具有较高的借鉴价值和意义。

（一）IMF：《数字经济测度》

2018年2月，IMF发布了《数字经济测度》（*Measuring the Digital Economy*），主要讨论了数字经济统计核算的问题。IMF分析认为，首先，国际上对数字经济内涵、外延的理解尚未达成共识。部分组织将"数字经济"狭义地定义为在线平台，以及存在于这些平台上的相关活动，但从广义上讲，所有使用数字化数据的活动都是数字经济的一部分。国际组织对分类体系的修订远远跟不上数字活动的延伸和数字产品与服务的增长，尤其是对在线平台（例如谷歌、Facebook、阿里巴巴）及其产品和服务的界定仍十分模糊。其次，数字经济发展超出传统国民经济核算的衡量边界。由于数字经济的生产活动逐渐向传统国民经济核算体系（SNA）中定义的GDP生产边界之外移动，例如，在线信息降低了搜索和匹配成本，人们能自己制定旅行计划，不需要购买旅行社提供的服务，造成表面上GDP中家庭消费的缩水，但忽略了生产效率的提高，从而造成较大测量偏差。最后，传统统计方法未能适应数字时代的新兴生产模式。随着互联网经济的普及，如优步等使能平台服务（Platform-Enabled Services）的出现，使远程工作能力增强，新型就业形态涌现，生产模式发生了深刻变革。例如，共享经济和零工经济（Gig Economy）的蓬勃发展，使工作方式更加灵活，同时催生了大量自由职业者。传统的生产和经济活动统计方法仍停留在"全职工作"等概念上，对劳动力市场和就业率的估算难以适应新兴模式的发展，从而低估了生产力的发展趋势。

（二）G20：《衡量数字经济的工具箱》

为响应2017年德国峰会部长宣言和衡量数字化转型对数字经济测度的呼吁，2018年11月，G20发布了《衡量数字经济的工具箱》（*Toolkit for Measuring the Digital Economy*）草案（以下简称《工具箱》）。《工具箱》中推行的指标体系主要参照了OECD 2014年发布的指标体系，包括基础设施、赋权社会、创新与技术应用、就业与增长4个一级指标和36个二级指标（见表1）。与OECD 2014年发布的指标体系相比，G20发布的《工具箱》更加关注物联网、人工智能等新一代信息通信技术的开发利用，同时将电子支付、移动货币和电子商务纳入考量，并反映了G20各国对缩小数字鸿沟和推动包容性增长的呼吁。

（三）OECD：《衡量数字化转型：未来路线图》

经济社会数字化转型和数字新技术应用及其影响是当前数字经济领域的核心议题，OECD正在通过"数字化转型"项目重新审视数字经济相关政策的制定方式，力求形成新的政策框架和工具组合，帮助政府利用数字技术实现经济增长和社会发展，有效减少和防范各类新技术应用带来的潜在风险。

表 1　2018 年 G20：《衡量数字经济的工具箱》框架

一级指标	二级指标
1. 基础设施	1.1 固定宽带 1.2 移动宽带 1.3 更高的互联网速度 1.4 连接价格 1.5 物联网基础设施 1.6 安全服务器基础设施 1.7 家庭访问计算机 1.8 家庭访问互联网
2. 赋权社会	2.1 数字原生代 2.2 缩小数字鸿沟 2.3 互联网应用 2.4 互联网用户 2.5 移动货币 2.6 公民与政府互动 2.7 数字教育 2.8 个人的 ICT 技能
3. 创新与技术应用	3.1 机器学习 3.2 人工智能相关技术 3.3 制造业机器人化 3.4 信息产业研发 3.5 支撑业务研发 3.6 ICT 相关创新 3.7 企业 ICT 应用 3.8 云计算服务
4. 就业与增长	4.1 信息产业的就业 4.2 ICT 岗位的就业 4.3 不同性别的 ICT 工作者 4.4 电子商务 4.5 信息产业增值 4.6 ICT 扩展 4.7 ICT 投资 4.8 ICT 和生产力增长 4.9 ICT 和全球价值链 4.10 贸易与 ICT 就业 4.11 ICT 商品占商品贸易百分比 4.12 电信、计算机和信息服务占服务贸易百分比

2019年3月12日，OECD发布的《衡量数字化转型：未来路线图》(*Measuring the Digital Transformation: A Roadmap for the Future*)（以下简称《衡量数字化转型》）详细介绍了其数字经济测度指标体系。OECD指出，有效的测度评价对于政府制定政策至关重要，不仅能确定何时、何处进行何种程度的政策干预，更能对政策实施效果进行科学评估和合理评价，辅助反馈调整。由于数字技术应用对经济社会影响广泛存在，各国迫切需要测度和评价数字经济的有效方法。《衡量数字化转型》主要内容如下。

第1章介绍了数字技术发展和数字化转型趋势。数字技术发展趋势包括人工智能技术及其应用、关键企业图谱、支撑性学科和成果、提速降费、网络内容、数据基础设施、数据中心、云和软件等方面。影响数字化转型的主要因素包括技术采用和传播、工业数字化转型、行业数字成熟度、业务动态、数字加成、生产方式转变、工作方式转变、技能需求增长、数字鸿沟、互联网生活方式、数字化科学等方面。

第2章阐述了信息产业和正在数字化转型的经济活动对增长、生产力、全球价值链、全球贸易和就业的影响。同时介绍了公民如何使用数字技术提升数字福利。

第3~9章详细介绍了数字化转型评价指标体系（见表2），包括增强访问、增加有效利用、释放创新、确保就业、促进社会繁荣、加强信任、促进市场开放七个方面。其中，第3章为提高基础设施的可用性和质量，第4章为鼓励个人和企业有效使用数字技术，第5章为实现科学、创新、市场和政府的数字化，第6章为确保提供高质量就业岗位和工作场所，第7章为监测社会影响，第8章为加强线上环境的数字安全、隐私和信任，第9章为促进市场开放。

报告还提出了包含9项优先行动计划领域的衡量数字化转型，OECD认为，如果切实执行，将大大增强各国监测数字化转型及其影响的能力。其中，前4项行动旨在建立下一代指标体系，使数字经济在经济统计中得以呈现，把握数字化转型的经济影响，衡量数字时代的社会福利，并形成跨行业数据收集方法。后5项行动针对关键领域提出措施，包括技术变革、数据流动、数字技能、在线信任以及数字政府优势等。

表2 2019年OECD：《衡量数字化转型：未来路线图》框架

一级指标	二级指标
增强访问	1.1 固定网络连接 1.2 移动网络连接 1.3 网速 1.4 网络基础设施 1.5 网络覆盖率
增加有效利用	2.1 用户成熟度 2.2 电子商务 2.3 业务能力 2.4 电子消费者 2.5 电子公民 2.6 应用赋能
释放创新	3.1 知识库 3.2 科学与数字化 3.3 创新产出 3.4 市场准入 3.5 政府数据公开
确保就业	4.1 就业 4.2 招聘动态 4.3 ICT技能 4.4 教育和培训 4.5 适应性
促进社会繁荣	5.1 数字包容度 5.2 数字时代技能 5.3 日常生活 5.4 数字化转型不利因素 5.5 数字化转型与环境
加强信任	6.1 数字安全 6.2 互联网隐私 6.3 管理数字安全风险和隐私技能 6.4 电子消费者信任度 6.5 互联网社交网络
促进市场开放	7.1 全球价值链 7.2 贸易 7.3 影响货物贸易的措施 7.4 影响服务贸易的措施 7.5 跨界技术

二 OECD：《衡量数字化转型》测度结果

数字化转型已渗透到各行各业，以云计算、物联网、人工智能和大数据为代表的数字技术成为数字化转型最重要的驱动力。《衡量数字化转型》指标体系将数字技术作为衡量数字化转型的核心，并且指出不同国家、行业，不同规模的企业，以及不同年龄段人群对数字技术的使用和认识仍存在差异，数字技术的潜力仍有待进一步挖掘。

（一）各国数字技术普及水平逐步提高

当前 OECD 各国数字化技术应用水平逐步提高。数据储存和处理成本的下降促进大量数据收集和大数据分析技术的使用，已有 12% 的企业和 1/3 的大企业采用大数据分析，数据中心成为重要基础设施。云计算服务应用增长速度很快，在过去的 4 年间增长了 50%，云服务可以为用户提供随时随地的个性化 ICT 技术，极大地降低了小型、刚成立或信贷受限的公司应用新技术的成本。平均 56% 的大型企业和 27% 的小型企业购买了云计算服务。

数字技术的广泛应用基于数字基础设施的进步和数字产品与服务的提质降价。一方面，数字基础设施覆盖率和水平大幅提升。目前，大多数 OECD 国家已经实现了数字基础设施的全面覆盖。2011~2018 年，全球互联网连接的平均速度从 2 Mbps 增加到 9.1 Mbps 以上。数据传输能力不断增强，大量数据通过海底电缆跨境流动，使企业能够在全球市场中有效地协调其供应、生产、销售、售后和研发。2018 年，约有 448 条海底电缆投入使用，总长度约为 120 万公里。与此同时，2018 年全球互联网带宽速率达到 393 Tbps（太字节每秒），其中非洲地区增长最快，2014~2018 年复合年增长率为 45%。另一方面，数字产品和服务提质降价。随着技术的进步和更新，ICT 产品的价格下降，存储成本降低，而相应的网络可用性、功能、应用和内容却不断扩大，从而进一步推动了 ICT 产品的广泛应用。从 2000 年到

2018年，虽然OECD地区的消费者价格平均上涨约45%，但通信相关产品（不包括IT和媒体）的价格却下降超过20%。在欧元区和美国，电信服务价格下降了10%~25%，ICT商品价格下降80%及以上。

（二）人工智能、大数据和云计算代表了数字技术发展趋势

《衡量数字化转型》指出，未来数字技术发展主要集中在人工智能、大数据分析和云计算领域。人工智能有助于应对健康、运输和环境有关的全球挑战。人工智能的发展速度高于其他领域，1990~2016年人工智能相关专利数量增加了10倍以上。根据专利数量统计，人工智能技术的发展自2010年以来开始加速，人工智能相关的创新也正在广泛应用于各个领域，图像识别、语言分析、生物模型算法等越来越依赖于人工智能技术。无处不在的网络终端用户设备和物联网使大数据分析的重要性日益增强，随着数据量的持续增加、数据所有权的集中，数据的价值还有望进一步提高。云计算的发展与高速光纤宽带的普及、密匙存储和数据处理技术的质量提升以及软件工具的可用性密切相关。从2010年开始，随着云服务提供商（例如谷歌、IBM、微软和甲骨文）数量的增加，云计算相关服务的价格不断下降，允许企业和个人按需访问IT技术服务，而无须对物理ICT资本进行大量的前期投资。

（三）数字技术的发展和应用潜力有待挖掘

数字化转型渗透到各行各业，但数字化转型的范围和程度因国家、行业、企业和个人的差别而表现各异。数字技术应用的潜力仍有待进一步挖掘，具体表现在以下四个方面。

1. 不同经济体之间数字技术的发展步伐存在差异

2013~2016年，中国大陆、中国台湾、日本、韩国和美国五大经济体贡献了前25种先进数字技术72%~98%的研发。日本和韩国为ICT领域所有专利活动贡献了7%~68%。美国引领与飞机交通控制相关的数字技术（53%）以及基于生物模型（43%）和数学模型（39%）的算法开发。中国

积极参与控制安排（31%）和无线信道接入，以及网络和访问限制技术（21%）。一些欧洲经济体，尤其是瑞典、德国和法国，也是新兴数字技术的参与者。

2. 不同行业之间数字技术的使用率不同

在欧盟国家的信息通信行业，如 IT 服务和电信领域，40%~80%的企业拥有中等及以上的 ICT 能力，而在纺织服装制造业和运输仓储服务业领域，只有约 10%的企业拥有中等及以上的 ICT 能力。此外，零售贸易和住宿的网络成熟度较高，而机械、信息通信技术和电气制造等中高科技制造业更倾向于将 ICT 应用程序整合到业务流程中。

3. 不同规模企业对数字技术的利用率不同

大企业和中小型企业对软件和基础设施服务技术的应用水平相当。但是，大公司倾向于更多地利用先进技术，特别是具有规模化要求的自动化生产工艺技术。尽管越来越多的小型企业负担得起数字技术的应用，但是要利用技术扩散来提高生产率，企业还需要将技术整合到业务流程中，并对技能培训和商业模式进行补充投资。

4. 不同人群对数字技术的理解和运用存在差别

年龄和国别是造成个人使用数字技术差别的主要原因。发达国家人民的数字技术利用率普遍高于发展中国家，即使在普遍使用互联网的经济体中，人们使用互联网的复杂程度也存在差异，大多数人在网上进行简单的应用，只有在北欧一些国家，开展复杂应用的互联网用户比例高达 45%~60%。年轻一代选择"永远在线"的生活方式，欧洲 14~24 岁人群的平均互联网使用时间超过 4.4 小时/天。此外，年轻人与老年人相比更有可能在网上提供个人信息。

三 我国在 OECD：《衡量数字化转型》中的测度结果

OECD《衡量数字化转型》中"促进社会繁荣"和"加强信任"两项一级指标中没有收录我国的相关统计，"增加有效利用"和"确保就

业"两项一级指标中大多数二级指标缺乏我国相关数据。一些关键的子项指标如电子商务、电子消费者、数字包容性等并未将中国列入比较范围内。下文就《衡量数字化转型》中涉及我国数据的相关指标进行逐项分析。

（一）数字基础设施排名位置靠后，但"后发优势"显著

OECD 指标体系中，一级指标"增强访问"主要关注数字基础设施，旨在衡量和比较各国（地区）的连通性、移动连接、互联网速度、互联网基础设施和普遍接入情况，具体子项指标包括固定宽带渗透率、电信服务贸易限制性指数、移动宽带渗透率、互联网速度、互联网协议（IP）、机器到机器（M2M）、安全服务器、宽带连接。中国在各项指标排名中都处于中等偏下水平，低于 OECD 国家平均水平。在 OECD 的指标衡量中，我国的数字基础设施呈现三大特征。

一是光纤宽带连接占比高。我国固定宽带总量保持较高的增长速度，OECD 援引国际电信联盟数据表明，我国固定宽带总量从 2012 年的 12.7 每百名居民增长至 2017 年 12 月的 26.9 每百名居民。另外，我国光纤到户增长速度最快，尽管传统电信网络普及率较低，但由于具有"后发优势"，一步到位直接部署光纤宽带，所以中国的光纤宽带占比 70%，与日本、韩国的比例相近，高于欧盟和 OECD 的平均水平。

二是移动宽带普及率增速高。自 2010 年以来，中国和印度的移动宽带用户量翻了 25 倍，而墨西哥则翻了 17 倍。固定宽带相对有限的可用性和可承受性可能是移动宽带用户强劲增长的重要因素。

三是我国电信服务贸易限制因素较多。2017 年我国电信服务贸易限制指数（STRI）仅次于印度尼西亚、印度、俄罗斯，说明我国电信服务贸易的限制性因素较多。STRI 指数衡量了限制固定、移动和互联网服务自由国际贸易的政策环境情况，限制的类型主要包括：外国所有权、电信服务供应商的政府所有权、对外国投资的审核、企业管理者国籍或居住要求。OECD 认为降低电信服务贸易成本有利于促进电信企业的竞争，改善

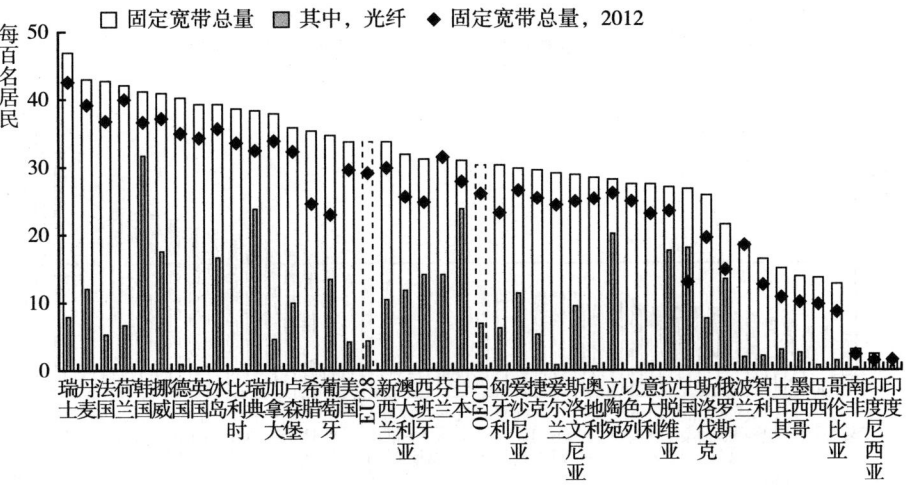

图1 2017年12月固定宽带订阅情况

资料来源：OECD，https：//doi.org/10.1787/888933929490。

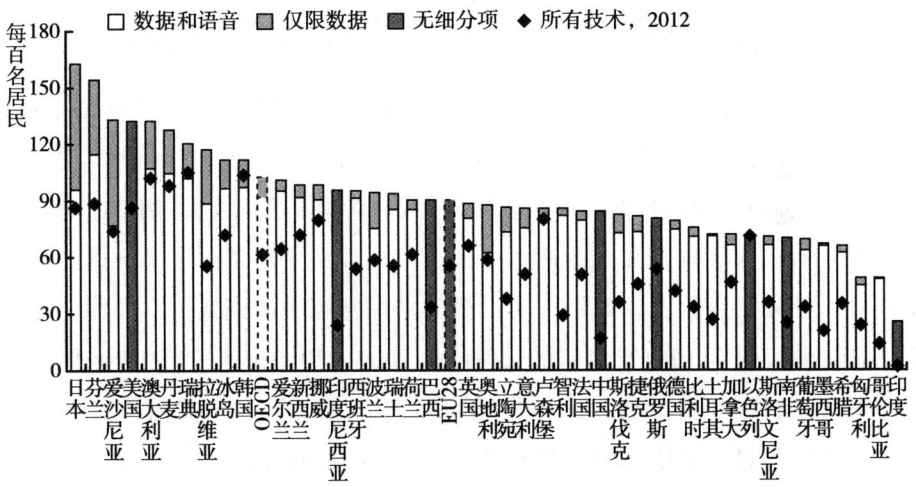

图2 2017年12月按套餐类型划分的移动宽带订阅情况

资料来源：OECD，https：//doi.org/10.1787/888933929547。

对基础设施的访问和降低转换成本，可以使新进入市场的公司与现有的公司竞争。

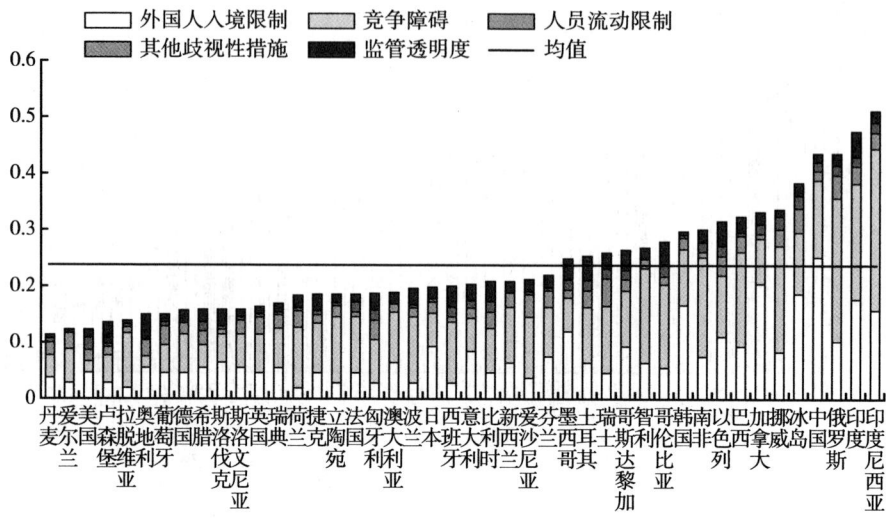

图3　2017年电信服务贸易限制指数（STRI）

资料来源：OECD，https://doi.org/10.1787/888933929528。

（二）数字技术使用密度相对较低，但数字化转型增速高

OECD指标体系中，"增加有效利用"指标主要考察个人、公司和政府挖掘数字技术和数据的优势和潜力，但由于一些关键子项指标如电子商务、电子消费者等的衡量缺乏中国数据，指标结果未能反映中国数字化技术应用的全貌。

据现有结果反映，在企业使用方面，中国数字化转型正逐步推进。以企业机器人使用密度为例，虽然金砖国家的平均密度明显偏低，中国的企业机器人使用密度仅为19.7%，但增长速度是2007~2016年前25个经济体平均水平的2倍，服务类机器人的销售额也在上升。2015年，美国、日本和中国共占全球信息产业增加值的50%左右，欧盟28国占21%。虽然美国占了将近30%，但其份额逐渐下降，与此同时，日本和欧盟的份额也在下降，而从2005年至2015年，中国的份额从3.4%增长到14.4%。

在个人使用方面，OECD国家使用互联网的人口比例在过去10年中增长了30个百分点。2018年，OECD国家超过3/4的人每天使用互联网。目前，中国、巴西和南非使用互联网的人口超过一半，2018年我国互联网用

户比例为54.3%，虽然与美国（81.9%）、日本（96%）、欧盟（85.2%）等发达国家仍存在较大差距，但与2006年的10.5%相比，取得了巨大进步，并逐渐缩小了与OECD国家之间的差距（见图4）。[①] 互联网应用普及率的提升一方面得益于我国对数字基础设施建设的重视，不断推动互联网服务提供商完善服务，提高网络服务效率，满足更多民众上网需求；另一方面，与经济发达国家相比，发展中国家用户更愿意接受社交媒体等新兴数字化应用，进一步推动更多数字化服务和移动服务的购买。

（三）数字技术创新占有一席之地，科研影响力有待加强

OECD研究显示，当前我国是掌握了ICT领域前25种先进数字技术的五大经济体之一，其中掌握了31%的控制安排和无线信道接入技术，以及21%的网络和访问限制技术，处世界前沿。

指标体系中一级指标"释放创新"主要评价各国（地区）的数字技术创新能力，通过衡量知识库、科学与数字化、创新产出、市场准入和政府数据公开五大项进行评价，具体子项指标包括ICT类高等教育毕业生占比，对ICT设备、计算机软件和数据库、研发的投资，信息产业商业研发支出等。其中，中国的商业研发支出占GDP的1.63%，位居世界前列，略低于美国（2.01%）、日本（2.47%）、韩国（3.29%）和以色列（3.78%）等发达国家水平，高于OECD国家和欧盟28国平均水平。

在过去的十年间，我国计算机科学期刊的论文发表量增加了近3倍。2016年，我国发表的计算机科学相关论文高达39521篇，超过美国在该领域科学论文的贡献（28346篇）。其中，我国人工智能相关出版居世界首位，2016年的全球份额为27%。但是我国具有较大影响力的科研工作占比相对较小，在最常引用的计算机科学前10%出版物中占比为7.2%，低于世界平均水平，远低于美国（17.4%）、加拿大（13.4%）、OECD（13.2%）、欧盟（12.9%）等发达经济体（见图5）。

---

① 此处人口基数采用16~74岁人群数量。

信息化蓝皮书

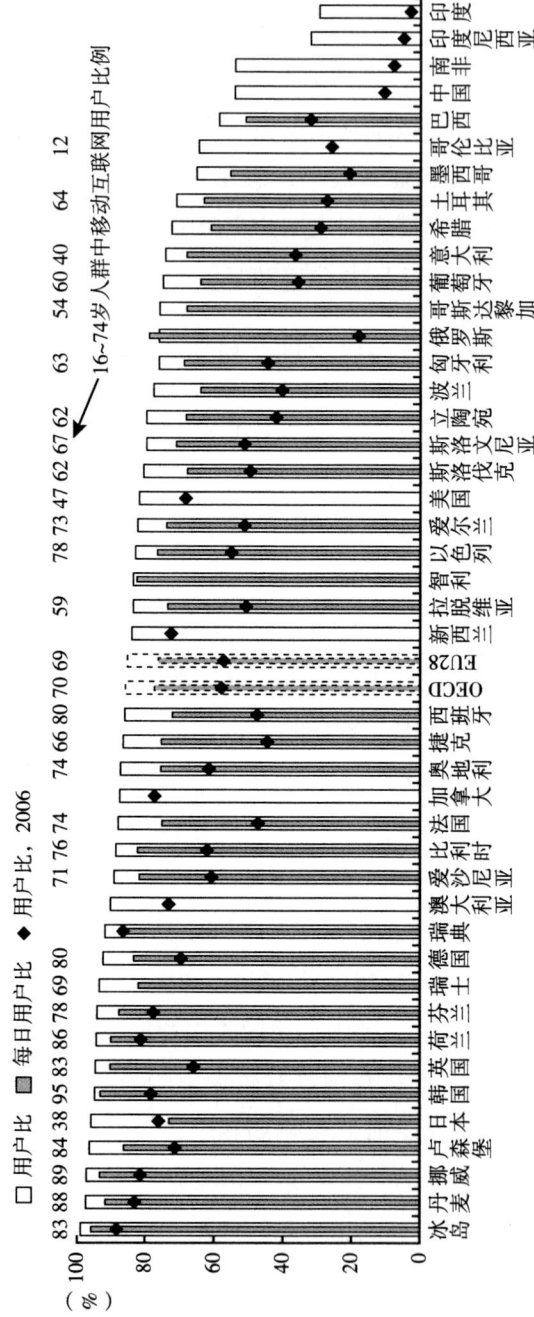

图4 2018年总互联网用户、每日互联网用户和移动互联网用户占16~74岁人群比例

资料来源：OECD, https://doi.org/10.1787/888933929775。

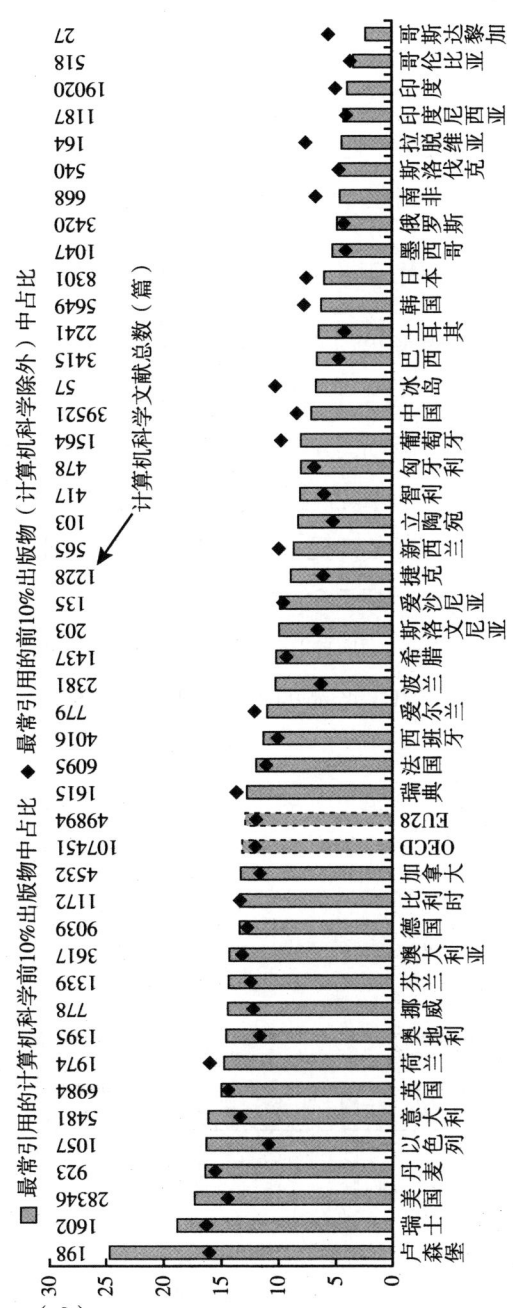

图 5　2016年各经济体最常引用的计算机科学前10%出版物占比

资料来源：OECD, https://doi.org/10.1787/888933930231。

此外，2013年我国ICT相关技术专利申请量占IP5（世界五大知识产权局）专利申请总量的58.3%，位居世界第一；2014年我国ICT相关设计申请量占EUIPO、JPO和USPTO申请总量的19.6%，位居世界第二。这些成果得益于我国推行科技强国政策，通过发布一系列政策和措施，鼓励和引导我国自主创新能力提升和创新创业环境优化。

（四）ICT产品和服务出口居前列，贸易便利性亟待提升

当前，我国ICT产品和服务出口处于全球领先地位。2015年我国ICT产品出口占全球总额的35%（5000亿美元），增值出口占全球总量的25%（1500亿美元）。计算机、电子和光学产品的制造集中在少数经济体中，中国、韩国、中国台湾和美国（前四名）占增值出口的60%左右。爱尔兰、印度、中国、德国、美国（前五名）是ICT服务的主要出口国，5个经济体共占ICT服务出口总额的52%，高于2008年的40%。

但是，OECD统计结果显示，我国ICT产品直接市场准入制度的壁垒较高。在OECD国家中，2005年ICT产品的平均关税为2.07%，2017年降至

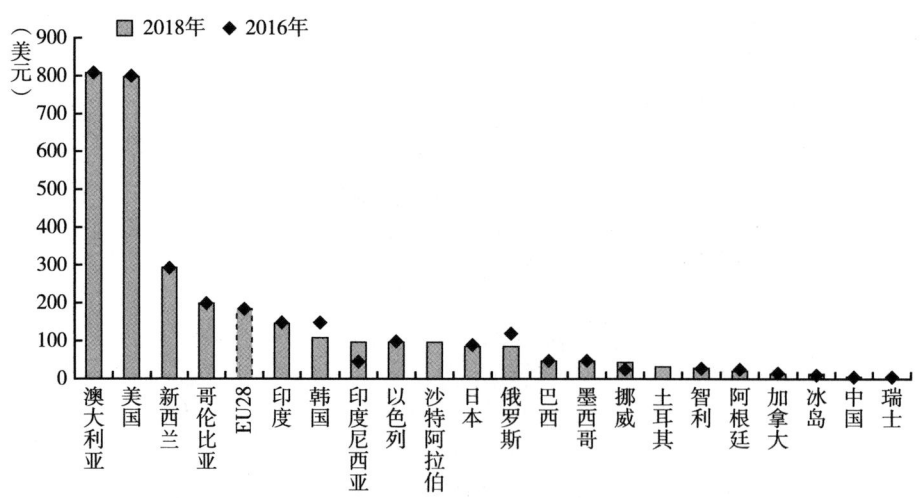

图6 2018年关税低额豁免值

资料来源：OECD，https://doi.org/10.1787/888933931523。

0.73%，此外其他国家的关税维持较高水平，虽然近几年呈现下降状态。2017年，阿根廷和巴西的关税比例约为12%，中国和印度大约为6%，约为OECD国家的10倍。另外，我国的关税低额豁免值（每人/每家公司每天可免关税进口货品的最高价值）较低。澳大利亚和美国约为800美元，欧盟国家和印度接近200美元，而我国设定在10美元以下。

据《衡量数字化转型》统计分析，2017年荷兰贸易便利性指数为11.451，排名全球第一，我国贸易便利性指数为7.904，全球排名第38位，低于韩国（11.294）、美国（10.981）、日本（10.571）、英国（10.487）等国家。

四 启示

传统经济统计已无法适应数字经济带来的变化，经济领域不同机构部门之间的界限逐步模糊，工作性质逐渐改变，企业、产品和交易的分类方式也需要进行调整。建立衡量数字经济的指标体系需要捕捉由数字技术带来的国民经济核算范围之外的新现象，例如，免费在线服务、云服务和在线平台服务等。未来，进一步讨论和实施衡量数字化转型需要统计界和各利益相关方密切合作，共同努力。另外，衡量数字经济对个人和社会福利的影响越来越受到国际组织的重视。此外，数字技术、数字技能和数字安全也是衡量数字化转型需要优先关注的特定领域。

（一）建立跨部门跨学科的数据收集工作机制

由于ICT技术的快速发展，目前的指标体系尚未揭示数字化转型的全部规模和范围。一方面，基于互联网的数据存在统计质量、安全和隐私等问题需要被解决。另一方面，互联网活动逐渐模糊了企业与市场以及工作与社会生活之间的界限，为当前数据的收集和统计带来了挑战。因此，需要国家统计部门、监管机构、互联网服务供应商、研究机构、互联网社区和国际组织共同努力，制定国际统计标准，促进监管技术和解决方案发展，保护用户安

全和隐私,构建跨部门跨学科的数据研究、调查、评估体系,系统构建关键指标统计调查框架,保障一手数据、核心数据的长期采集。

(二)衡量数字化转型对个人和社会福利的影响

数字经济正在影响人们生活的方方面面,因此,指标体系需要捕捉数字化转型对人们生活的影响以及出现的新变化。数字经济指标体系在衡量数字技术和新商业模式在多大程度上助力实现社会目标方面(例如健康、人口老龄化和气候变化)发挥着重要作用,但是目前许多领域都缺乏数字经济对个人和社会福利造成影响的统计。例如,数字技术的使用如何影响人们的心理健康或社会生活经历相关数据,没有被常规或以统一的方式收集。未来,指标体系应更广泛地收集和调查关于家庭和个人信息通信设备接入和使用情况、设置主观幸福感和心理健康等问题、了解互联网使用与社会福利之间的关系、监测 ICT 技术使用对成人和儿童的影响等。

(三)密切监测支撑数字经济发展的关键技术

物联网、人工智能和区块链等快速发展的技术将推动数字化转型程度不断加深。未来,物联网应用和服务预计将呈指数级增长,物联网应用跨越整个经济领域,包括教育、健康、农业、交通、制造业、电网等。人工智能有可能彻底改变人们的生产方式,并有助于应对与健康、交通和环境有关的全球挑战。区块链同样可能改变金融、健康、交通、农业、环境和供应链管理等各个行业的应用和运行。这些数字化技术需要一个统一的框架,形成统一的定义和分类,监测其发展和普及过程,并量化其对经济和社会造成的影响。

(四)定义和衡量数字经济对技能的需求

大数据、云计算、互联网等数字技术应用的发展,增加了对数字技能的需求,在工作中 ICT 专家短缺的状况可能会因为新商业模式、新组织结构和新工作方法的发展而变得更加复杂。与此同时,信息分析和编辑能力、社交网络通信、电子商务平台应用等技能的需求也在不断增长，这些趋势增加了衡量数字技能需求的挑战。未来，指标体系应充分利用技能、职业和行业分类，挖掘公共和个人数据的潜力，促进统一的全国就业情况调查；充分利用现有的国际调查，例如，欧洲工作条件调查和 OECD 成分能力国际评估计划，将个人层面的技能、工作和活动信息纳入调查；增加对职位空缺相关数据的统计，衡量数字相关职位的空缺及其持续时间和填充情况。

（五）衡量互联网环境信任度

个人、企业和政府的大部分日常活动已经转移到互联网上，因此，互联网环境中的安全、隐私、消费者保护风险管理和用户对互联网环境的信任程度已经成为关键的政策问题。未来，各方应共同努力制定更加可靠和全面的数字安全事件和数字风险管理实践数据库，建立可信赖的公共和个人数字安全事件存储库，推进安全事件报告的激励措施和组织的数据共享；测试并提高数字安全相关调查的质量和响应速度；进一步研究消费者的态度和行为；建立衡量个人对在线环境信任度框架，探索调查法和实验法衡量信任度的可行性；探索使用基于互联网的统计数据来衡量消费者信任度，建立基于互联网的数据统计框架。

参考文献

周剑、高晓雨、李端：《国际数字经济量化评价方法研究》，载周宏仁主编《中国信息化形势分析与预测（2017~2018）》，社会科学文献出版社，2018。

Measuring the Digital Transformation: A Roadmap for the Future, Organisation for Economic Co-operation and Development, 2019 – 03.

Toolkit for Measuring the Digital Economy, Group of Twenty, 2018 – 11.

Measuring the Digital Economy: A New Perspective, Organisation for Economic Co-operation and Development, 2014 – 12.

Measuring the Digital Economy, International Monetary Fund, 2018 – 02.

B.19 中国信息化发展与数字鸿沟现状的区域比较分析

张 彬　金知烨　彭书祯　唐茹钰*

摘　要： 本报告选取2015~2017年的区域数据，建立信息化评价指标体系，测度我国31个省、自治区、直辖市（港澳台除外）信息化发展的整体情况和数字鸿沟状况，并就信息化水平及数字鸿沟区域差异程度进行了分析。最后基于数字鸿沟相关因素以及洛伦兹曲线和基尼系数，论述缩小数字鸿沟促进区域均衡发展的政策选择，并提出提高信息化水平以及缩小数字鸿沟的政策建议。

关键词： 信息化指数　数字鸿沟指数　区域比较

信息化发展进入数字经济新纪元，以大数据、人工智能、物联网和云计算为核心的新兴数字技术生态系统初步形成，全面开启新时代下产业数字化转型进程。当前信息化发展呈现多方融合创新成果，传统信息化测评体系已不再适用于衡量信息化发展态势，由数字化所催生的新型数字鸿沟同样对测度框架提出了创新需求。本报告顺应数字社会发展趋势，对信息化水平评价体系进行更新，测度我国信息化水平并分析区域

---

* 张彬，北京邮电大学经济管理学院教授，博士生导师，主要研究方向为信息与通信组织管理、信息社会发展水平测度等；金知烨、彭书祯、唐茹钰，北京邮电大学经济管理学院管理科学与工程在读硕士，主要研究方向为信息化测评等。

间信息化发展差异，研究探讨我国区域数字鸿沟现象，为全面客观地展示中国信息化发展和数字鸿沟现状，针对性制定中国信息化发展战略和策略提供参考。

一 信息化指标体系构建和分析方法介绍

（一）信息化评价指标体系

1. 指标体系构建

信息化水平指数（Informatization Level Index，ILI）从数字技术基础设施、信息产业经济发展、科技创新能力、教育与数字素养、数字内容与应用五个角度综合测量和反映一个国家或地区的信息化发展总体水平。在过去8年的"信息化蓝皮书"中我们都采用5个一级指标、10~15个二级指标和若干个三级指标的三级指标体系来测度信息化水平，并根据信息化发展的实际情况酌情调整。当下，信息技术的广泛发展与应用，带来了信息产业的变革。数据显示，2018年数字产业占我国国内生产总值的8.1%，[①] 信息化已然成为经济增长的一大决定性因素。因此本报告在前面几年研究的基础上，再次对指标体系进行了调整，在今年的指标体系中增加了信息产业城镇单位就业人员平均工资、科学研究和技术服务业城镇单位就业人员平均工资、信息产业增加值占总生产总值比重、万人R&D全时人员当量、每十万人口高等教育学校平均在校生数、每百家企业拥有网站数、有电子商务交易活动的企业比重等7个指标。其中用信息产业经济发展替代往年的国民经济发展，将信息产业收入水平以及信息产业增加值占生产总值比重代替人均可支配收入与GDP，旨在更有针对性地量化与分析信息化带动经济发展的情况。同时新增万人R&D全时人员当量，将政府创新支持力度改为科技创新能力，重点突出我国区域研发能力及创新支持力度，具体指

---

① 孙会峰：《数字转型愿景》，2019年2月28日，http：//www.cet.com.cn/xwsd/2174519.shtml。

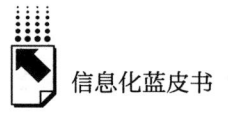

标体系如表 1 所示。

指标体系由 5 个一级指标、14 个二级指标和 28 个三级指标构成。围绕数字鸿沟的五大深层因素，即数字技术基础设施、信息产业经济发展、科技创新能力、教育与数字素养、数字内容与应用等五方面构建指标体系。数字技术基础设施考察基础设施建设情况，反映各地区信息化接入数量和接入质量的情况；信息产业经济发展主要衡量信息产业带动经济发展的情况；科技创新能力反映了我国当下研发创新能力水平以及国家对信息通信、创新及科学技术的投入力度，凸显各地区旨在促进信息化持续发展的创新能力；教育与数字素养关注读写能力、基础教育和劳动力技术技能，读写能力、基础教育是有效使用互联网等信息技术的前提条件，劳动力技术技能则体现了各地区民众的数字素养；数字内容与应用代表信息设备资源及内容资源的丰富程度和信息通信的终端接入、应用水平等。

2. 权重确定

本报告采用层次分析法来确定权重，通过问卷调查和计算判断矩阵分别算出每级指标权重，每个三级指标相对于总指数的权重 = 该三级指标的分权重 × 该指标所属二级指标分权重 × 该指标所属一级指标分权重。信息化指标体系及各级指标权重如表 1 所示。①

表 1 信息化指标体系及各级指标权重

一级指标	一级指标权重	二级指标	二级指标权重	三级指标	三级指标权重	相对于总指数的权重
数字技术基础设施	0.25	通信网基础设施	0.3	每万人每万平方公里光缆长度（公里/（万平方公里·万人））	1.0	0.075
		宽带基础设施	0.7	人均互联网宽带接入端口数（个/人）	0.5	0.0875
				固定宽带下载速率（Mbit/s）	0.5	0.0875

---

① 信息化指标权重采用层次分析法取得，经过多年的研究积累，验证该方法是可行的。

续表

一级指标	一级指标权重	二级指标	二级指标权重	三级指标	三级指标权重	相对于总指数的权重
信息产业经济发展	0.15	信息产业收入水平	0.4	信息产业城镇单位就业人员平均工资(元)	0.6	0.036
				科学研究和技术服务业城镇单位就业人员平均工资(元)	0.4	0.024
		信息产业发展水平	0.6	信息产业增加值占生产总值比重(%)	1.0	0.09
科技创新能力	0.15	研发能力	0.4	每万人专利授权数(件/万人)	0.3	0.018
				万人R&D全时人员当量(人年/万人)	0.7	0.042
		创新支持力度	0.6	人均R&D经费(元/人)	0.4	0.036
				每万人每万平方公里信息设施投入(万元/(万人·万平方公里))	0.2	0.018
				人均科学研究和技术服务业固定资产投资额(元)	0.4	0.036
教育与数字素养	0.10	教育财政预算	0.3	人均公共财政预算教育经费(元/人)	1.0	0.03
		人力资源	0.3	信息产业从业人员占总就业人员数百分比(%)	0.6	0.018
				科学研究和技术服务业从业人员占总就业人员百分比	0.4	0.012
		教育水平	0.4	每十万人口高等教育学校平均在校生数(人)	1.0	0.04
数字内容与应用	0.35	信息化普及情况	0.1	移动电话普及率(部/百人)	0.2	0.007
				4G用户占移动电话用户比例(%)	0.4	0.014
				互联网宽带接入普及率(%)	0.4	0.014
		信息终端接入水平	0.15	每百户数字电视用户数(部)	0.3	0.0158
				每百户家用电脑数(台)	0.7	0.0368

续表

一级指标	一级指标权重	二级指标	二级指标权重	三级指标	三级指标权重	相对于总指数的权重
		互联网本地资源	0.15	人均IPv4地址（个/人）	0.3	0.0158
				每万人域名数（个/万人）	0.3	0.0158
				人均网页数（个/人）	0.4	0.021
		互联网业务水平	0.3	人均软件业务收入（元）	0.4	0.042
				人均电子商务销售额（元）	0.4	0.042
				人均电信业务总量（元）	0.2	0.021
		互联网企业应用	0.3	每百家企业拥有网站数（个）	0.6	0.063
				有电子商务交易活动的企业比重（%）	0.4	0.042

（二）研究方法

1. 层次聚类分析法

本报告采用层次聚类分析法对区域信息化比较进行了研究。层次聚类法有时也称为系统聚类法，是一种常用的聚类方法。根据聚类分析中相似性测度方法的不同，可以分为距离测度层级聚类分析和相关测度层级聚类分析。距离测度衡量的是样本之间综合的距离远近程度，而相关测度是衡量样本之间结构上的相似程度。因此，当所研究问题关注的是结构方面时，就需要根据样本之间结构上的相似程度分类，使用相关测度方法。当所研究问题关注的是总体方面时，就需要根据样本之间的综合距离远近程度分类，使用距离测度方法。①

2. 灰色预测模型

本报告使用灰色预测模型对信息化指数和数字鸿沟指数进行了预测分析。灰色预测模型主要研究的是小样本、贫信息、不确定问题的预测问题。

---

① 张彬、李潇、理查德·泰勒：《数字鸿沟测度理论与方法》，北京邮电大学出版社，2009，第290~337页。

该模型已经在经济、管理各个领域，尤其是在缺乏数据的情况下，得到了广泛应用。①

二 2015~2017年信息化水平和数字鸿沟状况

（一）2015~2017年中国31个地区信息化水平指数测算

1. 信息化水平指数的计算方法

先对三级指标具体指标数据进行标准化，再加权，即可计算出二级指标值，通过类似的再加权即可计算出一级指标值，最终再加权计算出总指数值。在计算出三级指标相对于总指数的权重后，信息化水平指数的计算公式可简单地表示如下：

$$ILI = \sum_{k=1}^{28} I_k^3 w_k$$

其中，I_k^3 代表标准化后的第 k 个三级指标；w_k 代表第 k 个三级指标相对于 ILI 的权重。其中 $k = 1, 2, \cdots, 28$。

在此基础上，本报告以2015年全国信息化指数为基准，将2015年全国信息化指数定为1，其他各年的信息化指数与之相除得到该年最终的信息化指数值。

2. 数字鸿沟指数计算方法

先对三级指标具体指标数据进行标准化，再分年计算各指标相对当年其均值的平均差，最后将各指标的平均差进行加权求和即得到当年的数字鸿沟指数。数字鸿沟指数的计算公式可简单地表示如下：

$$RDD = \sum_{i=1}^{28} \left(\frac{w_i}{31} \sum_{n=1}^{31} \left| I_i^n - \frac{1}{31} \sum_{n=1}^{31} I_i^n \right| \right)$$

---

① 具体方法参见邓聚龙《灰预测与灰决策》，华中科技大学出版社，2002。

其中，I_i^n即第n个省第i个三级指标标准化后的指标值；w_i即第i个三级指标相对于信息化指数的权重。其中$i=1,2,\cdots28$；$n=1,2,\cdots31$。

根据测算，得到我国31个省、自治区、直辖市（港澳台除外）2015~2017年的信息化水平指数值，① 如图1所示。

（二）中国信息化水平发展情况整体分析

1. 2015~2017年中国信息化发展现状

根据信息化水平指标体系和相关计算方法，本报告对2015~2017年全国31个省（自治区、直辖市）的信息化水平指数进行了测度，对不同年份全国信息化整体水平进行了比较。

2015~2017年我国整体信息化水平得到较大提高，如图2所示。从2015年到2017年，全国信息化水平指数从1.0000增长到1.2795，累计增长率为27.95%。利用灰色预测模型预计2018年我国信息化指数将增长到1.4447，预测增长率为12.91%。

2. 2015~2017年中国信息化发展区域比较

图3是2015~2017年全国各地区信息化指数增长情况示意，图中将全国各地区信息化指数2015~2017年的增量与增量平均值进行对比分析。横线代表增量平均值，竖条是各地区的增量。

从各地区信息化水平指数增量与增量均值的比较来看，全国多数地区的信息化水平指数增量小于增量均值，这说明多数地区信息化增长幅度低于全国平均幅度，这主要是因为北京、上海、天津、福建等几个地区的信息化增长幅度较大，将增量均值拉升到较高水平。由此也可以看出，31个地区在信息化水平增长方面也存在较大的不平衡，近2/3的地区达不到增量均值水平。

3. 2015~2017年中国区域信息化发展因素比较

在对各地区信息化指数增长情况进行分析比较后，本部分将分析影响信息

---

① 28个三级指标的原始资料来源于《中国统计年鉴》、《中国互联网发展情况统计报告》和《中国宽带速率状况报告》等。

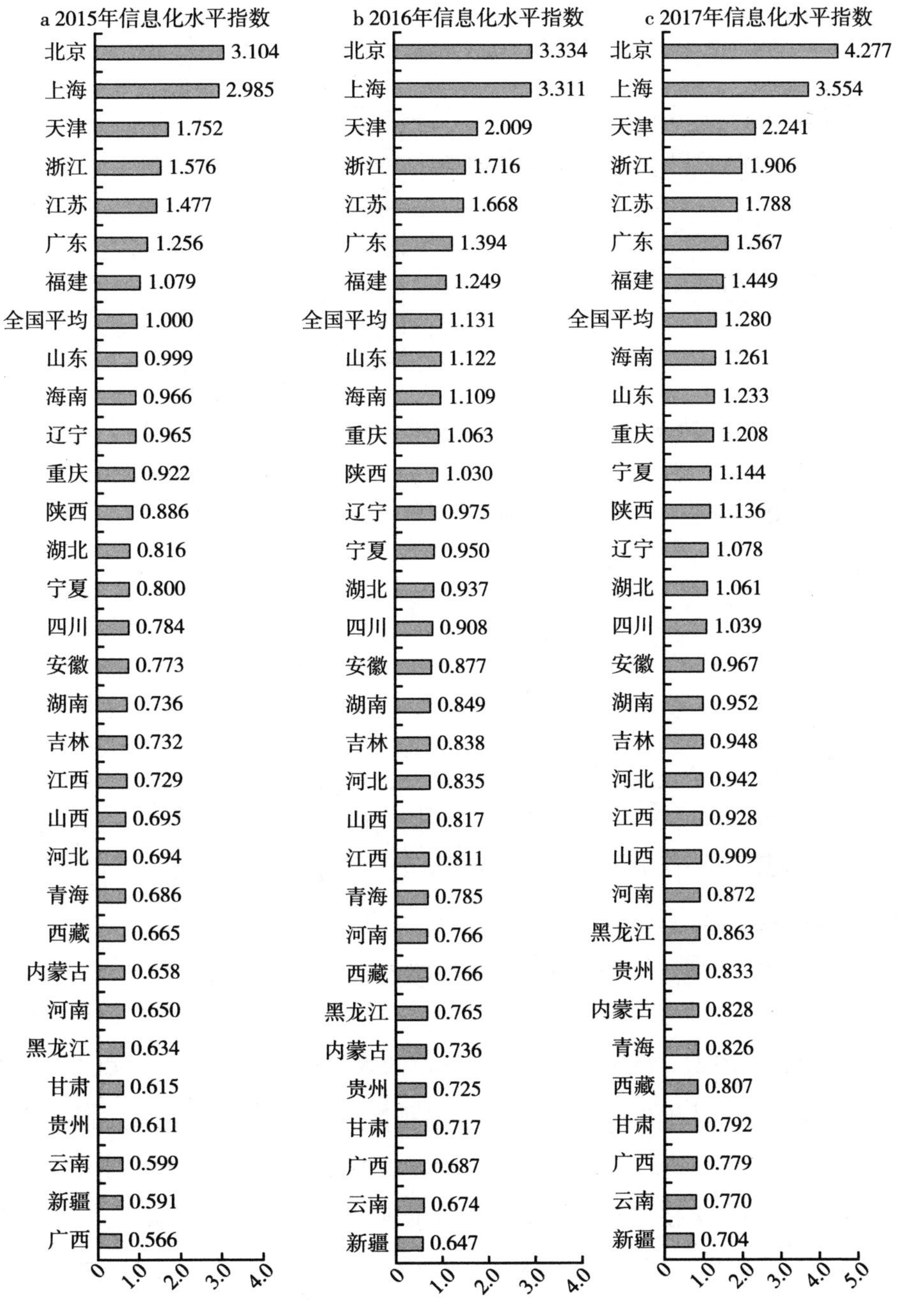

中国信息化发展与数字鸿沟现状的区域比较分析

a 2015年信息化水平指数		b 2016年信息化水平指数		c 2017年信息化水平指数	
北京	3.104	北京	3.334	北京	4.277
上海	2.985	上海	3.311	上海	3.554
天津	1.752	天津	2.009	天津	2.241
浙江	1.576	浙江	1.716	浙江	1.906
江苏	1.477	江苏	1.668	江苏	1.788
广东	1.256	广东	1.394	广东	1.567
福建	1.079	福建	1.249	福建	1.449
全国平均	1.000	全国平均	1.131	全国平均	1.280
山东	0.999	山东	1.122	海南	1.261
海南	0.966	海南	1.109	山东	1.233
辽宁	0.965	重庆	1.063	重庆	1.208
重庆	0.922	陕西	1.030	宁夏	1.144
陕西	0.886	辽宁	0.975	陕西	1.136
湖北	0.816	宁夏	0.950	辽宁	1.078
宁夏	0.800	湖北	0.937	湖北	1.061
四川	0.784	四川	0.908	四川	1.039
安徽	0.773	安徽	0.877	安徽	0.967
湖南	0.736	湖南	0.849	湖南	0.952
吉林	0.732	吉林	0.838	吉林	0.948
江西	0.729	河北	0.835	河北	0.942
山西	0.695	山西	0.817	江西	0.928
河北	0.694	江西	0.811	山西	0.909
青海	0.686	青海	0.785	河南	0.872
西藏	0.665	河南	0.766	黑龙江	0.863
内蒙古	0.658	西藏	0.766	贵州	0.833
河南	0.650	黑龙江	0.765	内蒙古	0.828
黑龙江	0.634	内蒙古	0.736	青海	0.826
甘肃	0.615	贵州	0.725	西藏	0.807
贵州	0.611	甘肃	0.717	甘肃	0.792
云南	0.599	广西	0.687	广西	0.779
新疆	0.591	云南	0.674	云南	0.770
广西	0.566	新疆	0.647	新疆	0.704

图1　2015～2017年各省（自治区、直辖市）信息化水平指数

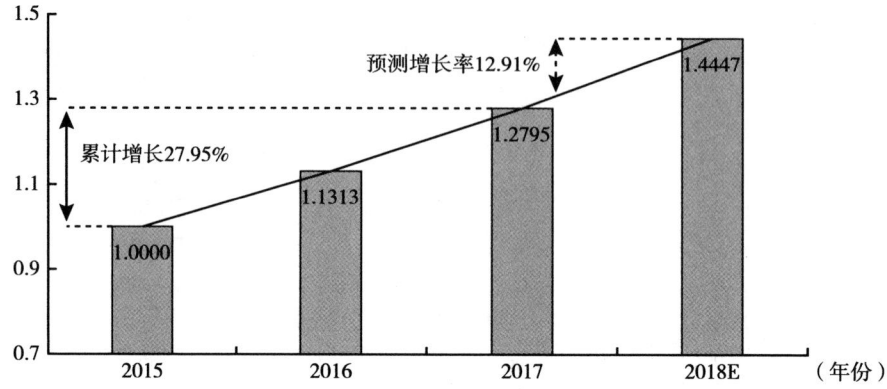

图 2 2015～2018 年全国信息化水平指数增长情况（含预测）

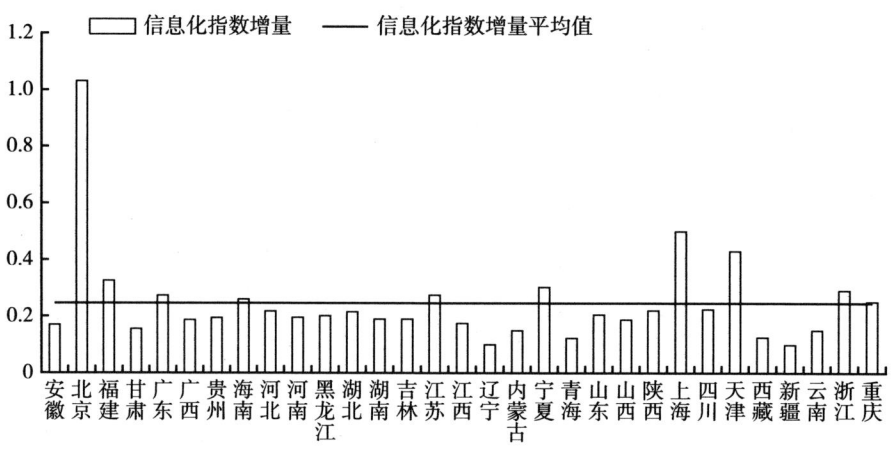

图 3 2015～2017 年各地区信息化指数增长情况

化发展的五大因素。图4是2017年各地区数字技术基础设施指数得分及近两年增幅情况，从中可看出，上海以绝对优势领先于其他地区，其次是北京、天津等。但上海、北京、天津和浙江近两年的增速处于较低水平，说明较发达地区的数字技术基础设施正保持低速稳定的发展。西藏以高达150%的增幅成为2015～2017年增长最快的地区，主要是由于西藏该指数基数较低，而且近年来"宽带西藏"建设积极推进，信息技术基础设施实现飞跃式发展。

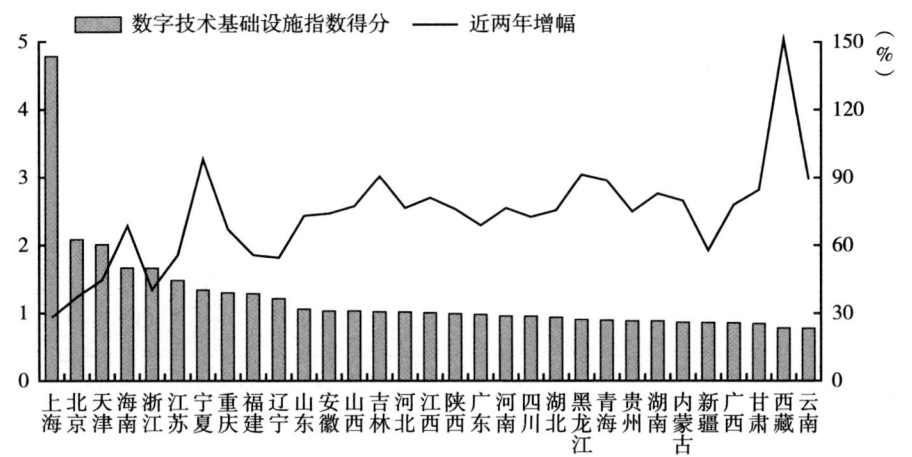

图4　2017年各地区数字技术基础设施指数得分及增长情况

图5是各地区2017年的信息产业经济发展指数得分及近两年增幅情况，从中可看出，北京以一定的优势领先于其他地区，但较上海在数字技术基础设施指数上的表现，北京在信息产业经济发展上并未与其他地区拉开较大的差距。可见较发达地区在数字技术基础设施上已较为完备，而信息化发展带来的产业变革使本地信息产业经济均得到稳步发展。通过观察图中近两年增幅，可知我国各地区信息产业经济发展情况呈现两极分化的现象。其中海南、山东的指数增幅小于10%，西藏更是两年内维持同一水平，说明这些地区需尽快做好信息产业化，以信息产业带动经济发展。

图6是各地区2017年的科技创新能力指数得分及近两年增幅情况，从中可看出，天津的科技创新能力水平处于较高水平且增幅较大，同时指数得分较高的一些地区均保持在低速稳定的发展水平上。相反，宁夏、河北、海南、江西等信息化水平整体处于中下游的部分地区，科技创新能力增长幅度较大，得益于各地区政府对科技创新的支持，这些地区科技创新能力从低水平逐步发展起来。而辽宁、西藏近两年呈现约40%的负增长，主要由于投资额近年来有所缩减，使地区科技创新能力不升反降。

信息化蓝皮书

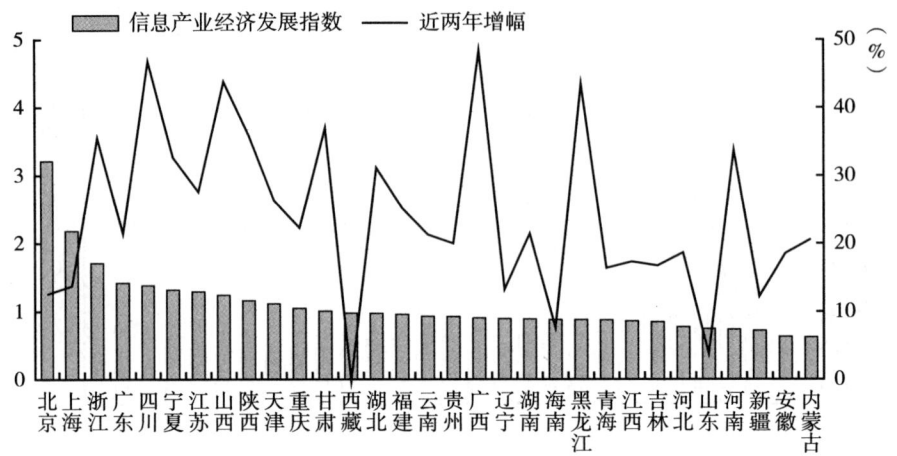

图5 2017年各地区信息产业经济发展指数得分及增长情况

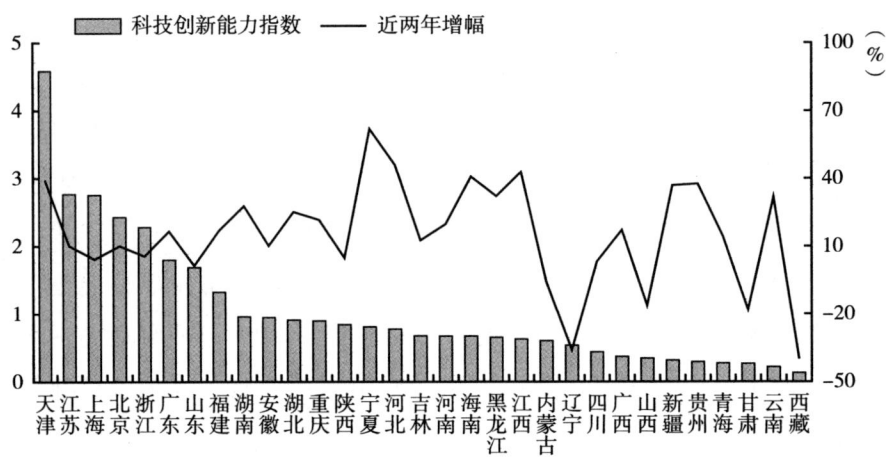

图6 2017年各地区科技创新能力指数得分及增长情况

图7是各地区2017年的教育与数字素养指数得分及近两年增幅情况，可从中看出，近年来各地区在教育与数字素养方面整体呈现较低的增长速度，仅有浙江、贵州略微超过15%，大部分地区均在5%～15%内，同时天津在2015～2017年出现了略微的负增长，说明我国在教育与数字素养发展上遇到了瓶颈。虽与其他因素相比，各地区间差异较小，但若想突破现有状

态,仍需加强低水平群体信息化技能的获取及使用,同时运用信息化手段,提升我国整体数字素养,使教育水平与信息化发展相得益彰。

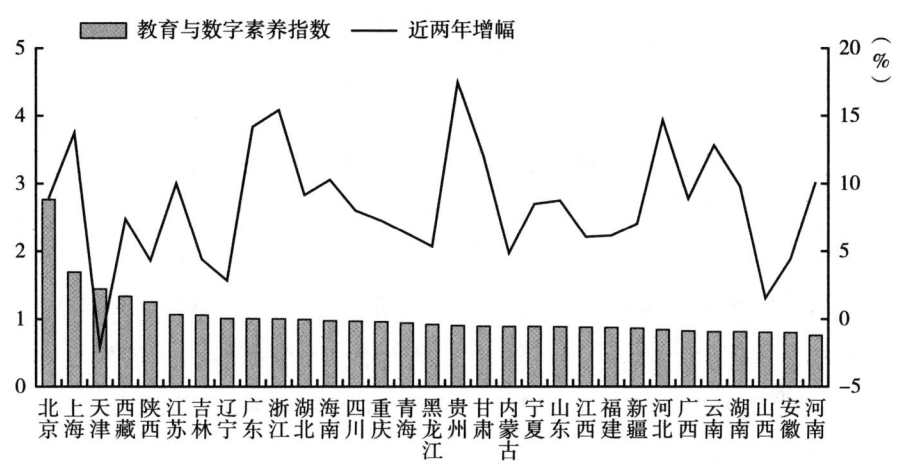

图7 2017年各地区教育与数字素养指数得分及增长情况

图8是各地区2017年的数字内容与应用指数得分及近两年增幅情况,可从中看出,北京、上海在数字应用方面较其他地区优势明显,除青海、新疆外,其他地区均呈现一定幅度的增长,说明各地均在加快普及通信服务,

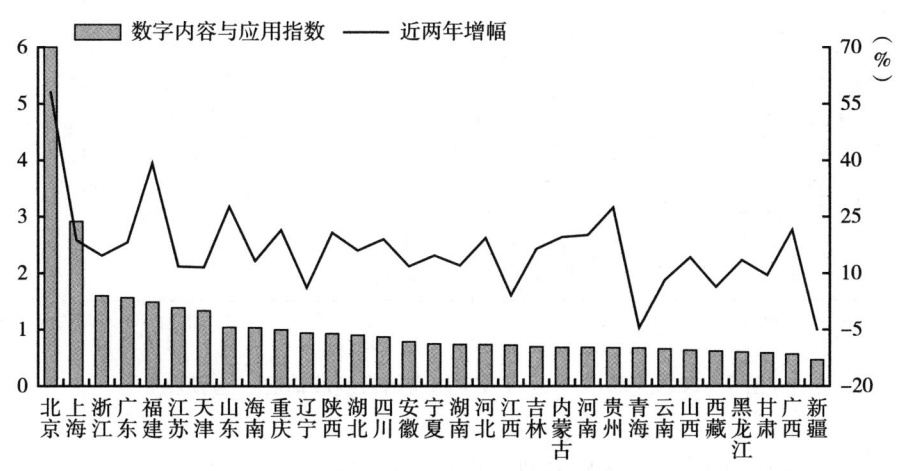

图8 2017年各地区数字内容与应用指数得分及增长情况

提升信息化应用程度。近两年福建、山东及贵州则以超过25%的增长率逐步深化地区信息化应用，缩小与发达地区的鸿沟。而在信息化高速发展的当今，落后且出现负增长的青海与新疆则还需出台一些政策措施，以综合提升个人及企业信息化应用水平，避免与其他地区出现更大差距。

4. 2015~2017年中国数字鸿沟状况

在2015~2017年全国31个省、自治区、直辖市的信息化水平指数的基础上，本报告继续进行区域数字鸿沟指数的计算和分析，经计算得出如下结果。

（1）中国区域数字鸿沟扩大了0.2552倍

我国区域数字鸿沟指数在过去3年有所上升，由0.430增长到0.540，累计增长率达25.52%。我国区域数字鸿沟始终呈现持续扩大的发展路径。区域数字鸿沟由2015年的0.430上升至2016年的0.476，2017年持续上升至0.540，如图9所示。

总体来看，过去3年我国区域数字鸿沟扩张速度较快，年均增长率达到12.04%。其中，2017年我国区域数字鸿沟的增长率为13.50%，与2016年10.59%的增长率相比明显上升。

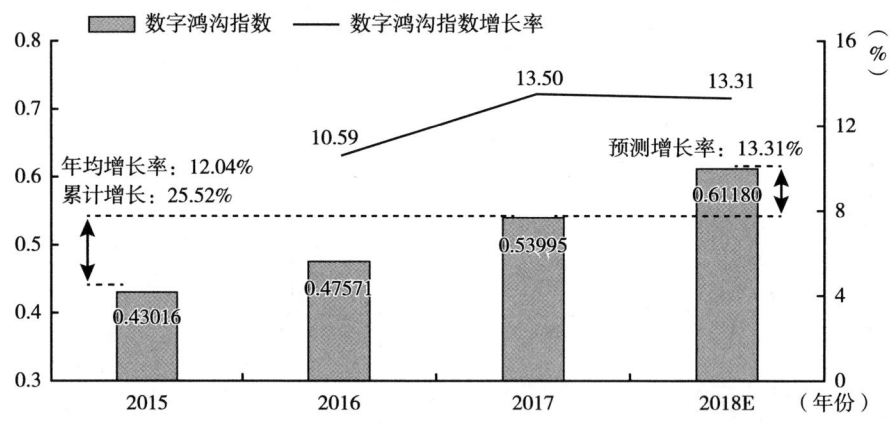

图9 2015~2018年区域数字鸿沟指数发展情况（含预测）

（2）2018年中国区域数字鸿沟指数预计将达到0.612

根据已经测算出来的2015~2017年我国区域数字鸿沟指数，运用灰色预测模型进行运算后,得到2018年我国区域数字鸿沟指数的预测值。

通过计算,得到2018年的数字鸿沟指数约为0.612,相比2017年,数字鸿沟指数增长率大约为13.31%,高于这几年的平均增长率12.04%,如图9所示,地区信息化差异依旧呈较快的上升趋势。但通过分析我们预计数字鸿沟虽然会继续上涨,但是增速将会逐渐降低。

(三)区域信息化发展水平聚类分析

1. 2015~2017年各地区信息化发展水平汇总聚类

根据信息化水平指数的测算结果,我们得到2015~2017年全国31个地区信息化水平指数排名[①],并对2015~2017年三年31个地区的信息化水平指数共93个样本进行聚类分析,保留18类的聚类结果[②],根据样本间距离对样本进行排名,如表2所示。表中"北京17"代表北京2017年的信息化水平,由于其排名最高,被聚在了第一类;"上海17"代表上海2017年的信息化水平,聚为第二类;其他类推。

从表2可以看出,各地区在各年的信息化水平差异,北京、上海在信息化水平上处于绝对的领先地位。天津、浙江、江苏、广东、福建等紧随其后。广西、新疆、云南、贵州、甘肃、黑龙江、河南、内蒙古、西藏等地区信息化水平较低,其余各省份处于中间水平。从全部数据分类排名中我们也可以近似地对各地区的信息化水平情况做时间距离上的分析。例如第9类中包括"江苏17,天津15,浙江16",我们可以近似地认为江苏2017年的信息化水平与天津2015年、浙江2016年的信息化水平相当,即浙江2016年的信息化水平领先江苏近似1年,比天津稍落后近似1年。

[①] 由于报告篇幅限制,如需全国信息化水平指数排名具体数据,可与作者联系。
[②] 综合考虑到分类的有效性和可读性两个方面的因素,我们在多个分类结果中选择了18类的分类结果。

表2 2015~2017年各地区信息化水平指数层次聚类分类排名

分类排名	地区
1	北京17
2	上海17
3	北京16　上海16
4	北京15
5	上海15
6	天津17
7	天津16
8	浙江17
9	江苏17　天津15　浙江16
10	江苏16
11	浙江15　广东17
12	江苏15　福建17　广东16
13	海南17　广东15　福建16　山东17　重庆17
14	宁夏17　陕西17　山东16　海南16　福建15　辽宁17　重庆16　湖北17　四川17　陕西16　山东15
15	辽宁16　安徽17　海南15　辽宁15　湖南17　宁夏16　吉林17　河北17　湖北16　江西17　重庆15　山西17　四川16
16	陕西15　安徽16　河南17　黑龙江17　湖南16　吉林16　河北16　贵州17　内蒙古17　青海17　山西16　湖北15　江西16　西藏17　宁夏15　甘肃17　青海16　四川15　广西17　安徽15　云南17　河南16　西藏16　黑龙江16
17	湖南15　内蒙古16　吉林15　江西15　贵州16　甘肃16　新疆17　山西15　河北15　广西16　青海15
18	云南16　西藏15　内蒙古15　河南15　新疆16　黑龙江15　甘肃15　贵州15　云南15　新疆15　广西15

2. 各地区信息化发展水平单年聚类

分年距离聚类就是把每一年的数据单独放在一起进行聚类。在本报告中，我们选择了4类的分类结果，即将全国31个地区分为四个大类，并且按照各地区的信息化排名从高到低排列，形成如下的分类方式。

一类地区：信息化水平很高

二类地区：信息化水平较高

三类地区：信息化水平中等

四类地区：信息化水平较低

根据2015~2017年的信息化水平指数情况，可以得到这3年分类的金字塔图，如图10所示。

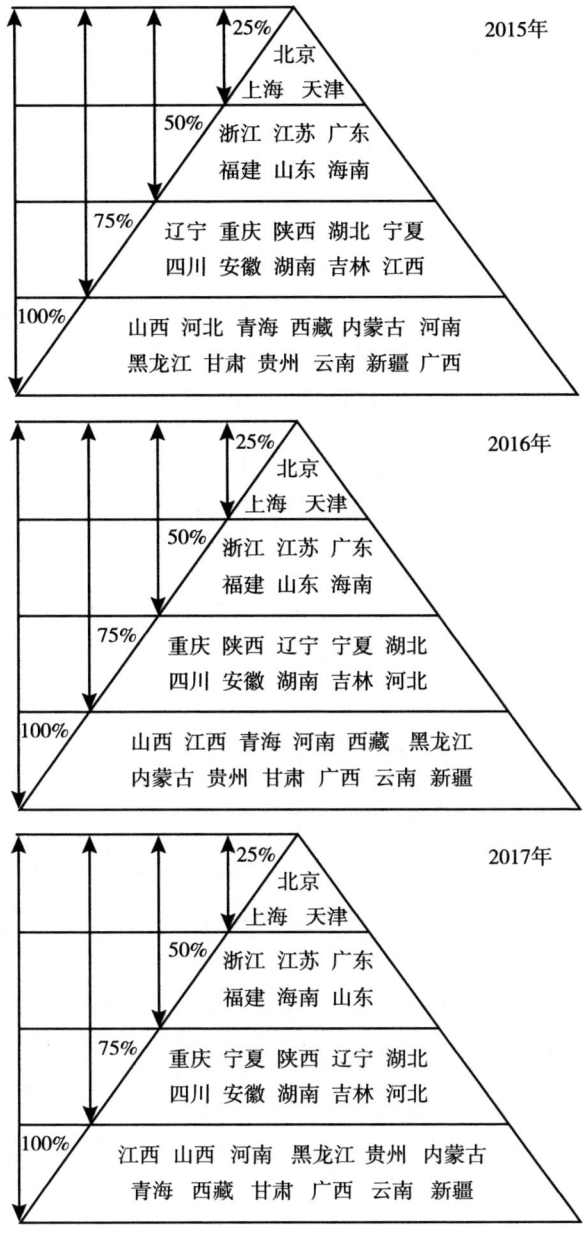

图10　2015~2017年信息化指数情况分类金字塔

由图 10 可以看出，北京、上海、天津作为信息化的领先地区，3 年中长期处于一类地区，且位置固定，三个城市共占中国信息化发展程度的 25%。信息化水平较高地区在 2015~2017 年 3 年中的排名都相对稳定，其中北京占据第一、上海占据第二、天津占据第三的位置，同时，浙江、江苏、广东、福建、山东和海南 3 年内均处于二类地区。根据类别的划分，可看到三类地区包含 10 个省、自治区、直辖市，四类地区包含 12 个省、自治区、直辖市，说明信息化欠发达地区依旧为大多数。

从以上聚类结果来看，我国信息化水平明显呈现沿海地区高、内陆地区低即东高西低的现象，一类地区、二类地区信息化发展较好的地区所占比例较低，且信息化发展较好的地区基本集中在东部沿海省份，信息化发展较差的地区多分布在西部和中部地区，同时全部中、西部地区都集中处于三类、四类地区。此外，可以看到 2015~2017 年，部分地区在 3 年内发展较快，例如河北省从四类地区发展到三类地区，但同时存在部分地区发展较缓慢，例如江西省 2015 年位于三类地区但在 2016 年、2017 年则被划分到四类地区。整体来看，除广西、贵州发展较快外，其他中、西部地区 3 年内发展较缓慢，信息化水平排名均相对有所下降。

3. 2015~2017 年区域信息化发展促进因素与阻碍因素聚类分析

根据信息化指标体系，信息化水平的最直接影响因素是数字技术基础设施、信息产业经济发展、科技创新能力、教育与数字素养、数字内容与应用。通过对这五大因素的相关测度聚类分析，我们能够找出不同地区信息化发展的主要促进因素与阻碍因素。为了更清晰地展示各地区信息化水平指数历史和现状的形成原因，对 31 个地区 2015~2017 年的一级指标，即数字技术基础设施指标、信息产业经济发展指标、科技创新能力指标、教育与数字素养指标、数字内容与应用指标的排名情况进行了测算，[①] 并以各地区五大指标排名数据为基础进行了相关测度聚类分析。

为研究各地区信息化水平增长相关各因素的突出方面和薄弱方面，我们

---

① 由于报告篇幅限制，如需各地区一级指标排名具体数据，可与作者联系。

采用相关测度聚类方法，对各地区一级指标排名进行相关测度聚类分析。对2015~2017年的数据进行相关聚类，得出共22类的聚类结果，分为均衡型、促进型、阻碍型3大类。同时根据信息化促进与阻碍因素的不同，给各个类别进行了命名。

2015~2017年各地区一级指标排名相关测度分类结果如表3、表4、表5所示。用"技术"表示数字技术基础设施指标，"经济"表示信息产业经济发展指标，"创新"表示科技创新能力指标，"教育"表示教育与数字素养指标，以及"应用"表示数字内容与应用指标。其中"均衡型"分为两类，强均衡型表示各指标排名均比较靠前，弱均衡型则表示各指标排名均处于中下游；促进型表示该促进型对应的指标（1~2个指标）排名表现比较突出，相对于其他指标较靠前；阻碍型表示该阻碍型对应指标（1~2个指标）的排名表现相对于其他指标较弱。

表3 2015~2017年各地区信息化发展水平相关测度聚类结果——均衡型

名称	包含地区
强均衡型	北京15,北京16,北京17,广东16,江苏15,江苏16,江苏17,上海15,上海16,上海17,重庆15,重庆16
弱均衡型	甘肃15,广西15,广西16,广西17,贵州15,贵州16,贵州17,江西15,江西16,江西17,新疆15,新疆16

由表3可以看出，2015年到2017年北京、上海、江苏均属于强均衡型，说明这三个地区一直处于中国信息化发展的高水平，且各指标表现比较均衡。而贵州、江西、广西等省份虽各指标处于均衡的状态，但整体都处于信息化水平的中下游，故这些地区在各方面均需要有所加强。

表4表示个别指标的表现突出，导致该指标的排名比较靠前，说明该指标成为某个地区信息化水平发展的主要促进因素。例如，湖南在2015年、2016年及2017年的信息化指数中显示创新这一指标比其他4个更有明显的优势，说明创新是促进湖南信息化水平发展的主要促进因素。所以在保持促进型指标的基础上，可以加大力度发展相对较弱的方面，以促使地区信息化水平发展得以均衡。

表4　2015～2017年各地区信息化发展水平相关测度聚类结果——促进型

名称	包含地区
经济促进型	山西16,甘肃16,云南16,云南17,四川17
创新促进型	湖南15,湖南16,湖南17
教育促进型	吉林15,吉林16,吉林17,陕西15,陕西16,陕西17,青海17
技术—经济促进型	宁夏15,宁夏16,宁夏17,山西15,山西17
技术—创新促进型	河南15,河南16
经济—教育促进型	西藏15,西藏16,西藏17,甘肃17
经济—应用促进型	云南15
创新—教育促进型	黑龙江15,内蒙古15
教育—应用促进型	青海15,青海16

表5表示信息化发展在个别指标上表现比其他方面较弱，例如2015年、2016年及2017年的天津市，属于经济—应用阻碍型，说明天津市在数字技术基础设施、科技创新能力以及教育与数字素养方面遥遥领先的优势下，更应该在信息产业经济发展和数字内容与应用上加强，以平衡其他指标的发展速度；海南、四川和辽宁等属于创新阻碍型，则需要加大科技创新能力，使各个方面共同发展。

表5　2015～2017年各地区信息化发展水平相关测度聚类结果——阻碍型

名称	包含地区
技术阻碍型	广东17,湖北17
经济阻碍型	辽宁15,海南16,山东16
创新阻碍型	海南15,四川15,辽宁16
教育阻碍型	浙江15,浙江16,浙江17,福建17
应用阻碍型	黑龙江16,黑龙江17
技术—经济阻碍型	湖北15,湖北16,内蒙古16,内蒙古17
技术—创新阻碍型	四川16
技术—教育阻碍型	广东15
经济—创新阻碍型	海南17,辽宁17
经济—教育阻碍型	安徽15,安徽16,安徽17,福建15,福建16,河北15,河北16,河北17,山东15,河南17,山东17
经济—应用阻碍型	天津15,天津16,天津17

根据各地区每年不同的"均衡型""促进型""阻碍型"分类，可以在技术、经济、创新、教育、应用五个层面得出促成该地区信息化水平现状的主要促进因素和削弱因素。结合以上3张表格数据的对比，以辽宁为例，在2015年辽宁被划分为经济阻碍型，2016年又被划分为创新阻碍型，而在2017年被划分为经济—创新阻碍型，这说明辽宁在信息化发展的道路上较不稳定，经济与创新两因素时而促进其发展时而阻碍其发展，长此以往便形成2017年的结果，信息产业经济发展以及科技创新能力均为该省的信息化发展弱势，所以同时注重经济和创新两方面的建设，加之在技术、教育和应用上较领先的发展优势，可促进辽宁省信息化水平整体平衡发展。

比较研究发现，各地区的信息化发展促进方式及阻碍方式均有所不同，而且大多数地区是经济促进型、教育促进型和经济—教育阻碍型，说明各地区经济及教育发展极其不均衡，部分地区通过经济和教育的发展带动整体信息化建设，而部分地区相比其他因素，经济和教育则是阻碍其信息化高速发展的重要因素。这些发现有利于为各地区促进信息化水平发展找到突破口，也可为制定相关政策提供决策支持。因此，不同地区需要在数字技术基础设施、信息产业经济发展、科技创新支持力度、教育与数字素养、数字内容与应用等多方面采取相应的政策措施，全面提高信息化水平、缩小区域数字鸿沟。

（四）我国区域数字鸿沟形成因素分析

1. 2015~2017年数字鸿沟变化的指标因素分析

为了深入研究我国数字鸿沟不断扩张的原因，这里针对2015~2017年信息化指标体系各项三级指标分别进行了进一步分析。

表6、表7进行了2015年、2016年和2017年三年指标平均差的变化情况比较。可以看出，对数字鸿沟指数一直影响很大的指标包括：每万人每万平方公里信息设施投入、人均网页数、人均软件业务收入、每万人每万平方公里光缆长度、每万人专利授权数、人均电子商务销售额、人均R&D经费、人均科学研究和技术服务业固定资产投资额等。对数字鸿沟指数一直影响很小

的指标包括：固定宽带下载速率、移动电话普及率、4G用户占移动电话用户比例、每百家企业拥有网站数、互联网宽带接入普及率、每十万人口高等教育学校平均在校生数、科学研究和技术服务业城镇单位就业人员平均工资等。对数字鸿沟指数的影响由小变大的指标包括：信息产业城镇单位就业人员平均工资、科学研究和技术服务业城镇单位就业人员平均工资。对数字鸿沟指数的影响由大渐变为小的指标包括：每万人专利授权数、万人R&D全时人员当量、信息产业从业人员占总就业人员数百分比、每百户数字电视用户数。

表6　2015年、2016年、2017年指标平均差比较（1）

	2015年	2016年	2017年
指标平均差最大排序	每万人每万平方公里信息设施投入	每万人每万平方公里信息设施投入	人均IPv4地址
	人均网页数	人均网页数	每万人每万平方公里信息设施投入
	人均软件业务收入	每万人域名数	人均网页数
	每万人每万平方公里光缆长度	人均软件业务收入	人均软件业务收入
	每万人专利授权数	每万人每万平方公里光缆长度	每万人域名数
	每万人域名数	人均电子商务销售额	每万人每万平方公里光缆长度
	人均电子商务销售额	每万人专利授权数	人均电子商务销售额
	万人R&D全时人员当量	人均R&D经费	每万人专利授权数
	人均R&D经费	万人R&D全时人员当量	人均R&D经费
	人均科学研究和技术服务业固定资产投资额	人均科学研究和技术服务业固定资产投资额	人均科学研究和技术服务业固定资产投资额
	信息产业从业人员占总就业人员数百分比	信息产业增加值占生产总值比重	万人R&D全时人员当量
	每百户数字电视用户数	信息产业从业人员占总就业人员数百分比	信息产业从业人员占总就业人员数百分比
	信息产业增加值占生产总值比重	科学研究和技术服务业从业人员占总就业人员百分比	信息产业增加值占生产总值比重
	人均IPv4地址	每百户数字电视用户数	人均电信业务总量
	科学研究和技术服务业从业人员占总就业人员百分比	人均IPv4地址	科学研究和技术服务业从业人员占总就业人员百分比

表7　2015年、2016年、2017年指标平均差比较（2）

	2015年	2016年	2017年
指标平均差最小排序	固定宽带下载速率	固定宽带下载速率	固定宽带下载速率
	4G用户占移动电话用户比例	移动电话普及率	移动电话普及率
	每百家企业拥有网站数	4G用户占移动电话用户比例	每百家企业拥有网站数
	移动电话普及率	每百家企业拥有网站数	4G用户占移动电话用户比例
	互联网宽带接入普及率	人均电信业务总量	每十万人口高等教育学校平均在校生数
	科学研究和技术服务业城镇单位就业人员平均工资	每十万人口高等教育学校平均在校生数	互联网宽带接入普及率
	每十万人口高等教育学校平均在校生数	科学研究和技术服务业城镇单位就业人员平均工资	人均互联网宽带接入端口数
	人均互联网宽带接入端口数	互联网宽带接入普及率	科学研究和技术服务业城镇单位就业人员平均工资
	信息产业城镇单位就业人员平均工资	人均互联网宽带接入端口数	有电子商务交易活动的企业比重
	有电子商务交易活动的企业比重	每百户家用电脑数	每百户家用电脑数
	每百户家用电脑数	信息产业城镇单位就业人员平均工资	人均公共财政预算教育经费
	人均公共财政预算教育经费	有电子商务交易活动的企业比重	信息产业城镇单位就业人员平均工资
	人均电信业务总量	人均公共财政预算教育经费	每百户数字电视用户数

为了深入研究我国区域数字鸿沟扩张的原因①，本报告进一步对各三级指标的平均差进行了详细分析。分别计算出2015~2017年三级指标平均差增长为正的24个指标，以及负增长的4个指标，得到引起数字鸿沟变化的主要指标如图11所示。可以看出，数字鸿沟持续扩张主要是由于人均IPv4地址的增长倍数远高于其他三级指标，查询原始数据可知，2017年北京、

---

① 由于报告篇幅限制，这里不再罗列原因分析的具体数据，如有需要，可联系作者获取。

上海该指标增速较高，超过其他省份数倍，一定程度上导致近年来数字鸿沟的扩张。除人均IPv4地址外，信息产业相关指标对数字鸿沟的持续扩张也有一定的影响，例如，人均科学研究和技术服务业固定资产投资额、人均电子商务销售额、信息产业增加值占生产总值比重等。信息相关产业在发达地区持续高速发展，而欠发达地区却没有跟上其脚步，导致数字鸿沟逐步扩大。因此为弥合数字鸿沟，政府部门未来工作的一大重点应是加大投资，加强欠发达地区的信息产业融合，以促进地区间的均衡发展。

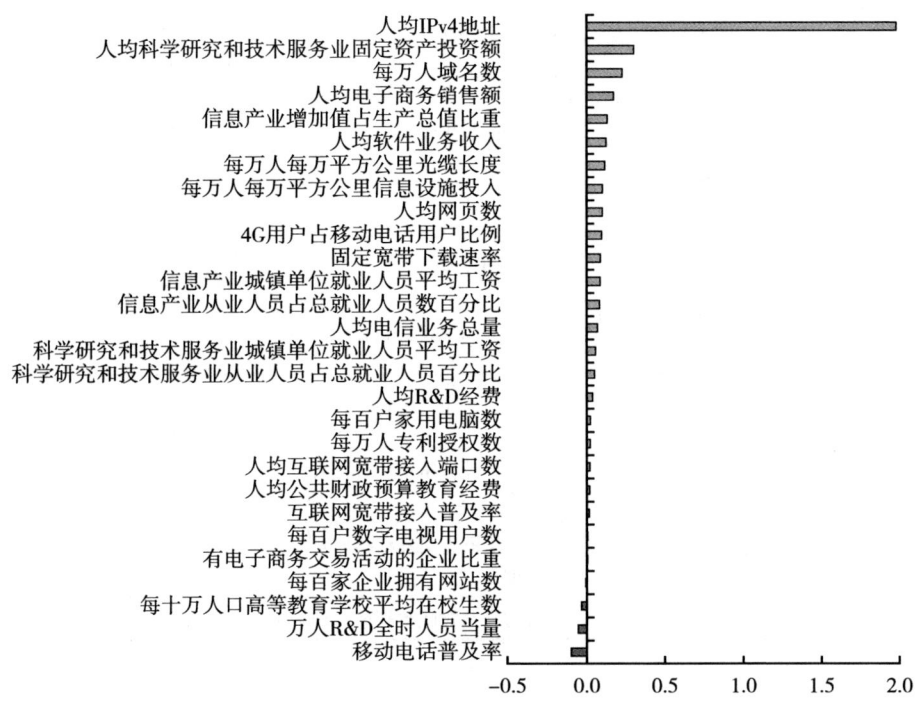

图11 2015～2017年区域数字鸿沟指标增长倍数扩张情况

2. 2015～2017年我国数字鸿沟扩张的原因分析

根据前面信息化发展现状中数字鸿沟指数增长率的结果，可以总结以下几点。

(1) 2015～2016年区域数字鸿沟持续扩张的原因

2015～2016年，数字鸿沟指数的年增长率达到10.59%。一方面，虽然随着数字内容与应用的进一步发展，欠发达地区与发达地区在传统电信业务使用上的差距正在缩小，基础信息终端接入方面的差距增速有所降低，但是由于发达地区的先行优势，其互联网本地资源的丰富度（网页、域名）、包含新兴数字技术使用的企业活动与相关业务（电子商务、软件业务）水平远高于欠发达地区。

另一方面，政府对于各地区通信基础设施以及科学技术研究的投入不均衡，各地区创新水平差距较大。欠发达地区与发达地区在通信网基础设施建设方面的差距持续扩大，相对前两年而言，4G移动网络快速普及使各地区差距扩大速度有所减缓，但发达地区仍占据绝对优势，宽带建设与质量体验、信息产业进一步向增强发达地区优势的方向发展。教育与数字素养层面，欠发达地区与发达地区教育投入差距持续扩大，人力资源尤其是与信息产业相关的从业人员与发达地区相比相对匮乏等都导致了我国在2015~2016年区域数字鸿沟的持续扩张。

（2）2016~2017年区域数字鸿沟持续扩张且趋势变大的原因

2017年，我国数字鸿沟指数保持增长，且扩张速度加快。2016~2017年其增长率从2015~2016年的10.59%上升至13.50%。主要原因是欠发达地区与发达地区通信网基础设施建设上的差距持续增大，受新兴数字技术急速发展影响的互联网业务在发达地区加速增长，加之互联网本地资源分布依旧不均衡，电信业务上的差距重新显现，创新支持力度和地区间信息产业经济发展差距持续稳定加大。

同时，我国信息化建设初见成效，各地区宽带覆盖与质量之间的差距正在缩小，基础互联网企业应用进一步普及，欠发达地区逐渐步入数字化进程，但从信息产业产值与收入水平来看，仍旧与发达地区有较大差距。虽然在教育投入、信息技术普及应用水平上地区间差距有所缓和，但缓和速度较慢，而与信息产业相关的人力资源等指标的差距保持稳定增长，最终导致数字鸿沟扩张趋势迅猛。

（3）2015~2017年中国区域数字鸿沟形成因素总体分析

2015~2017年我国互联网行业快速发展推动了国家信息化水平的大幅提

高,但欠发达地区在通信网基础设施建设上难度较大,致使其与发达地区的差距逐年拉大,宽带基础设施随之陷入相似困境,进而使之在新兴数字技术的使用方面具有一定滞后性;而信息化是一个快速的发展过程,因此互联网在欠发达地区的业务水平、本地资源丰富度以及信息产业产值上与发达地区之间的差距正以较大加速度扩大。而信息产业产值并非数字鸿沟单一影响因素,一方面当地数字经济发展水平与信息产业息息相关,另一方面信息产业收入水平受其产值的影响。在经济环境与收入水平等多方因素的影响下,加之政府对各地区创新支持力度不平衡,欠发达地区信息专业人才将会流向信息化水平较高的发达地区,导致地区间创新能力和人力资源的差距持续扩张。

相比之下,2015~2017年我国欠发达地区与发达地区在信息终端接入水平、信息化普及程度以及教育投入差距虽有所扩大,但扩大幅度总体较小。尽管我国区域数字鸿沟在2015~2017年仍在增大,但欠发达地区与发达地区在移动电话普及率、企业基础互联网应用、教育水平等方面的差距正在不断缩小。这说明欠发达地区在信息化发展的基础层面、人力资源潜力上与发达地区的差距在不断缩小,这也将成为我国区域数字鸿沟最终得以缩小的重要推动力。

总体而言,我国区域数字鸿沟增速的扩大主要与新兴信息数字技术的扩张有关。欠发达地区在传统通信基础建设和应用方面与发达地区差距扩张速度逐渐减缓的同时,新兴数字技术的出现和数字教育投入不均带来的信息产业发展和数字人才差异又使之与发达地区产生了更大的差距。这说明当前缩小我国区域数字鸿沟的重点在于有效利用新兴数字技术促进地区间信息产业与互联网资源以及业务水平的均衡化发展、加大数字教育的普及力度培养高水平信息人才、继续加强欠发达地区的数字技术基础设施建设和政府对于创新的可持续兼顾投入。

3. 区域信息化发展情况总结

我国各地区之间信息化发展水平存在差异。在以上分析的基础上,我们按照国家规定的区域划分方法将全国31个省、自治区、直辖市(港澳台除外)划分为东北地区、华北地区、华中地区、西北地区、华南地区、华东地区和西南地区,进行了7个区域的一级指标与全国平均水平的比较和分析,指标资料来源于2017年,用以反映各地区的最新发展情况,如图12所示。

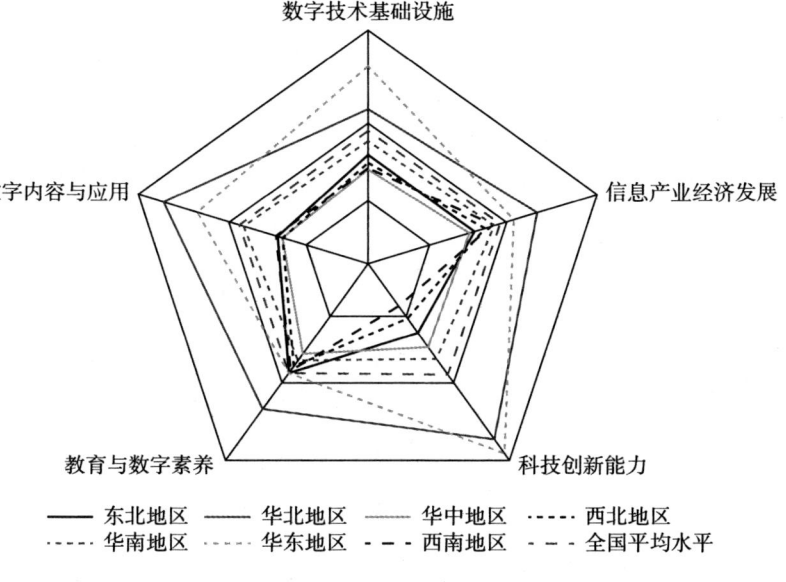

图12 2017年全国各地区一级指标与全国平均水平

从图12中不难看出,华北地区的信息化发展水平表现突出,在5个一级指标上的表现也非常均衡,尤其是信息产业经济发展、教育与数字素养、数字内容与应用这3个指标均拔得头筹。华东地区略微逊色于华北地区,除教育与数字素养这一指标与全国平均水平持平外,其余4个指标均超过了全国平均水平,尤其是数字技术基础设施、科技创新能力这2个指标表现十分出色。华南地区整体发展比较均衡,各个指标与全国平均水平比较接近,科技创新能力这一指标表现略弱。东北地区和华中地区的信息化发展水平比较接近,各个指标与全国平均水平相差不远,其中,数字内容与应用方面较为薄弱。相比之下,西南地区与西北地区在科技创新能力这一指标上处于弱势,其余4个指标相较于2016年都有所进步。

我们还对各个地区分别进行了二级指标及排名情况的测算与比较,指标数据为2015~2017年数据的平均值,用以反映这三年来各地区较为稳定的平均情况。其中,因为北京市、天津市、上海市在信息化发展水平上表现尤为出色,故将三者单独进行比较与分析。

如图13所示,北京市、天津市、上海市这三个直辖市排名情况十分稳定,在全国名列前茅,分别位列全国第一、第三、第二名。北京市、上海市在各个二级指标上表现非常出色,可以说是全面领先全国平均水平,但二者的优势指标又不完全相同。其中,北京市在信息产业发展水平、人力资源、互联网本地资源、互联网业务水平这4个指标上表现十分瞩目;上海市在通

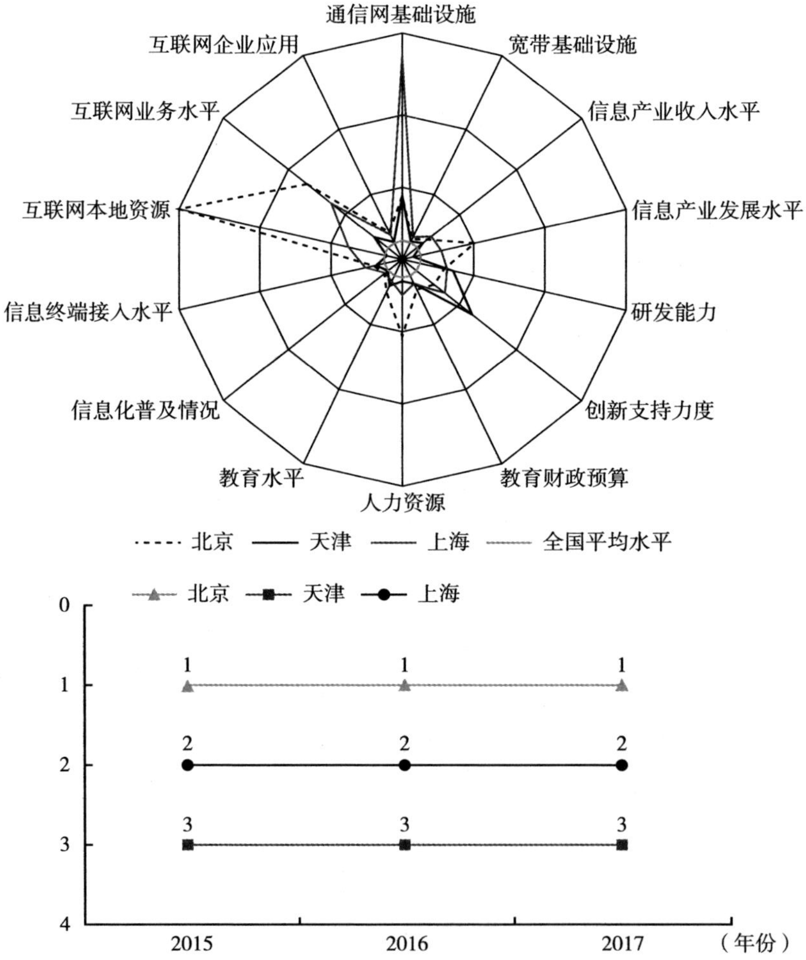

图13 北京、天津、上海二级指标对比和排名情况

信网基础设施这一指标上表现异常突出。与北京、上海相比，天津市则在创新支持力度这一指标上更有优势。

如图14所示，辽宁的信息化排名呈下降趋势：由原本的第10位下降至第13位；吉林这3年的信息化排名保持不变，一直是第18位，基本处于中等水平；黑龙江的信息化排名则逐年上升，由第26位上升至第23位。

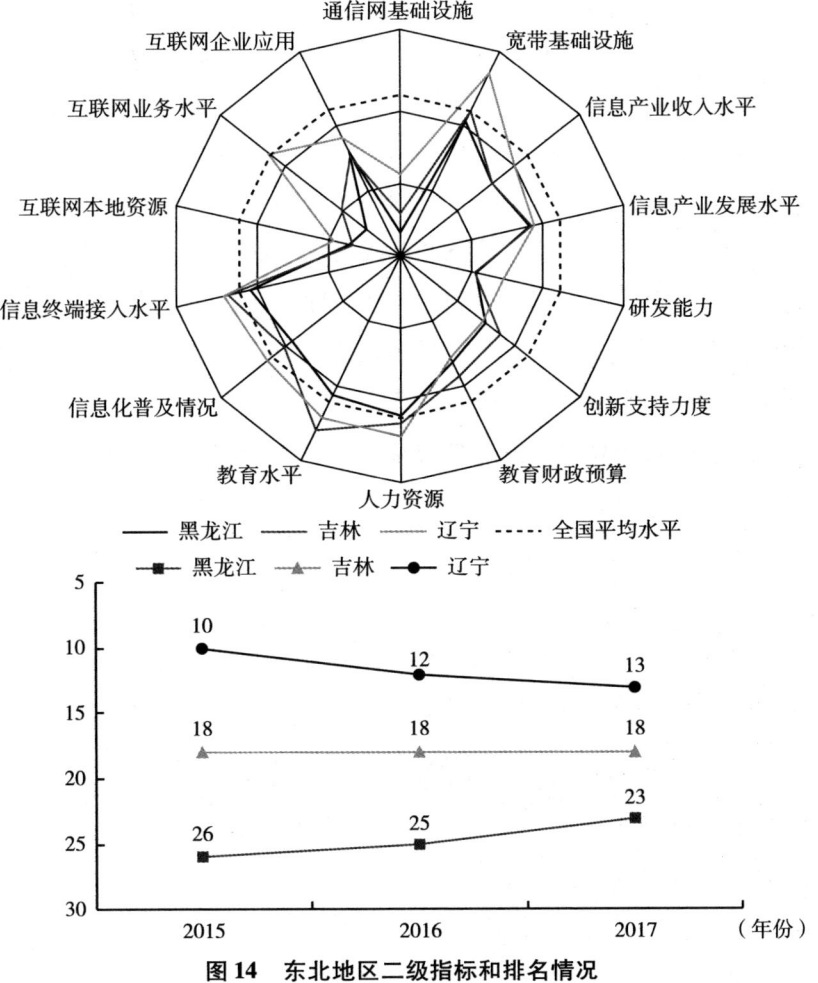

图14 东北地区二级指标和排名情况

从二级指标上看，辽宁总体发展情况相对较好，有6个指标超过了全国平均水平，只有通信网基础设施和互联网本地资源这两个指标稍弱；

吉林在人力资源、教育水平、信息终端接入水平这3个指标上表现较好，略高于全国平均水平，而通信网基础设施建设、研发能力、互联网本地资源和互联网业务水平这4个指标较薄弱；黑龙江则表现较弱，只在宽带基础设施、人力资源、教育水平这3个指标上接近全国平均水平，而在通信网基础设施、研发能力、互联网本地资源、互联网业务水平方面表现十分薄弱。

如图15所示，华北地区（除京、津外）的信息化排名情况三年来变化很小：河北从第21位上升至第19位；内蒙古由原本的第24位下降至第26位，又回升至第25位；而山西排名则由原本的第20位下降至第21位。华北地区除北京、天津外，基本处于全国中下游的水平。

从二级指标上看，山西在信息产业发展水平这一指标上有优势，超过了全国平均水平；但在研发能力、创新支持力度、互联网本地资源、互联网业务水平和通信网基础设施这5个指标上表现较弱。内蒙古和河北没有具备特别优势的指标，除宽带基础设施、信息产业收入水平、教育水平、信息化普及情况、教育财政预算以及信息终端接入水平与全国平均水平较为接近外，其他指标都较为弱势。

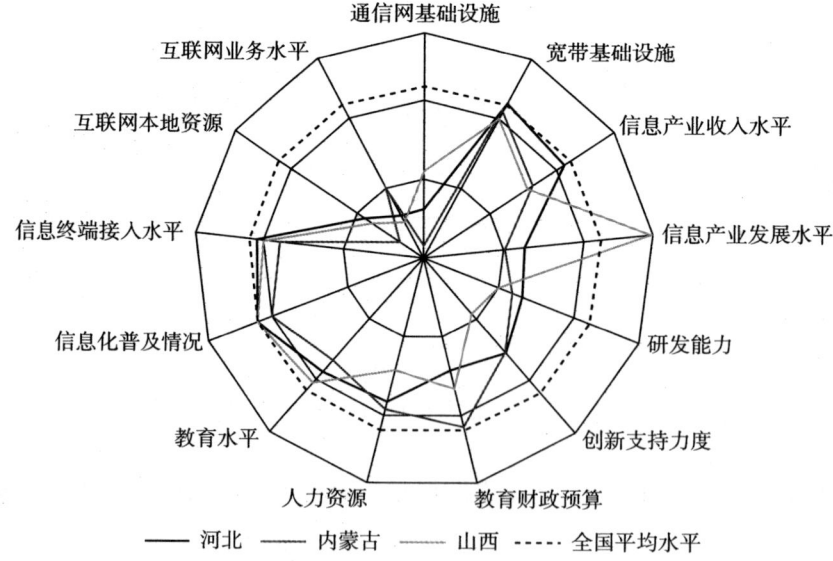

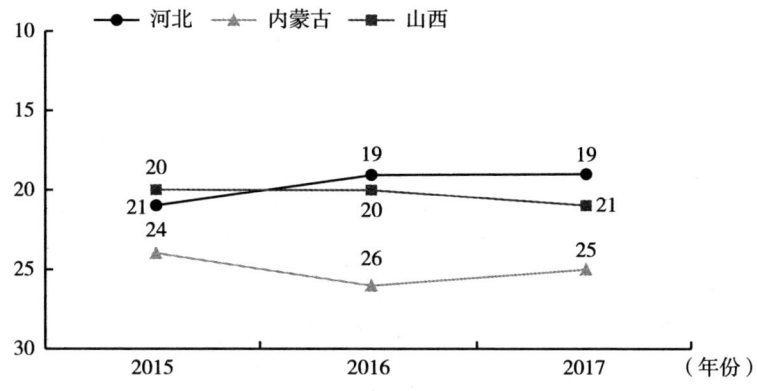

图 15 华北地区（除京、津）二级指标和排名情况

如图 16 所示，华中地区各省份的信息化排名情况较为稳定：相比 2015 年，湖北的排名下降了 1 位，2016 年与 2017 年都稳定在第 14 位；湖南 3 年来稳定在第 17 位；河南排名则逐年上升，由原本的第 25 位上升至第 22 位。

从二级指标上看，华中地区 3 个省份处于为中等水平，湖北在三者中表现较好，在教育水平、信息终端接入水平和互联网企业应用 3 个指标上较有优势，超过了全国平均水平；河南与湖南则在宽带基础设施、教育水平、信息化普及情况、信息终端接入水平、互联网企业应用这 5 个指标上较为接近全国平均水平。总体来看，湖北、湖南和河南均在通信网基础设施建设、互联网本地资源、互联网业务水平 3 个指标上表现稍弱，而且河南在信息产业发展水平、创新支持力度、人力资源 3 个指标上表现较弱。

如图 17 所示，西北地区的信息化排名情况除青海波动较大外，其余各省份则相对稳定：陕西从 2015 年的第 12 位上升至第 11 位后又回落至第 12 位；宁夏排名逐年上升，从第 14 位上升至第 11 位；青海的排名下降较多，2015 年位列第 22；2017 年位列第 26；甘肃的排名 2016~2017 年稳定在第 28 位，新疆排名则下降了 1 位，从第 30 位下降至第 31 位。

从二级指标上看，华中地区陕西表现最好，在信息产业收入水平、

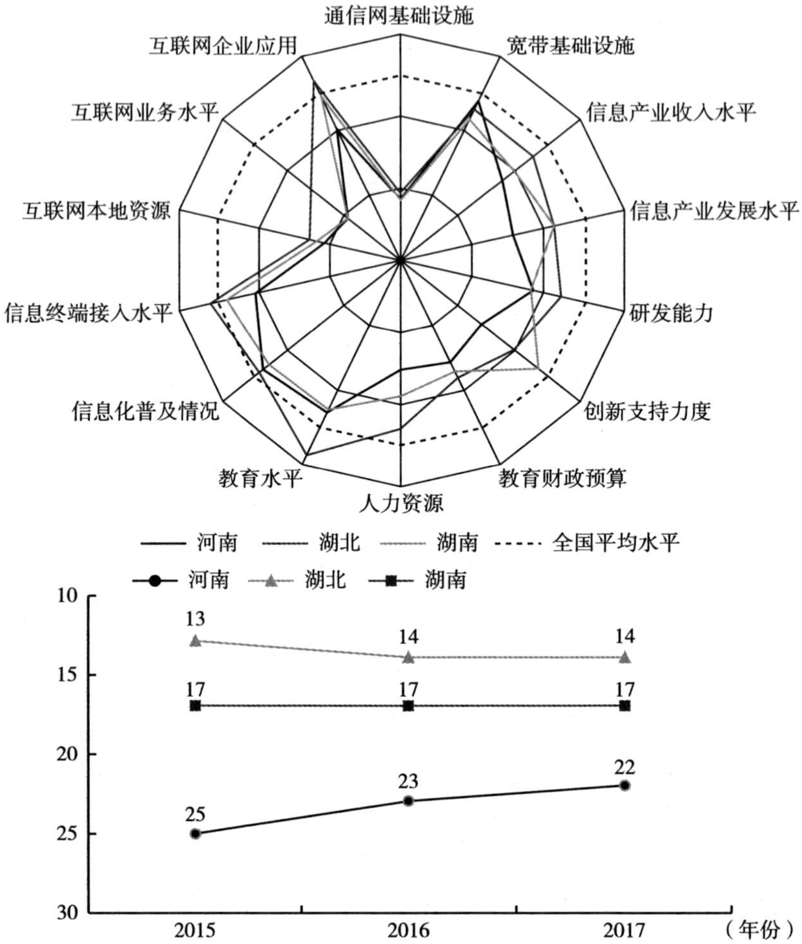

图16 华中地区二级指标和排名情况

人力资源、教育水平、信息化普及情况和互联网企业应用5个指标上较有优势,超过了全国平均水平;而在通信网基础设施和互联网本地资源两个指标上表现较弱;宁夏有两个指标超过了全国平均水平——通信网基础设施和信息产业发展水平;但在互联网本地资源和互联网业务水平两个指标上表现较弱;青海则在教育财政预算这个指标上较具优势,高于全国平均水平,而在通信网基础设施、研发能力、创新支持力度、互联网本地资源和互联网业务水平5个指标上表现薄弱;甘肃则表现一般,

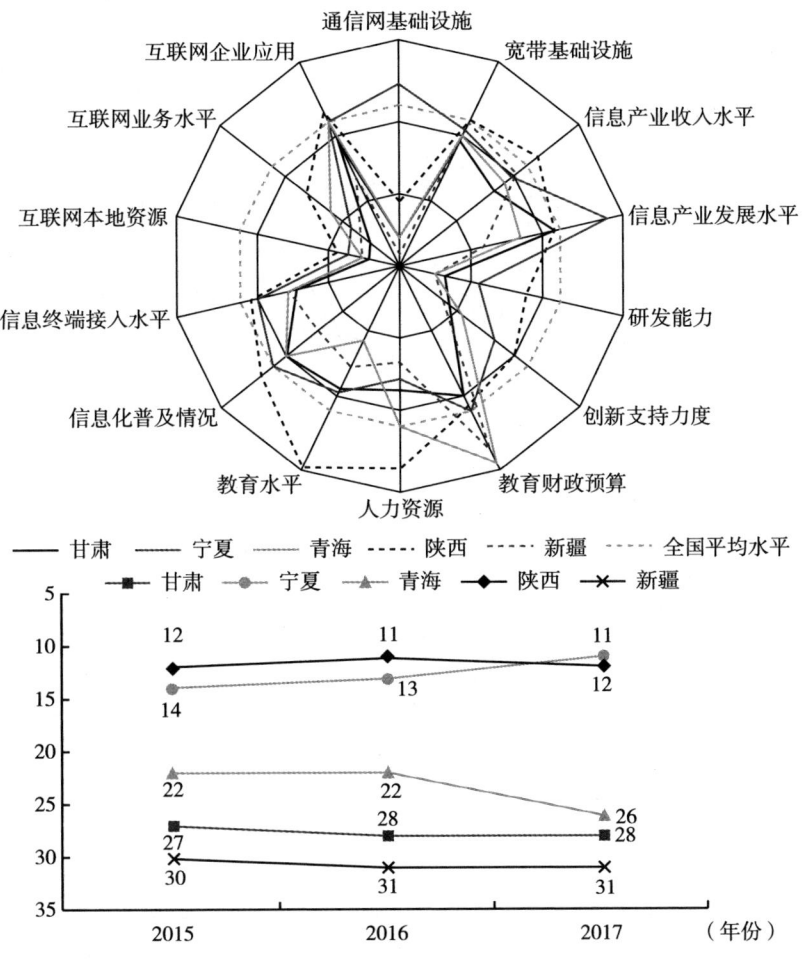

图 17　西北地区二级指标和排名情况

在通信网基础设施、研发能力、互联网本地资源和互联网业务水平这 4 个指标上处于劣势；相比之下，新疆整体表现较弱，只在教育财政预算指标上更有优势，而在通信网基础设施、研发能力、互联网本地资源和互联网业务水平 4 个指标上十分薄弱。

如图 18 所示，华南地区的信息化排名波动不大：广东实力较强，连续 3 年稳定在第 6 位；海南发展稳定，2017 年进步了 1 位，位列第 8；相比之下，广西发展较弱，但也有所提升，近两年稳定在第 29 位。

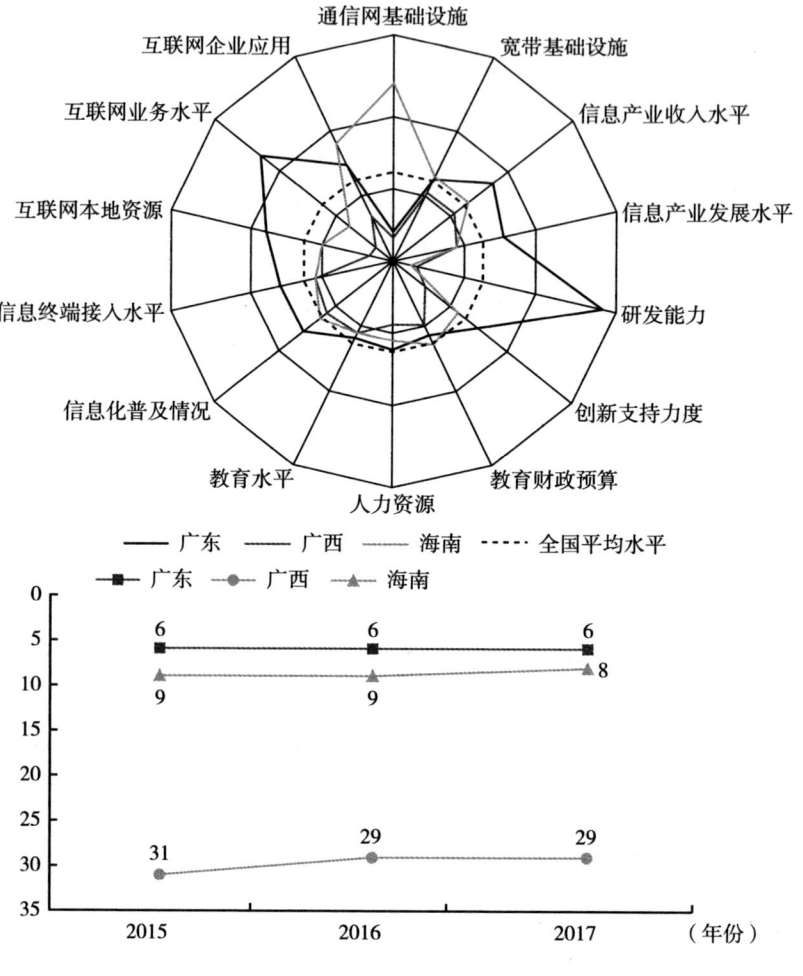

图18 华南地区二级指标和排名情况

从二级指标上看，华南各地区中广东实力最强，多个指标超过全国平均水平：除通信网基础设施、教育财政预算、人力资源和教育水平这4个指标外，其余指标均超过全国平均水平，特别是在信息产业收入水平、信息产业发展水平、研发能力、互联网本地资源和互联网业务水平这5个指标上优势很大；海南在通信网基础设施和互联网企业应用这两个指标上有明显优势，超过全国平均水平许多，而研发能力和互联网业务水平则处于劣势；广西相较于前面二省则表现较弱，只在宽带基础设施、信息产业收入水平、教育水平、信息化普及情况和信息终端接入水平这5个指标上接近全国平均水平，其余指标则低于全国平均水平，尤其在通信网基础设施、研发能力、互联网本地资源和互联网业务水平四方面较薄弱。

如图19所示，华东地区（除上海外）各省份的信息化排名情况整体靠前且稳定：浙江、江苏和福建排名情况较好，连续3年稳定在前10名以内；山东较前两年有所下降，2017年下降至第9名；安徽发展十分稳定，连续3年位列第16名；江西则有所波动，由原本的第19名下降至第20名。

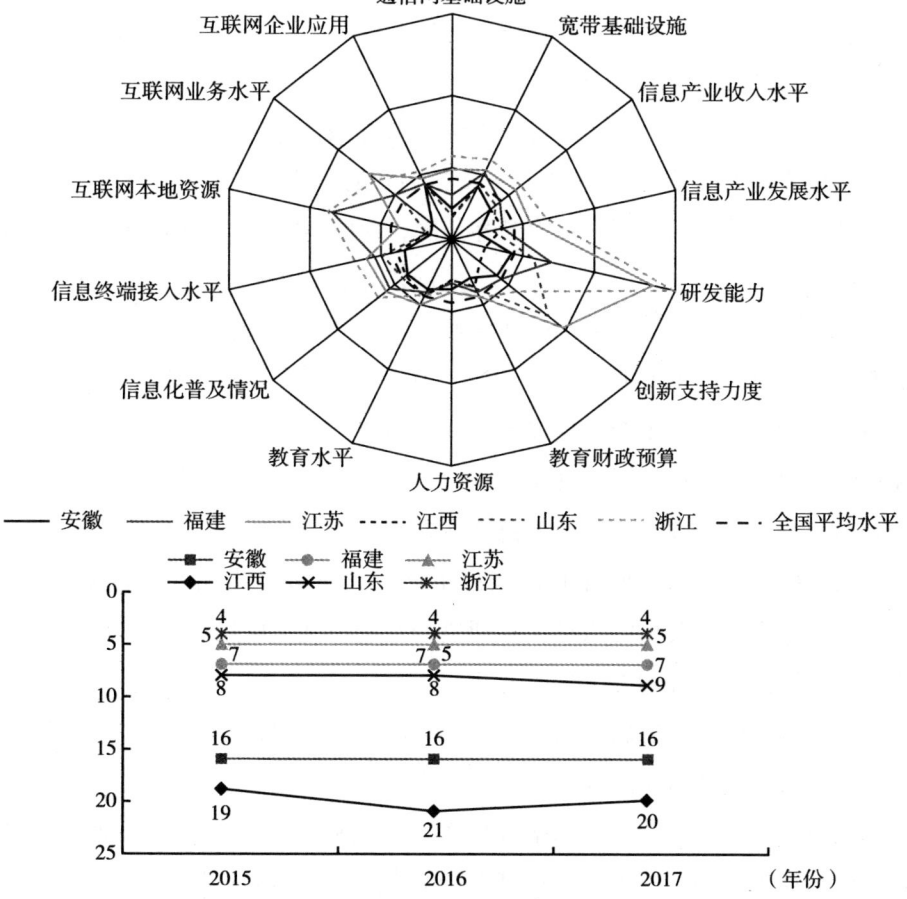

图19 华东地区（除上海）二级指标和排名情况

从二级指标上看,浙江、江苏、福建和山东表现较为出色,多个指标超过全国平均水平。浙江除人力资源和教育水平外,在各个指标上均超过了全国平均水平,特别在研发能力和互联网本地资源方面表现尤为突出,领先全国;江苏除了在人力资源和互联网本地资源这两个指标上稍有劣势外,在研发能力和创新支持力度两方面表现出色;福建在研发能力和互联网本地资源方面较有优势;山东在创新支持力度上表现最好,超过全国平均水平许多,而在通信网基础设施和互联网本地资源两方面表现较弱;安徽和江西则表现一般,在互联网本地资源和互联网业务水平两方面稍弱,江西还在研发能力和创新支持力度两个指标上表现更弱一些。

如图20所示,西南地区的信息化排名情况各异:重庆发展较好,位列第10名;四川排名非常稳定,连续3年位列第15名;贵州排名逐年稳步提升,由原本的第28位上升至第24位;云南排名稍有下降,由原本的第29位下降至第30位;西藏情况稍差,排名逐年下降,由原本的第23位下降至第27位。

从二级指标上看,西南地区重庆发展最好,除了在创新支持力度、人力资源和互联网本地资源三方面薄弱一些以外,其余指标均与全国平均水平不相上下;四川在信息产业发展水平和人力资源这两个指标上表现较好,在通信网基础设施、创新支持力度和互联网本地资源这三方面较具劣势;西藏在教育财政预算这个指标上表现十分突出,超过全国平均水平许多,在宽带基础设施、信息产业收入水平和信息产业发展水平三个指标上表现一般,与全国平均水平相差不远,而在其他指标上都非常薄弱;贵州和云南则表现一般,没有表现特别突出的指标,在通信网基础设施、研发能力、创新支持力度和互联网本地资源四方面处于劣势。

信网基础设施、创新支持力度和互联网本地资源这三方面较具劣势;西藏在教育财政预算这个指标上表现十分突出,超过全国平均水平许多,在宽带基础设施、信息产业收入水平和信息产业发展水平三个指标上表现一般,与全国平均水平相差不远,而在其他指标上都非常薄弱;贵州和云南则表现一般,没有表现特别突出的指标,在通信网基础设施、研发能力、创新支持力度和互联网本地资源四方面处于劣势。

中国信息化发展与数字鸿沟现状的区域比较分析

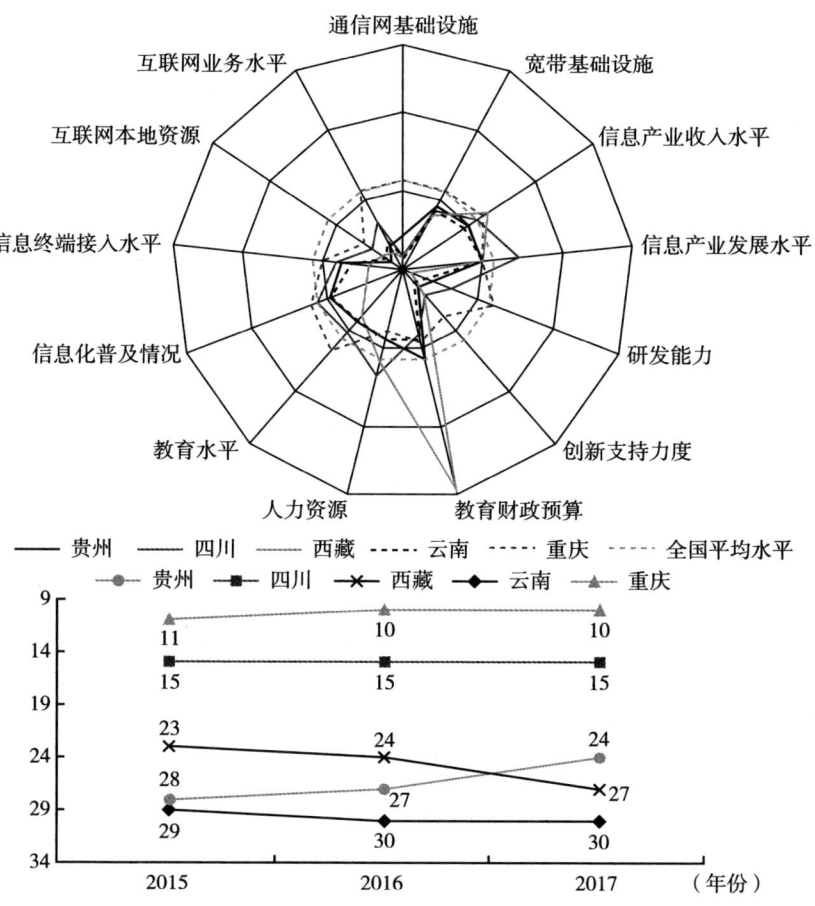

图 20 西南地区各省份二级指标和排名情况

三 缩小数字鸿沟的政策建议

综合以上分析，本报告将围绕影响数字鸿沟的各主要因素和主要指标，分别论述缩小区域数字鸿沟以促进区域均衡发展的政策选择。

（一）基于相关因素的政策选择

本报告详细分析了我国区域间信息化水平差异和数字鸿沟情况，并通过分析这些结果得出相应结论。根据国内信息化测评体系的一级指标，围绕影响数字鸿沟的五大深层因素——数字技术基础设施、信息产业经济发展、科技创新能力、教育与数字素养和数字内容与应用，为缩小我国区域数字鸿沟提出政策建议。

1. 数字技术基础设施

在数字技术基础设施方面，主要指ICT基础设施与宽带设施建设。基础设施建设受信息通信数字技术的创新水平、经济水平、政府相关政策等因素影响，进而影响到硬件设备数量、信息资源的丰富程度以及新兴数字业务普及。缩小区域数字鸿沟首先要解决数字技术基础设施覆盖的问题。

表8表示数字技术基础设施相关指标对数字鸿沟的影响情况。通信网基础设施建设的三级指标即每万人每万平方公里光缆长度对区域数字鸿沟的扩大作用显著，且近几年地区间在该指标上的差距一直保持加速扩大趋势，说明其区域发展的不均衡性十分严重。宽带基础设施的三级指标人均互联网宽带接入端口数促使区域数字鸿沟略微扩张，该指标引起的数字鸿沟存在由弥合到扩张的细小波动情况。固定宽带下载速率小幅影响区域数字鸿沟的扩张，在数字技术迅速普及应用的背景下，欠发达地区宽带建设质量日渐提升，到2017年其与发达地区间的速度鸿沟已有弥合趋势。

表8 数字技术基础设施相关指标对数字鸿沟的影响

单位：%

二级指标	三级指标	对2017年数字鸿沟指数增长的影响	对2015~2017年数字鸿沟指数增长的影响
通信网基础设施	每万人每万平方公里光缆长度	1.813	4.187
宽带基础设施	人均互联网宽带接入端口数	0.219	0.196
	固定宽带下载速率	-0.201	0.231

通过上述分析，在政策上建议深度落实国家宽带政策，着力完善欠发达地区信息通信网基础设施建设，打通偏远地区通信网"最后一公里"，消除网络覆盖"盲区"，补齐基本数字公共服务均等化建设短板。继续施行"提

速降费"政策，统筹规划城乡间骨干网络节点基站建设与扩容升级，加速推进高速宽带入户，优化运营商网络服务体验。地方政府可权衡传统信息基础设施建设与新型数字技术基础设施建设之间的投入产出比，提高地区信息资源整体配置效率。加快5G商业化应用步伐，加大大数据、人工智能、物联网、云计算等新型数字技术基础设施投入力度，推行地方财政政策与普适性技术监管标准，鼓励社会多方公平投资参与新型基建。拓展各领域新兴数字技术应用场景建设，倡导形成协同创新的健康技术生态。

2. 信息产业经济发展

信息产业经济发展主要衡量地区信息产业发展态势及数字经济发展潜力。信息产业发展水平体现传统行业与信息产业之间的经济结构布局，凸显地区产业数字化进程与数字经济发展潜力。产业收入水平是地区经济与信息产业人才就业情况的直接反映，将影响数字人才教育发展与创新。

表9表示信息产业经济发展相关指标对数字鸿沟的影响。信息产业收入水平下三级指标信息产业城镇单位就业人员平均工资、科学研究和技术服务业城镇单位就业人员平均工资均对数字鸿沟有一定扩大作用，前者带来的影响略高于后者。而就其整体影响程度而言，信息产业发展水平下三级指标信息产业增加值占生产总值比重对于数字鸿沟扩张的推动作用十分显著，说明不同地区信息产业发展水平有较大差距，数字经济为各地区带来新机遇的同时，也新增了数字鸿沟。

表9 信息产业经济发展相关指标对数字鸿沟的影响

单位：%

二级指标	三级指标	对2017年数字鸿沟指数增长的影响	对2015~2017年数字鸿沟指数增长的影响
信息产业收入水平	信息产业城镇单位就业人员平均工资	0.171	0.399
	科学研究和技术服务业城镇单位就业人员平均工资	0.115	0.145
信息产业发展水平	信息产业增加值占生产总值比重	0.594	2.024

在信息产业经济发展上，当前地域差异明显，建议继续实施区域协调发展战略，推动城乡政策与经济一体化发展，缩小宏观层面上经济发展的绝对差距。在信息产业发展方面，各级政府应当把握数字经济发展新机遇，着力调整地区产业经济结构，因地制宜出台财政扶持政策，鼓励传统企业信息化、信息产业创新化，为新兴数字技术初创企业创建良好发展环境。同时强化区域间信息产业合作关系，促进数字技术资源共享，实现跨区域信息产业联合发展，拓宽数字服务流通市场，保持产业间健康竞争格局。提高信息产业从业人才待遇，吸引高水平信息人才进入本地区就业，为数字经济发展积累充足的人力资源。

3. 科技创新能力

在科技创新能力方面，主要关注各地区在提升创新能力、加大信息化发展和科技发展上的扶持与投入力度，包括鼓励政策、政府有关投资等，同时关注地区研发能力，如专利授权及相关研究开发情况。地区加大对科技产业的投入有利于提高我国整体数字研发能力，提升信息产业的创新驱动力，并逐步在大数据、云计算、物联网、人工智能等新数字经济领域培养创新人才、开发创新项目，进而加强"互联网＋"的深化普及和应用。

表10为科技创新能力相关指标对数字鸿沟的影响。科技创新能力维度下的三级指标中，万人R&D全时人员当量对2015～2017年数字鸿沟指数增长的影响为负值，说明该指标已起到了缩小各地区数字鸿沟的作用。其余三级指标中，每万人专利授权数、人均R&D经费对2015～2017年数字鸿沟扩张速度的影响相对较小，而每万人每万平方公里信息设施投入、人均科学研究和技术服务业固定资产投资额这2个三级指标对数字鸿沟指数增长的影响较大，说明信息化发展较发达地区与欠发达地区在研发能力上差距较小甚至有逐步弥合数字鸿沟的迹象，但在创新支持力度上还存在一定的差距，欠发达地区应重点关注投入力度以平衡与发达地区间的科技创新发展。

表10 科技创新能力相关指标对数字鸿沟的影响

单位：%

二级指标	三级指标	对2017年数字鸿沟指数增长的影响	对2015~2017年数字鸿沟指数增长的影响
研发能力	每万人专利授权数	0.077	0.169
	万人R&D全时人员当量	-0.222	-0.314
创新支持力度	人均R&D经费	0.131	0.497
	每万人每万平方公里信息设施投入	0.821	1.165
	人均科学研究和技术服务业固定资产投资额	0.892	2.454

针对上文的分析，要减小政府创新支持力度相关指标对数字鸿沟扩张的影响，建议重点关注信息基础设施、相关产业的投资力度在各地区的均衡发展。信息设施投入的影响虽较前两年已有所减小，但依旧是我国数字鸿沟扩张的重要因素，而欠发达地区若要加强信息设施建设，需付出巨大的成本，对此我国应重点消除信息设施的投资障碍，可由政府对欠发达地区采取资金扶持的政策以推进信息基础设施建设，为进一步创新研发打下坚实的基础。区域型企业也可通过与政府、高校的合作，强化高新技术产业的信息资源整合，使研发资金与行业信息高效流通，提高地区间创新研发能力，促进科技成果转化。同时，我国需要对目前科技研发的投资分配体制进行完善，可成立一个由国家资助的公共机构，专门负责对科技创新及研究开发领域的投资，做到合理分配资源，并推出完善的法律法规，对资源分配做出合理的统一规范，弥合由投资差距形成的科技创新维度下的数字鸿沟。

4. 教育与数字素养

在教育与数字素养方面，教育主要考察政府的教育财政预算投入，数字素养则代表社会信息化技能水平以及居民的文化素质。教育与数字素养水平一方面影响着居民是否能够有效地获取信息、识别信息、理解信息和接受信息，进而决定了信息通信技术是否能得到充分运用；另一方面，教育水平和数字素养的提升能够为国家培养更多ICT领域的优质人才和科技领域的创新人才，这些人才将更好地促进国家经济与社会信息化的发展。

表11为教育与数字素养相关指标对数字鸿沟的影响。教育水平下三级指标每十万人口高等教育学校平均在校生数对2015~2017年数字鸿沟的总体影响为负值，该指标对数字鸿沟扩张起到轻微抑制作用。教育财政预算下三级指标人均公共财政预算教育经费近两年总体上导致数字鸿沟轻微扩张，但在2017年的影响为负值，说明当前由该指标引起的数字鸿沟存在缩小趋势。其他三级指标信息产业从业人员占总就业人员数百分比、科学研究和技术服务业从业人员占总就业人员百分比均一定程度上促进数字鸿沟的扩张，在信息技术的影响下，由信息产业从业人员占总就业人员数百分比引起的数字鸿沟扩张更为明显。

表11 教育与数字素养相关指标对数字鸿沟的影响

单位：%

二级指标	三级指标	对2017年数字鸿沟指数增长的影响	对2015~2017年数字鸿沟指数增长的影响
教育财政预算	人均公共财政预算教育经费	-0.061	0.075
人力资源	信息产业从业人员占总就业人员数百分比	0.186	0.283
	科学研究和技术服务业从业人员占总就业人员百分比	0.026	0.094
教育水平	每十万人口高等教育学校平均在校生数	0.033	-0.053

因此在今后的信息化发展中，应继续加大区域间教育均衡投入，充分利用相关教育指标带来的积极成效，缩小地区间数字鸿沟。在提高欠发达地区教育水平上，首先要关注的是学校基础设施问题。政府在促进基本服务均等化的过程中，需重点关注偏远地区办学条件，改善薄弱学校基础硬件设施，保障适应于人口密度的教育资源。其次是师资力量方面，欠发达地区与发达地区的教育质量差距不仅来自高等教育，而且包括学龄前教育的因素。当地政府可利用多项激励性措施引入优秀教师，加强本地幼师队伍培养，将学前

教育纳入当前教育重点规划当中。除此之外，政府应当促进信息技术与教育领域的深度融合，积极建设数字校园提高教学效率，充分把握由互联网带来的优质教育资源共享机遇，利用在线平台等普及数字知识，鼓励企业开展技能培训。提供职业与继续教育入口提升民众数字素养。制定信息产业与科技创新人才专项培养计划，提升信息技术在基础学科知识体系中所占比重，与产业就业相结合构建完整数字学科人才培养框架。面对人才竞争，地方政府可考虑全面放开高水平人才落户门槛，出台匹配实际需求的各项补贴制度，规范科研人员管理流程，降低科研创新人才负担，强化其研究自主权，提升人才精神黏性，同时加强区域间人才交流，激发科技创新活力。

5. 数字内容与应用

在数字内容与应用方面，数字内容和应用水平受到人口的性别、年龄、民族、所处地理位置及消费观念的影响，产生获取不同信息设备和内容资源应用于社会方方面面的需求。数字内容和应用的普及程度与使用频率、时间、范围、技能和方便程度等有关。

表12为数字内容与应用相关指标对区域数字鸿沟的影响。数字内容与应用三级指标中，移动电话普及率和每百家企业拥有网站数近年来对数字鸿沟的影响值一直保持负向增长，但由于影响程度较小，弥合作用尚不明显。4G用户占移动电话用户比例、互联网宽带接入普及率、有电子商务交易活动的企业比重这3个指标2017年对数字鸿沟的影响由负向扩张转为正向缩小。总的来看，互联网企业应用对数字鸿沟的弥合作用较为明显，这或将对数字经济时代下数字鸿沟新的弥合路径有所启发。

其余指标，每百户数字电视用户数、每百户家用电脑数、人均IPv4地址、每万人域名数、人均网页数、人均软件业务收入、人均电子商务销售额、人均电信业务总量均在近两年促进数字鸿沟扩张，随着数字经济发展，各地区信息终端接入由逐渐趋于协调发展到再次进入不均衡状态，欠发达地区互联网本地资源与互联网业务水平与发达地区的差距逐年攀升，成为当前数字鸿沟扩张的重要因素。

表12　数字内容与应用相关指标对数字鸿沟的影响

单位：%

二级指标	三级指标	对2017年数字鸿沟指数增长的影响	对2015~2017年数字鸿沟指数增长的影响
信息化普及情况	移动电话普及率	-0.003	-0.020
	4G用户占移动电话用户比例	-0.002	0.085
	互联网宽带接入普及率	-0.001	0.023
信息终端接入水平	每百户数字电视用户数	0.029	0.013
	每百户家用电脑数	0.018	0.112
互联网本地资源	人均IPv4地址	4.747	5.240
	每万人域名数	0.084	1.469
	人均网页数	0.840	1.299
互联网业务水平	人均软件业务收入	1.469	2.637
	人均电子商务销售额	1.463	2.896
	人均电信业务总量	0.634	0.224
互联网企业应用	每百家企业拥有网站数	-0.135	-0.013
	有电子商务交易活动的企业比重	-0.233	0.004

针对以上分析结果，区域间数字内容与应用发展不平衡的源头在于其本地资源丰富程度差异和不断更新的数字技术催生的数字服务差异。在信息化普及情况逐年向好的基础上，政府应当重点关注降低民众获取信息资源成本，提升本地信息资源质量，扩大数字服务覆盖范围。在加快新型数字技术基础设施建设的同时，合理规划偏远地区数字电视网络线路布局，保障广播电视公共服务体系的维护效率与体验。着力完善欠发达地区轨道交通等硬件设施，利用贸易物流促进农村电子商务发展。建设低门槛电子政务平台，引导地区民众使用数字服务，推动政务大数据与企业大数据开放共享。为中小企业提供可负担的数字工具接入，根据行业特征制定精准激励措施促进实体经济与新兴数字技术应用深度融合，形成可适应数字经济发展的产业组织体系。保障关键信息基础设施安全，为创新地区商业模式创造可靠的网络环境。

（二）基于洛伦兹曲线和基尼系数的政策建议

1. 代表性指标集中度分析

所谓集中度，即数字分布的不均衡程度。若给定一组数据作为一个变量,如果少数单元占据了总量的大部分,这样的分布被称为"高集中度";相比之下,如果各单元占有的数值都差不多,这样的分布就称为"低集中度"。

洛伦兹曲线与基尼系数就是计算集中度的常用方法,也是在数字鸿沟的测度中使用最多的方法。洛伦兹曲线越靠近45°直线,说明该变量的集中度越低,数字鸿沟指数越低。本报告选取了部分较有代表性的指标,分别做出其洛伦兹曲线,如图21至图25所示。

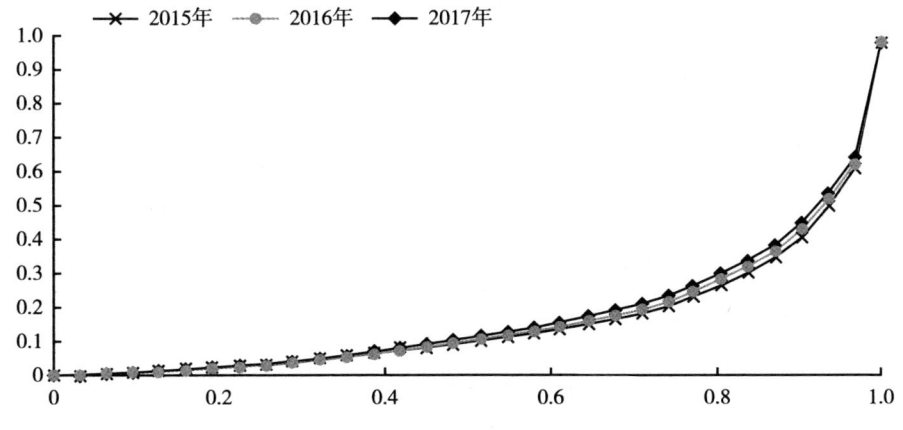

图21 每万人每万平方公里光缆长度洛伦兹曲线

每万人每万平方公里光缆长度这一指标是反映各地区基础设施建设情况的典型指标。通过洛伦兹曲线可以看出,每万人每万平方公里光缆长度的洛伦兹曲线离45°直线较远。虽然我国的信息化已建设了30余年,但是各地区的信息化基础设施建设还存在不均衡的情况,但逐年有所改进,2017年的洛伦兹曲线比2015年更靠近45°直线。我国还需要继续加强欠发达地区的基础设施建设,完善信息化网络,搭建一个良好的信息化网络平台,才能充分发挥信息技术的优势,推动地区经济的发展,弥合数字鸿沟。

信息产业增加值占生产总值比重的洛伦兹曲线与45°直线比较接近,并且2017年的洛伦兹曲线相较前两年有所改善。信息产业近几年来呈现高速发展的趋势,所带来的就业福利和社会福利等已经辐射到全国各地区,地区

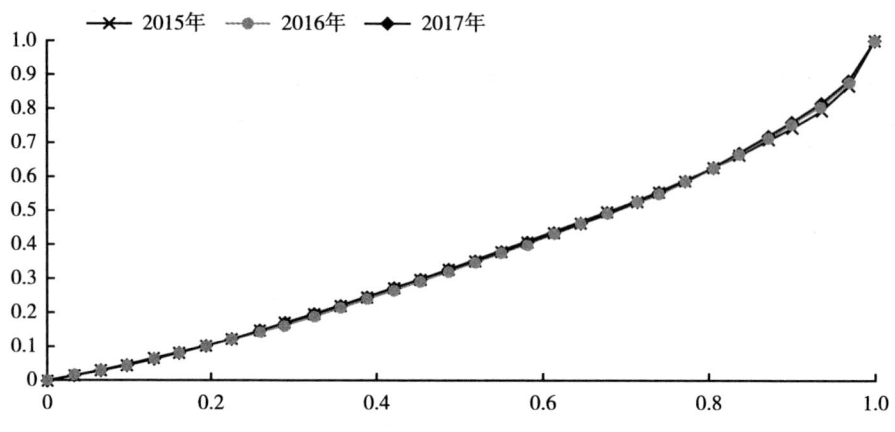

图 22　信息产业增加值占生产总值比重洛伦兹曲线

间的不均衡程度正在逐渐减小。把握这一时机，扩大高新信息产业的规模，推动信息产业生态圈建设，充分利用信息资源，结合高新技术进行创新，加速传统产业的数字化转型，可以继续享受信息产业发展所带来的数字红利，并且有效缩小数字鸿沟。

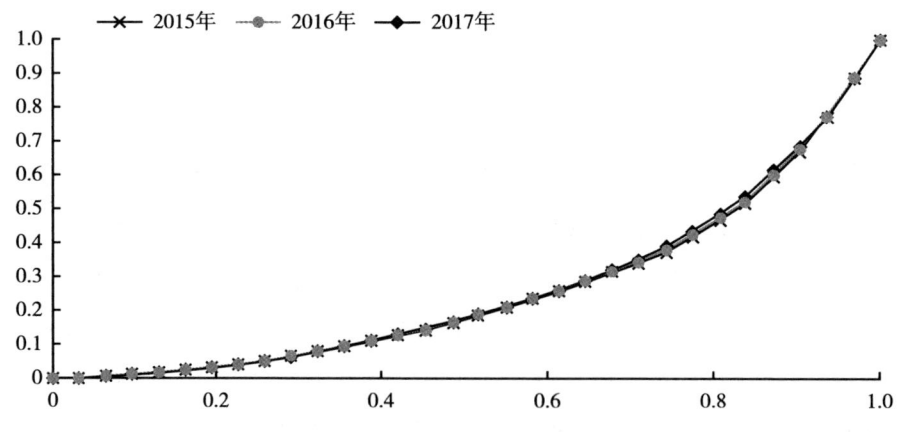

图 23　万人 R&D 全时人员当量洛伦兹曲线

万人 R&D 全时人员当量这一指标可以有效反映各地区的研发能力。从洛伦兹曲线可以看出，万人 R&D 全时人员当量这几年的集中度变化不大，洛伦兹曲线平缓，2017 年稍微有所改进。由于科学研究和开发需要一定的技术基础，这一指标难以在短期内出现较为明显的变化。但随着高新技术的不断发展和我国对创新科研支持力度的不断加大，在信息化和教育发达地区会催生更大的创造力和科研开发能力，须警惕这一指标的数字鸿沟逐渐扩大。

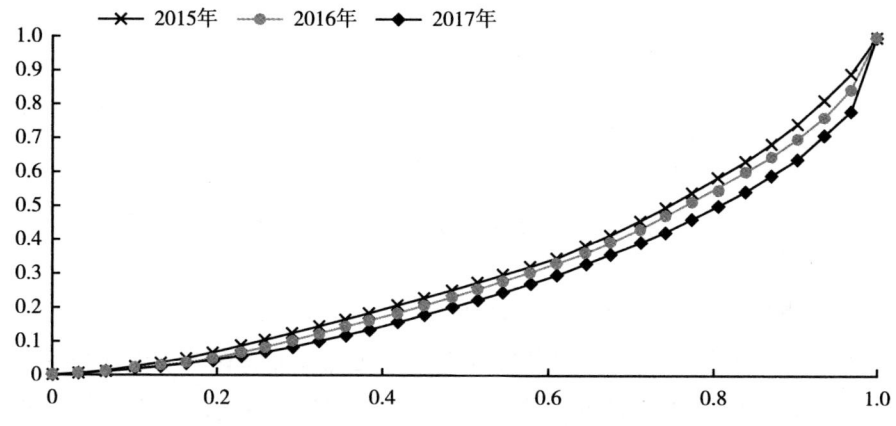

图 24 人均科学研究和技术服务业固定资产投资额洛伦兹曲线

人均科学研究和技术服务业固定资产投资额的洛伦兹曲线依然离 45°直线较远，并且集中度逐年升高，说明该指标的数字鸿沟正在逐渐扩大。信息化发达地区的人口密集，对设备和资源的需求量大，相应地，供给则会提高。国家应当继续加大对欠发达地区的投入，加大政策和经济上的扶持，加大对科学技术服务业的投资，促进信息化发展，对缩小数字鸿沟有所帮助。

人均电子商务销售额的洛伦兹曲线比较陡峭，距离 45°直线较远，且集中度逐年增大，说明区域间的不均衡程度较大。我国电子商务已有 20 年发展史，最近十年来更是蓬勃增长，发达地区的电子商务企业较多，发展较快，但是欠发达地区的电子商务则发展较慢。我国应当更加注重欠发达地区的信息化发展，建设完善的物流网络，在乡镇普及电子购物、电子支付等电子商务产业。同时，加快区域经济发展的步伐，提高居民购买力，对于平衡区域信息化发展、缩小数字鸿沟有重要意义。

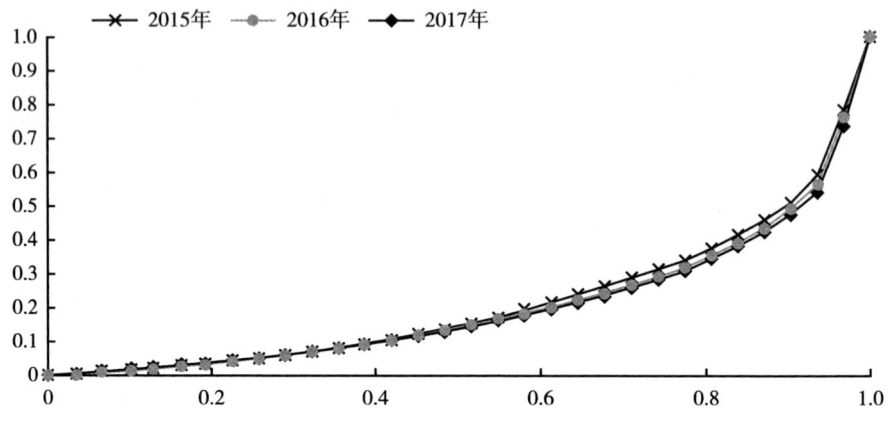

图25　人均电子商务销售额洛伦兹曲线

2. 代表性指标洛伦兹曲线横向比较分析

此外，对各项指标的洛伦兹曲线进行横向比较可以直观地体现各指标对数字鸿沟的影响程度。对2015年、2016年、2017年各指标的洛伦兹曲线进行横向比较，结果如图26至图28所示。

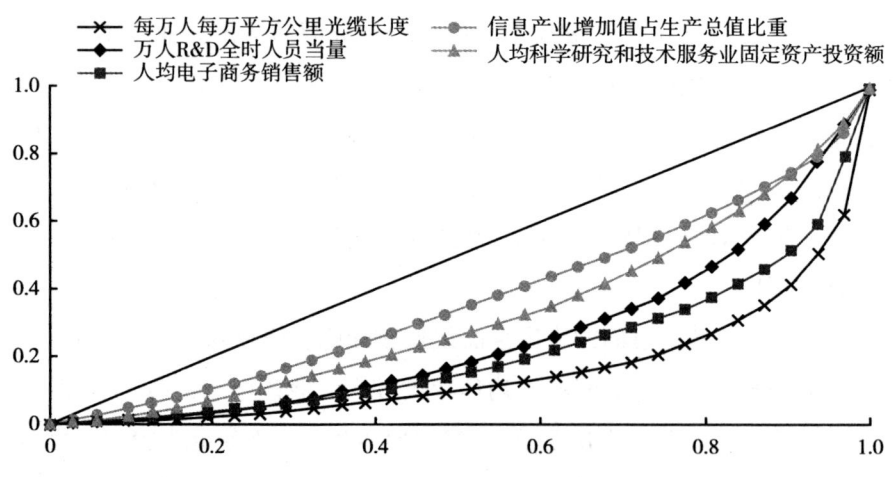

图26　2015年各指标洛伦兹曲线比较

可以发现，信息产业增加值占生产总值比重这一指标的集中度最小，区域间不均衡程度较小，并且逐年有微小的改进。但是其余指标的集中度则较

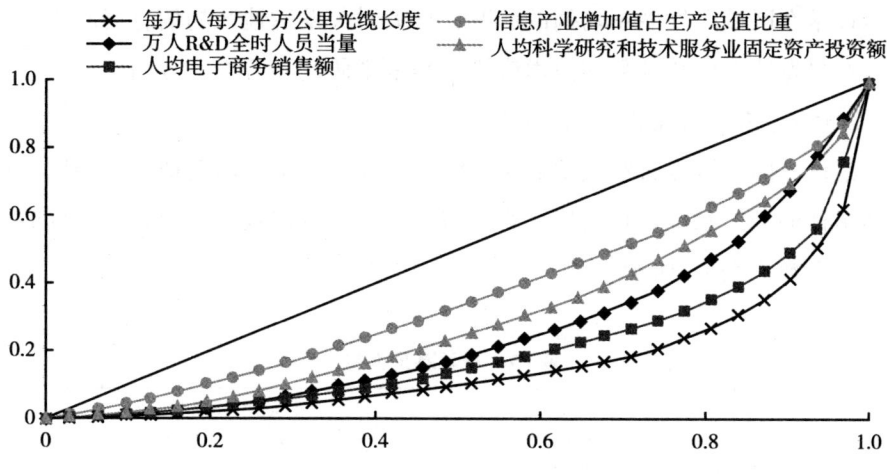

图 27　2016 年各指标洛伦兹曲线比较

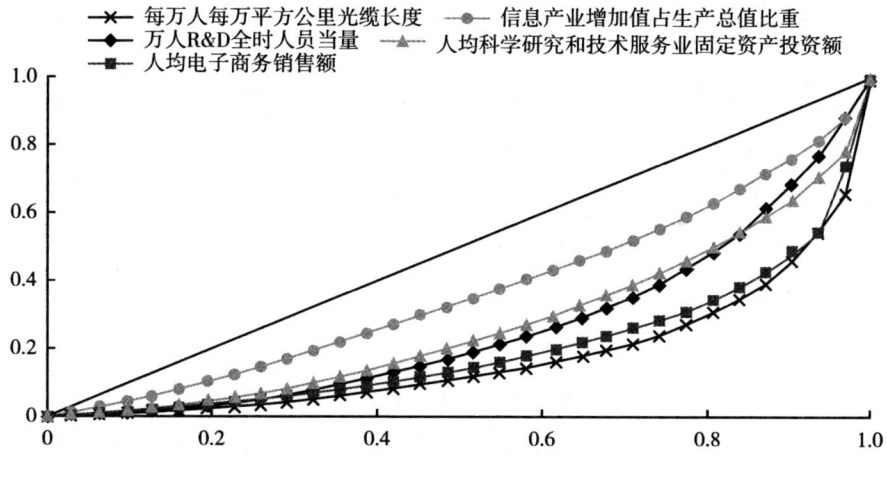

图 28　2017 年各指标洛伦兹曲线比较

大，并且每年的进步不明显，甚至人均科学研究和技术服务业固定资产投资额这一指标的集中度逐年扩大，说明区域间的不均衡程度逐年增大，而这些指标大多是与新兴信息技术的发展相关性较强的指标。可以说，技术发展与扩散进入了新的阶段，虽然传统信息技术上的物理鸿沟不断弥合，但与新技术相关的数字鸿沟又开始出现。在加强信息技术基础设施建设的同时，关注高新技术在区域间发展不均衡的状况,加大对欠发达地区的信息资源投资力度,在欠发达地区普及数字技术应用,是未来研究和着力的方向。

3. 代表性指标基尼系数比较分析

洛伦兹曲线可以直观反映数字鸿沟的变动,为了更清楚地说明问题,对各项指标的基尼系数进行精确计算,将其结果进行比较,所得各项指标的分类基尼系数如表13所示。

表13 分类基尼系数

年份	每万人每万平方公里光缆长度	信息产业增加值占生产总值比重	万人R&D全时人员当量	人均科学研究和技术服务业固定资产投资额	人均电子商务销售额
2015	0.678198	0.262846	0.484977	0.351241	0.567406
2016	0.66468	0.266952	0.477707	0.394498	0.587588
2017	0.644646	0.259316	0.474378	0.453072	0.59615

分析计算结果可知,信息产业增加值占生产总值比重这一指标的基尼系数较低,人均科学研究和技术服务业固定资产投资额的基尼系数增加较多,万人R&D全时人员当量和人均电子商务销售额的基尼系数较高并且变化不明显,每万人每万平方公里光缆长度的基尼系数很高但逐年减小,是形成数字鸿沟的重要因素。

4. 结论

基于洛伦兹曲线和基尼系数的分析,我们得出结论:信息化基础设施作为一切信息传输、交换和共享的基础,其重要程度不言而喻,只有不断将信息基础设施建设得更为完善、先进,信息化的整体效益才能被充分发挥;同时,新兴技术相关行业的发展已经逐渐成为促进社会进步和经济增长的主要驱动力之一。运用新兴信息技术改造传统产业,加大对新一代信息技术推广示范等的支持力度,关注信息化发展水平较低和基础设施不完善的地区,进一步普及信息技术的应用,对于弥合我国区域间数字鸿沟具有积极作用。

Abstract

Blue Book of China's Informatization is an annual research report on the development of China's informatization with panoramic perspective. It devotes itself to presenting an overall picture of informatization development in China, with an emphasis on providing analyzes, evaluations and predictions that are objective, unbiased and in-depth with respect to the situations, policies, strategies, research outcomes and major projects that are concerned. The Blue Book adheres to evidence-based social science researches with theoretical, empirical and practical approaches. In brief, it provides a reference for both Chinese and international entrepreneurs, scholars and officers who wish to obtain a comprehensive view of how informatization develops in China.

As in the summary and overview, the Working Group of Blue Book (B1) reviews the achievements of China's informatization development, analyzes the situation and tendency and points out the challenges and suggestions. Zeng Yu, Wang Chang Qing and Meng Fan Xin (B2) propose that transforming and upgrading the whole economy necessitates developing digital economy, which is crucial to help China become an Internet power as a whole.

With respect to information infrastructure, Wang Zhi Qin, Wei Ke Jun, Wei Liu Rong, Du Ying, Yang Hong Mei and Gong Da Ning (B3) summarize the progress of 5G technologies and standards, analyze 5G technology route, network evolution trends and 5G commercial status of major countries around the world. Liu Dong (B4) summarizes the development situation of IPv6 from various aspects, analyzes the industry development trend and current industry characteristics and finally puts forward the core strategy of industry development.

For core technologies and emerging industries, Lu Shan, An Hui, Li Yi Ming, Zhang Jin Ying (B5) summarize the information technology industry in China since 2018 as well as relevant opportunities and challenges with which China is confronted. Ban Zhi Fei, Huang Bo, Wang Sheng Nan, Lu Yang, Wang Jian, Hu Yue, Li Yu An, Mo Zhen Zhen and Zhu Zhi Hua (B6) represent the trend of digital economy in China based on the analysis on 2016 – 2018 Unicorn Enterprise Data. Liu Duo, Gao Yu Chen, Zhang Heng Sheng, Shen Bin, Liu Zhao, Liu Di Fei, Jiang Xin Hao, Yuan Lin, Yang Yan Ran, Chi Cheng and Liu Xiao Man (B7) introduce current situation of the global Industrial Internet and prospect the future development trend of the industry from the perspective of technology and industry.

In terms of industrial transformation, Du Xiao Yong, Wu Lian Feng, Yang Bo, Tang Jun Lin (B8) introduce the digital transformation of traditional companies and make a projection into the trend of digital transformation. Zhou Jian, Ma Dong Yan, Chai Wen, Fu Yu Han and Xu Ya Li (B9) systematically analyze the achievements and problems of III in China during the recent ten years by introducing the background, process, status, current focus, promotion approach and etc.

When it comes to public service, Meng Qing Guo and Wang You Kui (B10) analyze the contribution of informatization to the modernization of national governance in general and point out the main existing problems. Yu Xiao Hui, Yang Zi Zhen, Guo Shun Yi, Wang Li and Han Wei Na (B11) summarize the present situation and existing problems during the development of digital village and propose several suggestions to promote the construction of digital village at last. Wang Yun Wu, Tong Li Li and Huang Rong Huai (B12) propose that the government has intensified its efforts to promote educational informatization in depth and educational informatization has gradually moved from 1.0 to 2.0. Liu Fang, Cao Jian Dong, Li Hai Jian, Wei Bin, Guo Ming Duo, Yang Yan Fang and Huang Li Li (B13) describe the current status of intelligent transportation in areas of highway, waterway, urban road and comprehensive transportation and analyze the tendency of intelligent transportation in China.

Under the theme of environment construction, Fu Wei (B14) argues that we should accelerate the construction of a "three-party equilibrium" data governance system encompassing national data security, data industry development and personal privacy protection. Zhang Ping and Liu Lu (B15) believe that technological innovation and moderate supervision have become the two core values of AI legislation. Zhou Hui (B16) states that E-Commerce Law is a milestone in the development of cyber and information law and we should interpret it from various aspects. Chen Yan, Zhou Shengsheng, Liu Qinglin and Peng Tao (B17) introduce the development of the global Narrowband Internet of Things industry and analyze the situation of potential standard essential patents.

As for comparison reports, Yin Li Bo, Gao Xiao Yu, Wang Meng Zi, Fang Yuan Xin and Niu Wei Lu (B18) review the research reports of the past year on measuring the digital economy released by international organizations and analyze China's performance in the "Measuring the Digital Transformation" with the intention to provide guidance on measuring the digital economy in China. Zhang Bin, Jin Zhiye, Peng Shuzhen and Tang Ruyu (B19) select regional data from 2015 to 2017 to establish an informatization evaluation index system and measure the overall situation of the informatization development as well as analyze the gap of informatization level and the extent of regional digital divide. Finally policy suggestions for improving the level of informatization and bridging the digital divide are proposed.

All in all, the 19 papers collected in the Blue Book cover broad fields and provide rich contents with novel viewpoints. It reflects the highlights of China's informatization during the year of 2018 and 2019 and may serve as an important guidance for the development of China's informatization.

Contents

I General Reports

B. 1 New Features, New Challenges and New Thoughts of the Development of Informatization in China

Working Group of the Blue Book / 001

Abstract: China's informatization has embarked on a new road after decades of development, and digital transformation has become a new feature. Countries around the world attach great importance to the opportunities and challenges brought by the digital economy. In order to better grasp the new situation, propose the new countermeasures and highly promote the quality of China's informatization development, by carrying out research, workshop and expert interviews, the Working Group of Blue Book of China's Informatization reviews the achievements of China's informatization development, analyzs the situation and tendency, points out the challenges and proposed suggestions.

Keywords: Informatization Development; Digital Transformation; Industry Transformation; Intelligence

B. 2 The Development Trends of the Digital Economy in China from the Perspective of the Internet Sectors

Zeng Yu, Wang Changqing and Meng Fanxin / 016

Abstract: Transforming and upgrading the whole economy necessitate developing digital economy, which is crucial to helping China become an Internet power as a whole. With the development of the Internet and the new generation of information technology, various innovative applications and solutions have come up, which has brought opportunities to further develop digital economy. Through research and analytical work on relevant data of the Internet sectors, it is found that the progress and upgradation have been made in network environment, technologies, cyberspace securities, and digital governance. Internet has played an important role in driving the economic growth and improving the whole well-being in China. Therefore, the digital economy tends to exhibit the following characteristics in 3 to 5 years: First, fundamental network construction is likely to thrive with the undergoing support by 5G technologies and IPv6 deployments. Second, e-commerce, online advertising, digital content and other markets are expected to see a medium-high growth, which is likely to bring more Internet users. Third, the advance of digital technologies is expected to be integrated into developments of the whole economy and society as well, which further serves the digital transformation of real economy, public service and social governance. It is suggested to bridge digital gap, create key technological ecologies, build Digital Silk Road, prevent safety risks, and construct a coordinated governance mechanism so as to create a friendly environment for the digital economy in China.

Keywords: Internet; Digital Economy; Economic Transition

Ⅱ Information Infrastructure

B.3 5G Technologies Accelerating Economic and

Social Development

Wang Zhiqin, Wei Kejun, Wei Liurong,

Du Ying and Yang Hongmei / 064

Abstract: As the new generation of information and communication technology, 5G plays an important role in building network infrastructure of

internet of things, promoting the deep integration of Internet, Big Data, AI with the real economy, and supporting the high-quality development of industry. 5G is a strategic area for priority development in the leading countries around the world. This paper summarizes the progress of 5G technologies and standards, analyzes 5G technology route, network evolution trends and 5G commercial status of major countries around the world, discusses the impact of 5G on the economy and society and its economic contribution to China.

Keywords: 5G; Technology Route; Economic Value

B. 4 The Present Status and Trend of Global IPv6 Industry Development   *Liu Dong* / 080

Abstract: Since IPv6 advented as the standard protocol for the next generation Internet, the commercial application of the next generation Internet has been rapidly launched. This paper introduces the relevant leading policies of various countries and technical organizations around the world in promoting IPv6 deployment. And it summarized the development situation of IPv6 from its user quantities, operators, websites, domain deployments, operating systems, softwares, mobile applications and the support of network products. This paper analyzes the industry development trend and current industry characteristics of IPv6. It is believed that the core driving force of IPv6 deployment has shifted from policy-driven to market demand. IPv6 technology has already begun to support the rapid development of frontier areas and is now deeply integrated with traditional industries to foster new business models. Finally, this paper puts forward the core strategy of IPv6 industry development, which believes that by promoting the innovation and development of IPv6 standards, building a new security protection system, and deepening industrial cooperation, we can accelerate the digital transformation of traditional industries, achieve win-win cooperation, and ultimately benefit each of us.

Keywords: IPv6; Next Generation Internet; Economic Transition

III Core Technology and Emerging Industry

B. 5 China's Information Technology and Industrial Development in 2018 and Prospects for 2019

Lu Shan, An Hui, Li Yiming and Zhang Jinying / 095

Abstract: Since 2018, China's information technology industry has taken up the principal line of supply-side structural reforms. The overall scale of industry has expanded steadily, the investment of key fields has accelerated significantly, and the capacity for technology innovation has been continuously improved. Looking into the future, China's information technology industry will continue to face three opportunities: rapid and intensive technological innovation opportunities, new internal and external market opportunities, and information technology application integration opportunities. However, there are also external challenges of increasing international economic uncertainties and internal worries of insufficient industrial kinetic energy. In order to solve the problem of industrial development and effectively promote the high-quality development of the industry, we should focus on core technology innovation, accelerate the construction of industrial ecology, promote the capacity, strengthen the cultivation of talents, aim at compliance development, and devote to building the information technology industry into a vanguard of the national strategic layout, the main force of economic development, and the leader of technological innovation.

Keywords: Information Technology Industry; Integrated Development; Technology Revolution

B.6 Analyzing the Development Trend of Digital Economy in China from the Perspective of Unicorn Enterprises

Ban Zhifei, Huang Bo, Wang Shengnan,
Mo Zhenzhen and Zhu Zhihua / 111

Abstract: This report is based on the Analysis on 2016 – 2018 Unicorn Enterprise Data of the GEI. The report is divided into three parts, the first part is based on the unicorn data to analyze the development of Internet +, Big Data +, AI + in China. The second does research on the prominent development fields and the rising trend of new cities on digital economy based on data analysis. The third is to analyze the new law and new path of the growth of digital economic enterprises. The report argues that the unicorn enterprises represent the new economy while their development and innovative direction represent the trend of digital economy in China. At present, it is in the outbreak period in the fields of education, medical care and artificial intelligence. Some cities like Nanjing, Wuhan and Chengdu are becoming new digital economic cities following Beijing、Shanghai、Shenzhen and Hangzhou. In addition, the scene has become a test field for new technologies, a new way of commercializing enterprise technology, and a new carrier for the integration of digital technology and the real economy.

Keywords: Digital Economy; Unicorn; New Economy; Scene

B.7 Present Status and Development Trend of Industrial Internet

Liu Duo, Gao Yuchen, Liu Difei,
Jiang Xinhao and Zhang Hengsheng / 130

Abstract: The Industrial Internet is becoming a strategic arena for a new round of technological and industrial revolution. Most of the developed countries have realized the importance of Industrial Internet. Multinational companies are also accelerating industrial layout. This paper firstly introduces current situation of the global Industrial Internet and prospects the future development trend of the industry. This paper also introduces the present status of China's Industrial Internet development, analyzes the opportunities and challenges faced by industrial development, and gives some policy suggestions.

Keywords: Industrial Internet; Digitization; Networked; Intelligence

Ⅳ Industrial Informatization

B. 8 Big Data Promoted Digital Transformation of Traditional Industries

Du Xiaoyong, Wu Lianfeng, Yang Bo and Tang Junlin / 145

Abstract: The fourth industrial revolution centered in data is coming. It is crucial and inevitable for every business decision-maker to consider the relationship between big data and industrial transformation. Firstly, this article introduces the concept and value of digital transformation. Then, the challenges big data bringing to traditional industry are summarized from such aspects as the conceptions of employees and organizational structure. Some strategies of digital transformation are discussed as well. Finally, we make a projection into the trend of digital transformation. According to analysis, we conclude that the digital transformation of a traditional company represents an irresistible trend. To seize opportunities, a traditional company need to establish the concepts, rules, organizations and process of digital transformation, exploit internal digital resources and pay attention to cultivating talents in digital transformation.

Keywords: Digital Transformation; Traditional Industry; Big Data

信息化蓝皮书

B.9 Ten-year Review and Prospect of the Integration
of Informatization and Industrialization in China
Zhou Jian, Ma Dongyan, Chai Wen, Fu Yuhan and Xu Yali / 162

Abstract: Continued advancement of the III (the Integration of Informatization and Industrialization) is a long-term strategic deployment made by the Party Central Committee and State Council in China. It is an inevitable choice to seize the commanding heights of a new round of industrial competition, and to realize the historical leap of China's industry from big to strong. This paper systematically analyzes the achievements and problems of III in China during the recent ten years by elaborating the background, process, status, current focus, promotion approach and etc. Finally, the development proposals for the next priority work are proposed.

Keywords: Integration of Informatization and Industrialization; Industrial Upgrading; Digital Transition; Industrial Internet

V Public Services

B.10 Promoting the Modernization of National Governance
with Informatization *Meng Qingguo, Wang Youkui* / 190

Abstract: In the process of promoting the modernization of national governance system and governance capacity, informatization has become an important tool and provides technical support, which exhibits the characteristics of digitalization, networking and intelligence. The leading role of informatization in the overall modernization construction has become increasingly prominent, mainly manifested in: (1) improving institutional system, promoting the innovation of institutional mechanisms, organizational structure, business processes and other changes, and accelerating the modernization of governance system; (2) enhancing governance capacity, achieving more scientific decision-making, more effective supervision and management, more responsive services, promoting the modernization of governance capacity. This paper analyses the contribution of informatization to the modernization of national governance in general, and then focuses on the role of informatization in various fields by targeting the overall plan for promoting economic, political, cultural, social and ecological progress, and points out the main existing problems.

Keywords: Modernization of National Governance; Informatization; Promotion

B.11 The Current Development and Prospect of Digital Village in China

Yu Xiaohui, Yang Zizhen, Guo Shunyi,
Wang Li and Han Weina / 214

Abstract: The strategy of rural revitalization clearly indicates the implementation of digital village development strategy, which is a new paradigm of rural development that closely combines informatization with the development of three issues concerning agriculture, farmers, and rural areas. This paper summarizes the present situation and existing problems during the development of digital village, and analyzes the international and domestic situations. The concept of digital village is defined, and the future development of digital village was pointed out from six aspects. This paper proposes several suggestions to promote the construction of digital village at last.

Keywords: Rural Revitalization Strategy; Digital Village; Issues Concerning Agriculture; Farmers; and Rural Areas

B.12 Analysis on the Current Situation of Educational Informatization in China

Wang Yunwu, Tong Lili and Huang Ronghuai / 230

Abstract: From 2018 to 2019, educational informatization has been showing a good momentum in general, and the government has intensified its efforts to promote educational informatization in depth. Educational informatization has gradually moved from 1.0 to 2.0. The role of educational informatization in promoting educational system reform has been significantly enhanced. With the improvement of educational informatization infrastructure, the demonstration area of intelligent education has emerged and the digital teaching resources have been diversified. The application of educational informatization has entered into a stage of integration and innovation. The field of education has quickened the utilization of information technology, which led to the pick-up of the market and diversified development of educational informatization. Informatization has great significance in promoting the development of education quality under the guidance of "one belt and one road". The international community has gradually recognized and learnt from China's experience of promoting educational development through informatization.

Keywords: Educational Informatization 2.0; Educational System Reform; Intelligent Campus; Intelligent Education Demonstration Zone

B.13 Current Status and Trend of Intelligent Transportation in China

Liu Fang, Li Haijian, Wei Bin,
Guo Mingduo and Yang Yanfang / 251

Abstract: Intelligent transportation is an important part of smart city. With the development of cloud computing, internet of things, big data and mobile internet, intelligent transportation has become an important means to solve traffic congestion, safety issues, energy consumption and other problems. On the basis of describing the concept of intelligent transportation, this paper enumerates the relevant policies and plans of intelligent transportation issued by the government or local authorities. Then, the current status of intelligent transportation in areas of highway, waterway, urban road and comprehensive transportation are proposed. Aiming at the hot topics, this paper elaborates the applications and supporting technologies of intelligent transportation on information services in the whole travel chain, automatic driving, intelligent highway and public transport. Finally, the tendency of intelligent transportation in China is analyzed in terms of connected and automatic vehicle, traffic big data, smart traffic management and comprehensive information services.

Keywords: Intelligent Transportation; Internet Vehicles; Refined Traffic Guidance

VI ICT Environment Construction

B.14 Research on the Construction of Global Data Governance System and China's Choices *Fu Wei / 267*

Abstract: The construction of the data governance system is the key to achieving high-quality development of the digital economy. The United States and the European Union are stepping up to build a data governance system and seek to lead global data governance and improve the level of digital economic development. The construction of China's data governance system is yet not perfect. The voices of national data security and personal privacy protection are relatively strong, and relevant legislation is making rapid progress. The legal provisions concerning the promotion of data industry and digital economy development are relatively insufficient. This paper claims that the construction of China's data governance system need to consider basic national conditions, data

security, industrial development and privacy protection, and accelerate the construction of a "three-party equilibrium" data governance system encompassing national data security, data industry development and personal privacy protection.

Keywords: Data Governance; Digital Economy; Data Industry; Privacy Protection

B. 15 Artificial Intelligence Supervision and Legal Regulation

Zhang Ping, Liu Lu / 283

Abstract: Under the strategic layout of national AI "development first, control potential risk second", technological innovation and moderate supervision have become the two core values of AI legislation. On the base of deeply grasping the law of AI development, we should give full play to domestic AI scenes and carry out the related work of AI supervision and legal regulation in an orderly manner. We will make breakthroughs in key areas, balance the relationship between law and technology, encourage scientific research and innovation, and actively participate in the global governance of AI. We will adhere to the basic ethical principles of AI and give consideration to decentralized legislation and information sharing.

Keywords: Artificial Intelligence (AI); Supervision; Legal Regulation

B. 16 *E-Commerce Law*: Interpretation and Prospect

Zhou Hui / 300

Abstract: The introduction of *E-Commerce Law* has incorporated the development of e-commerce into the track of legalization, which is a milestone in the development of cyber and information law, and contributes the wisdom of China's legislation to the world. For such a comprehensive law in the field of e-commerce, we should interpret it from aspects of promoting e-commerce development, safeguarding consumer rights and interests, regulating e-commerce platforms, advocating green development. In the course of implementation, *E-Commerce Law* will play an important role in promoting the innovation of the regulatory institutions, the compliance of the e-commerce business and clarifying the governance pattern of the platform. But there are still some difficulties in the application of platform responsibilities. In the future, *E-Commerce Law* should be constantly improved during its implementation, always keep pace with times, realize the simultaneous development with technologies and business models, and become the "living law" to guide the dynamic practice of e-commerce.

Keywords: *E-Commerce Law*; Platform Governance; Platform Responsibility

B. 17 Analysis on the Competitive Pattern of Global Narrowband Internet of Things Technology

Chen Yan, Zhou Shengsheng, Liu Qinglin and Peng Tao / 314

Abstract: Narrowband Internet of Things is the core technology for the Internet of Everything in the 5G era, and is currently in an important period of development. This paper reviews the development of the global Narrowband Internet of Things industry, points out the overall patent application landscape of the global Narrowband Internet of Things, the focus and hotspot of patent layout, and analyzes the situation of potential standard essential patents. Although China has a number of patent applications in the field of Narrowband Internet of Things, it still needs to prevent patent risks and make proper preparations in advance.

Keywords: Narrowband Internet of Things; Patent Competition; Potential Standard; Essential Patents

信息化蓝皮书

Ⅶ Comparison Reports

B.18 A Comparative Study on Measurement Methods of
Digital Economy in International Organizations
Yin Libo, Gao Xiaoyu, Wang Mengzi,
Fang Yuanxin and Niu Weilu / 335

Abstract: Today, digital economic measurement has become the research focus in international organizations and major countries. This article reviews the research reports of the past year on measuring the digital economy released by international organizations including the International Monetary Fund (IMF), the Group of Twenty (G20), and the Organization for Economic Co-operation and Development (OECD). Also, it comprehensively introduces the measurement frameworks and key results of OECD's "Measuring the Digital Transformation". In addition, it analyzes China's performance in the "Measuring the Digital Transformation", summarizes the enlightenment of the digital economic measurement work, and provides guidance on measuring the digital economy in China.

Keywords: Digital Economy Measurement; Digital Transformation; OECD; IMF; G20

B.19 Regional Comparative Analysis of the Situation of
Informatization Development and Digital Divide in China
Zhang Bin, Jin Zhiye, Peng Shuzhen and Tang Ruyu / 354

Abstract: In this paper, regional data from 2015 to 2017 are selected to establish an informatization evaluation index system. It measures the overall situation of the informatization development in 31 provinces, autonomous regions, and municipalities (excluding Hong Kong, Macao and Taiwan), and analyzes the gap of informatization level and the extent of regional digital divide. In the last section, the paper discusses policy choices of bridging the digital divide and promoting regional balanced development by considering the factors related to the digital divide, the Lorenz Curve and the Gini Coefficient, and proposes policy suggestions for improving the level of informatization and bridging the digital divide.

Keywords: Informatization Index; Digital Divide Index; Regional Comparison

皮书起源

"皮书"起源于十七、十八世纪的英国,主要指官方或社会组织正式发表的重要文件或报告,多以"白皮书"命名。在中国,"皮书"这一概念被社会广泛接受,并被成功运作、发展成为一种全新的出版形态,则源于中国社会科学院社会科学文献出版社。

皮书定义

皮书是对中国与世界发展状况和热点问题进行年度监测,以专业的角度、专家的视野和实证研究方法,针对某一领域或区域现状与发展态势展开分析和预测,具备原创性、实证性、专业性、连续性、前沿性、时效性等特点的公开出版物,由一系列权威研究报告组成。

皮书作者

皮书系列的作者以中国社会科学院、著名高校、地方社会科学院的研究人员为主,多为国内一流研究机构的权威专家学者,他们的看法和观点代表了学界对中国与世界的现实和未来最高水平的解读与分析。

皮书荣誉

皮书系列已成为社会科学文献出版社的著名图书品牌和中国社会科学院的知名学术品牌。2016年,皮书系列正式列入"十三五"国家重点出版规划项目;2013~2019年,重点皮书列入中国社会科学院承担的国家哲学社会科学创新工程项目;2019年,64种院外皮书使用"中国社会科学院创新工程学术出版项目"标识。

中国皮书网

（网址：www.pishu.cn）

发布皮书研创资讯，传播皮书精彩内容
引领皮书出版潮流，打造皮书服务平台

栏目设置

关于皮书：何谓皮书、皮书分类、皮书大事记、皮书荣誉、
皮书出版第一人、皮书编辑部

最新资讯：通知公告、新闻动态、媒体聚焦、网站专题、视频直播、下载专区

皮书研创：皮书规范、皮书选题、皮书出版、皮书研究、研创团队

皮书评奖评价：指标体系、皮书评价、皮书评奖

互动专区：皮书说、社科数托邦、皮书微博、留言板

所获荣誉

2008年、2011年，中国皮书网均在全国新闻出版业网站荣誉评选中获得"最具商业价值网站"称号；

2012年，获得"出版业网站百强"称号。

网库合一

2014年，中国皮书网与皮书数据库端口合一，实现资源共享。

权威报告·一手数据·特色资源

皮书数据库
ANNUAL REPORT(YEARBOOK) DATABASE

当代中国经济与社会发展高端智库平台

所获荣誉

- 2016年，入选"'十三五'国家重点电子出版物出版规划骨干工程"
- 2015年，荣获"搜索中国正能量 点赞2015""创新中国科技创新奖"
- 2013年，荣获"中国出版政府奖·网络出版物奖"提名奖
- 连续多年荣获中国数字出版博览会"数字出版·优秀品牌"奖

成为会员

通过网址www.pishu.com.cn访问皮书数据库网站或下载皮书数据库APP，进行手机号码验证或邮箱验证即可成为皮书数据库会员。

会员福利

- 已注册用户购书后可免费获赠100元皮书数据库充值卡。刮开充值卡涂层获取充值密码，登录并进入"会员中心"—"在线充值"—"充值卡充值"，充值成功即可购买和查看数据库内容。
- 会员福利最终解释权归社会科学文献出版社所有。

卡号：337296837124
密码：

数据库服务热线：400-008-6695
数据库服务QQ：2475522410
数据库服务邮箱：database@ssap.cn
图书销售热线：010-59367070/7028
图书服务QQ：1265056568
图书服务邮箱：duzhe@ssap.cn

基本子库
SUB DATABASE

中国社会发展数据库（下设12个子库）

全面整合国内外中国社会发展研究成果，汇聚独家统计数据、深度分析报告，涉及社会、人口、政治、教育、法律等12个领域，为了解中国社会发展动态、跟踪社会核心热点、分析社会发展趋势提供一站式资源搜索和数据分析与挖掘服务。

中国经济发展数据库（下设12个子库）

基于"皮书系列"中涉及中国经济发展的研究资料构建，内容涵盖宏观经济、农业经济、工业经济、产业经济等12个重点经济领域，为实时掌控经济运行态势、把握经济发展规律、洞察经济形势、进行经济决策提供参考和依据。

中国行业发展数据库（下设17个子库）

以中国国民经济行业分类为依据，覆盖金融业、旅游、医疗卫生、交通运输、能源矿产等100多个行业，跟踪分析国民经济相关行业市场运行状况和政策导向，汇集行业发展前沿资讯，为投资、从业及各种经济决策提供理论基础和实践指导。

中国区域发展数据库（下设6个子库）

对中国特定区域内的经济、社会、文化等领域现状与发展情况进行深度分析和预测，研究层级至县及县以下行政区，涉及地区、区域经济体、城市、农村等不同维度。为地方经济社会宏观态势研究、发展经验研究、案例分析提供数据服务。

中国文化传媒数据库（下设18个子库）

汇聚文化传媒领域专家观点、热点资讯，梳理国内外中国文化发展相关学术研究成果、一手统计数据，涵盖文化产业、新闻传播、电影娱乐、文学艺术、群众文化等18个重点研究领域。为文化传媒研究提供相关数据、研究报告和综合分析服务。

世界经济与国际关系数据库（下设6个子库）

立足"皮书系列"世界经济、国际关系相关学术资源，整合世界经济、国际政治、世界文化与科技、全球性问题、国际组织与国际法、区域研究6大领域研究成果，为世界经济与国际关系研究提供全方位数据分析，为决策和形势研判提供参考。

法律声明

"皮书系列"（含蓝皮书、绿皮书、黄皮书）之品牌由社会科学文献出版社最早使用并持续至今，现已被中国图书市场所熟知。"皮书系列"的相关商标已在中华人民共和国国家工商行政管理总局商标局注册，如LOGO（ ）、皮书、Pishu、经济蓝皮书、社会蓝皮书等。"皮书系列"图书的注册商标专用权及封面设计、版式设计的著作权均为社会科学文献出版社所有。未经社会科学文献出版社书面授权许可，任何使用与"皮书系列"图书注册商标、封面设计、版式设计相同或者近似的文字、图形或其组合的行为均系侵权行为。

经作者授权，本书的专有出版权及信息网络传播权等为社会科学文献出版社享有。未经社会科学文献出版社书面授权许可，任何就本书内容的复制、发行或以数字形式进行网络传播的行为均系侵权行为。

社会科学文献出版社将通过法律途径追究上述侵权行为的法律责任，维护自身合法权益。

欢迎社会各界人士对侵犯社会科学文献出版社上述权利的侵权行为进行举报。电话：010-59367121，电子邮箱：fawubu@ssap.cn。

社会科学文献出版社